향신료 과학

요리의 혁신을 가져올 향신료 블렌딩의 모든 것

the SCIENCE of SPICE

--- 향신료 과학 ---

요리의 혁신을 가져올 향신료 블렌딩의 모든 것

스튜어트 페리몬드 지음

배재환·이영래 옮김 | 최낙언·배재환 감수

DK | Penguin Random House

Original Title: The Science of Spice
Copyright © 2018 Dorling Kindersley Limited
A Penguin Random House Company
Korean translation copyright © Bookdream 2023

This edition is published by arrangement with
Dorling Kindersley Limited A Penguin Random House Company.

이 책의 한국어판 저작권은 Dorling Kindersley Limited A Penguin Random House Company와 독점 계약한 북드림에 있습니다.
신 저작권법에 의해 한국 내에서 보호를 받는 저작물이므로 무단 전재와 복제를 금합니다.

A WORLD OF IDEAS:
SEE ALL THERE IS TO KNOW
www.dk.com

The Science of Spice : 향신료 과학

1판 1쇄 발행 2022년 4월 25일
1판 2쇄 발행 2023년 5월 22일

지은이 스튜어트 페리몬드
옮긴이 배재환·이영래 | **감수** 최낙언·배재환

펴낸이 이수정 | **펴낸곳** 북드림
교정·교열 박재언 | **디자인** 강상희

등록 제2020-000127호
주소 경기도 남양주시 다산순환로20 C동 4층 49호
전화 02-463-6613 | **팩스** 070-5110-1274

979-11-91509-27-4 (13590)

도서 관련 문의 및 출간 제안 suzie30@hanmail.net

책값은 뒤표지에 있습니다.
파본은 구입한 곳에서 교환해 드립니다.

CONTENTS

시작하며 · 6

향신료 과학　8

향신료란 무엇인가? · 10
향신료와 풍미 화합물 · 12
향신료 주기율표 · 14
어울리는 향신료를 찾아 혼합하기 · 16

세계의 향신료　18

중동 · 20
아프리카 · 30
남아시아 · 38
동남아시아 · 46
동아시아 · 54
아메리카 대륙 · 62
유럽 · 70

향신료 개요　78

달콤 온화한 페놀 · 80
따뜻해지는 테르펜 · 102
향기로운 테르펜 · 116
흙 내음의 테르펜 · 126
깊숙이 스며드는 테르펜 · 130
감귤 테르펜 · 142
새콤달콤한 산 · 148

과일 향의 알데하이드 · 160
구운 맛의 피라진 · 164
황화 화합물 · 172
얼얼한 맛의 화합물 · 180
독특한 풍미의 화합물 · 194

레시피

고추와 팔각으로 맛을 낸 중국식 연어찜 · 92
일곱 가지 향신료로 맛을 낸 치킨과 가지 비리야니 · 104
주키니, 페타 치즈, 딜, 블랙 라임 하리사를 이용한 에쉬 · 112
더반 마살라를 곁들인 서아프리카식 땅콩 커리 · 124
커리를 넣은 오리고기와 카오 쿠아를 곁들인
아시아식 랴브 샐러드 · 140
대추, 타마린드 그라니타와 파인애플 조림 · 156
검은깨, 감초, 카다멈 아이스크림 · 170
매콤달콤한 애플 페이스트리 로제트 · 182
사프란 뵈르블랑으로 요리한 매운 가리비 · 196
닭고기와 돼지고기를 이용한 필리핀식 향신료 아도보 · 208

세계의 향신료 요리 레시피 · 210
향신료와 풍미 화합물 표 · 214
Index · 218
지은이 소개 · 221
감수의 글 · 223
감수의 글, 옮긴이 소개 · 224

시작하며

많은 요리사들이 향신료에 지레 겁먹은 모양이다. 향신료를 구입한 후 몇 년 동안 손도 대지 않아 주방 구석에 먼지가 뽀얗게 내려앉은 채로 그대로 두는 일이 허다하다. 수많은 요리에 생명을 불어넣는 존재인 향신료를 그렇게 취급해서는 곤란하다.

향신료를 소홀히 대한다는 것은 요리사의 재능을 깎아 먹는 일이다. 향신료는 천연의 풍미를 향상시킬 뿐만 아니라 익숙한 음식에 새로운 맛과 향을 더해 우리의 모든 감각을 일깨운다. 향신료 없이 요리를 한다는 것은 현악기 없이 관현악 작품을 구성하는 것이나 마찬가지다. 향신료를 그저 갈아 놓은 흑후추나 커리 가루 정도로 알고 있는 요리사들은 이제 향신료가 주는 그 풍요로운 세상에 눈을 떠야 한다.

이 책은 새로운 풍미의 조합을 경험하고 싶은 요리사들을 위한 책이며 이 경험은 요리에 대한 흥미와 즐거움을 일깨워 줄 것이다. 관행적인 조리법은 창의적인 요리사에게는 재앙이나 다름없지만, 최근까지도 제대로 된 향신료의 배합을 알 수 있는 방법은 오직 시행착오뿐이었다. 전통, 개개인의 경험, 직감에 의존했기 때문이다. 하지만 더 이상은 아니다. 과학적인 탐구는 그들의 고리타분한 생각을 바꾸기 충분했다.

이제 그 누구도 인터넷 세상 속 '전문가'의 말을 따르거나 대를 이은 '전통'이라는 미명 하에 요리사의 창의성에 족쇄를 채워서는 안 된다. 과학적인 탐구로 향신료의 독창적 조합이 가능하고 이를 생각지도 못한 요리에 시도해 볼 수 있는 시대가 왔기 때문이다.

이 책은 이전에는 시도조차 하지 않았던 야심 찬 프로젝트의 결정체이며 향신료 사용의 혁신을 위해 과학적이고 이해하기 쉬운 원리를 제공한다. 그러나 선조의 지혜 또한 도외시하면 안 된다. 수세기 동안 이어온 요리법은 소중한 식문화 유산이기 때문이다. 이 책은 세계의 주요 지역과 국가에서 사용하는 전통 향신료를 알아보고, 각기 다른 지역 요리에 특화된 최고의 요리사들이 추천하는 향신료 조합과 레시피를 소개한다. 이 책을 읽는 독자들이 백지 상태에서 시작하지 않고 새로운 창조물을 만들어낼 수 있는 토대로써 유명 요리사의 향신료 조합을 사용할 수 있도록 말이다. 여기서 소개하는 레시피는 이러한 향신료 조합 중 일부를 소개하고 있으며, 이것은 익숙한 요리에 생각지 못한 반전을 가져올 혁신적인 제안이다.

여러분이 요리 경험이 많은 사람이든 완전히 초보이든, 이 책이 요리 재능 발산의 의지를 일깨워 줄 영감이 되어 주기를 간절히 바란다. 그 과정에 과학 한 줌 또는 한 국자를 첨가하자. 이 안내서로 새로운 미식의 즐거움이 가득한 세상을 열게 하자. 그렇게만 된다면 나는 여러분의 향신료가 두 번 다시 어둠 속에 잠들어 있지 않을 것이라고 장담한다.

스튜어트 페리몬드

> "이 책은 과학적 원리를 바탕으로 향신료 사용의 혁신적인 방법을 이해하기 쉽게 설명한다."

향신료 | 과학

향신료 과학을 이해하고 풍미 화합물과 풍미 그룹,
독특한 혼합 향신료를 만드는 방법을 배워 보자.

향신료란 무엇인가?

향신료는 요리에 사용하는 대부분의 다른 재료보다 풍미가 더 응축되어 있는 식물의 일부분이다. 허브는 언제나 잎이 많은 부위에서 나오는 반면 향신료는 대체로 씨앗, 열매, 뿌리, 줄기, 꽃, 나무껍질에서 나오며 흔히 말려서 사용한다. 그러나 월계수 잎이나 커리 잎처럼 강한 풍미를 내뿜는 일부 이파리들은 향신료로 취급할 수 있는데 이들을 요리에 사용할 때 신선한 풍미의 첨가물 수준이 아니라 더 강력한 바탕 향료로 사용하기 때문이다.

화학 물질 저장소

향신료는 역사적으로 요리 외에 종교적인 의식과 의술에서도 그 가치를 높이 평가받아 왔다. 과학은 한때 신비로운 식물의 일부분이라 알려졌던 것들이 실제로는 식물이 생존하고 번식하는 데 도움을 주기 위해 생성된 풍미 화합물로 알려진 화학 물질의 그릇이며 동물을 퇴치하거나 박테리아로부터 자신을 보호하는 역할을 한다는 사실도 밝혀냈다. 다행스러운 것은, 이 화합물들 중 상당수가 인간에게 무해한 좋은 향을 가지고 있다는 사실이다.

> " 향신료 풍미의 정체는 일반적으로 식물이 스스로를 방어하기 위해 생산해내는 화학 물질이다. "

줄기

식물의 줄기는 물과 당분을 필요로 하는 곳에 분배하는 역할을 수행한다. 줄기에서 얻을 수 있는 향신료는 거의 없다. 레몬그라스는 열대 식물의 줄기이며 일반인들이 잘 모르는 매스틱(mastic)은 유향 나무에서 모은 수지를 말린 것이다. 더 유명한 것으로는 시나몬과 카시아(cassia)가 있는데 이들은 각각 시나모멈(Cinnamomum) 나무의 안쪽과 바깥쪽 껍질 조각을 말린 것이다.

시나몬
솎아베기한 나무의 새순이 자라면 그 속껍질을 벗겨서 만든다.

속껍질은 햇볕에 마르도록 그대로 둔다.

말린 껍질은 손으로 말아 새의 깃 모양으로 만든다.

의사소통
시나몬의 매콤한 맛과 나무 향은 캐리오필렌(caryophyllene)이라고 하는 화학 물질에서 기인한다. 식물이 뭔가에 먹히면, 이들은 '준비' 신호를 바람에 실어 공중에 날려 보내 다른 식물들이 방어용 화학 물질을 생산하도록 알린다.

뿌리와 땅 밑 저장소

뿌리는 물과 영양소를 공급하는 식물의 생명선이며 뿌리줄기, 알줄기, 구근은 새로운 순과 뿌리를 만들어내는 능력을 가진 저장 시설이다. 감초는 뿌리를 말린 것이며 아위(asafetida)는 뿌리에서 나온 수액을 모은 것이다. 터메릭(turmeric), 생강, 갈랑갈(galangal), 마늘은 모두 땅 밑 저장소들의 좋은 예다.

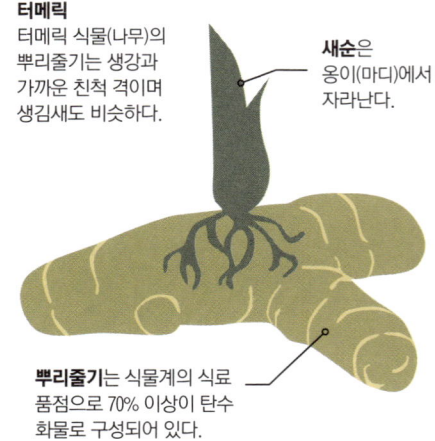

터메릭
터메릭 식물(나무)의 뿌리줄기는 생강과 가까운 친척 격이며 생김새도 비슷하다.

새순은 옹이(마디)에서 자라난다.

뿌리줄기는 식물계의 식료품점으로 70% 이상이 탄수화물로 구성되어 있다.

동물 억제제
동물의 접근을 막는 터메릭의 풍미 구성물에는 시네올(cineole)이라는 강력한 화합물이 포함되어 있는데 침투성이 강하며 약간의 약제 향도 난다. 이 시네올은 뿌리줄기를 먹으려 하는 동물에게 쓴맛을 내는 억제제로 작용하도록 진화해 왔다.

풍미 저장소

향신료에 들어 있는 거의 대부분의 풍미 화합물은 수용성이라기보다는 지용성이며 지방구 안에 저장된다. 향신료는 식물이 손상을 입거나 전염병에 의한 공격을 받을 경우에만 잠금 장치를 풀어서 화학 물질을 방출하도록 설계되어 있다. 일단 지방구가 터져서 기름이 공기 중에 노출되면 풍미 화합물은 그 즉시 기체로 바뀌어 증발한다.

- 꽃봉오리의 열리지 않은 꽃잎이 건조된 상태의 꽃멍울 (Round head)
- 정향의 꽃멍울에 더 집중되어 있는 **기름샘**
- 꽃봉오리의 외피로 구성되어 있으며 기름샘을 품고 있는 **자루**(Stalk)

정향의 단면 정향에는 강한 향을 내뿜는 기름이 풍부하며 꽃봉오리의 둥근 상단부와 자루의 표면 바로 아래에 있는 기름샘에 저장되어 있다.

외피에 손상이 가해지면 **기름샘이 파괴**된다. 주방에서는 정향을 짓이기거나 분쇄하고 열을 가할 때 이런 현상이 일어난다. 방출된 기름의 풍미 화합물은 향기로운 가스로 화하여 증발한다

열매

꽃을 피우는 식물의 씨앗은 열매 속에 들어 있다. 많은 식물들이 당분이 풍부한 종으로 진화해서 동물들을 유혹하는 먹이를 만들어냈고 그 결과 넓은 지역에 걸쳐 그 씨앗을 뿌릴 수 있게 되었다. 올스파이스, 수막(sumac), 바닐라, 고추를 포함한 수많은 향신료들이 열매에서 나온 것이다. 엄밀히 따지면 딜(dill)과 아즈와인(ajwain)을 비롯한 몇몇 씨앗 향신료들도 열매다.

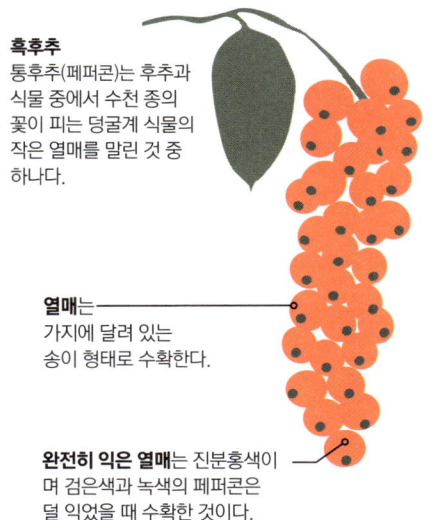

흑후추
통후추(페퍼콘)는 후추과 식물 중에서 수천 종의 꽃이 피는 덩굴계 식물의 작은 열매를 말린 것 중 하나다.

열매는 가지에 달려 있는 송이 형태로 수확한다.

완전히 익은 열매는 진분홍색이며 검은색과 녹색의 페퍼콘은 덜 익었을 때 수확한 것이다.

곤충 퇴치제
후추의 작열감은 피페린(piperine)이라는 화학 물질이 그 원인인데 혀에 있는 온도 수용체를 자극할 뿐만 아니라 곤충에 대한 저항력이 매우 강하여 화학 산업에서 곤충 퇴치제(살충제)의 원료로 활용되었다.

씨앗

대부분의 향신료는 씨앗이다. 큐민, 카다몸, 머스터드 그리고 페누그릭(fenugreek), 더 확실하게는 씨앗의 속 알맹이인 넛맥을 생각해 보자. 식물이 강한 풍미의 방어용 화학 물질을 그들의 씨앗에 농축하는 일이 흔해도 그리 놀랄 일은 아니다. 왜냐하면 이 씨앗들은 다음 세대의 식물들이 다시 싹을 틔울 수 있도록 하는 귀중한 새 생명이 담긴 꾸러미이기 때문이다.

팔각
이 신기한 모양의 씨앗 향신료는 '심피(식물의 씨가 생성되는 부분)'라고 하는 나무 같은 껍질에 둘러싸여 있는데 사실 이 부분에 상당한 양의 풍미가 농축되어 있다.

씨앗 꼬투리는 덜 익었을 때 수확해서 말린다.

자기 방어
팔각의 지배적인 풍미는 전염병을 이겨내고 곤충을 퇴치하기 위해 진화한 것으로 보이는 물질인 아네톨(anethole)에서 기인한 것인데 우연하게도 동물의 혀는 이를 매력적인 맛(설탕보다 13배 단맛)으로 감지한다.

꽃

많은 꽃들이 그들의 매혹적인 향으로 잘 알려져 있는데 이러한 꽃들은 곤충이 찾아오도록 유혹하고 이로써 꽃에 수분(受粉)을 하도록 진화해 왔다. 이들 중 오직 소수만이 향신료라고 할 만큼 강력한 풍미를 가지고 있다. 그중 사프란(saffron)이 가장 유명한데 사프란의 붉은 가닥들은 꽃의 가루를 받는 크로커스(crocus) 꽃의 암술이다. 주목할 만한 또 다른 향신료는 발견하는 것 자체가 놀라울 수도 있는 정향이다.

정향
못처럼 생긴, 씨앗도 아니고 말린 과일도 아닌 흑갈색의 정향은 인도네시아가 원산지인 상록수의 꽃봉오리를 말린 것이다.

생 정향은 꽃봉오리가 분홍색일 때 수확한다.

수확하지 않은 꽃봉오리는 거품처럼 생긴 수술을 가진 꽃을 피운다.

꽃가루 매개자의 유혹
정향에는 유칼립투스(eucalyptus)와 같은 향기를 가지고 있으면서 혀가 단맛을 느끼도록 하는 온화한 화학 물질인 유제놀(eugenol)이 고도로 농축되어 있다. 살아 있는 식물 속 유제놀은 수분하는 곤충을 유인하고 전염병과 해충을 막는 역할을 한다.

향신료와 풍미 화합물

풍미 화합물은 각각의 향신료에 독특한 맛을 부여하는 작은 분자들이다. 이 분자들이 입안에 들어가면 마치 콧속으로 들어간 증기처럼 목구멍으로 퍼져 들어가 혀가 느끼는 것과 유사한 경험을 하게 된다. 요리사의 입장에서 이러한 풍미 화합물을 공부하는 것은 단순한 호기심 그 이상이며 향신료를 사용해서 요리할 때 진정한 창의성에 도달하는 문을 열게 해주는 열쇠라고 할 수 있다.

달콤 온화한 페놀

이 그룹에 속한 달콤한 향과 온기를 내는 향신료들은 페놀(phenol)계의 화합물로 주된 풍미를 낸다. 종종 강하고 진한 맛을 내기도 하며 이 그룹의 많은 화합물들이 아니스 씨앗과 유칼립투스의 향을 공유하고 있다. 드물게는 쓴맛도 낸다.

해당 화합물
정향의 유제놀(eugenol),
회향의 아네톨(anethole)

키친 TIP
대개의 경우 강한 맛이 지속되며 조리를 함에 따라 그 풍미가 천천히 감소한다. 대부분 기름에 녹아 분산된다.

따뜻해지는 테르펜

테르펜은 가장 광범위하고 흔한 형태의 풍미 화합물이다. 이 그룹의 향신료들은 테르펜의 영향을 받아 강한 단맛 없이도 온기를 이끌어낸다. 이들은 나무 향, 쌉쌀한 맛, 후추 향, 경우에 따라 민트 향을 내기도 한다.

해당 화합물
넛맥이나 메이스에 들어 있는 사비넨(sabinene)
안나토(annatto)에 들어 있는 제르마크렌(germacrene)

키친 TIP
오래 조리하면 쉽게 증발해서 사라진다. 일반적으로 지용성이다.

향기로운 테르펜

대부분 기분 좋을 정도로 상쾌한, 소나무 또는 꽃향의 화합물을 공유하는 이 그룹에 속한 향신료들은 나무 향을 발산하기도 한다. 자연 상태에서 이들 화합물들의 향이 방출되면 멀리까지 퍼져 나간다.

해당 화합물
주니퍼(juniper)의 피넨(pinene),
코리앤더(coriander)의 리날로올(linalool)

키친 TIP
빠르게 반응하고 지속성이 짧으며 일반적으로 긴 조리 시간을 견디지 못한다. 대부분 물보다는 기름이나 알코올에 의해서만 용해되어 분산된다.

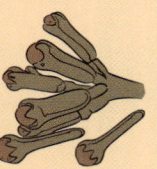 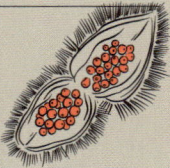 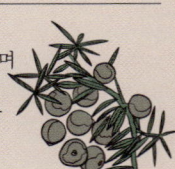

흙 내음의 테르펜

흙, 먼지, 불에 탄 풍미의 이 향신료들은 매콤한 나무 향을 전달하는 테르펜(terpenes)을 풍부하게 함유하고 있다. 자연 상태에서는 해충을 막는 독소로 작용하며 적은 양일 경우 인간에게 무해하다.

해당 화합물
큐민의 알데하이드(cuminaldehyde)
니겔라의 시멘(cymene)

키친 TIP
지용성의 풍미들은 꽤 오래 지속된다. 상대적으로 가벼운 향기와 최상의 조화를 이룬다.

깊숙이 스며드는 테르펜

다른 테르펜 풍미 그룹과는 달리 이 그룹에 속한 향신료들은 코 뒤쪽을 강하게 자극하고 입에 오래 머무는 강력한 테르펜 화합물의 영향을 받는데 대체로 유칼립투스처럼 장뇌 향을 내며 종종 약제의 풍미를 발산하기도 한다.

해당 화합물
그레인스 오브 셀림에 들어 있는 펜촌(fenchone)
카다멈에 들어 있는 시네올(cineole)

키친 TIP
강하고 지속성이 있는 이 향신료들은 적당량을 사용하거나 다른 풍미를 덧씌우도록 볶아서 사용한다.

감귤 테르펜

이 그룹의 모든 향신료들은 이들에게 약간의 꽃, 허브 향과 아울러 톡 쏘고, 상쾌하고, 레몬 같은 풍미의 프로파일을 부여하는, 우리가 감귤류 과일처럼 인식하는 화합물을 공유한다. 이 화합물들은 향신료뿐만 아니라 많은 종류의 잘 익은 과일에서도 나타난다.

해당 화합물
레몬 머틀에 들어 있는 시트로넬랄(citronellal)
레몬그라스에 들어 있는 시트랄(citral)

키친 TIP
재빨리 증발하는 특성이 있지만 이 그룹 향신료들은 많은 양의 화합물을 함유하고 있으므로 조리 시간이 길어지더라도 풍미가 남아 있다.

풍미 그룹

공유된 화합물의 특징을 이용해서 향신료들을 12개의 풍미 그룹으로 분류했다. 이들의 특징은 아래에 있는 차트에 기술되어 있으며 이 그룹들을 향신료 주기율표로 변환한 것을 14~15쪽에서 확인할 수 있다. 향신료의 맛을 구성하는 일부 요소들은 코로 감지할 수 없으며 향이나 맛이 없으므로 엄밀히 말하면 풍미 화합물이 아니다. 이러한 물질들(기술적으로는 '미각 자극 물질'이라고 한다)은 혀를 직접 자극하며 당류와 타르트 산이 이 그룹에 포함된다. 많은 화학 물질들은 포식자의 접근을 막기 위해 쓴맛, 마비, 냉각통 나아가 자극성 화합물의 경우 매콤한 작열감을 유발하기도 한다(그러나 인간은 이를 즐긴다).

새콤달콤한 산

이 풍미 그룹에 있는 과일 기반의 향신료들은 산이 유발하는 신맛의 영향을 받으며 식물성 당류의 단맛을 동반한다. 어떤 경우에는 산이 치즈나 땀과 비슷한 향도 가지고 있다.

해당 화합물
캐럽(carob)에 들어 있는 헥사노익산(hexanoic acid)과 펜타노익산(pentanoic acid), 암추르(amchoor)에 들어 있는 구연산(citric acid)

키친 TIP
수용성이며 긴 조리 시간에 대한 내성이 강한 것이 특징이다. 과일 맛을 증폭시키며 강한 신맛을 발산하는, 설탕이 들어 있는 요리에 적합하다.

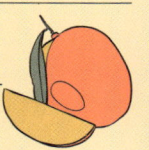

과일 향의 알데하이드

이 화합물은 과일을 맺는 식물에서 풍부하게 발견되며 다른 풍미 화합물에 비해 더 섬세한 맛을 낸다. 이 그룹에 속한 향신료들은 과일 향, 맥아 향, 상쾌한 풀향을 지니고 있으며 어떤 경우에는 기름지거나 땀에 젖은 듯한 향이 나는 느낌이 들기도 한다.

해당 화합물
수막 안에 들어 있는 노나날(nonanal), 바베리(barberry) 안에 들어 있는 헥사날(hexanal)

키친 TIP
일부는 수용성이지만 기름이나 알코올에서 가장 잘 분산된다. 향은 고열과 긴 조리 시간을 버티지 못한다. 간단한 요리에 사용하거나 날것으로 섬세한 맛을 음미하는 것이 좋다.

구운 맛의 피라진

이 향신료들은 이들을 가공하는 과정에서 굽기도 하고 대부분의 풍미를 튀기거나 구워서 갖게 된다. 따라서 고소한 풍미, 구운 풍미, 캐러멜 같은 풍미를 내며 경우에 따라 그을린 향, 고기, 갓 구운 빵과 같은 느낌의 풍미를 발산하기도 한다.

해당 화합물
각각의 향신료는 수십 개의 피라진(pyrazine)으로 이루어진 독특한 조합을 만들어낸다.

키친 TIP
130℃ 이상의 온도로 덖은 향신료를 사용해서 피라진을 생성한다. 풍미는 기름 속에서 가장 잘 퍼지며 특히 짭짤한 요리의 맛을 한층 더 끌어올린다.

황화 화합물

이 그룹에 속한 향신료들은 양파와 고기 같은 풍미가 지배적이며 양배추와 호스래디시 같은 느낌이 들기도 한다. 고농도에서는 황 화합물이 악취와 불쾌한 냄새를 유발한다.

해당 화합물
머스터드에 들어 있는 이소티오시아네이트(isothiocyanate), 마늘에 들어 있는 이황화디알릴(diallyl disulphide)

키친 TIP
이러한 향신료들의 고기 맛을 지방 속에 분산시키면 채소 요리에 깊은 맛을 내는 데 도움이 된다.

얼얼한 맛의 화합물

경우에 따라 놀라울 정도로 매운 이 향신료들은 풍미 화합물 외에도 보통 뇌에 42℃ 이상일 때만 경고 신호를 보내면서 통증 신경을 교란해서 타는 듯한 착각을 불러일으키는 화학 물질도 공유하고 있다.

해당 화합물
고추의 캡사이신(capsaicin), 흑후추의 피페린(piperine)

키친 TIP
이 화합물은 맵기의 강도와 작용 정도가 다양하다. 작열감 완화를 위해 몇몇 향신료와 조합하거나 지방으로 요리하면 작열감을 완전히 분산시킬 수 있다.

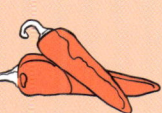

독특한 풍미의 화합물

어떤 화합물들은 너무 특이하거나 여타의 그룹에 포함시키기 애매한 경우가 있다. 그러한 화합물에 영향을 받는 향신료들은 구수하거나, 은은한 향이거나, 코를 찌르는 듯하거나 허브 같기도 하며 대체로 다양한 범주의 다른 향신료들과 함께 사용한다.

해당 화합물
사프란 안에 들어 있는 피크로크로신(picocrocin)과 사프라날(safranal), 터메릭 안에 들어 있는 터메론(tumerone)

키친 TIP
이 향신료들은 보통 다른 곳에서는 찾아 볼 수 없는 특성을 가지고 있어서 요리에 독특한 향을 부여한다.

14 향신료 과학

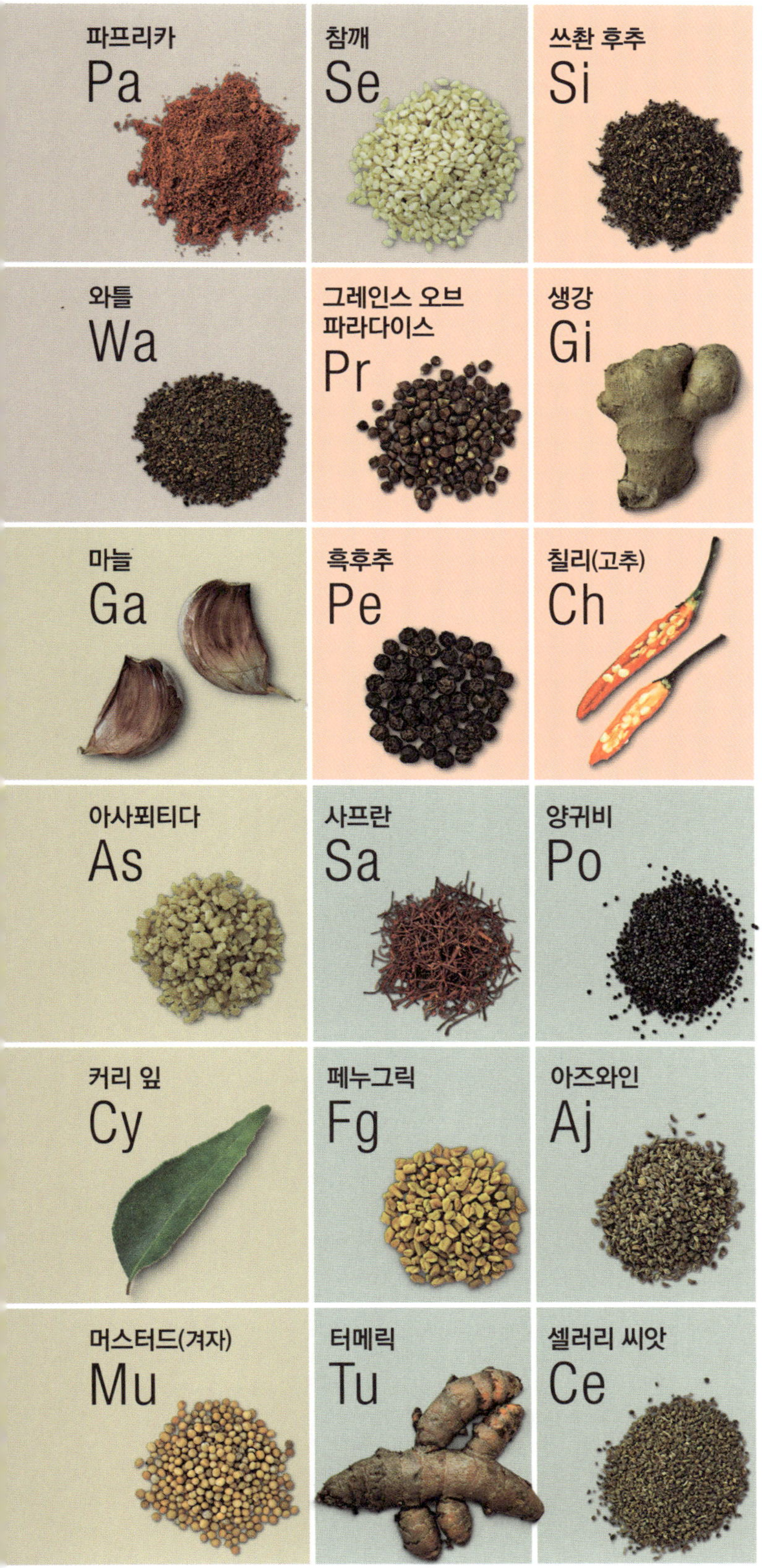

향신료 주기율표

파프리카 Pa	참깨 Se	쓰촨 후추 Si
와틀 Wa	그레인스 오브 파라다이스 Pr	생강 Gi
마늘 Ga	흑후추 Pe	칠리(고추) Ch
아사푀티다 As	사프란 Sa	양귀비 Po
커리 잎 Cy	페누그릭 Fg	아즈와인 Aj
머스터드(겨자) Mu	터메릭 Tu	셀러리 씨앗 Ce

향신료에 대한 새로운 사고의 출발점으로써 과학계에서 영감을 받아 이 주기율표를 고안해 냈다. 이 책에 수록된 각각의 주요 향신료들은 풍미 프로파일에서 가장 중요한 풍미 화합물의 종류에 따라 12개의 향신료 그룹 중 하나에 속해 있다. 개별 그룹을 정의하려면 아래의 풍미 그룹 목록에서 해당하는 것을 골라 12~13쪽의 설명을 참고하면 된다.

향신료 그룹에 익숙해지면 자신만의 페어링과 독특한 배합을 가능케해주는 향신료 주기율표 사용법의 단계별 지침을 참고한다.

풍미 그룹 목록

각 그룹에는 고유의 색이 지정되어 있다. 또한 80~207쪽에 수록된 향신료 개요(프로파일)는 그룹별로 정렬되어 있으며 테두리의 색이 주기율표의 색과 어울리는 색이어서 찾아가기가 수월하다.

달콤 온화한 페놀	새콤달콤한 산
따뜻해지는 테르펜	과일 향의 알데하이드
향기로운 테르펜	구운 맛의 피라진
흙 내음의 테르펜	황화 화합물
깊숙이 스며드는 테르펜	얼얼한 맛의 화합물
감귤 테르펜	독특한 풍미의 화합물

어울리는 향신료를 찾아 혼합하기

향신료들은 대부분의 경우, 하나 이상의 풍미 화합물을 공유하므로 서로 잘 어울린다. 이 책에 있는 향신료 주기율표와 각각의 향신료 프로파일에 대한 과학적인 혼합법은 풍미 화합물로써 향신료를 제대로 이해할 수 있도록 고안되었다. 아래 내용은 이 정보를 이용하여 여러분만의 독특한 혼합 향신료를 만들 수 있는 단계별 지침이다.

1단계

주요 풍미 그룹을 선택한다

요리의 주요 풍미를 선택할 때 주기율표의 풍미 그룹을 참고한다. 매콤한 맛, 과일 맛, 흙(구수한) 맛, 자극적인 맛 아니면 다른 맛을 내기를 원하는가? 상큼한 감귤류 디저트나 포근하면서도 그을린 맛의 고기 요리처럼 하나 또는 여러 가지의 주요 풍미를 구현할 수도 있다.

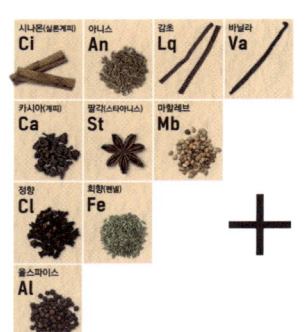 +

▲ 달콤 온화한 페놀   ▲ 깊숙이 스며드는 테르펜

사용의 예

달콤 온화한 페놀에 속한 향신료를 사용하여 콩 또는 렌틸 요리에 고농도의 향긋한 단맛을 내고자 할 때 침투성 테르펜에 속한 상쾌하고 깨끗한 맛의 향신료를 같이 사용하면 달콤하면서도 상쾌한 느낌의 맛을 낼 수 있다. 여러분은 이제 중요 풍미가 제대로 전달되도록 이러한 개별 그룹에서 한두 가지의 향신료를 고르게 될 것이다.

2단계

혼합의 과학을 살펴본다

개별 향신료들이 요리에 부여하는 풍미 화합물의 범주를 알아낼 수 있도록 관련된 향신료 프로파일에 있는 혼합의 과학을 통독한다. 공유된 화합물을 통해, 특히 다른 풍미 그룹에 속해 있는 향신료들을 연관 지어 본다. 풍미 화합물 간의 연관성이 없는 향신료들은 상충할 가능성이 높다.

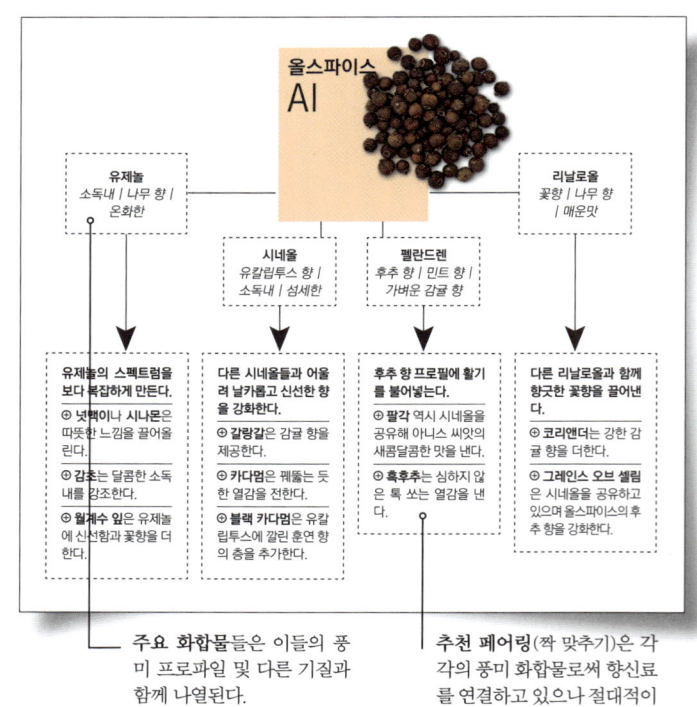

주요 화합물들은 이들의 풍미 프로파일 및 다른 기질과 함께 나열된다.

추천 페어링(짝 맞추기)은 각각의 풍미 화합물로써 향신료를 연결하고 있으나 절대적이지는 않다.

어울리는 향신료를 찾아 혼합하기　17

> "
> 하나의 요리에 들어 있는 풍미와 이를 느끼는 감각의 범위가
> 커질수록 더 맛있게 느낀다는 연구 결과에 따르면,
> 향신료가 추가될 때마다 복잡성이 증대되고
> 그만큼 더 맛있어진다.
> "

3단계

기본 향신료들을 고른다

개별 향신료에서 다양한 풍미 화합물을 검토한 다음, 요리에 주된 풍미를 전달할 특정 향신료를 결정한다. 동일한 풍미 그룹에 깊이와 복잡성을 더하도록 두 가지 향신료의 사용을 고려해 본다. 이들은 쉽게 혼합되면서도 기본 풍미가 무난할수록 색다른 느낌을 부여하는 특성이 있다.

올스파이스
Al

유제놀은 주요 화합물이며 따스한 약제 향을 가지고 있다.

팔각
St

아네톨은 감초의 풍미를 가지고 있으며 팔각에서 가장 두드러진다.

갈랑갈
Gg

시네올은 유칼립투스 향과 비슷하며 갈랑갈의 맛에 필수적이다.

사용의 예

올스파이스와 팔각은 아니스 씨앗과 맞먹는 온기와 단맛을 부여하는 같은 풍미 그룹에 속해 있어서 서로 강하게 연결되어 있다. 이 향신료들은 일부 보조적인 화합물 즉 후추계의 펠란드렌이나 시네올 또한 공유하고 있어서 특히 잘 어울린다. 풍미의 새로운 차원을 열어 주는 갈랑갈은 시네올을 함유하고 있어서 이들 트리오의 조화는 믿기지 않을 정도다.

4단계

복잡성을 더한다

더 많은 풍미 그룹의 향신료들로써 이들이 공유하고 있는 향미 화합물을 다시 선택하여 새로운 향신료 조합을 만들어낸다. 향신료 프로파일 외에도 214~217쪽에 있는 표를 사용하여 주요 풍미 화합물의 전체 범주를 살펴보자.

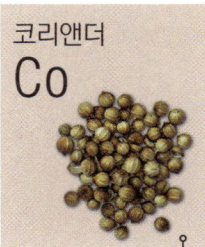

코리앤더
Co

리날로올은 코리앤더의 주요 화합물이며 라일락 향을 가지고 있다.

사용의 예

코리앤더는 올스파이스, 팔각과 함께 꽃향의 리날로올을 공유하고 있다. 이 연관성은 코리앤더가 기본 향신료와 조화를 이루도록 할 뿐만 아니라 자칫 사라질 수도 있는 이들의 꽃향기를 강화한다. 또 다른 연관성은 갈랑갈에 들어 있는 침투성의 캠퍼(camphor, 장뇌)와 관련 있는 캄펜(camphene, 용뇌유) 화합물을 통해서 만들어진다.

세계의 향신료

고대의 교역로와 현대 지도를 통해 향신료 세계의
주요 지역을 탐험하고, 고유의 요리법에서
핵심 향신료를 발견하며 대표적인 조합을 재현한다.

세계의 향신료

중동

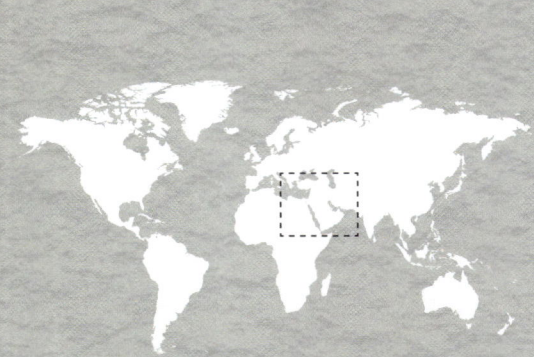

중동은 수천 년 동안 동서양 향신료 무역의 중심지였다. 향신료 팔레트는 지중해 동부 연안의 경우 밝고 산뜻하며 이란의 비옥한 땅에서는 달콤하고 상쾌한 향이 배어 있는 반면 아라비아 사막은 전역에 걸쳐 달지 않고 자극적인 풍미가 가득하다.

향신료 산지

- 터키 23쪽
- 시리아 22쪽
- 레바논 25쪽
- 이스라엘 24쪽
- 이집트 28쪽
- 이라크 26쪽
- 이란 27쪽
- 아라비아반도 29쪽

이스탄불
두 대륙의 변방에 위치한 도시로 유럽과 아시아의 향신료 무역상들이 모이는 곳이었다.

수막
터키는 수막의 최대 생산지 중 하나다.

유럽 방향

알렉산드리아
이집트의 도시로 로마인들에게 함락될 때까지 고대 향신료 무역의 주역이었다.

카이로

이집트

큐민
이집트가 원산지인 큐민은 지중해 동부 전역에서 자란다.

아시아에서 전해진 향신료

서기 700~1450년까지 전 세계 향신료 무역은 무역풍을 타고 인도와 동남아시아에서 상품을 들여온 아랍 상인들이 독점했다. 이들이 취급한 품목에는 터메릭, 흑후추, 정향, 넛맥(육두구), 니겔라(흑종초)도 포함되어 있다.

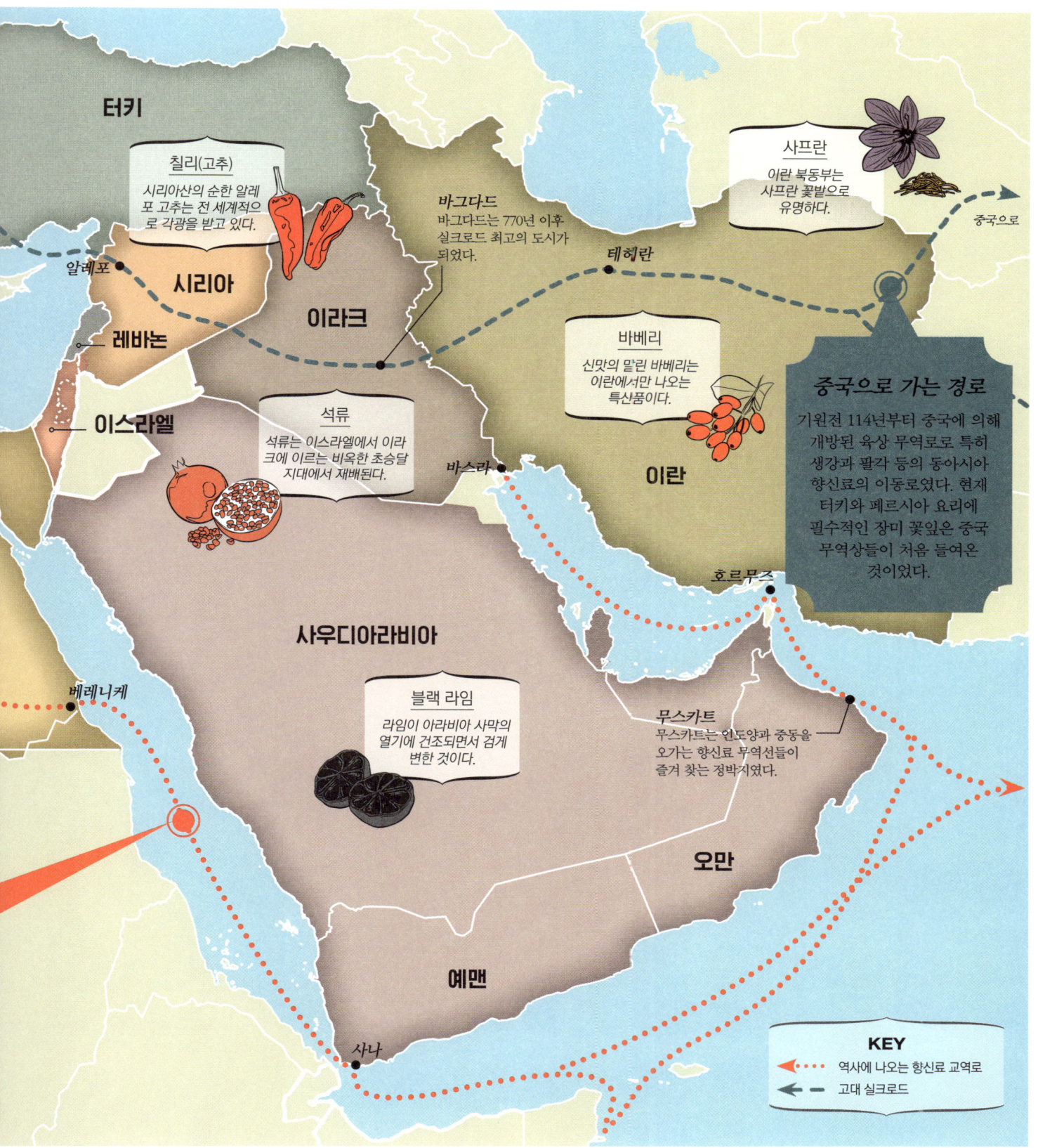

향신료 팔레트

알레포 고추 / 수막

대표 향신료
알레포 고추, 수막, 올스파이스, 흑후추, 마늘

알레포 고추에서는 순하고 짭조름한 작열감이, 수막에서는 알싸함이 그리고 올스파이스에서는 그윽한 알싸함이 풍미의 특징으로 나타난다.

보조 향신료
잇꽃, 큐민, 시나몬, 카다멈, 니겔라, 참깨

시리아 사람들은 터키 사람이나 레바논 사람들보다 향신료에 더 민감한 맛을 가지고 있는데 사프란보다는 순한 잇꽃을 사용해 맛과 색을 낸다.

추가 향신료
타마린드, 넛맥, 캐러웨이, 아니스

넛맥, 캐러웨이 그리고 아니스는 케이크와 디저트에 깊은 풍미와 감초의 맛을 부여하기 위해 사용하는 반면 타마린드 페이스트의 풍미는 새콤달콤한 맛이다.

시리아
과일 향의 | 온화한 | 새콤한

시리아의 활기찬 식문화는 이웃 나라인 터키와 레바논의 식문화에 비해 덜 알려져 있어서 제대로 평가받지 못하고 있는데 해당 지역의 분쟁으로 인해 시리아의 국민들이 뿔뿔이 흩어질 때만 유독 주목을 받고 있다는 사실은 씁쓸한 아이러니다. 이 나라는 향기롭고 부드러운 향신료의 풍미 층위와 함께 신선한 허브, 체리, 대추, 견과류가 터질 듯 채워진 천연의 식료품 창고라 할 만하다.

> "
> 시리아산 향신료 중
> 단연 으뜸이라 할 만한 것은
> 고대 실크로드 마을인
> 알레포 인근에서 생산된
> 순한 맛의 고춧가루인 알레포 고추다.
> "

현지 고유의 혼합 향신료

자타르

자타르(Za'atar)는 말린 허브와 향신료로 만든 고소하면서 흙 내음이 나는 배합 향신료로 후무스, 라브네, 치즈, 고기, 생선에 잘 맞는 다재다능한 양념이다.

큐민 씨앗 2큰술
천일염 1작은술
참깨 2큰술
말린 오레가노 2큰술
수막 2큰술

프라이팬에 큐민을 넣고 약한 불에서 향이 날 때까지 덖고 소금과 함께 분쇄한다. 참깨를 노릇해질 때까지 덖은 다음 오레가노, 수막과 함께 갈아 놓은 큐민에 넣고 섞는다.

단순히 '향신료'를 의미하는 바하라트는 중동 특유의 향신료 조합으로 지역에 따라 다양한 형태가 있는 훈연 향의 믹스다.

▶ 바하라트로 맛을 낸 양고기 쾨프테

터키

상쾌한 | 순한 | 훈연 향의

유럽, 아시아, 중동이 교차되는 곳에 있는 터키는 오래전부터 이국적인 향신료 무역의 거점이었다. 이스탄불에 있는 돔형의 향신료 상점가에는 이란산 사프란과 쓰촨 후추 자루가, 식탁용 양념으로 사용하는 순하고 굵직한 고춧가루인 풀 비베르(pul biber)나 좀 더 짙고 거무스름한 우르파 비베르(urfa biber) 같은 터키의 특산품들과 나란히 놓여 있다. 에게해와 지중해 연안의 음식들은 강한 양념과 깊은 단맛으로 중동의 풍미를 더 풍부하게 내는 동부 지역보다 신선한 허브를 더 많이 사용하고 향신료는 덜 사용하는 경향이 있다.

현지 고유의 혼합 향신료

터키 스타일의 바하라트

고기가 들어간 쾨프테, 필라프 또는 구운 야채(특히 가지)의 맛을 내는 용도로 사용한다.

- 검정 통후추 2큰술
- 큐민 씨앗 2큰술
- 코리앤더 씨앗 2큰술
- 정향 1작은술
- 카다멈 1/2큰술
- 갈아 놓은 넛맥 1큰술
- 갈아 놓은 시나몬 약간
- 말린 스피어민트 1큰술

통 향신료를 곱게 분쇄해서 나머지 재료들과 섞는다. 약 9큰술 정도의 양을 만든다.

향신료 팔레트

우르파 비베르

큐민

대표 향신료
풀 비베르, 흑후추, 큐민, 마늘, 수막

풀 비베르와 흑후추의 순한 작열감으로 요리에 개성을 부여하는 터키식 양념은 놀라울 정도로 섬세하다.

보조 향신료
우르파 비베르, 파프리카, 올스파이스, 니겔라, 시나몬

파프리카, 올스파이스 그리고 우르파 비베르는 고기 요리와 수프에 온기와 풍부한 맛을 부여하는 반면에 시나몬의 경우 특히 터키의 동부 쪽에서는 달콤한 요리에 첨가된다.

추가 향신료
페누그릭, 정향, 넛맥, 코리앤더, 카다멈

자세히 보면 터키 요리에서 전 세계의 향신료를 발견할 수 있다. 그중에서도 아시아 풍미는 특히 흔하다.

향신료 팔레트

수막
파프리카

대표 향신료
참깨, 수막, 큐민, 마늘, 파프리카

이스라엘 향신료를 어떤 풍미 조합으로 특정한다면 그것은 지중해와 중동을 아우르는 따뜻하고 새콤하고, 매콤달콤한 홍조라고 하겠다.

보조 향신료
캐러웨이, 고추, 페누그릭, 니겔라, 흑후추, 시나몬, 카다멈, 코리앤더

유대인의 호밀 빵에 들어가는 아니스 씨앗처럼 생긴 캐러웨이뿐만 아니라 피타에 들어가는 니겔라 씨앗은 특히 이스라엘의 유명한 빵을 만들 때 사용해서 인기를 얻고 있다.

추가 향신료
터메릭, 히비스커스, 장미, 사프란, 월계수

이스라엘 요리에서 맛의 다양성은 독특한 향신료에 그대로 반영되어 있는데 그중 일부는 흙 내음이 나면서 달콤하기도 한 말린 히비스커스 꽃처럼 중동의 다른 곳에서는 찾아 볼 수 없는 것들이다.

이스라엘
다채로운 | 흙 내음의 | 달콤한

이스라엘 음식은 이웃한 레바논 음식과 많이 비슷하지만 예멘의 화끈한 고추 양념장, 러시아와 동유럽의 파프리카, 북아프리카의 하리사, 그리고 한국, 태국, 멕시코를 여행한 뒤에 그 나라의 향신료를 가지고 돌아오는 자국의 여행객들로 인해 점차 변해가고 있다. 전 세계에서 들어온 향신료들이 뿌리를 내리면서 그 풍미를 널리 퍼트리고 있는 중이다. 그러나 이스라엘은 이러한 새로운 풍미의 유입에도 불구하고 그들이 지켜 온 향신료의 전통을 무너트리지 않을 것이며 팔라펠, 구운 고기, 샌드위치, 수프, 달걀 요리에 곁들이는 풋고추 양념인 저그(zhug, 스후크) 또한 계속 만날 수 있을 것이다.

> **히비스커스** 꽃은 특유의 크렌베리 같은 선명한 과일 향이 빠져나오도록 물에 담가 두거나 빻아서 가루로 만든다.

중동 25

◀ 삶은 달걀과 저그를 곁들인 시금치와 감자볶음.

레바논
밝은색의 | 온화한 | 아니스 씨앗 같은

중동에서 가장 유명한 수출품인 전통 레바논 요리인 메제(Mezze)는 레반트 지역 전역에서 볼 수 있으며 종종 기원에 대한 격렬한 논쟁을 불러일으킨다. 예를 들어 후무스는 이스라엘과 레바논 양측 모두 자신들이 원류라는 확고한 주장을 펼치고 있다. 이 나라의 요리사들은 메제, 마리네이드, 수프, 스튜를 만들 때 기본이 되는 식재료인 일곱 향신료 바하라트를 어떤 주방에서든 가져다 놓고 자유롭게 사용한다.

> "이 불안정하기 짝이 없는 동부 지중해의 심장부는 향신료 활용에 있어서만큼은 지금껏 제값 이상을 해내고 있다."

현지 고유의 혼합 향신료
저그

밝은색의 저그는 농밀하게 매운 고추 양념장으로 이스라엘을 대표하는 조미료다.

카다멈 씨앗 1작은술
코리앤더 씨앗 1작은술
큐민 씨앗 1작은술
다진 풋고추 2개
으깬 마늘 2쪽
다진 코리앤더 1다발
다진 납작 잎 파슬리 1다발
올리브오일 2큰술
간 맞추기용 소금, 후추
레몬즙 반 개 분량

프라이팬에 말린 향신료들을 넣고 중불에 볶아서 분쇄한다. 고추와 마늘을 빻아 페이스트로 만든다. 허브와 오일 1큰술을 섞는다. 간을 하고 10분간 그대로 둔다. 레몬즙을 넣고 섞은 다음 올리브오일을 더 넣어 묽게 만든다.

현지 고유의 혼합 향신료
타클리아

타클리아(Taklia)는 흔히 수프나 스튜를 차려낼 때 첨가하는 다용도의 짭조름한 혼합물이다.

껍질을 벗겨서 슬라이스한 마늘 3쪽
올리브오일 2큰술
코리앤더 가루 1작은술
카이엔 페퍼 넉넉한 1꼬집
천일염 1/2작은술

기름에 마늘을 마늘향이 올라오되 색이 변하지 않은 상태로 부드럽게 튀긴 다음 코리앤더, 카이엔 페퍼, 소금과 함께 절구에 넣고 빻아서 페이스트로 만든다.

향신료 팔레트

올스파이스

생강

넛맥

대표 향신료
코리앤더, 시나몬, 흑후추, 올스파이스, 정향, 생강, 넛맥

일곱 가지 향신료를 조합해서 만든 바하라트는 소고기 크로켓인 키베(kibbeh), 꼬치 요리인 코프타(kofta)와 같은 소고기와 양고기 요리 그리고 소를 채운 채소 요리의 맛을 내는 용도로 사용한다.

보조 향신료
마늘, 수막, 파프리카, 큐민, 카다멈, 참깨, 페누그릭

레바논의 온화하고, 고소하고, 흙 내음이 나는 새콤한 향신료의 스펙트럼은 고기와 샐러드에 깊이를 더해 준다. 카다멈은 차와 과자에 독특한 단맛을 부여한다.

추가 향신료
사프란, 터메릭, 캐러웨이, 아니스

단맛에 길들여진 레바논 사람들은 특히 아니스 맛이 가미된 요리를 좋아한다. 쌀 푸딩 메글리(meghli), 차 케이크 스푸프(sfouf)는 특히 인기가 많다.

향신료 팔레트

카다멈

시나몬

대표 향신료

흑후추, 카다멈, 시나몬, 큐민

흑후추는 다른 깊고 온화한 것들과 함께 각광받는 향신료로 이라크에서 가장 즐겨 먹는 고기인 양고기(주로 케밥과 스튜를 만들 때 사용하는)와 잘 어울린다.

보조 향신료

올스파이스, 마늘, 터메릭, 타마린드, 사프란, 말린 라임

새콤한 맛이 이라크식 양념에서 중요한 역할을 한다. 예를 들면 마스구프(masgûf : 구운 염소) 같은 전통 요리에 개성을 부여하는 타마린드와 터메릭이 있다.

추가 향신료

페누그릭, 카시아, 파프리카, 코리앤더, 생강

추가적인 향신료들은 라틴 아메리카, 중국, 동남아시아, 인도 등 전 세계에서 유입되고 있다.

이라크

달콤한 | 향기로운 | 새콤한

이라크의 향신료들은 고대 메소포타미아의 통치자들에 의해 처음 재배된 유서 깊은 배경을 가지고 있다. 풍미의 층위는 페르시아인들이 전해 준 상쾌한 과일 향의 향신료로 더욱 생기를 띠게 되었고, 나아가 실크로드와 스파이스 루트의 교역자들이 가져다 준 새콤달콤한 맛의 중국 계피와 자극적인 맛의 카다멈, 터메릭, 남아시아의 페누그릭 등이 더해졌다.

> "향신료는 이라크 가정 요리에서 매우 중요한 역할을 하기 때문에 가족들은 현지 시장에서 그들 고유의 맛을 가진 바하라트를 직접 혼합해서 사용하고 있다."

현지 고유의 혼합 향신료

아라비아 바하라트

달콤하고 향기로운 이라크식 조합으로 럽(바르는 양념), 마리네이드 또는 양념 등에 다목적으로 사용한다.

검정 통후추 1큰술
올스파이스 1큰술
정향 1작은술
코리앤더 씨앗 1작은술
큐민 씨앗 1작은술
시나몬 1큰술
갈아 놓은 넛맥 1작은술

통 향신료는 갈아서 시나몬, 큐민과 함께 골고루 섞어서 사용한다.

사프란은 세상에서 가장 비싼 향신료로 이란에서 전체 생산량의 90% 이상을 담당하고 있다.

아드비에(advieh)로 맛을 낸 페르시아 쌀 푸딩. 210쪽 참조 ▶

이란

꽃향기 | 사향 향 | 새콤한

사프란

장미

이란 향신료의 풍미는 그 역사만큼이나 풍부하고 흥미롭다. 동서로 뻗어 있는 교차점(그리스, 아랍, 터키, 몽골, 우즈베키스탄의 침략을 받은 페르시아 제국과 실크로드의 정중앙)은 피스타치오, 석류, 민트, 호두, 이란 동북부에서 자라는 귀한 사프란이 넘쳐 나는 천연의 식품 저장고이며, 캐비어와 중국 국수, 훈제 생선과 매콤달콤한 새우 요리를 만날 수 있다. 스튜와 필라프는 수막, 말린 라임, 바베리, 타마린드 등 이란의 새콤달콤한 향신료를 기반으로 하고 있으며, 향기로운 장미 꽃잎은 향신료 믹스와 과자에 이국적인 향을 선사한다.

현지 고유의 혼합 향신료
아드비에

아드비에(Advieh)는 짭조름한 쌀 요리 위에 뿌리거나, 고기에 문질러 바르거나, 스튜에 넣기도 하는 알싸한 맛의 페르시아의 혼합 향신료이다. 페르시아식 라이스 푸딩에도 잘 어울린다.

말린 장미 꽃잎 2큰술
카다멈 씨앗 2큰술
큐민 씨앗 1큰술
갈아 놓은 시나몬 2큰술
갈아 놓은 생강 2큰술

통 향신료를 분쇄한 다음 시나몬, 생강과 함께 혼합한다.

향신료 팔레트

대표 향신료
사프란, 수막, 장미

불타는 듯한 붉은색의 유명한 이란 사프란(절대 가루로 유통되지 않는다)은 해산물과 가금 요리에는 살짝 쌉쌀하면서도 풍부한 맛을, 쌀 요리에는 생동감 넘치는 노란색(호박색)을 부여한다.

보조 향신료
말린 라임, 바베리, 안젤리카, 시나몬, 큐민, 생강, 터메릭, 마늘

이란 요리는 특유의 말린 과일과 새콤한 감귤 맛의 향신료에서 기인한 과일 향의 알싸함과 함께 시나몬, 큐민, 생강의 맛과 향을 그 기준으로 삼고 있다. 터메릭은 짭조름한 요리에 색과 사향의 냄새를 더하는 데 사용한다.

추가 향신료
페누그릭 잎, 커리 가루, 파프리카, 타마린드

페누그릭 잎과 달지 않은 향신료의 섬세한 쓴맛과 온기는 이란의 신선한 식재료의 풍미를 구성하는 단맛과 새콤한 맛의 균형을 잡아준다.

향신료 팔레트

대표 향신료
큐민, 시나몬
시나몬은 이집트의 달콤한 요리에 깊이를 더하는 용도로 폭넓게 사용되며 큐민은 짭조름한 요리에 주로 쓰인다.

보조 향신료
마늘, 흑후추, 고추, 코리앤더
토마토소스는 마늘, 흑후추, 고춧가루가 들어간 신선한 팔레트로 채워지며 코리앤더는 큐민에 그윽한 감귤류의 풍미를 보태는 용도로 사용된다.

추가 향신료
생강, 정향, 월계수, 카다멈, 올스파이스
여러분은 종종 주요 향신료와 함께 사용할 한두 가지 추가 향신료를 찾을 것이다. 하지만 이집트인들은 그들의 향신료를 비교적 단순하게 유지하거나 바하라트를 사용해 왔다.

이집트
상쾌한 | 흙 내음의 | 고소한

홍해와 지중해를 접하고 있는 이집트의 항구는 중세 상업의 호황기 훨씬 이전에 동양의 부자들로 향하는 관문이 되었다. 풍부한 향신료의 역사를 가지고 있음에도 불구하고 현대 이집트 향신료 팔레트는 다른 레반트 국가의 그것보다 단순하다. 이집트산 큐민의 풍미는 널리 퍼져 있으며, 큐민의 풍부하고 고소한 향은 이집트의 채소 수프, 고기 스튜, 그리고 코샤리 같은 곡물 요리의 소박한 재료들까지 생기 넘치게 만들어준다. 큐민은 헤이즐넛, 참깨, 코리앤더와 함께 집집마다 그 내용물이 다른 이집트의 독특한 조미료인 두카의 핵심적인 맛이기도 하다.

현지 고유의 혼합 향신료
두카

두카(Dukkah)는 올리브오일, 빵과 함께 차려 내거나 고기를 굽고 후무스를 만들 때 양념으로 사용하는 견과류를 넣고 만든 일상적인 혼합 향신료이다.

- **헤이즐넛** 150g
- **통 아몬드** 150g
- **코리앤더 씨앗** 1큰술
- **큐민 씨앗** 1큰술
- **참깨** 3큰술
- **소금** 1꼬집

오븐을 200℃로 예열한다. 베이킹 시트에 견과류를 각각 나눠서 펼쳐 담는다. 3분마다 흔들어 주면서 아몬드는 8분, 헤이즐넛은 10분간 굽는다. 씨앗류는 고온에서 3분간 계속 저어주며 볶는다. 견과류, 씨앗류, 소금을 한꺼번에 빻는다.

▲ 두카와 함께 차려 낸 후무스와 플랫브레드

아라비아반도

풍성한 | 달지 않은 | 사향 향

아라비아 향신료는 이들의 풍부하고 향기로운 풍미를 북부의 이웃들과 공유하고 있다. 이를테면 큐민, 코리앤더, 시나몬으로 구성된 레반트 향신료 3종과 이란의 말린 라임과 사프란이 그것이다. 그러나 아라비아반도의 향신료가 아프리카와 아시아를 비롯 예멘과 오만까지 뻗어 나가면서 기후와 지형에 따른 풍미와 작열감은 더욱 농밀해진다. 정향, 흑후추, 마살라 믹스, 터메릭과 함께 아시아의 코코넛 요리와 아프리카의 매운 고추가 유입되었다.

> " 오만과 예멘 요리법은 화끈한 풍미의 자극적인 조합으로 꽤 유명하다. "

고대 이집트인들은 기원전 3000년 즈음에 아라비아와 아프리카에서 향신료를 들여오면서 향신료 무역을 시작했다.

현지 고유의 혼합 향신료
하와이지

하와이지(Hawaij)는 커리와 비슷한 예멘의 혼합 향신료로 오래 푹 익힌 고기 요리와 수프, 양념을 만들 때 널리 쓰인다. 달콤한 맛을 내려면 후추와 큐민을 생강, 정향, 시나몬 또는 회향으로 대체하고, 커피와 디저트에 넣어 먹기도 한다.

검정 통후추 1큰술
큐민 씨앗 7작은술
카다멈 씨앗 1큰술
코리앤더 씨앗 1큰술
터메릭 가루 2큰술

통 향신료를 분쇄한 다음 터메릭과 골고루 섞는다.

향신료 팔레트

말린 라임

월계수 잎

대표 향신료
바하라트, 말린 라임, 월계수 잎
아랍 바하라트, 말린 라임, 월계수 잎의 대표적인 풍미는 천천히 익혀 내는 요리와 혼합 향신료에 특유의 신맛과 사향의 풍미를 부여한다.

보조 향신료
사프란, 카다멈, 정향, 시나몬, 큐민, 코리앤더, 마늘, 고추, 흑후추
양과 쌀 요리는 사우디 음식에서 확고한 위치를 점하고 있으며 고기의 깊이 있는 맛을 관통하는 감귤 맛 향신료의 짜릿한 맛과 향의 다채로운 풍미로 채워져 있다.

추가 향신료
터메릭, 넛맥, 캐러웨이
터메릭의 달콤하고 살짝 씁쓸한 맛은 예멘의 혼합 향신료와 오만의 생선 수프에 생동감 있는 풍미와 색을 부여한다.

세계의 향신료

아프리카

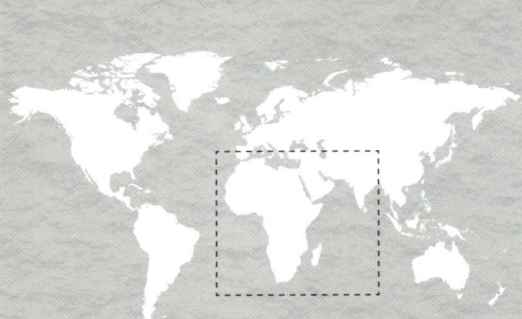

아프리카 요리는 카사블랑카에서 희망봉 끝까지 이어지는 드넓은 땅만큼이나 다양하다. 왕국, 제국, 육지와 해양의 향신료 무역로, 노예 무역, 유럽의 식민지 정책, 아프리카 내에서의 이주 등 복잡한 사연을 간직하고 있는 향신료들을 만날 수 있다.

향신료 산지

- 마그레브 33쪽
- 서아프리카 36쪽
- 중앙아프리카 35쪽
- 아프리카 북동부 32쪽
- 동아프리카 34쪽
- 남아프리카 37쪽

리스본

카사블랑카

마라케시

알제리

아인 살라 사막의 중심에 있는 이 도시는 무수한 사하라 사막 횡단 경로 상의 정착지였다.

팀부쿠 수세기 동안 이 고대 도시는 향신료, 소금, 금 그리고 노예 무역의 중심지였다.

아이보리 코스트

가나

엘미나

그레인스 오브 셀림 사향 냄새의 이 향신료는 서아프리카 외 다른 곳에서는 찾아보기 힘들다.

그레인스 오브 파라다이스 이 향신료로 인해 서아프리카 해안은 곡물 해안으로 알려졌다.

사막을 가로질러

예로부터, 상인들은 아프리카의 향신료를 구하기 위해 사하라를 가로질러 북아프리카와 유럽까지 왕래했다. 상품들은 카라반으로 알려진 거대한 호송대의 낙타에 실어 운반했다.

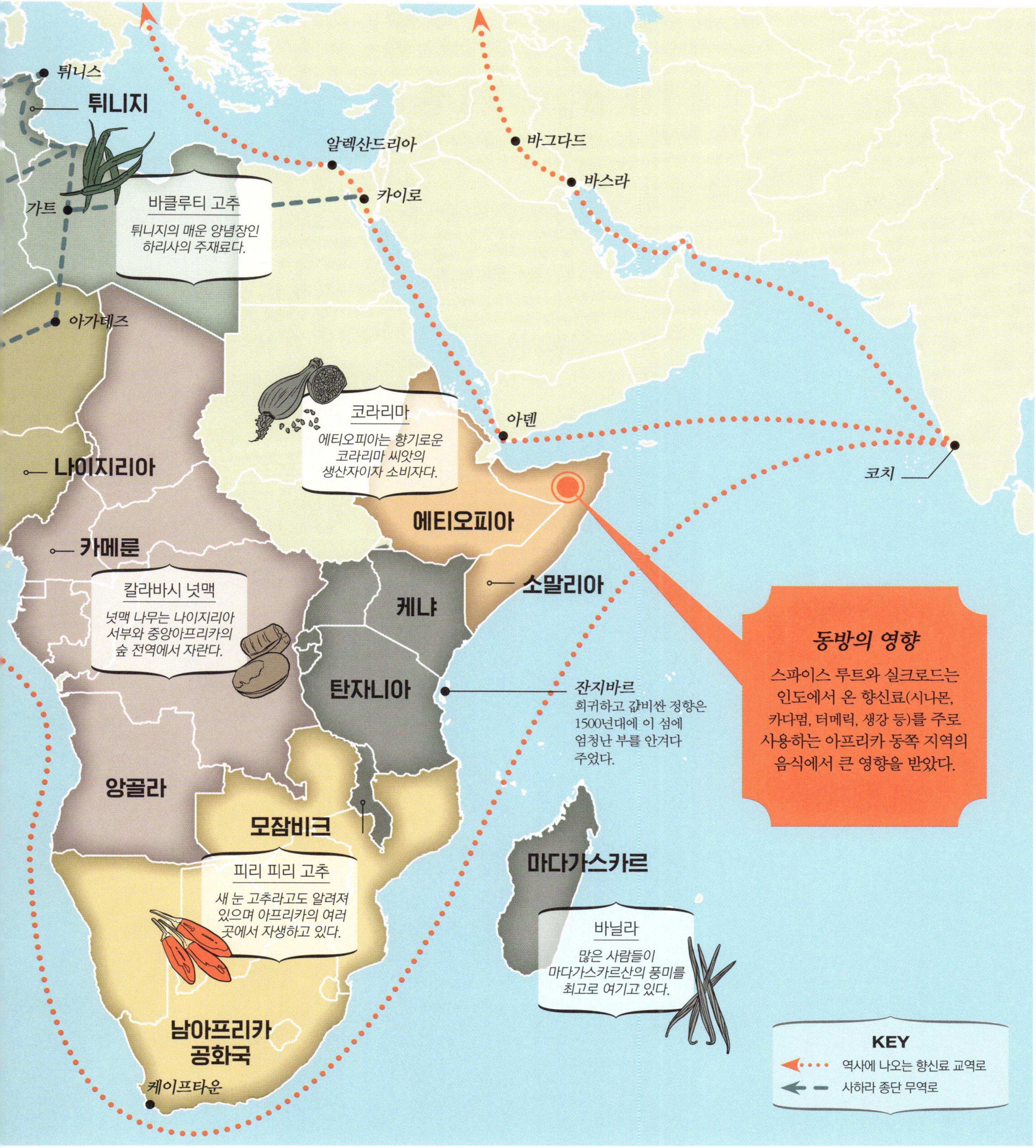

아프리카 31

튀니스
튀니지

알렉산드리아
바그다드
가트
바스라
카이로

바클루티 고추
튀니지의 매운 양념장인 하리사의 주재료다.

아가데즈

코라리마
에티오피아는 향기로운 코라리마 씨앗의 생산자이자 소비자다.

아덴
코치

나이지리아

에티오피아

카메룬

소말리아

칼라바시 넛맥
넛맥 나무는 나이지리아 서부와 중앙아프리카의 숲 전역에서 자란다.

케냐

탄자니아

잔지바르
희귀하고 값비싼 정향은 1500년대에 이 섬에 엄청난 부를 안겨다 주었다.

동방의 영향
스파이스 루트와 실크로드는 인도에서 온 향신료(시나몬, 카다멈, 터메릭, 생강 등)를 주로 사용하는 아프리카 동쪽 지역의 음식에서 큰 영향을 받았다.

앙골라

모잠비크

마다가스카르

피리 피리 고추
새 눈 고추라고도 알려져 있으며 아프리카의 여러 곳에서 자생하고 있다.

바닐라
많은 사람들이 마다가스카르산의 풍미를 최고로 여기고 있다.

남아프리카 공화국

케이프타운

KEY
⋯▶ 역사에 나오는 향신료 교역로
--▶ 사하라 종단 무역로

아프리카 북동부

화끈한 | 향기로운 | 훈연 향의

향신료 팔레트

페누그릭
카다멈

대표 향신료

코라리마, 페누그릭, 고추, 카다멈, 큐민, 코리앤더

잘못 알려져 있거나 에티오피아의 카다멈이라고도 불리는 코라리마는 에티오피아가 원산지이며 실제로 카다멈과 비슷하지만 풍미는 더 순하다. 이 향신료는 타르타르 스테이크의 요리의 하나인 키프토(kifto)의 맛을 내는 용도로 많이 사용한다.

보조 향신료

터메릭, 생강, 마늘, 니겔라, 정향

가장 매운 고추와 정향, 카다멈 또는 코라리마, 소금은 미트미타라는 혼합 향신료의 구성물이다. 다른 보조 향신료는 이 지역의 채소 요리와 양념장의 풍미를 내는 용도로 사용한다.

추가 향신료

시나몬, 넛맥, 아즈와인, 티미즈

고추가 들어오기 전에는 티미즈라고 알려진 기다란 토종 고추(Piper capense)가 강렬한 작열감의 원천이었다.

에티오피아의 수도인 아디스아바바에는 아프리카에서 가장 큰 향신료 시장이 있으며 이 지역 향신료의 다양성을 한눈에 확인할 수 있다. 어디에서나 볼 수 있는 베르베르 믹스와 이보다 덜 복잡한 누이 격인 미트미타는 에티오피아와 에리트레아(Eritrea)가 공유하고 있으며 맵고 붉은 피리피리 고추의 영향을 받고 있다. 그러나 에티오피아 요리의 정수라 할 만한 풍미는 달콤쌉쌀한 페누그릭, 훈연 향의 코라리마에서 기인한다. 반면에 소말리아 요리는 코리앤더의 과일 향, 카다멈의 깔끔함, 큐민의 흙 내음으로 정의된다.

> "향신료는 에티오피아 요리의 독특한 풍미에 영향을 미치는 몇 안 되는 외부 요인들 중 하나다."

현지 고유의 혼합 향신료
니터 키베

니터 키베(Niter kibbeh)를 넣은 정제 버터는 푸짐한 고기 스튜인 와트(wat)같은 여러 지역 요리에 기본 유지로 사용된다.

무염 버터 500g
곱게 다진 중간 크기 양파 1개
곱게 다진 마늘 2쪽
갓 갈아 놓은 생강 1큰술
페누그릭 씨앗 1작은술
갈아 놓은 큐민 씨앗 1작은술
코라리마 또는 카다멈 씨앗 1작은술
터메릭 가루 1/2작은술
말린 오레가노 1작은술
바질 잎 6장
세이지 잎 4장

팬에 버터를 넣고 중약불에서 녹인다. 나머지 재료를 모두 넣고 20분간 저어 주면서 익힌다. 무슬린(면포)에 거른 다음 살균한 병에 넣어 보관한다.

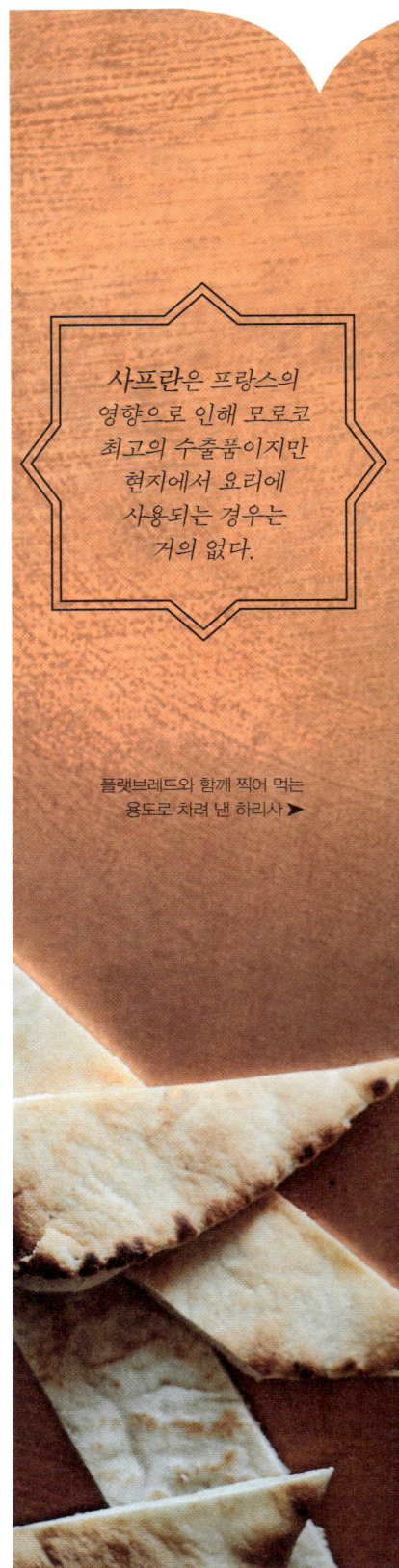

사프란은 프랑스의 영향으로 인해 모로코 최고의 수출품이지만 현지에서 요리에 사용되는 경우는 거의 없다.

▶ 플랫브레드와 함께 찍어 먹는 용도로 차려 낸 하리사

마그레브

흙 내음의 | 풍부한 | 순한

마그레브로 알려진 여러 국가들의 연합은 아프리카가 중동과 유럽을 만나는 관문이다. 이 지역의 요리는 수세기 동안, 이슬람계 베르베르족이 '알 안달루스'라 칭하며 이베리아반도의 대부분을 통치했던 시기뿐만 아니라, 원주민 베르베르족과 아랍, 오스만, 프랑스 등 그들의 정복자들 사이의 문화적 교류에 의해 형성되어 왔다. 양념은 주로 달콤하고 순한 편이며 큐민은 빠지는 일이 없을 정도다. 시나몬은 과일을 양껏 넣어 만든 풍성한 타진 요리에 향기로운 향을 부여한다. 튀니지의 하리사 페이스트에 들어 있는 고추의 작열감은 이례적으로 땀을 쏟게 만든다.

현지 고유의 혼합 향신료
하리사

하리사(Harissa) 페이스트는 빵을 찍어 먹거나 스튜나 소스에 주된 맛을 내는 조미료로 사용한다.

말린 홍고추 100g, 구할 수 있다면 바클루티(Baklouti) 또는 카시미르 등의 적당히 매운 고추.
큼직한 마늘 3~4쪽
소금 1작은술
레몬즙 1-2큰술
갈아 놓은 큐민 씨앗 1/2작은술
갈아 놓은 코리앤더 씨앗 1/2작은술
갈아 놓은 캐러웨이 씨앗 1/2작은술
올리브오일 1큰술

고추의 씨를 빼고 뜨거운 물에 30분간 담가 놓는다. 건져 내어 나머지 재료들과 섞고 빻거나 갈아서 페이스트로 만든다.

향신료 팔레트

큐민

파프리카

대표 향신료
큐민, 시나몬, 생강, 고추

큐민은 마그레브 요리에 특유의 부드러운 흙 내음의 바탕이 되고 시나몬과 생강은 타진, 수프, 스튜에 향기로운 끝맛을 선사한다.

보조 향신료
코리앤더, 터메릭, 정향, 파프리카, 올스파이스

아랍 무역상들은 동양에서 들여온 이국적인 향신료들 즉 코리앤더, 터메릭, 정향을 더 많이 소개하면서 한편으로는 아메리카 대륙에서 파프리카와 올스파이스를 들여왔다.

추가 향신료
후추, 넛맥, 카다멈, 페누그릭

이 향신료들은 그 자체로서는 큰 특징이 없으며 위에 있는 향신료 팔레트 전부는 아니더라도 대부분의 향신료를 한데 모아 지역별로 변화를 준 향신료의 폭넓은 조합인 라스 알 하눗(ras el hanout) 블렌드에서 더 자주 접하게 된다.

향신료 팔레트

월계수 잎
카다멈
코리앤더

대표 향신료

생강, 카다멈, 마늘, 시나몬, 정향

생강은 동아프리카 요리에 톡 쏘는 맛과 작열감을 부여한다. 케냐와 우간다 요리는 꽤 순한 편임에도 생강만은 흔하게 사용된다. 카다멈, 정향, 시나몬은 현지식 차이 티에 특유의 달콤한 양을 선사한다.

보조 향신료

월계수 잎, 흑후추, 큐민, 코리앤더

후추와 큐민은 다양한 조합에 작열감과 흙 내음을 부여한다. 월계수 잎과 코리앤더는 기본적으로 고기 요리용 필라우에 마살라와 함께 첨가된다.

추가 향신료

치페리페리, 터메릭, 고추, 참깨

치페리페리는 마다가스카르가 원산지인 후추의 한 종류로 일반적인 흑후추보다 더 톡 쏘고 감귤 향이 나는 특징이 있다. 빻은 참깨는 우간다 요리에서 시금치와 함께 사용하는 경우가 흔하다.

◀ 동아프리카 필라우 마살라용 향신료들

동아프리카

짜릿한 | 달콤한 | 향기로운

잔지바르 군도라는 전설적인 향신료의 섬 때문에 탄자니아는 역사적으로 동아프리카 향신료 교역의 진원지였으며 이 지역 요리에 지배적인 영향력을 행사하고 있다. 아라비아, 페르시아, 인도와의 2천 년에 걸친 교역이 이루어지는 동안 정향, 생강, 후추, 시나몬, 카다멈 등 온기를 내는 향신료들이 소개되었다. 생강과 카다멈은 내륙 깊숙이 들어가서 이 지역에서 가장 널리 상용되는 향신료가 되었다. 해안 지역에서는 터메릭과 코리앤더가 주된 향신료로 쓰였던 요리에 코코넛을 섞어 넣어 상쾌한 열대 과일의 향취를 만들어냈다.

현지 고유의 혼합 향신료

필라우 마살라

인도와 아라비아를 거쳐 이 지역에 소개된 필라우 쌀밥(필라프)은 아래에 나오는 혼합 마살라로 양념을 한 고기 또는 채소로 만든 한 냄비 요리다.

큐민 씨앗 1/2작은술
검정 통후추 1/2작은술
정향 1/2작은술
카다멈 씨앗 1/4작은술
시나몬 가루 1/4작은술

통 향신료를 갈아서 시나몬과 골고루 섞는다. 필라우 마살라는 보통 양파를 튀길 때 첨가한다.

> 잔지바르는 한때 오만의 정착민들이 교역을 시작한 세계에서 가장 큰 정향 산지였다.

중앙아프리카

고소한 | 얼얼한 | 현지 고유의

15세기에 포르투갈 탐험가들이 들여온 고추를 제외하고는 중앙아프리카 요리는 토착 향신료에 충실한 채 남아 있다. 보빔비 나무의 씨앗과 껍질은 이 지역 요리에 거의 매일 사용되는 마늘과 맞먹는 것이며 오래 남는 작열감과 감귤류의 향을 부여하는 세 가지 토착 향신료로는 아샨티(Ashanti) 후추, 그레인스 오브 셀림, 음봉고(mbongo)가 있다.

> " 혼란스럽게도 네 가지 향신료 (아샨티, 음봉고, 그레인스 오브 셀림, 그레인스 오브 파라다이스)는 각기 다른 지역에서 '천국의 알갱이(곡식)'라는 뜻의 이름으로 불린다. "

현지 고유의 혼합 향신료
음봉고 믹스

음봉고 믹스는 카메룬 말로 '검은 스튜'인 '음봉고 초비(mbongo tchobi)'의 맛을 내기 위해 사용하는데 음봉고 초비는 흰살생선으로 만드는 형태가 가장 흔하다.

음봉고 가루 또는 **블랙 카다멈** 4큰술
보빔비(bobimbi) 1작은술 또는 **야생 마늘** 또는 **마늘 차이브** 1움큼
은장사(njangsa) 씨앗 30개 또는 **무염 땅콩** 1움큼
칼라바시 넛맥 씨앗 2개 또는 **갈아 놓은 넛맥** 1작은술
그레인스 오브 파라다이스 1작은술
마늘 4쪽
굵게 다진 양파 1개

통 향신료를 빻아 블렌더에 마늘, 양파, 물 4큰술과 함께 넣고 부드러워질 때까지 갈아서 사용한다.

향신료 팔레트

스카치 보넷 고추

생강

대표 향신료
보빔비, 은장사, 음봉고

은장사는 리치노덴드론 나무의 기름기가 많은 씨앗으로 요리에 고소한 맛을 부여하고 걸쭉하게 만들며 특히 생선과 잘 어울린다.

보조 향신료
칼라바시 넛맥(모노도라 미리스티카), 고추(스카치 보넷), 생강, 그레인스 오브 파라다이스

보통의 넛맥보다 더 순한 토착종 칼라바시 넛맥은 유럽의 노예상을 통해 카리브해까지 전해졌으며 여기서는 자메이카 넛맥이라 불렸다. 생강, 고추, 그레인스 오브 파라다이스는 기본적으로 수프에 넣어 먹는다.

추가 향신료
마늘, 월계수 잎, 흑후추, 커리 가루

이 지역은 점진적으로 비 자생 향신료들을 받아들이고 있는데 마늘, 후추, 월계수 잎은 지역의 쌀 요리인 졸로프에 양념으로 사용하고, 커리 가루는 카메룬식 커리에 맛을 내는 조미료로 사용한다.

향신료 팔레트

그레인스 오브 셀림
그레인스 오브 파라다이스

대표 향신료
고추, 생강, 마늘

대부분의 짭조름한 요리는 이러한 바탕 향신료로 시작하는데 대개의 경우 같이 사용한다. 고추는 매운맛을 결정지으며 날것, 말린 것, 가루 등이 있다.

보조 향신료
그레인스 오브 셀림, 그레인스 오브 파라다이스, 이루, 프레키즈, 넛맥, 월계수 잎

그레인스 오브 셀림과 그레인스 오브 파라다이스는 둘 다 후추 맛이 난다. 프레키즈는 '수프 향수'로도 알려진 콩과 식물의 달콤한 향이 나는 꼬투리다. 이루는 메뚜기 콩 나무의 발효시킨 씨앗으로 강한 암모니아 냄새가 나며 조미료로 사용한다.

추가 향신료
터메릭, 아샨티 후추, 정향, 아니스

아샨티 후추(35쪽 참조)는 특히 방가(상아 야자) 수프, 땅콩 수프 또는 후추 수프에서 매우 중요하다. 정향으로 양념한 새콤한 기장 죽은 아크라에서 가장 인기 있는 아침 식사다.

서아프리카
매운맛 | 얼얼한 | 훈연 향의

서아프리카는 다양한 풍광과 인종 그와 함께 다양한 요리의 전통을 간직한 지역이다. 프랑스어와 영어라는 두 가지 주요 언어권을 고려해서 요리를 나누어 보면 매우 유용하다. 프랑스어권 국가들에서는 머스터드 페이스트와 식초 또는 레몬즙과 같은 신맛이 나는 첨가물을 함께 사용하는 것이 일반적이며 특히 인기 있는 닭 요리인 풀렛 야사에서 두드러진다. 이와는 대조적으로 영어권 국가에서는 훈연하거나 발효하거나 말린 재료들을 요리에 넣어 농밀한 맛을 내는데 거의 모든 짭조름한 요리에 말리거나 훈연해서 가루로 만든 가재나 발효한 메뚜기 콩으로 생기를 불어넣는다.

> "세네갈에서 온 매콤한 쌀요리 졸로프는 전 세계에 서아프리카 요리의 품격을 높이고 있다."

현지 고유의 혼합 향신료
야지

이 향신료 믹스는 수야(suya) 같은 요리에서 고기를 절이는 용도로 사용하거나 서아프리카의 길거리 음식인 케밥에 사용한다.

그레인스 오브 셀림 10줄
통 아샨티 후추 1큰술
으깬 쿨리-쿨리 또는 오셈 밤바(osem babmba) 같은
땅콩 뻥튀기 5큰술
생강가루 5큰술
카이엔 고춧가루 2큰술
으깬 건조 육수 큐브 1개
소금 1/2작은술
간하기용 흑후추

그레인스 오브 셀림을 분리해서 아샨티 후추와 함께 빻는다. 이때 섬유질을 모두 빼내야 할 수도 있다. 나머지 재료와 골고루 섞는다.

더반은 인도 밖에 있는 가장 큰 인도인들의 도시로 알려져 있으며 이 도시의 빅토리아 스트리트 시장은 향신료로 유명하다.

더반 커리 마살라로 맛을 낸 소고기 버니 차우. 211쪽 참조 ▶

남아프리카 공화국

매운맛 | 달콤한 | 다채로운

남아프리카 공화국이 무지개 국가라고 알려져 있는 만큼 많은 인종과 문화로 이뤄진 남아프리카 공화국의 요리는 식민지 역사에 의해 자리 잡은 향신료의 폭넓은 다양성 또한 함께 아우르고 있다. 초기 네덜란드 식민화는 케이프 말레이 요리에 인도네시아의 영향을 받은 양념법의 유산을 남겼고, 영국 통치 하에서 인도 노동자들이 유입된 더반은 세계 최고 커리 도시라는 야성에 도전하게 된다. 모잠비크는 포르투갈인들이 들여온 피리 피리 고추로 인해 남아프리카에서 가장 화끈한 지역으로 알려져 있다. 이와는 대조적으로 내륙 지방인 보츠와나와 짐바브웨의 풍미는 향신료를 매우 신중하게 아껴서 사용하는 전통으로 인해 타 지역에 비해 훨씬 순하다.

> **현지 고유의 혼합 향신료**
> ## 더반 커리 마살라
>
> 남아프리카 공화국에서 세 번째로 큰 도시에서 온 혼합 향신료로 감미가 있는 뚜렷한 작열감이 특징이다.
>
> - 코리앤더 씨앗 2작은술
> - 큐민 씨앗 2작은술
> - 카다멈 씨앗 1작은술
> - 페누그릭 씨앗 1/2작은술
> - 정향 2개
> - 시나몬 스틱 5cm
> - 순한 고춧가루 6작은술
> - 카이엔 페퍼 1작은술
> - 생강가루 1/2작은술
>
> 통 향신료를 팬에 넣고 중불에서 향이 날 때까지 볶은 다음 갈아서 나머지 향신료들과 골고루 섞어 사용한다.

향신료 팔레트

시나몬

터메릭

대표 향신료

시나몬, 터메릭, 코리앤더, 고추, 마늘

현지 요리사들은 요리에 고추가 필요할 경우 양껏 사용하는 반면 터메릭의 경우 더 순한 맛의 커리와 같은 풍미를 낼 때 종종 사용하곤 한다. 시나몬은 네덜란드에서 유래한 커스타드 디저트인 멜크테르트(melktert)에 생기를 불어넣고 코리앤더는 건조 염장육인 빌통(biltong)에 과일 맛을 보탠다.

2차 향신료

정향, 흑후추, 큐민, 생강, 카다멈, 월계수 잎

아시아산 향신료의 추가적인 조합은 인도네시아나 인도 쪽 영감을 받은 다양한 마살라를 만들어내는 반면 월계수 잎은 남아프리카의 국민 요리인 보보티(bobotie)의 맛있는 커스타드 토핑 맛을 낸다.

보조 향신료

넛맥, 아니스, 올스파이스

달콤하고 향기로운 이 세 가지 향신료들은 때때로 현지식으로 변형된 빌통을 만들 때 코리앤더와 같이 쓰이기도 한다.

세계의 향신료

남아시아

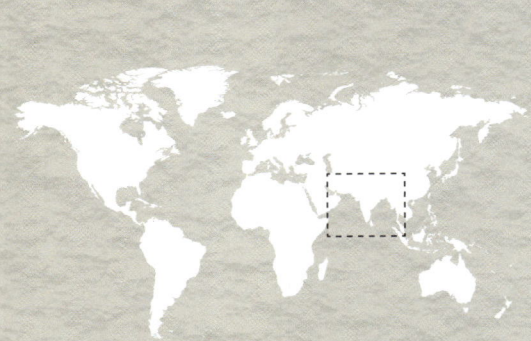

남아시아의 다양한 지역 사회는 단순히 큐민을 뿌리는 것부터 복잡한 혼합 향신료의 사용에 이르기까지 각각 고유의 독특한 양념 문화를 가지고 있다. 카다멈과 시나몬 같은 토종 향신료들은 많은 요리의 중심이며 한때 현지의 것이 아니었던 고추와 코리앤더는 이제 귀한 수출품이 되었다.

향신료 산지

- 북인도 40쪽
- 히말라야 지대 41쪽
- 중앙 인도 42쪽
- 서인도 44쪽
- 동인도와 방글라데시 43쪽
- 남인도와 스리랑카 45쪽

KEY
- 역사에 나오는 향신료 교역로
- 고대 실크로드

풍요로운 해안

인도의 말라바 해안은 케랄라 후추의 주 수출로였으며 오래전부터 세계 향신료 무역의 중심에 있었다. 16세기의 포르투갈인들은 이 지역의 후추를 교역해서 부를 얻은 최초의 유럽인이었다.

향신료 팔레트

가람 마살라로 양념을 한 병아리콩 커리, 211쪽 참조 ▶

터메릭
큐민
고추

대표 향신료
큐민, 터메릭, 고추, 생강, 마늘
마살라 믹스와 페이스트의 기초가 되는 다재다능한 향신료들은 주로 같이 사용하며 주재료에 기품 있는 풍미의 기반을 부여한다.

보조 향신료
카시아, 정향, 카다멈, 인도 월계수 잎, 회향
달콤한 향신료들은 온기와 향기를 부여한다. 인도 월계수 잎은 시나몬과 같은 계열로 정향, 시나몬, 올스파이스가 섞여 있는 맛이다.

추가 향신료
검은 큐민, 아나르다나, 통후추, 사프란
시큼하고 따뜻하며 달콤한 훈연 향의 이 향신료는 독특한 개성으로 감각을 사로잡으며 단독으로 사용하거나 혼합 향신료의 일부로도 사용한다.

북인도
복잡한 | 흙 내음의 | 향기로운

아무 장식이 없는 펀자브의 가정 요리부터 무굴 왕조의 세련된 풍미, 케밥과 길 옆 카페의 큐민으로 마무리한 지글지글 끓는 달(dhal)까지, 이 음식들은 온 세상으로부터 찬사를 받은 향신료만큼이나 널리 회자되고 있다. 기세등등했던 마하라자(왕을 일컫는 명칭)와 나와브(직책 중 하나)의 전성기 동안 궁정 요리사들은 보다 세련된 요리를 위해 이색적인 혼합 향신료를 창조해냈는데 이들 중 다수가 열두 가지 또는 그 이상의 향신료로 조합한 것들이었다. 가정에서는 다용도의 (혼합) 향신료 통을 사용했는데 고추의 강한 작열감보다는 가람 마살라의 따뜻한 성질을 더 선호하는 편이다.

현지 고유의 혼합 향신료
가람 마살라

많은 가정에서 나름의 변화를 준 이 온기 있는 혼합 향신료를 가지고 있는데 여러분이 양념하는 방식과 다를 바 없이 사용하고 있다.

블랙 카다멈 씨앗 살짝 모자라는 25g
몇 조각으로 부순 카시아 살짝 모자라는 25g
검정 통후추 살짝 모자라는 25g
검은 큐민 씨앗 10g
메이스 2조각
정향 10g
다진 넛맥 1/8개

모든 향신료를 곱게 갈아서 섬유질을 모두 걸러 낸다.

남아시아 41

검은 큐민 또는 샤히 지라(shahi jeera)는 일반 큐민과 다르면서도 연관성 있는 식물에서 나온 것으로 연기에 살짝 그을린 듯한 맛이 난다.

히말라야 지대
상큼한 | 화끈한 | 온기를 주는

히말라야의 요리는 거친 고랭지의 채집물을 비롯해서 산기슭에 있는 자연의 산물로 이루어져 있다. 이 음식들은 건강 증진에 주안점을 두고 있는데 흔히 온기를 주는 튀긴 큐민 씨앗 인타르카, 고추, 생강으로 마무리하곤 한다. 향신료들은 기본으로 사용하는데 부탄 같은 지역에서는 고추가 주재료로 격상하기도 한다. 생강으로 양념한 찐만두, 고추를 듬뿍 넣은 티베트 국물, 중국 국수 등의 음식이 파라타, 난, 달 같은 펀자브의 특산품과 공존하고 있다.

> "음식을 지속적으로 유지하는 것에 중점을 두고 있으며 추운 겨울 동안에는 주로 양념한 피클과 절임류로 식사를 한다."

현지 고유의 혼합 향신료
티무르 코 촙

히말라야에서는 소금과 후추에 해당하는 티무르 코 촙(Timur ko chhop)을 수프에 간을 할 때 사용하거나 튀긴 음식을 찍어 먹는 용도 또는 감자튀김, 국수, 커리에 올리는 화끈한 양념으로도 사용한다.

티무르 또는 쓰촨 후추 1작은술
고춧가루 2큰술
소금 1작은술

프라이팬에 티무르를 넣고 약한 화력으로 계속 저어주면서 향기로운 냄새가 날 때까지 덖는다. 고춧가루, 소금과 함께 섞어서 분쇄하여 가루로 만든다

향신료 팔레트

페누그릭

티무르

대표 향신료
페누그릭, 고추, 티무르, 생강, 마늘
페누그릭 씨앗의 쓴맛은 렌틸과 펄스 콩의 고소함과는 대조되는 반면 티무르(쓰촨 후추의 일종)는 네팔 마살라 특유의 상큼한 맛을 내면서도 감귤류의 맛이 더 강하게 난다.

보조 향신료
블랙 카다멈, 아사푀티다, 터메릭
아사푀티다의 유황 냄새는 조리를 하면 은은하게 풍기는 달콤한 냄새로 순화되어 블랙 카다멈과 터메릭의 흙 내음을 보완한다.

추가 향신료
코리앤더, 아즈와인, 정향, 큐민
아즈와인 씨앗과 정향은 더 신중하게 사용하는 코리앤더, 큐민과 함께 일상식에 생기를 불어넣는 강렬한 쓴맛을 가지고 있다.

향신료 팔레트

코리앤더
말린 홍고추

대표 향신료
코리앤더, 큐민, 말린 홍고추, 터메릭, 생강

중앙 인도의 핵심 향신료는 일상의 채소, 렌틸, 펄스 콩에 깊이 있는 풍성한 맛을 부여하며 남아시아에서도 사용하는 이 향신료들의 다재다능함은 이곳에서 더 마음껏 발산되고 있다.

보조 향신료
아사푀티다, 회향, 니겔라

이 탄탄한 양념들은 피클이나 절임에서 큰 역할을 담당하며 이들의 강인한 특성은 주재료들과 상호보완 관계에 있다.

추가 향신료
아즈와인, 암추르

아즈와인은 타임과 비슷한 맛으로 인해 생선이나 전분기 있는 채소 요리에 자주 사용하고, 암추르는 과일류의 상큼함으로 농후한 맛에 개성을 부여한다.

중앙 인도
상큼한 | 고소한 | 훅 끼치는

인접한 라자스탄, 구자라트, 마하라슈트라의 영향을 받은 인도 중부 지방은 대조적인 향신료를 사용해서 채식 요리들을 매우 인상적인 요리들로 바꿔 놓았다. 널리 알려진 간단한 양념은 튀긴 니겔라, 페누그릭, 회향 씨앗의 삼중주로 부드럽게 익힌 채소와 육류 마살라에 피클 풍미를 부여한다. 육식을 하는 사람들은 주로 무굴 스타일의 요리를 먹는다. 마드히야 프라데시의 수도인 보팔에 있는 카페에서는 코리앤더 씨앗을 듬뿍 빻아 넣은 강한 풍미의 가람 마살라로 양념한 비리야니(biryanis), 케밥, 향기로운 커리 등을 제공한다.

> "암추르 망고 가루를 약간만 뿌리면 흔한 감자튀김이라도 스타급으로 지위가 격상된다."

현지 고유의 혼합 향신료
챠트 마살라

챠트 마살라(Chaat masala)는 길거리 간식, 과일 샐러드, 케밥에 뿌리는 양념이다.

큐민 씨앗 2큰술
코리앤더 씨앗 1작은술
검정 통후추 1큰술
암추르 3큰술
생강가루 1작은술
아사푀티다 1/2작은술
칼라 나마크(히말라야 검은 소금) 1큰술
소금 1작은술

통 향신료를 팬에 담고 중불에서 향이 날 때까지 볶는다. 그대로 식힌 다음 나머지 재료들과 섞어서 가루로 분쇄한다.

'다섯 가지 향신료'라는 의미의 판치 포란 (*Panch phoran*)은 현지 향신료인 라두니 머스터드 씨앗을 대체하는 벵갈식 대체품이다.

남아시아   43

동인도와 방글라데시
얼얼한 | 새콤달콤한 | 겨자 향의

서부 벵갈 지역 하천 삼각주와 방글라데시의 요리사들은 복잡한 혼합 향신료를 사용하는데 특히 생선이나 해산물에 잘 어울린다. 종교적인 이유로 콜카타의 많은 힌두교도들은 요리에 마늘과 양파를 사용하지 않고 고소한 맛이 두드러지는 양귀비 씨앗 페이스트와 튀긴 겨자 씨앗, 생강, 향기로운 다섯 가지 향신료인 판치 포란을 더 즐겨 사용한다. 방글라데시의 무슬림들은 무굴 스타일의 비리야니와 통 향신료를 우려낸 쇠고기 커리처럼 더 강한 양념을 좋아한다.

현지 고유의 혼합 향신료
판치 포란

이 통 향신료 믹스는 벵갈과 방글라데시의 특산품이며 특히 달(dhal)이나 채소 요리의 맛을 내는 데 탁월하다.

큐민 씨앗 2작은술
갈색 머스터드 씨앗 2작은술
회향 씨앗 2작은술
니겔라 씨앗 1작은술
페누그릭 씨앗 1작은술

간단히 통 향신료를 한꺼번에 섞어서 사용할 때는 요리를 시작할 시점에 1작은술 정도의 기름이나 기(ghee) 버터에 튀기거나 요리를 차려 내기 직전에 첨가한다.

향신료 팔레트

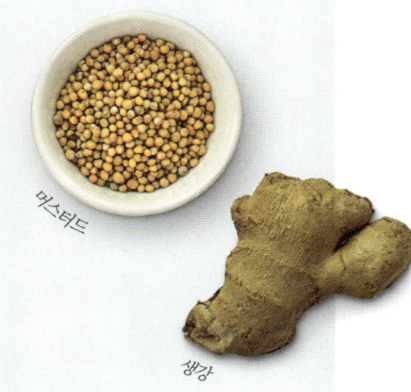

머스터드

생강

대표 향신료

고추, 머스터드, 터메릭, 큐민, 생강, 마늘

구릉 지역에서는 고추가 최고의 인기를 누리지만 평야 지역의 양념은 머스터드 기름에 볶은 향신료를 대조적으로 조합해서 사용한다는 특징이 있다.

보조 향신료

양귀비, 블랙 카다멈, 회향

대표 향신료의 위치를 확고하게 다지려면 고전 요리에 깊고 풍성한 맛을 더하는 향신료를 잘 선택해야 한다.

추가 향신료

코리앤더, 페누그릭, 니겔라

튀긴 니겔라 씨앗은 채소와 고기 요리에 고소한 맛과 피클 풍미를 부여하고, 톡 쏘는 맛은 씁쓸한 페누그릭, 감귤 향의 코리앤더 씨앗으로 보완하고 균형을 잡는다.

마소 탱가 생선 커리와 판치 포란. 211쪽 참조 ▼

향신료 팔레트

머스터드
말린 홍고추
커리 잎

대표 향신료
코쿰, 말린 홍고추, 큐민, 터메릭, 머스터드, 생강, 마늘

마늘은 종교적인 이유로 자이나 교도들에게는 외면을 당하지만, 이런 향신료들은 이 지역 요리 대부분의 근간을 이루었다.

보조 향신료
페누그릭, 커리 잎, 흑후추

이 지역의 음식들은 페누그릭 씨앗이나 커리 잎을 자제하는 듯 보이지만 통후추를 구워서 온기가 나는 마살라에 갈아 넣으면 말릴 수가 없다.

추가 향신료
아사푀티다, 참깨

참깨는 가니시로 더할 나위가 없다. 볶아서 빻으면 고소함이 짙어지고 황화 아사푀티다와 잘 어울린다.

▶ 돼지고기 또는 닭고기 커리에 사용할 수 있는 빈달루 페이스트. 212쪽 참조

서인도
씁쓸한 | 새콤한 | 달콤한

인도 서부의 향신료 사용은 다양한 자연 환경과 문화를 반영한다. 라자스탄의 건조한 기후와 구자라트의 일부 지역은 열대성 기후인 마하라슈트라, 고아와는 다르며 요리 스타일 또한 구분된다. 구자라트의 짭조름한 요리들은 흑설탕과 함께 페누그릭 씨앗과 말린 홍고추 같은 얼얼한 향신료의 풍미가 뒷받침된 새콤달콤한 맛이 특징이다. 라자스탄의 궁정 요리들은 그 풍성함과 고추가 듬뿍 들어간 마살라로 호평을 받고 있으며 크림 같은 코코넛 커리로 균형을 맞춘 맵고 새콤한 커리는 콘칸 연안 요리의 상징과도 같다. 고아는 시큼하고 마늘 향이 강한 인도식 포르투갈 요리로 유명하다.

현지 고유의 혼합 향신료
빈달루 페이스트

고아인들은 빈달루(Vindaloo) 페이스트라는 화끈하고 새콤달콤한 조합을 포르투갈인이 들여와서 토착화시켰다.

큐민 씨앗 1½작은술
말린 통 카시리르 칠리 15~20개
검정 통후추 1작은술
검은 머스터드 씨앗 2작은술
페누그릭 씨앗 1작은술
정향 6개
카다멈 씨앗 1작은술
5cm 길이의 카시아 조각
팔각 1/2개
사과 발효 식초 또는 야자 식초 6큰술
가는 소금 1작은술
흑설탕 또는 대추야자 설탕 2작은술

향신료들을 팬에 넣고 향기가 날 때까지 중불에 볶은 다음 분쇄한다. 볼에 옮겨 담고 식초, 소금, 흑설탕을 넣어 페이스트 상태로 만든다.

남인도와 스리랑카

상쾌한 | 시큼한 | 강한

케랄라의 카다멈 언덕에서 스리랑카의 시나몬 경작지와 안드라 프라데시의 유명한 고추 재배지에 이르기까지 이 지역의 요리 전통은 수세기 동안의 향신료 무역에서 비롯된 것이었다. 포르투갈, 프랑스, 독일, 남아시아 그리고 영국인들의 영향이 현지의 입맛에 맞게 자리를 잡았지만 삼바르의 일꾼(the stalwarts of sambhar, 채소를 곁들인 시큼한 렌틸 요리), 여러 가지 쌀 요리, 새콤한 생선 마살라 같은 요리들은 현지의 특징을 그대로 간직하고 있다.

코쿰은 망고스틴과에 속하는 과일의 껍질을 말린 것으로 신맛을 내기 위해 타마린드처럼 사용한다.

현지 고유의 혼합 향신료
군 파우더

남부의 독특한 양념, 군 파우더(Gunpowder)를 쌀 요리와 도사(dosa, 렌틸과 쌀로 만든 팬케이크), 이드리(idli, 쌀떡)에 뿌려 보자. 오일을 약간 뿌려 촉촉하게 해주면 아주 진한 양념장이 된다.

차나 달 또는 쪼개 놓은 노란 렌틸
약간 모자라는 25g
쪼개 놓은 우라드 달 또는 검은 가람 렌틸 약간 모자라는 25g
생 코코넛 또는 코코넛 가루
약간 모자라는 25g
참깨 1큰술

커리 잎 2큰술(약 20장)
맛내기에 따라 순하거나 매운
홍고추 6~8개
타마린드 과육 1큰술
아사푀티다 1/4작은술
흑설탕 또는 대추야자 설탕
2작은술

약불에서 렌틸을 계속 저어주며 색이 날 때까지 7~10분 동안 볶는다. 볼에 옮겨 담고 식힌다. 같은 방식으로 코코넛을 3~4분 동안 볶는다. 노릇해지기 시작하면 참깨, 커리 잎, 고추를 넣고 고추가 짙은 색이 날 때까지 계속 익힌다. 타마린드 과육과 아사푀티다를 저어 섞은 다음 설탕을 넣기 전에 1분간 볶는다. 불을 끄고 설탕이 녹을 때까지 후저어 섞는다. 모든 재료를 긁어서 렌틸에 넣고 식힌 다음 굵직한 가루로 분쇄한다. 쟁반에 펼쳐서 1시간가량 말린다.

향신료 팔레트

타마린드

카다멈

대표 향신료

타마린드, 머스터드, 페누그릭, 큐민, 카다멈, 생강, 마늘, 커리 잎, 고추

향신료를 덖었는지, 튀겼는지, 빻았는지 또는 통째로 넣었는지에 따라 요리는 순하고, 은은하고 뚜렷한 특징을 가지거나 화끈해지기도 한다.

보조 향신료

카시아, 시나몬, 흑후추, 넛맥, 아사푀티다

카시아는 시나몬보다 더 강하고 거친 맛이며 마살라에 뚜렷한 풍미를 부여한다. 두 향신료 모두 후추, 넛맥, 고추의 온기와 잘 어울린다.

추가 향신료

참깨, 팔각, 메이스

아마도 팔각은 중국 상인들이 이 지역에 소개한 듯하다. 당시 팔각은 남아시아에서는 거의 재배되지 않았기 때문이다. 회향과 비슷한 감미는 구운 참깨의 고소함, 메이스의 좋은 향과 잘 어울린다.

세계의 향신료

동남아시아

포르투갈 상인들이 동남아시아에 고추를 들여오면서 이 지역 요리에 일대 혁명이 일어났다. 고추는 현재 마늘, 생강, 레몬그라스와 같은 개성 있는 향신료와 함께 이 지역 전체의 향신료 팔레트를 좌지우지하고 있다.

향신료 산지

- 미얀마 48쪽
- 태국, 라오스, 캄보디아 49쪽
- 베트남 50쪽
- 말레이시아, 싱가포르 51쪽
- 필리핀 53쪽
- 인도네시아 52쪽

타마린드
타마린드는 미얀마 최고의 농업 수출품 중 하나다.

마크루트 라임
열대의 태국에서는 집집마다 라임 나무를 가지고 있다.

남아시아로

말라카
15세기 동안 말라카는 아랍과 중국 상인들에게 중요한 무역항이었다.

흑후추
인도네시아는 전 세계 후추 생산량의 1/5을 담당하고 있다.

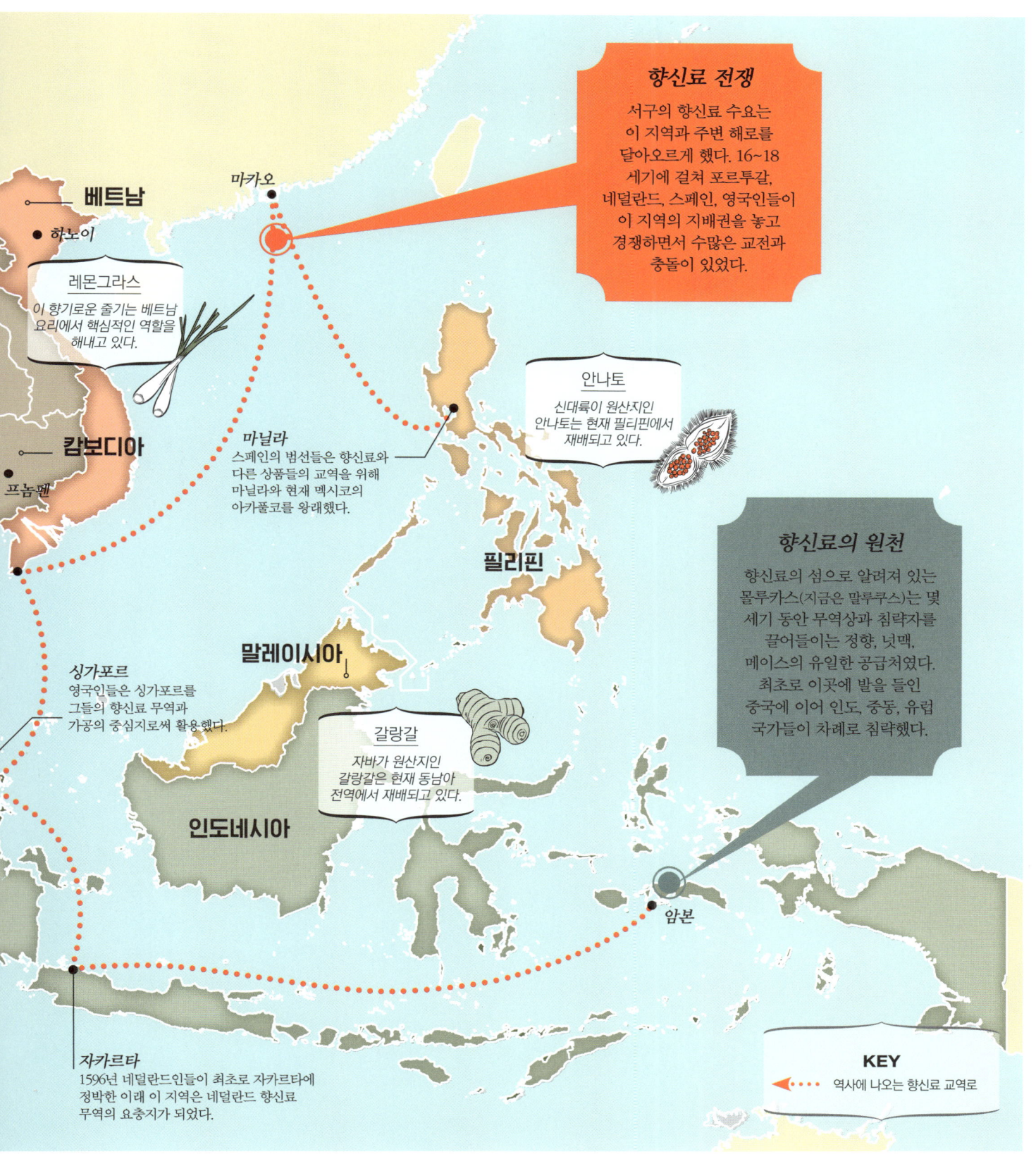

향신료 팔레트

생강

마늘

대표 향신료

생강, 마늘, 고추

일찍이 중국인들과 최근에는 태국인들까지 버마 향신료 팔레트에 지속적으로 영향을 미쳐왔다. 이 신선한 세 가지 향신료의 기본적인 풍미를 뺀 일상의 요리는 극히 드물다.

보조 향신료

가람 마살라, 순한 커리 가루, 참깨, 코리앤더, 레몬그라스, 터메릭, 큐민

수세기 동안 벵골만을 가로질러 교역이 이루어진 인도의 풍미는 현지 요리법과 조화를 이루었으며 그중 가람 마살라는 특히 인기 있는 혼합 향신료다.

추가 향신료

흑후추, 팔각, 시나몬, 커리 잎, 타마린드, 양귀비

미얀마에서는 향기로운 온기의 후추와, 팔각, 시나몬의 맛을 누그러뜨리지 않고 강하게 감싸는 황화 커리 잎, 새콤한 타마린드, 고소한 맛이 풍부한 양귀비 씨앗이 그 가치를 인정받고 있다.

미얀마

훅 끼치는 | 향기로운 | 짭조름한

버마의 일상식은 갓 빻아서 만든 향신료 페이스트에 인도와 방글라데시의 말린 향신료를 조금씩 넣어 풍미를 끌어올린 것이 특징이다. 여기에 다양한 지형, 기후, 민족성이 폭넓은 풍미를 더한다. 이 지역의 요리는 이웃 나라인 태국에 비해 덜 달고, 새콤한 맛이 인기를 끌고 있으며 순수 작열감보다는 은은하게 얼큰한 맛을 더 선호하는 편이다. 신선하고 향기로운 잎(야생에서 자란)은 다양한 생선 발효 제품들처럼 거의 모든 요리에 사용된다.

> "100여 민족 이상의 원주민과 강력한 이웃의 영향이 미얀마의 풍부한 전통 요리법의 근간을 이루었다."

현지 고유의 혼합 향신료
버마식 가람 마살라

인도에서 가장 인기 있는 혼합 향신료는 미얀마에서도 매우 유명하다. 요리를 할 때 기본양념으로 사용하거나 마지막에 첨가하기도 한다.

코리앤더 씨앗 1작은술	**카다멈 꼬투리** 1작은술
검정 통후추 1작은술	**정향** 1작은술
큐민 씨앗 1작은술	**시나몬 스틱** 2.5cm
말린 월계수 잎 2장	**팔각** 2개

모든 향신료를 약불에서 향이 날 때까지 볶는다. 식혔다가 고운 가루로 분쇄해서 사용한다.

판단 잎은 특히 코코넛을 넣은 단맛이 나는 요리에 바닐라와 비슷한 향을 부여한다.

얇게 썬 스테이크, 고추, 라임 드레싱, 카오 쿠아로 만든 태국식 샐러드 ▼

동남아시아 49

태국, 라오스, 캄보디아
매운맛 | 상큼한 | 깔끔한

스파이스 루트를 따라간 국가들 중 태국만큼 열정적으로 고추를 받아들인 나라는 없다. 캄보디아 요리의 단조로운 맛이 고추가 들어오기 이전의 태국 요리가 어떤 맛이었을지 짐작케 하지만 고추를 양껏 사용하지 못하는 태국 요리는 상상하기 힘들다. 다른 주요 향신료들은 많이 사용되지 않았으며 라오스의 요리사들과 마찬가지로 태국 요리사들은 여전히 갓 빻은 향신료 페이스트를 더 선호한다. 한편, 캄보디아 요리에는 13세기부터 자국에서 재배하기 시작한 흑후추의 섬세한 작열감이 녹아 들어가 있다.

현지 고유의 혼합 향신료

카오 쿠아

카피르 라임 잎과 신선한 향신료를 넣은 볶음 쌀가루는 라오스의 랍(larb)과 태국 쇠고기 샐러드의 핵심 재료이다. 특히 독특한 질감은 대체 불가하다.

생 찹쌀 5큰술
슬라이스한 레몬그라스 줄기 1대
슬라이스한 갈랑갈
엄지손가락 크기 1조각 분량
거칠게 뜯어 놓은 카피르 라임 잎 3장

모든 재료를 팬에 넣고 중불에서 쌀알이 노릇노릇해질 때까지 자주 뒤적여주며 볶는다. 식으면 향신료를 골라 낸 다음 절구를 이용하여 쌀을 빻아 거친 가루로 만든다.

향신료 팔레트

흑후추

레몬그라스

대표 향신료
고추, 마늘, 코리앤더 뿌리, 레몬그라스
이 신선한 네 가지 향신료는 태국과 라오스 요리 전반에 걸쳐 흔히 접할 수 있다. 캄보디아 요리사들은 고추를 적게 사용하는 대신 나머지는 적극적으로 받아들였다.

보조 향신료
카피르 라임 잎, 갈랑갈, 생강, 크라차이(야생 생강), 흑후추, 타마린드
생강과에 속하는 여러 뿌리들은 카피르 라임 잎과 함께 신선한 향을 더하며 타마린드는 신맛을, 흑후추와 백후추는 천천히 작열감을 낸다.

추가 향신료
터메릭, 정향, 넛맥, 시나몬, 회향, 카다멈, 판단 잎, 그린 페퍼
말린 향신료는 전 지역에 걸쳐 널리 퍼져 있음에도 불구하고 일상식이 아닌 매우 한정된 요리에 사용된다.

향신료 팔레트

레몬그라스
팔각

대표 향신료
생강, 마늘, 고추
베트남 요리사들이 그토록 사랑해마지 않는 이 세 가지 신선한 향신료에서 중국의 영향을 엿볼 수 있다.

보조 향신료
레몬그라스, 코리앤더 뿌리, 팔각, 올스파이스, 터메릭, 딜, 판단 잎, 흑후추
향기를 내는 향신료는 육수와 스튜에 풍부한 맛을 부여하고 흑후추는 고추로 맛을 내기에는 너무 민감한 요리의 바탕에 은은한 작열감을 만들어낸다.

추가 향신료
카다멈, 감초, 회향, 시나몬, 정향
극히 드문 경우에만 활용되는 이들 향신료는 흔히 요리의 바탕에 달콤한 맛과 온기를 부여하는 용도로 사용한다.

베트남
상쾌한 | 온화한 | 섬세한

말레이시아나 인도네시아만큼 향신료 무역의 영향을 받지는 않았지만 그럼에도 불구하고 베트남은 꽤나 풍부한 향신료 자원을 가지고 있다. 대부분의 요리에 건조된 향신료로 기본적인 풍미를 내지만 별도의 접시에 허브를 풍성하게 담아내는 점이 눈길을 끈다. 남부 베트남 요리는 북부와는 대조적으로 향신료를 더 풍부하게 사용하며 새콤하고 짠맛은 베트남 전역에 걸쳐 널리 퍼져 있다. 프랑스 식민주의자들은 이미 잘 짜여 있던 베트남 식문화에 딜, 회향, 감초 같은 유럽산 향신료를 곁들이는 섬세한 방식을 들여왔다.

현지 고유의 혼합 향신료
느억 참

스프링 롤부터 구운 고기와 해산물까지 찍어 먹는 양념장인 느억 참(Nuoc cham) 없이는 그 어떤 베트남 식탁도 완벽할 수 없다.

굵직하게 다진 새 눈 고추* 2개
굵직하게 다진 마늘 2쪽
종려당 2작은술
라임즙 반 개 분량
베트남 피시 소스 2큰술(느억 맘)

고추, 마늘, 설탕을 절구에 넣고 빻아 페이스트 상태로 만든다. 라임즙을 짜 넣고 물 2큰술, 피시 소스를 넣은 다음 잘 섞어서 사용한다.

* 새 눈 고추는 쥐똥 고추라고도 부른다.

동남아시아 51

▲ 느억 참에 찍어 먹을
여름 새우 롤. 212쪽 참조

베트남 요리에서 폭넓게
쓰이는 새 눈 고추는
16세기경에
포르투갈인들이 들여온
듯하다.

말레이시아와 싱가포르
복잡한 | 풍성한 | 결합된

말레이시아 남부에 위치한 항구 도시 말라카는 인도-차이나 해역으로 향하거나 스파이스 루트로의 더 먼 항해를 하는 선박들의 중요한 무역 요충지로 이상적인 장소였다. 그 결과 말레이시아와 싱가포르 전역에서 중국, 인도, 이슬람 공동체가 오늘날까지 지속되고 있으며 이 지역의 요리는 이처럼 다양한 문화를 적극 수용하여 새로운 풍미를 더하였다. 퓨전 음식의 개념은 중국, 인도, 아랍, 유럽의 식재료들이 하나의 요리에서 발견되는 말라카에서 탄생한 것이 틀림없다.

현지 고유의 혼합 향신료
말레이시아식 생선 커리 페이스트

갈랑갈, 마늘, 인도 스타일의 말린 향신료 마살라를 곁들인 샬롯의 상쾌한 풍미가 층을 이룬 이 고전적인 퓨전 페이스트는 코코넛 밀크와 섞어서 살이 단단한 흰살생선 조각과 함께 뭉근하게 끓이는 생선 커리를 재빨리 만드는 데 사용한다.

코리앤더 씨앗 2작은술
큐민 씨앗 1작은술
회향 씨앗 1/2작은술
검정 통후추 1/2작은술
중간 크기의 말린 고추 4개
터메릭 1/2작은술

껍질을 벗겨서 굵직하게 다진 갈랑갈 또는
생강 엄지손가락 크기
굵직하게 다진 마늘 3쪽
굵직하게 다진 샬롯 50g

통 향신료를 팬에 살짝 볶아서 식힌 다음 터메릭과 함께 푸드 프로세서에 넣고 가루로 분쇄한다. 갈랑갈, 마늘, 샬롯을 푸드 프로세서나 핸드 블렌더로 분쇄할 때는 간간히 물을 부어가며 퓌레 상태로 만든다. 건조한 상태의 마살라와 갓 만든 퓌레를 섞어 커리 페이스트를 만든다.

향신료 팔레트

갈랑갈

커리 잎

대표 향신료
생강, 마늘, 고추

전통적인 동남아시아의 풍미 삼중주는 말레이시아와 싱가포르의 일상 식 전반에 걸쳐 근간을 이루고 있지만 단독으로 사용하는 경우는 드물다.

보조 향신료
카다멈, 터메릭, 말린 고추, 흑후추, 정향, 코리앤더 씨앗과 뿌리, 큐민, 시나몬, 커리 잎, 레몬그라스, 갈랑갈, 타마린드, 판단 잎, 라임 잎

말린 혼합 향신료는 레몬그라스, 마크루트 라임, 커리 잎의 상큼한 향에 잘 어울리는 따뜻한 흙 내음을 더해준다.

추가 향신료
회향, 아니스, 팔각, 말린 생강, 카시아, 쓰촨 후추, 참깨

말레이시아 요리사들은 스파이스 루트를 통해 들여온 신상품들을 적극적으로 사용해서 다채로운 양념으로 풍미 가득한 요리들을 만들어냈다.

향신료 팔레트

대표 향신료
마늘, 생강, 샬롯

인도네시아 요리사들은 향신료를 광범위하게 사용하는데 수많은 요리법에 기본적인 맛을 만들어 낸 이 세 가지만큼 널리 사용된 것은 거의 없었다.

보조 향신료
넛맥, 메이스, 정향, 살람 잎, 갈랑갈, 레몬그라스, 판단 잎, 라임 잎, 타마린드, 고추, 터메릭, 큐민, 시나몬

토착종 넛맥, 메이스, 정향은 상쾌하고 향이 좋은 잎들과 뿌리 (새콤하고 톡 쏘는 살람 잎을 포함) 그리고 스파이스 루트에서 들여온 온화한 느낌과 잘 어울린다.

추가 향신료
흑후추, 코리앤더, 커리 잎, 카다멈, 커리 가루, 쓰촨 후추, 캐러웨이, 아니스

저 멀리 인도에서 온 향신료, 뒤이어 중국의 쓰촨 후추, 지중해의 캐러웨이와 아니스는 인도네시아 전역을 풍미의 보고로 만들어버린다.

인도네시아
생생한 | 복잡한 | 다채로운

막강한 천연자원과 17,000개 이상의 섬들로 이루어진 인도네시아는 오랜 기간 동안 확립된 교역로와 함께 민족의 문화유산만큼이나 다채로운 향신료를 즐기고 있다. 16세기에 고추의 유입을 완전히 수용한 민족에게는 "눈에서 물이 흐르지 않으면 좋은 음식이 아니다."는 속담이 있지만 인도네시아 요리에는 눈물을 쏙 빼는 작열감보다 더 많은 것들이 내재되어 있다. 페르시아, 인도, 중국에서 들어온 이국적인 수입품과 섞인 향기로운 현지의 향신료는 복잡한 풍미의 깊이를 담은 요리를 만들어낸다.

현지 고유의 혼합 향신료
붐부

인도네시아의 많은 요리법들은 몇 종의 붐부(bumbu, 향신료 페이스트)를 기본 재료로 사용한다. 모든 지역(그리고 요리사)에는 저마다 즐겨 사용하는 형태의 레시피가 있다. 아래는 그중에서도 고전에 속한다.

코리앤더 씨앗 1작은술	굵직하게 다진 샬롯 6개
정향 3개	굵직하게 다진 마늘 3쪽
백 통후추 1/2작은술	굵직하게 다진 홍고추 2개
갈아 놓은 넛맥 1꼬집	새우 페이스트 1작은술
껍질을 벗기고 굵직하게 다진 1.5cm 크기의 갈랑갈	튀김용 식용유 1큰술
껍질을 벗겨서 굵직하게 다진 2.5cm 크기의 생 터메릭	

블렌더에 넣고 갈아도 되지만 절구에 빻아야 최상의 풍미를 얻을 수 있다. 말린 향신료부터 빻기 시작해서 섬유질이 많은 갈랑갈과 터메릭, 이어서 나머지 재료를 순으로 빻은 다음, 마지막으로 새우 페이스트를 넣고 섞는다.

웍 또는 프라이팬에 기름을 붓고 가열한 다음 혼합 향신료를 넣는다. 페이스트가 노릇노릇해질 때까지 약 5분 동안 높은 화력으로 계속 저어주면서 볶는다. 식혀서 사용한다.

아도보는 식초와 향신료로 고기를 보존하는 필리핀 원주민들의 기술을 두고 식민지 개척자들이 일컬었던 스페인 말이다.

아도보 마리네이드용 간단한 향신료 조합 ▶

필리핀

순한 | 형형색색의 | 향이 좋은

필리핀 사람들의 생활 방식에서 차지하는 음식의 중요성(하루에 다섯 끼를 먹는다)을 감안하면, 이들의 양념은 놀라울 정도로 평범하다. 대부분의 고전 요리들은 2~3가지 이상의 양념을 사용하지 않으며 화끈할 정도로 '매콤한' 음식은 거의 없다. 아시아보다는 유럽적인 향신료 팔레트를 뚜렷하게 남긴 스페인이 통치한 300년 이상의 세월에도 불구하고 필리핀은 스파이스 루트에 있는 스페인을 비롯하여 이들의 교역 상대국들과 같은 방식으로 고추를 받아들이지는 않았다.

현지 고유의 혼합 향신료

아도보 마리네이드

필리핀 레시피는 코코넛 식초가 주역을 담당하는 간단한 마리네이드로 시작하곤 한다. 닭고기나 돼지고기를 밤새 양념에 재워 놓을 때 이 레시피를 사용해 보자. 더 매콤한 스타일의 아도보는 208~209쪽 참조.

코코넛 또는 사과 발효 식초 100ml
간장 50ml
으깬 마늘 3쪽
검정 통후추 1작은술
월계수 잎 2장

모든 재료를 작은 소스 팬에 넣고 끓인다. 끓어오르면 불을 끄고 실온 정도까지 식힌 후 사용한다.

향신료 팔레트

월계수 잎

후추

대표 향신료

월계수 잎, 흑후추, 마늘

필리핀 요리의 이 '성스러운 삼위일체'는 비공식적인 국민 요리인 아도보를 포함한 대부분의 요리에 양념으로 사용된다.

보조 향신료

안나토, 터메릭, 생강, 레몬그라스, 판단 잎

이 향신료들은 작열감을 내는 용도로 사용하는 경우는 드문 반면 천연 식용 색소의 용도나 고유의 향기로운 성질을 이용하는 경우가 많다.

추가 향신료

고춧가루, 파프리카, 타마린드

필리핀인들은 매운 음식을 다룰 때 고추보다는 파프리카를 선택한다. 작열감보다는 톡 쏘는 맛을 더 중요시하며 타마린드는 그 유명한 시니강 육수 맛에 중요한 역할을 한다.

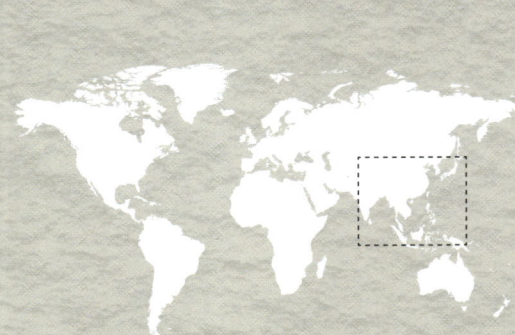

세계의 향신료

동아시아

대륙의 동쪽 끝에 위치해 있었음에도 불구하고 동아시아는 15세기 교역로의 핵심 거점이었으며 오늘날 세계 4위의 향신료 생산지에 이를 정도로 전 세계 향신료 교역에 큰 영향을 끼쳤다. 이 지역에서 생산되는 대부분의 향신료는 순한 편인데 혀를 얼얼하게 만드는 쓰촨 후추만은 예외다.

향신료 산지

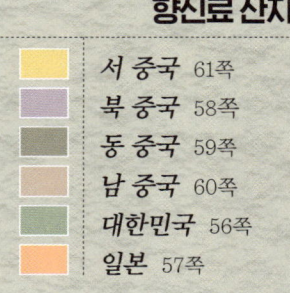

- 서 중국 61쪽
- 북 중국 58쪽
- 동 중국 59쪽
- 남 중국 60쪽
- 대한민국 56쪽
- 일본 57쪽

카슈가르 실크로드의 북쪽과 남쪽의 경로가 이 오아시스에서 만난다.

투르판 이 도시는 실크로드 북쪽 지부에 있는 중요한 교역의 중심지였다.

중국

콜카타

첸나이

중동과 유럽으로 가는 경로

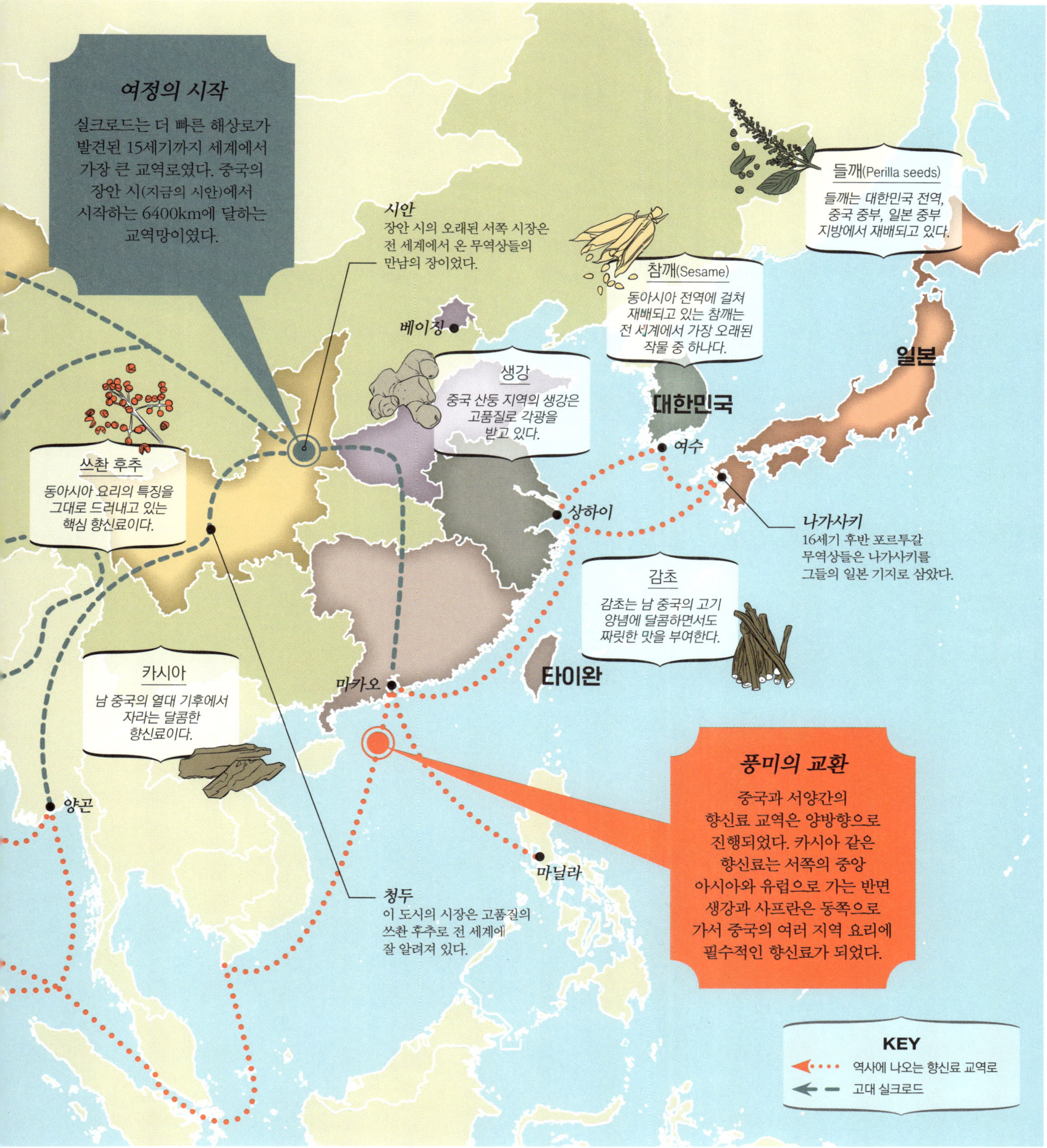

동아시아 55

여정의 시작

실크로드는 더 빠른 해상로가 발견된 15세기까지 세계에서 가장 큰 교역로였다. 중국의 장안 시(지금의 시안)에서 시작하는 6400km에 달하는 교역망이었다.

시안
장안 시의 오래된 서쪽 시장은 전 세계에서 온 무역상들의 만남의 장이었다.

베이징

들깨 (Perilla seeds)
들깨는 대한민국 전역, 중국 중부, 일본 중부 지방에서 재배되고 있다.

참깨 (Sesame)
동아시아 전역에 걸쳐 재배되고 있는 참깨는 전 세계에서 가장 오래된 작물 중 하나다.

생강
중국 산동 지역의 생강은 고품질로 각광을 받고 있다.

대한민국

일본

여수

쓰촨 후추
동아시아 요리의 특징을 그대로 드러내고 있는 핵심 향신료이다.

상하이

나가사키
16세기 후반 포르투갈 무역상들은 나가사키를 그들의 일본 기지로 삼았다.

감초
감초는 남 중국의 고기 양념에 달콤하면서도 짜릿한 맛을 부여한다.

마카오

타이완

카시아
남 중국의 열대 기후에서 자라는 달콤한 향신료이다.

양곤

마닐라

청두
이 도시의 시장은 고품질의 쓰촨 후추로 전 세계에 잘 알려져 있다.

풍미의 교환

중국과 서양간의 향신료 교역은 양방향으로 진행되었다. 카시아 같은 향신료는 서쪽의 중앙 아시아와 유럽으로 가는 반면 생강과 사프란은 동쪽으로 가서 중국의 여러 지역 요리에 필수적인 향신료가 되었다.

KEY
- ···◄ 역사에 나오는 향신료 교역로
- --◄ 고대 실크로드

향신료 팔레트

대표 향신료
참깨, 홍고추, 마늘

한국의 양념은 풍부한 구조감 (푹 삭힌 맛)에 강하면서도 섬세하며, 고추와 마늘의 얼얼함은 볶은 참깨의 풍성한 맛으로 균형을 잡기도 하고 김치 같은 발효 음식에서 순화되기도 한다.

보조 향신료
생강, 흑후추, 들깨

생강과 후추 같은 보조 향신료들은 들깨의 민트, 감초 향과 함께 깊이 있는 얼얼함을 보탠다.

추가 향신료
풋고추, 시나몬

홍고추가 발효 음식에 화끈한 맛을 부여하는 반면 풋고추와 시나몬은 한국 음식의 얼얼하면서도 달콤한 특징을 한층 더 부각시킨다.

대한민국
화끈한 | 온화한 | 얼얼한

이미 오래전에 입지를 구축한 다른 아시아 음식들에 비해 한국 음식은 최근에야 세계적으로 인기를 끌기 시작했지만 복잡하면서도 강하며 섬세한 요리의 중독성 있는 매운맛과 산미로 인해 곧장 호응을 얻게 되었다. 한국의 입지와 중국과 일본으로부터 침략당한 역사를 감안했을 때 고추와 생강, 마늘 같은 이웃 나라의 영향을 받은 향신료가 중요한 역할을 하고 있다는 사실은 그리 놀랄 만한 일이 아니다. 그러나 발효와 장기 저장에 관한 핵심 기술은 한국 특유의 맛과 요리를 만들어낸다.

현지 고유의 혼합 향신료
양념장

대단히 인기가 많으며 깊은 풍미의 매운맛의 양념이다. 찍어 먹는 소스로도 꽤나 훌륭하며 절임장으로도 좋다.

- **참깨** 1작은술
- **간장** 3큰술
- **참기름** 1큰술
- **쌀 식초** 1/2작은술
- **고춧가루** 2작은술
- **설탕 또는 꿀** 1/2작은술
- **으깬 마늘** 1쪽
- **슬라이스한 쪽파** 1대

참깨를 팬에 넣고 센 불에서 노릇한 색이 날 때까지 저어주며 볶는다. 나머지 재료들과 골고루 섞는다. 일주일 이상 냉장고에 보관할 수 있다.

동아시아 57

일본
신선한 | 순한 | 생기발랄한

비교적 작은 섬나라임에도 불구하고 일본은 요리와 양념이 놀라울 정도로 다양하다. 남쪽의 '이방인' 요리들은 16세기와 17세기에 이 섬에 발을 들여놓을 수 있었던 일부 외국인들과의 상호교류의 결과로 만들어졌다. 포르투갈인들은 튀김, 고추, 식초를, 중국인들은 라멘, 교자, 만두를 그리고 영국인들은 커리를 들여왔다. 이러한 서구 영향을 받은 요리들은 이 나라의 다른 지방에서 볼 수 있는 더 섬세한 와쇼쿠(일본식 식사)와는 대조적이다.

들깨는 민트와 같은 계열 식물의 씨앗이다. 고소하면서도 아니스 씨앗의 약한 박하 향 풍미가 난다.

◀ 쪽파와 양념장을 곁들여 낸 팬에 지진 두부.

> " 일본의 요리는 모든 것의 중심인 자연, 계절감을 반영하고 있다. "

현지 고유의 혼합 향신료
시치미 토우가라시

향이 짙은 혼합 향신료 시치미 토우가라시는 식탁 양념이나 커리, 구운 고기, 면 요리에 맛을 내는 용도로 사용할 수 있다.

곱게 간 산초 또는
쓰촨 후추 2큰술
**말린 오렌지, 유자,
레몬 껍질** 2큰술
고춧가루 4큰술
김 가루 2큰술
참깨 2작은술
**대마 씨앗, 아마 씨앗,
치아 씨앗** 2작은술
마늘 가루 2작은술

모든 재료를 한꺼번에 섞어서 사용한다.

향신료 팔레트

참깨
팔각
생강

대표 향신료
참깨, 산초, 생강

참깨의 풍부한 맛, 산초의 감귤계 작열감(쓰촨 후추와 비슷한), 생강의 생생한 짜릿함은 얼얼함과 섬세함의 장점을 모두 가진 요리의 정체성이라 할 만하다.

보조 향신료
백후추, 고추, 마늘, 팔각

점진적인 매운맛은 고추의 화끈함과 백후추의 느린 작열감에서 비롯되며 마늘, 팔각은 유황과 감초의 복잡한 향미를 부여한다.

추가 향신료
정향, 올스파이스, 시나몬, 흑후추

이 강인한 향신료들은 신선함과 생기발랄함이라는 일본의 핵심 요소들을 압도하지 않도록 제한적으로 사용한다.

향신료 팔레트

쓰촨 후추 / 참깨

대표 향신료
생강, 참깨, 쓰촨 후추
신선함과 단순함은 향신료가 양고기, 소고기, 생선, 밀가루 요리에 제한적으로 사용되는 이 지역 요리의 핵심이다.

보조 향신료
팔각, 마늘
산둥 요리에서 두부, 생채소를 이용한 요리에는 향기로운 팔각을 사용하며 베이징의 무슬림 주민들은 양고기, 소고기 요리에 마늘을 주로 사용한다.

추가 향신료
큐민, 고추
중국 무슬림들의 주방에서 유래한 양루추안(양 꼬치)은 큐민과 고추로 양념하며 베이징에서 인기가 높다.

북 중국
짭조름한 | 새콤한 | 담백한

중국처럼 광활한 나라는 요리 또한 매우 다양하지만 중국 북부의 산둥, 허난성, 베이징 등지에서 사용하는 대중적인 향신료로 인해 이들 지역 대부분의 양념은 어느 정도 비슷한 양상으로 통합된 느낌이다. 산둥 요리는 주재료 본연의 맛을 살리는 섬세한 풍미가 특징이다. 허난성은 좀 더 섬세하면서도 조화로운 맛이 특징이며 베이징은 이 지역 전역에 걸쳐 사용하는 흑식초의 신맛이 강조됨과 동시에 양쪽 모두의 영향을 받고 있다.

> " 산둥 요리는 중국 8개 주요 지역의 요리들 중 최고로 꼽힌다. "

현지 고유의 혼합 향신료
산둥 스파이스 백

이 모둠 향신료는 '더저우'나 '다오코우' 식처럼 여러 북 중국의 닭고기 스튜의 기본 육수를 만들 때 우려내어 사용한다.

카다멈 꼬투리 10개
팔각 2개
통 쓰촨 후추 1/2큰술
정향 1/2큰술
큐민 가루 1/2큰술
7.5cm 길이의 **시나몬 스틱**
10~12cm 길이의 **감초 뿌리**
말린 오렌지 또는 **귤껍질**

모든 재료를 면포나 향신료 주머니에 담고 단단히 묶은 다음 조리수에 넣는다.

▲난징 스파이스 백을 만들 면포와 재료들

연꽃 씨앗은 신선한 아몬드와 잣을 연상케 하는 부드럽고 달콤한 풍미를 가지고 있다.

동 중국

섬세한 | 향이 짙은 | 달콤한

중국 동쪽 지방의 요리는 주로 다양한 지형에 의해 결정되는 대조적인 맛의 조합이 특징이다. 황산과 그 산맥 지역 일대의 내륙에서는 설탕으로 단맛을 가미한 푸짐한 농민의 음식인 안후이 요리에 들어가는 독특한 채집 재료를 사용하는 전통이 있다. 이와는 대조적으로 장쑤성, 저장성 상하이로 이어지는 해안 지역은 바다와 강의 풍부한 식재료를 돋보이게 하는 섬세한 풍미가 특징인 세련된 미식가의 요리가 유명하다.

현지 고유의 혼합 향신료
난징 스파이스 백

이 향신료들은 그 유명한 난징식 소금에 절인 오리 요리(212쪽 참조)의 육수 맛을 내는 용도로 생강 슬라이스, 소흥주와 함께 사용한다.

정향 6개
팔각 4개
으깬 통 백후추 1작은술
월계수 잎 6장
말린 오렌지 또는 귤 껍질
감초 뿌리 가루 1작은술
소금 1작은술

모든 재료를 면포나 향신료 주머니에 담고 단단히 묶은 다음 조리수에 넣는다.

향신료 팔레트

생강

백후추

대표 향신료

생강, 백후추, 쓰촨 후추, 참깨

이 지역의 대표 향신료들은 절대 두드러지는 법 없이 요리를 구성하는 생선이나 고기의 풍미를 더 끌어올리는 역할을 한다.

보조 향신료

팔각, 시나몬, 연꽃 씨앗

네 가지 스타일의 장쑤성 요리는 무석 돼지갈비 같은 요리처럼 팔각이나 시나몬 등의 달콤한 향을 사용한다. 연꽃 죽 같은 디저트는 또 하나의 인기 품목이다.

추가 향신료

블랙 카다멈, 회향, 큐민, 감초

쑤저우의 페이스트리는 그을린 맛, 달콤한 맛, 짭조름한 맛, 고소한 맛과 더불어 강력한 향을 내는 다양한 향신료와 향신료 성분이 들어간 재료로 만든다.

향신료 팔레트

생강

마늘

대표 향신료
마늘, 생강, 고추, 참깨

남 중국의 대표 향신료들은 주재료의 풍미, 색, 질감을 보존하는 데 최적화된 기법을 더욱 강화할 목적으로 사용한다.

보조 향신료
흑후추, 사장(shajiang), 오향 가루

나무 향의 흑후추와 장뇌 향의 사장 가루는 많은 요리에 강한 인상을 부여하고 오향 가루는 단맛과 향기를 돋우는 용도로 쓰인다.

추가 향신료
백후추, 감초

감초 뿌리는 그 풍미가 더 지속되어야 하고 쌉쌀한 아니스 씨앗의 풍미가 필요한 요리에 오향 대신 사용한다. 대만에서는 흔히 삼겹살 요리에 백후추를 사용한다.

남 중국
새콤한 | 향이 짙은 | 달콤한

전 세계를 여행한 중국 요리를 꼽자면 중국의 8대 전통 요리 중 가장 남쪽의 요리인 광둥성 지방의 요리다. 이 넓은 해안 지역의 이민자들이 늘어나면서 찌거나 볶는 등의 조리 기술이 널리 퍼지게 되었다. 간단한 조미료와 양념(간장, 마늘, 생강, 참기름)은 관둥 요리 전반에 걸쳐 사용되지만 남 중국 요리의 일부, 즉 후난성, 푸젠성, 대만의 경우 건조 및 절임 폭넓은 향신료 사용으로 더 강한 풍미(매콤하고, 새콤하고, 달콤하며 쌉쌀한)를 낸다.

현지 고유의 혼합 향신료
오향 가루

그렇다. 이 향신료는 슈퍼마켓에서 쉽게 구할 수 있다. 하지만 직접 만든 것이 백만 배는 더 낫다. 구이용 고기에 바르는 양념으로 사용하거나 볶음 요리나 스튜에 사용해도 좋다.

팔각 2개
회향 씨앗 1작은술
정향 1작은술
5cm 길이의 **시나몬 스틱**
통 쓰촨 후추 1큰술

모든 향신료를 고운 가루로 분쇄한 다음 필요에 따라 섬유질을 걸러서 사용한다.

오향으로 맛을 낸 새우볶음, 213쪽 참조 ▼

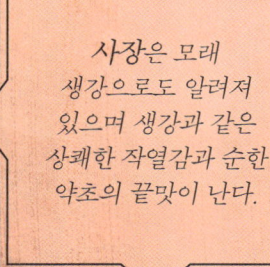

사장은 모래 생강으로도 알려져 있으며 생강과 같은 상쾌한 작열감과 순한 약초의 끝맛이 난다.

서 중국

과일 향의 | 온화한 | 흙 내음의

쓰촨 지역은 실크로드로 인해 이웃한 서부나 중앙아시아의 여행자들이 들여온 낯선 향신료를 접했다. 그 결과 특히 가장 먼 서쪽 변방 지역인 신장의 경우 새콤한 맛, 단맛, 씁쓸한 맛, 짭조름한 맛, 매운맛, 매콤한 맛 등 다양한 향신료의 맛을 혼합해서 사용하게 되었다. 인구의 50% 이상이 무슬림인 이곳에서는 말린 과일뿐만 아니라 큐민, 사프란 같은 향신료를 위구르나 카자흐스탄 요리에서 비롯된 양고기, 닭고기, 야채 요리에 많이 사용한다.

> "중국 서부 지방의 요리는 2천 년 이상 이 지역의 요리에 쓰인 쓰촨 후추를 많이 사용한다."

현지 고유의 혼합 향신료

칠리 블랙 빈 소스

이 소스는 쓰촨의 발효 콩장인 두반장의 홈미이드판이다. 절임 장, 찍어 먹는 장, 볶음 요리에 사용한다.

곱게 다진 붉은 새 눈 고추 200g
씻어서 다진 발효 검은 콩 50g
식용유 2큰술
청주 1큰술
검은 쌀 식초 2작은술
설탕 1큰술
마늘 3쪽
다져 놓은 생강 7.5cm 길이

고추와 콩을 기름에 1분간 튀긴다. 청주, 식초를 넣고 3분간 뭉근하게 끓인다. 설탕을 넣고 10분간 뭉근하게 끓인다. 마늘, 생강을 넣고 표면에 기름이 떠오를 때까지 익힌다. 냉장고에 보관하면 약 3주간 사용할 수 있다.

향신료 팔레트

쓰촨 후추

새 눈 고추

대표 향신료
새 눈 고추, 쓰촨 후추, 마늘
이 향신료들은 고추 육수의 소고기 요리 같은 정통 쓰촨 요리의 대표적인 풍미를 담당한다.

보조 향신료
팔각, 생강, 참깨, 블랙 카다멈
쓰촨성과 신장 자치구 요리에 모두 사용되며 팔각, 생강, 참깨, 블랙 카다멈은 뱅뱅 치킨이나 훠궈 같은 요리에 복잡한 풍미를 보탠다.

추가 향신료
큐민, 사프란, 시나몬
카슈가르에서는 큐민, 시나몬, 사프란 등 중동에서 이 위구르 지역으로 들어온 향신료가 시장에 넘쳐 난다.

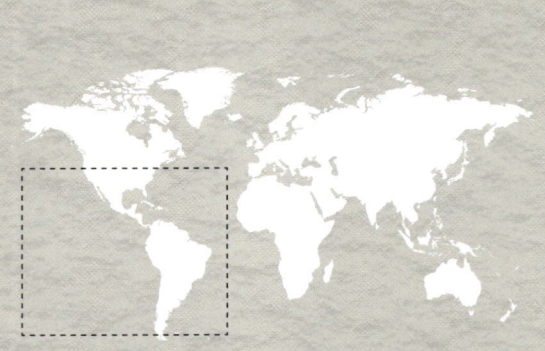

세계의 향신료

아메리카 대륙

높은 산, 낮은 계곡, 바다, 대양, 숲과 섬, 그에 더해
아시아와 유럽 구석구석의 영향을 받아 이루어진
미 대륙의 향신료 지도는 다양하고
굳건하며 복잡하다.

향신료 산지

- 북아메리카 68쪽
- 멕시코와 중앙아메리카 65쪽
- 카리브해 64쪽
- 퍼시픽 남아메리카 69쪽
- 아마존 67쪽
- 안데스 66쪽

아시아로

양방향 통행

향신료들은 대륙 사이를 양방향으로 이동했다. 정향, 후추 그리고 시나몬은 아시아에서 바다를 거쳐 신대륙에 도달했고, 반대로 고추와 바닐라 그리고 코코아 빈은 다시 구대륙으로 옮겨졌다.

아시아로

KEY
◄···· 역사에 나오는 향신료 교역로

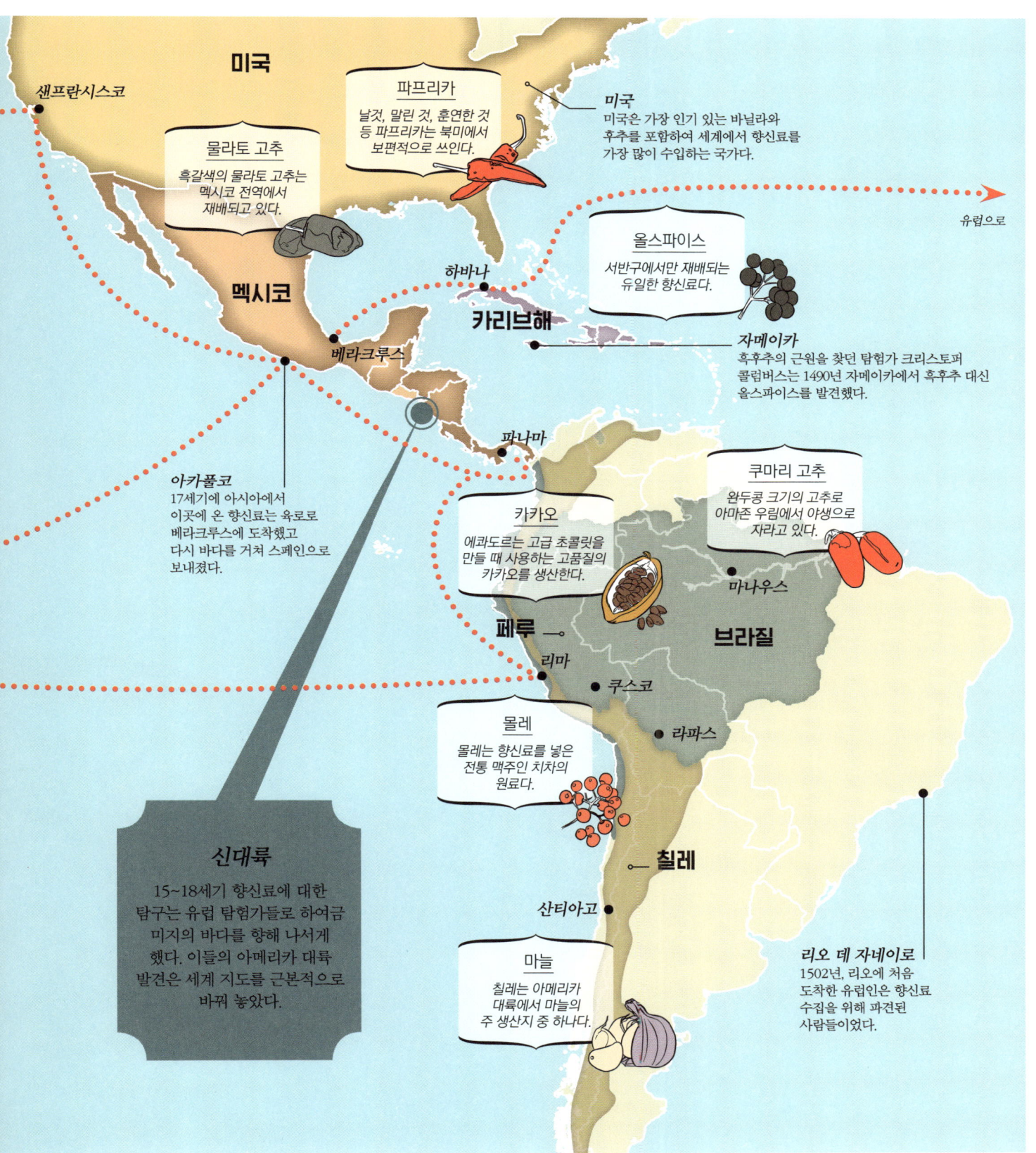

향신료 팔레트

스카치 보넷 고추
정향
올스파이스

대표 향신료
스카치 보넷 고추, 올스파이스, 정향, 생강, 넛맥, 시나몬

스카치 보넷 고추 외에도 이 특산품들은 아시아의 향기로운 향신료와 접붙여진 토종 올스파이스와 더불어 달콤하고 짭짤한 요리를 넘나들며 사용된다.

보조 향신료
흑후추, 쿠민, 마늘, 파프리카, 하바네로

주로 한 냄비 요리에 더 깊은 맛을 내기 위해 사용하는 향신료들로 남아시아, 지중해, 중앙아메리카의 맛을 부여한다.

추가 향신료
터메릭, 코리앤더, 페누그릭, 카이엔, 니겔라

처음 세 가지 향신료는 서인도식 커리 가루를 만드는 필수 재료이며, 카이엔은 매운 저크에 쓰이며, 구운 니겔라 씨앗은 빵과 야채 요리의 맛을 낼 때 사용한다.

카리브해
모험적인 | 대담한 | 매콤한

유럽 탐험가들이 인도를 찾으러 떠났을 때 그들은 인도 대신 카리브해의 여러 섬들을 발견했다. 수세기에 거쳐 그들의 제국이 건설되었고 대부분의 토착민이 제거되었으며 서인도는 스파이스 루트의 새로운 무역 중심지로 탈바꿈했다. 이 세력들은 아메리카 원주민, 아프리카인, 크리올(Creole), 스페인인, 네덜란드인, 영국인, 라틴아메리카인, 페르시아인, 남아시아인, 인도네시아인의 요리를 카리브해의 요리에 모두 녹여 넣었다.

> "카리브해의 다양한 문화적 영향들은 달콤하고, 새콤하고, 맵고, 짜릿하고, 흙 내음의 풍미까지 뒤섞인 모험적인 양념을 만들어냈다."

현지 고유의 혼합 향신료
자메이카식 저크 럽

닭고기, 생선, 돼지고기, 소고기를 재워 놓을 때 사용하는 건식 양념. 자메이카에서 만들어졌으며 카리브해 주변으로 전파되었다.

올스파이스 2작은술	**갈아 놓은 생강** 1작은술
통 흑후추 1작은술	**갈아 놓은 시나몬** 1/2작은술
정향 1/2작은술	**양파 가루** 2작은술
치폴레 또는 카이엔 가루 1작은술	**마늘 가루** 2작은술
파프리카 1작은술	**말린 타임** 1작은술
강판에 간 넛맥 1작은술	**황설탕** 2작은술
	천일염 2작은술

통 향신료를 갈아서 나머지 재료와 골고루 섞는다. 재워 두는 시간에 따라 풍미가 더 농밀해진다.

> 멕시코 오레가노는 감귤류와 아니스 씨앗의 느낌을 발산한다. 말려서 혼합 칠리 가루에 섞기도 한다.

몰레 소스와 함께 차려 낸 구운 채소 ▼

멕시코와 중앙아메리카

매운맛 | 볶은 | 복잡한

멕시코와 중앙아메리카의 일상 요리에 사용되는 향신료의 범주는 이 지역의 역사 속 요리에 미치는 영향만큼이나 복잡하다. 문화적 융화가 핵심인데, 벨리즈의 요리는 마야, 가리푸나, 크레올 나아가 영국에서 비롯된 반면 멕시코의 요리는 마야, 아즈텍, 스페인 식민지의 영향을 받은 탓이었다. 마야인들은 붉은색과 초록색의 할라피뇨 고추를 자주 사용했고, 아즈텍인들은 치폴레 고추, 카카오, 바닐라를 사용했다. 스페인 정복자들은 이 모든 향신료들을 전 세계에 전파했고 대신 큐민, 후추, 정향, 시나몬을 들여왔다.

현지 고유의 혼합 향신료
몰레 믹스

몰레 믹스(Mole mix)는 각 나라마다 고유의 형태가 있으며 언제나 세 가지 다른 종류의 고추로 만든다.

말린 앤초, 파시아, 물라토 고추 각 2개
카카오 닙스 3큰술
참깨 1큰술
2cm 길이의 시나몬 스틱
큐민 씨앗 1/4작은술
아니스 씨앗 1/4작은술
검정 통후추 1/4작은술
정향 1/4작은술
말린 타임 1/4작은술
말린 마조람 1/4작은술
으깬 월계수 잎 1장

통 향신료를 팬에 넣고 중불에서 향기가 날 때까지 저어주면서 볶는다. 나머지 재료들과 섞은 다음 분쇄한다. 튀긴 양파, 마늘과 함께 섞고 다진 토마토와 함께 뭉근하게 끓여 몰레 소스를 만든다.

파프리카

큐민

향신료 팔레트

대표 향신료

고추(앤초, 할라피뇨, 파시아, 물라토, 치포틀레, 칠리 데 아르볼), **파프리카, 큐민**

이 화끈한 개성을 만들어내려면 날것, 통째로 말린 것, 가루를 낸 것 등 다양한 단계의 매운맛을 내는 60여 종의 고추 중에 그 어느 것이든 사용해야 하며, 큐민은 이들 고춧가루 믹스에 필수적으로 들어가야 한다.

보조 향신료

흑후추, 마늘, 시나몬, 정향, 바닐라

흑후추는 보통 복잡한 풍미를 이끌어내기 위해 천천히 조리한다. 짭짤하고 달콤한 음식들은 전통적으로 현지의 초콜릿에 풍미를 주는 시나몬과 함께 나머지 세 향신료를 사용한다.

추가 향신료

카카오, 참깨, 올스파이스, 멕시코 오레가노, 코리앤더, 안나토

첫 세 가지 향신료는 모두 몰레 소스에 사용하는 반면 멕시코 오레가노와 코리앤더 씨앗은 혼합 칠리에 복잡한 맛을 더해준다. 안나토는 주로 고기 요리, 쌀 요리, 스튜 등에 색을 내는 용도로 사용한다.

향신료 팔레트

터메릭

마늘

대표 향신료

고추(아히 아마리요, 로코토, 메르켄), 큐민, 마늘

안데스 요리의 정체성이라 할 고추는 작열감, 상쾌함, 색감을 부여하며 주재료 역할도 한다. 매콤한 소스는 천천히 푹 익힌 요리에 생기를 불어넣는다.

보조 향신료

후추(백후추, 흑후추), 몰레(핑크 페퍼), 터메릭, 시나몬, 파프리카(달콤한, 훈연한)

이들 온기 나는 향신료들은 천천히 푹 익힌 스튜와 수프에 깊은 풍미와 색감을 만들어내기 위해 첨가한다.

추가 향신료

안나토, 코리앤더, 머스터드

멕시코와 중앙아메리카에서 더 흔히 볼 수 있는 안나토는 안데스 음식에도 색감을 부여한다. 코리앤더와 머스터드는 향기롭고 따뜻한 느낌을 섬세하게 보탠다.

안데스

온기를 주는 | 흙 내음의 | 톡 쏘는

약 4,500마일에 걸친 안데스산맥은 아르헨티나와 칠레에서 시작해서 볼리비아, 페루, 에콰도르를 지나 콜롬비아와 베네수엘라에 이르는 경로의 발자취다. 해발 1000~3000m 이상의 안데스산맥에 사는 사람들은 보통 스튜와 수프처럼 천천히 푹 익힌 영양가가 많은 요리를 만들어 먹는다. 고추는 대단히 중요한 역할을 하는데 아히 아마리요(ají amarillo, 노란 고추)는 8천 년 이상 재배되어 왔으며 잉카 요리의 핵심 재료였다. 안데스 페루의 우추쿠타(uchucuta)는 로코토 고추와 허브로 만든 매운 살사인데 볼리비아와 아르헨티나의 라후아(llajua)와 같다.

현지 고유의 혼합 향신료

치미추리

치미추리(Chimichurri)는 신선한 향신료와 허브로 만든 유명한 소스로 소시지와 스테이크를 비롯해서 다양한 요리에 곁들여 낸다.

고춧가루 1작은술
말린 고추 잔 조각 1/2작은술
파프리카 1/2작은술
곱게 다진 마늘 2쪽
곱게 다진 양파 1개
곱게 다진 파슬리 또는 **코리앤더** 4작은술
곱게 다진 오레가노 1작은술
화이트 또는 **레드와인 비니거** 3작은술
올리브오일 6큰술
소금, 흑후추

모든 재료를 볼에 담고 골고루 섞어서 사용한다.

아메리카 대륙 **67**

▲ 치미추리를 올린 스테이크 슬라이스

> 몰레는 페루 후추 나무의 분홍 빛 열매를 말린 것이다. 후추와 비슷하게 생겼지만 종의 연관성은 없다.

아마존

이국적인 | 신비한 | 매운맛

무려 8개국을 가로지르는 아마존은 세계에서 가장 큰 우림이다. 선조들과 이 우림을 사이에 두고 모여 있는 주요 국가들 즉 브라질, 페루, 콜롬비아에 더해 유럽의 영향들, 그중에서도 가장 두드러진 포르투갈과 스페인까지 이들 모두는 이 거대한 천연의 식품 저장고에서 각자 나름의 역할을 수행했다. 아마존 고추는 세계에서 가장 매운 식품 중 하나이며 흔히 마늘, 큐민, 터메릭과 함께 육류나 생선을 재워 두는 용도로 사용한다.

> " 향신료 전반에 걸쳐 지대한 영향력을 행사하는 것은 고추이며 콜럼버스 시대 이전부터 이 지역에서 자라 왔다. "

현지 고유의 혼합 향신료
투쿠피

투쿠피(Tucupí)는 카사바 뿌리로 만들며 오리고기, 돼지고기 또는 생선과 함께 차려 내는 육수와 비슷한 브라질의 소스이다.

껍질을 벗기고 굵직하게 다진 스위트 카사바 뿌리 2kg
곱게 다진 마늘 2쪽
곱게 다진 매운 홍고추 3-4개(맛에 따라 추가)
갈아 놓은 통 흑후추 1작은술

카사바를 물 750ml와 함께 걸쭉한 퓌레 상태가 되도록 푸드 프로세서로 간다. 볼 위에 깐 면포에 옮겨 담고 전분기 있는 즙을 짜낸다. 굳어지도록 그대로 둔 다음 병에 물을 붓고 침전물은 버린다. 병뚜껑을 덮고 실온에서 24시간 동안 발효시킨다. 팬에 부은 다음 향신료를 넣고 저어주면서 끓을 때까지 가열한다. 30분 동안 뭉근하게 끓인다.

향신료 팔레트

흑후추

큐민

대표 향신료

흑후추, 고추(아히 아마리요, 오히토 데 페즈, 핑귀타 데 모노, 푸쿠누초, 쿠마리, 말라게타, 카이엔), 마늘, 큐민

온갖 모양과 크기, 순하고 화끈한 맛에 이르기까지 수백 종의 토종 고추가 있으며 이들이 수많은 요리를 넘나들며 사용된다고 해도 그리 놀랄 일은 아니다.

보조 향신료

안나토, 아사이 베리, 잠부, 통카 빈, 터메릭

잠부는 특유의 마비 효과로 인해 '치통 식물'이라는 별명을 얻었다. 브라질에서 가장 인기 있는 타카카(tacacá)라는 수프를 만들 때 사용한다.

추가 향신료

프리프리오카, 과라나, 생강, 시나몬, 정향, 바닐라, 코포아추, 마캄보

프리프리오카(사초의 한 종류)의 말린 뿌리는 후추 같은 자극을 내는 반면 과라나 씨앗은 맛을 내기보다는 주로 홍분제로 흔하게 쓰인다. 코포아추와 마캄보는 카카오의 친척이다.

향신료 팔레트

후추
바닐라

대표 향신료
고추(할라피뇨, 포블라노, 앤초, 카이엔), 마늘, 후추(흑후추, 백후추), 바닐라

마늘과 고추 다음으로 일상의 짭짤한 요리와 달콤한 요리에 제각각 온기를 더하는 후추와 바닐라는 대표적인 수입 향신료다.

보조 향신료
파프리카, 머스터드, 생강, 넛맥, 시나몬, 정향

머스터드의 순한 형태는 특히 식탁용 조미료로 사용하며 넛맥, 시나몬, 정향은 달콤한 과자류에 사용한다.

추가 향신료
아니스, 참깨, 큐민, 파프리카, 터메릭, 메이스

이 다양한 향신료들은 북아메리카의 요리에 점점 더 강한 영향을 미치고 있는 중동과 아시아 계열의 요리에 사용된다.

북아메리카
매운맛 | 달콤한 | 광범위한

유럽 정착민들은 주로 긴 여행에 필요한 음식을 보존하는 용도로 사용하는 제한된 종류의 향신료를 북아메리카에 들여왔다. 접근성이 좋은 탓에 멕시코 고추만이 그 인기를 지속적으로 누렸지만 중앙아메리카(고추, 안나토), 카리브해(올스파이스), 남아메리카(몰레)에서 온 향신료들도 점차 그 흔적을 남겼다. 오늘날, 북아메리카 요리는 멕시코 화이타부터 인도의 커리와 일본의 라멘마저 일상적인 식단의 일부가 되었을 정도로 진정한 퓨전이 되었다.

> "현대 북아메리카의 광범위한 향신료 팔레트는 이 지역을 정의하는 다양한 이민자들의 문화를 반영한다."

현지 고유의 혼합 향신료
비비큐 럽

지역별로 수많은 형태가 있는 바비큐 고기용 건식 혼합 향신료. 이 레시피에는 캔자스산 황설탕과 멤피스산 파프리카가 들어간다.

갈아 놓은 큐민 1큰술	카이엔 페퍼 1/2큰술
고춧가루 1큰술	황설탕 3큰술
갈아 놓은 흑후추 1큰술	훈제 파프리카 2큰술
양파 가루 1큰술	천일염 2큰술
마늘 가루 1큰술	

모든 재료를 한꺼번에 섞어 건식 혼합 향신료를 만든다. 스테이크부터 양지, 풀드 포크와 닭 날개까지 모두 사용할 수 있다.

---

*아히 리모*는 레몬 향이 강한 매운 고추로 리마의 지역 명을 따왔다.

레체 데 티그레(leche de tigre)에 재워 놓은 흰살생선 세비체 ▶

퍼시픽 남아메리카

신선한 | 매콤한 | 감귤류 풍미의

파나마 만에서 파타고니아 끝까지, 남아메리카의 광활한 해안선에 위치한 국가들은 자연스럽게 풍부한 해산물들을 사용하게 되었다. 즉 모든 종류의 해산물을 튀기거나 굽거나 끓인다. 토착 문화, 스페인의 식민지화, 노예 무역, 아시아와 아랍의 이민은 모두 섬세한 칠리와 코코넛 생선 요리부터 풍성한 샤키칸(소고기와 채소 스튜) 등의 요리에 영향을 끼쳤다. 고추는 흔히 세비체에 날것으로 사용되어 혼합 향신료의 핵심 재료가 되는 반면 일본과 페루 요리가 융합된 니케이 요리에서는 생강, 참깨, 타마린드 그리고 우메보시(매실 절임) 페이스트 등으로 맛을 낸다.

현지 고유의 혼합 향신료
레체 데 티그레

'호랑이의 우유'라는 뜻의 혼합 향신료로 페루에 기원을 두고 있다. 지금은 태평양 연안 전 지역에서 즐기고 있는 일종의 날생선 요리인 세비체용 액상 양념이다.

곱게 다진 아히 리모, 하바네로 또는 다른 매운 고추 1/2-1개
으깬 마늘 큰 것 1쪽
굵직하게 간 생강 조각 2.5cm 길이
곱게 다진 코리앤더 줄기 1큰술
곱게 다진 적양파 작은 것 1/2개
라임즙 라임 5개 분량
소금

모든 재료를 섞어서 흰생선살을 재우는 용도로 사용하기 전까지 1시간 동안 냉장한다.
레체 데 티그레(Leche de tigre)는 전통적으로 생선을 먹고 난 다음 마신다.

향신료 팔레트

생강

코리앤더 줄기

대표 향신료
고추(아히 리모, 판카, 촘보), 마늘, 코리앤더 줄기

보통 날것으로 사용하는 고추는 매우 흔하며 생선 요리에 활기를 불어넣는 반면 코리앤더 줄기는 약한 꽃향기를 부여한다.

보조 향신료
큐민, 고춧가루, 생강, 라임, 터메릭

큐민은 양념으로 사용하며 고춧가루는 통고추의 화끈한 맛을 순화시켜 낼 때 사용한다. 생강과 라임처럼 신선하고 깔끔한 재료들은 주로 수프나 스튜에 첨가한다.

추가 향신료
안나토, 참깨, 타마린드

짜릿한 풍미의 타마린드는 달콤함과 새콤함을 더하며 참깨는 풍부한 고소함을, 안나토는 수프와 스튜를 밝게 빛나는 붉은색으로 물들인다.

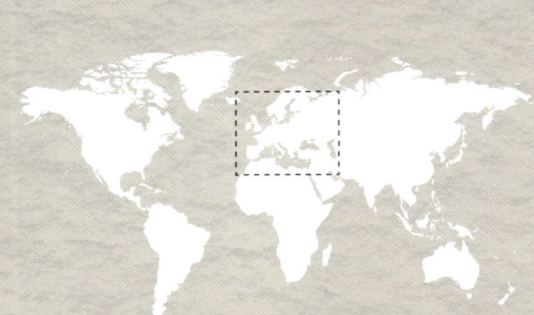

세계의 향신료

유럽

유럽 요리의 다양성에도 불구하고 정작 유럽에는 토종 향신료가 거의 없다. 유럽 전역에 걸쳐 사용하는 거의 모든 향신료들이 전 세계의 향신료 교역을 통해 소개되었다. 이러한 유산으로 인해 아직도 국지적으로 흥미로운 변화가 일어나기도 하지만 유럽 전역의 향신료 팔레트는 대체로 유사하다는 특징이 있다.

향신료 산지

- 스칸디나비아 72쪽
- 영국 73쪽
- 프랑스 74쪽
- 스페인과 포르투갈 75쪽
- 이탈리아 76쪽
- 유럽 남동부 77쪽

유럽 제국

향신료를 포함한 전 세계의 교역을 통제하려는 유럽 국가들간의 경쟁은 아프리카, 아시아, 아메리카 대륙의 식민지화로 이어졌다. 19세기 말까지 유럽은 전 세계 영토의 85%를 지배했다.

영국 · 런던

프랑스

에스플레트 고추
순한 맛의 고추로 전통 프랑스식 바스크 요리의 맛을 낼 때 사용한다.

포르투갈 · 리스본

스페인

아시아와 아메리카로

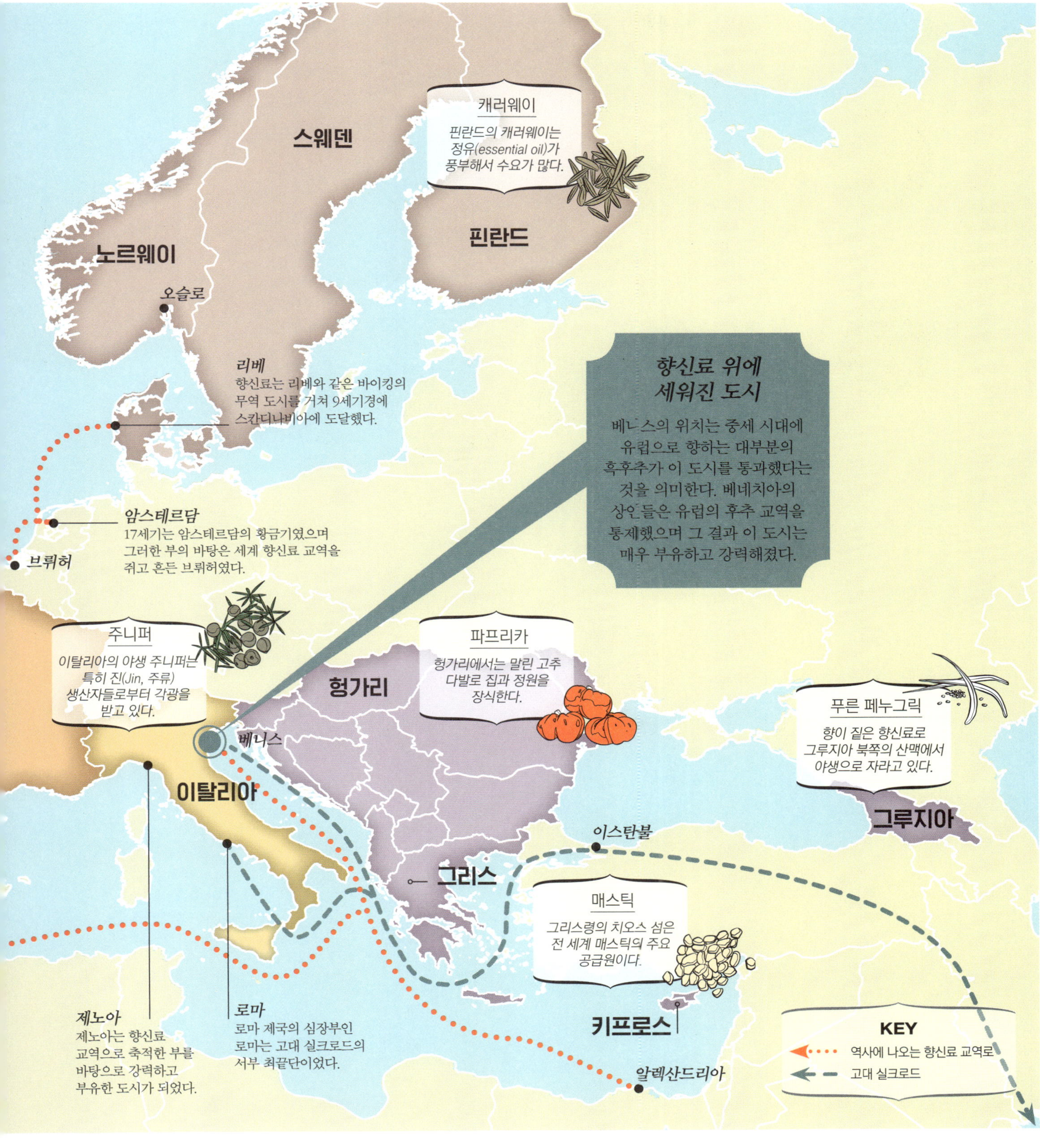

유럽 71

향신료 위에 세워진 도시

베니스의 위치는 중세 시대에 유럽으로 향하는 대부분의 흑후추가 이 도시를 통과했다는 것을 의미한다. 베네치아의 상인들은 유럽의 후추 교역을 통제했으며 그 결과 이 도시는 매우 부유하고 강력해졌다.

캐러웨이
핀란드의 캐러웨이는 정유(essential oil)가 풍부해서 수요가 많다.

스웨덴
노르웨이
핀란드

오슬로

리베
향신료는 리베와 같은 바이킹의 무역 도시를 거쳐 9세기경에 스칸디나비아에 도달했다.

암스테르담
17세기는 암스테르담의 황금기였으며 그러한 부의 바탕은 세계 향신료 교역을 쥐고 흔든 브뤼허였다.

브뤼허

주니퍼
이탈리아의 야생 주니퍼는 특히 진(Jin, 주류) 생산자들로부터 각광을 받고 있다.

파프리카
헝가리에서는 말린 고추 다발로 집과 정원을 장식한다.

헝가리

푸른 페누그릭
향이 짙은 향신료로 그루지아 북쪽의 산맥에서 야생으로 자라고 있다.

베니스
이탈리아
그루지아

이스탄불

그리스

매스틱
그리스령의 치오스 섬은 전 세계 매스틱의 주요 공급원이다.

제노아
제노아는 향신료 교역으로 축적한 부를 바탕으로 강력하고 부유한 도시가 되었다.

로마
로마 제국의 심장부인 로마는 고대 실크로드의 서부 최끝단이었다.

키프로스

알렉산드리아

KEY
······ 역사에 나오는 향신료 교역로
- - - 고대 실크로드

향신료 팔레트

넛맥 | 딜

캐러웨이

대표 향신료
카다멈, 시나몬, 캐러웨이, 딜, 넛맥

시나몬이 근소한 차이로 2위를 달리고 있지만 카다멈이 왕이다. 반면에 핀란드에서는 캐러웨이의 인기가 더 많다. 딜 씨앗은 피클을 만들 때 흔히 사용된다.

보조 향신료
생강가루, 정향, 올스파이스, 감초, 머스터드, 사프란, 주니퍼

생강, 정향, 올스파이스는 단맛이 나는 빵류에 양념으로 더 많이 사용되지만 이와는 별개로 올스파이스는 청어절임이나 돼지고기 요리에도 잘 어울린다. 짭조름한 감초는 스칸디나비아 특유의 간식이다.

추가 향신료
안젤리카, 씁쓸한 오렌지 가루, 말린 로즈힙, 회향

안젤리카와 오렌지 껍질 가루는 핀란드에서 흔하게 사용하며 나머지들은 쿠키, 케이크, 전통적인 부활절 디저트인 맴미(mämmi)에 들어간다.

스칸디나비아
달콤한 | 흙 내음의 | 향이 짙은

깔끔하고 세련된 북유럽 요리는 유럽 전역을 통틀어 가장 독특한 향신료를 사용하고 있다. 가장 주목할 만한 것은 1천 년 전 바이킹족들이 콘스탄티노플에서 들여온 카다멈이다. 시나몬, 정향, 생강, 올스파이스가 만들어낸 유쾌한 맛이 없었다면 지금의 덴마크의 페이스트리와 여타의 노르딕 빵류들은 사라지고 없었을 것이다. 피클링과 절임에 대한 이 지역의 사랑은 딜 씨앗과 토종 주니퍼처럼 짙은 향미료를 다양하게 사용한다는 사실을 보여주는데 이는 수렵육 요리와 핀란드의 사티 맥주에서도 그대로 드러난다. 홀 그레인 머스터드는 조미료와 향신료로 흔히 사용된다.

현지 고유의 혼합 향신료
핀란드식 진저브레드 향신료

향기롭고 온화한 향신료 믹스와 피파루카쿠(piparkakut)로 알려진 고전적인 핀란드식 진저브레드의 완벽한 베이스 향신료다.

씁쓸한 오렌지 가루 1큰술
정향 2작은술
생강가루 2작은술
시나몬 가루 2작은술
카다멈 가루 1작은술

모든 재료를 한꺼번에 섞는다. 쿠키 30개 정도의 맛을 낼 수 있는 양이다.

영국

온기가 나는 | 원기 왕성한 | 유쾌한

대영 제국의 요리 유산 중 하나는 남아시아 양념 맛으로, 다목적 커리 가루가 대표적이다. 이들은 프렌치 프라이용 그레이비 소스나 피카릴리(piccalilli)로 불리는 채소 절임, 여름 뷔페의 상징인 대관식 닭 요리 같은 원조 국민 요리에 널리 쓰인다. 영국의 중세 시대로 거슬러 올라가면 추운 겨울에 먹는 달콤한 페이스트리나 알코올 음료에 들어가는 따뜻한 향의 향신료를 즐겨 사용했음을 알 수 있다(영국인은 정향, 시나몬, 넛맥, 생강, 메이스를 접하면 곧장 축제 시즌을 떠올린다).

▲ 쿠키 모양으로 자른 핀란드식 피파루카쿠 반죽. 213쪽 참조

비터 오렌지 파우더는 말린 세비야 오렌지 껍질에 새콤한 감귤류의 풍미를 첨가해서 만든다.

현지 고유의 혼합 향신료
멀링 스파이스

멀링 스파이스(Mulling spice)는 음료 레시피에 사용되는 향신료 혼합물로 따뜻한 레드 와인 또는 사과 발효주를 만들 때 사용되며 만들며 전통적으로 본 파이어 나이트(11월 5일, 의사당 폭파 기념일)에서 주현절에 이르는 겨울철 기념일에 주로 마신다.

시나몬 스틱 2개
정향 6개
올스파이스 열매 6개
넛맥 1/2개
월계수 잎 2장

모든 향신료를 와인이나 사과 발효주와 함께 팬에 넣거나 꺼내기 쉽도록 먼저 면포 조각에 넣고 묶어서 뭉근하게 끓을 때까지 가열한다. 설탕 또는 꿀, 오렌지 또는 레몬 슬라이스, 럼 또는 슬로 진을 넣고 갓을 낸다. 와인 2병이나 사과 발효주 1.75l 정도에 맞는 양이다.

향신료 팔레트

머스터드

정향

대표 향신료
커리 가루, 올스파이스, 정향, 시나몬

커리 가루는 페누그릭, 터메릭, 생강, 큐민 등의 향신료를 섞은 것이다. 올스파이스는 수많은 달콤한 요리뿐만 아니라 소금에 절인 소고기에도 사용한다.

보조 향신료
머스터드, 카이엔 페퍼, 넛맥, 메이스, 생강, 주니퍼

강한 맛의 영국 머스터드는 익힌 고기에는 반드시 곁들이며 화끈한 카이엔은 데블드 키드니스(devilled kidneys)에, 주니퍼는 수렵육 요리에 가장 흔히 사용한다.

추가 향신료
사프란, 백후추, 코리앤더, 아니스, 터메릭

역사적으로 사프란과 백후추는 인기가 있었지만 이들의 전통적인 용도는 각각 코니시 번과 고기 절임용으로 크게 줄어들었다. 코리앤더 씨앗은 피클용 향신료뿐만 아니라 랭카스터 주의 구즈너 케이크의 맛을 내는 용도로도 사용한다.

향신료 팔레트

마늘
머스터드

대표 향신료
마늘, 머스터드, 회향, 넛맥

프랑스 요리와 마늘은 완전히 불가분의 관계에 있다. 훈연을 한 요리, 날것을 사용한 요리, 채소 요리를 막론하고 마늘의 풍미를 느낄 수 있다.

보조 향신료
캐러웨이, 바닐라, 아니스, 백후추, 주니퍼, 사프란

네 가지 향신료 믹스에는 백후추가, 알프스 지역 요리에는 주니퍼가, 남부 지역의 생선 스튜인 부야베스에는 사프란이 필수다. 캐러웨이, 바닐라, 아니스는 크림과 케이크에 풍미를 더한다.

추가 향신료
안젤리카, 통카 빈, 정향, 메이스

프랑스 주방은 특이한 향신료들을 더 많이 사용한다. 안젤리카 줄기는 사탕과 식후주에 첨가되며 강한 풍미의 통카 빈은 우려내어 크림과 커스터드에 넣는다.

프랑스
얼얼한 | 향기로운 | 편안한

프랑스 하면 향신료가 풍부하게 들어간 요리의 나라라고 연상되지는 않지만 향신료라는 말 그 자체는 오래된 프랑스어('양념을 하다'라는 뜻)에서 유래되었으며 18세기에 몰루카 향신료 제도에 몰래 숨어 들어가 밀수함으로써 정향과 넛맥에 대한 네덜란드의 지배구조를 와해시킨 사람도 프랑스 식물학자인 피에르 푸아브르였다. 사실 넛맥의 온기가 사라진 감자 도피누아즈나 회향이 주는 아니스 씨앗의 향이 없는 프로방살 요리, 마늘이나 디종, 보르도 머스터드가 없는 프랑스 요리는 상상조차 하기 힘들다.

> "프랑스 요리는 대체로 마늘과 후추로 작열감을 이끌어내곤 하지만 바스크와 프로방살 요리는 주로 고추를 사용하는 것이 특징이다."

현지 고유의 혼합 향신료
콰트르 에피스

이 '네 가지 향신료' 믹스는 테린 양념에 주로 사용한다. 비율은 조정할 수 있으며 다소 가끔씩 다섯 번째로 시나몬이 들어가기도 한다.

통 백후추 1큰술
정향 1작은술
넛맥 가루 1작은술
생강가루 1작은술

통 향신료를 분쇄해서 넛맥, 생강가루와 섞는다. 달콤한 페이스트리용으로 만들려면 백후추를 올스파이스 또는 시나몬으로 대체하면 된다.

현지 고유의 혼합 향신료
파에야 믹스

사프란과 피멘톤은 스페인의 다재다능한 쌀 요리인 파에야의 맛을 내는 데 필수적인 재료다.

사프란 2꼬집
피멘톤(훈제와 단 맛을 섞은) 3큰술
마늘 가루 2작은술
양파 가루 2작은술
카이엔 페퍼 1작은술
갈아 놓은 흑후추 1작은술
말린 오레가노 1작은술
말린 파슬리 1/2작은술
정향 가루 1/2작은술
큐민 가루 1/2작은술

사프란을 절구로 빻아서 분쇄하고 나머지 재료와 섞는다. 약 6큰술 정도의 양이다.

유럽 75

스페인과 포르투갈
훈연 향의 | 달콤한 | 톡 쏘는

이 지역에서 피해갈 수 없는 달콤하고 매운 고추는 1400년대 후반에 콜럼버스가 아메리카 대륙에서 가지고 온 것이었다. 스페인 요리사들은 흔히 피멘톤의 온유함을 추구하지만 포르투갈 사람들은 말라게타(malagueta) 고추의 매운맛도 두려워하지 않는다. 말린 노라 고추는 생선 요리용 카탈란 로메스코(catalan romesco) 소스에 필수적이며 녹색 긴디아(guindilla)고추는 카나리아 제도의 매운 소스용으로 사용한다. 사프란은 안달루시아 요리와 발렌시아의 고전인 파에야에 널리 사용하며 시나몬은 달콤한 포르투갈 요리에 조금씩 들어간다.

8세기에 북아프리카에서 온 **아랍 정복자들이** 이베리아반도에 사프란의 경작법을 최초로 전파했다.

파에야용 향신료 믹스와 재료들. 213쪽 참조 ▼

향신료 팔레트

피멘톤

피리 피리 고추

대표 향신료
피멘톤, 고추(말라게타)

스페인의 선명한 붉은색 고추인 피멘톤은 둘세(달콤한), 아그리둘세(달콤쌉싸름한), 아후마도(훈연한)의 세 가지 종류가 있다. 매운 말라게타 고추는 포르투갈의 스튜와 여타의 고기 요리에 주로 사용된다.

보조 향신료
피멘톤 피칸테, 말린 노라 고추, 칠리(피리 피리), 마늘, 사프란

얼얼한 맛의 피멘톤 피칸테는 그보다 순한 종보다는 덜 유명하지만 카나리아와 갈리시아에서는 일반적인 맛이다. 포르투갈에서는 피리 피리와 말라게타를 바꿔가며 사용한다.

추가 향신료
말린 초리세로 고추, 칠리(긴디아, 알레그리아스), 카카오, 아니스, 정향, 시나몬

카카오 닙스는 수렵육 요리나 소고기 스튜에 가끔씩 사용한다. 포르투갈에서는 향기로운 아니스를 밤과 짝지어 사용하고 카탈루냐에서는 무화과와 짝지어 사용한다.

향신료 팔레트

흑후추 · 바닐라 · 회향

대표 향신료

칠리(페퍼론치노), 후추, 회향

남부에서는 이미 오래전부터 인기를 끌고 있는 매운 고추의 매력은 북부로 점점 더 퍼져 나가고 있다. 유럽의 그 어느 곳보다도 이탈리아에서는 흑후추가 단순한 양념 그 이상으로 사용되고 있다.

보조 향신료

코리앤더, 넛맥, 마늘, 사프란, 정향, 바닐라

코리앤더 씨앗은 고기 요리의 맛을 내는 용도로 자주 사용되며, 거의 모든 이탈리아 치즈 요리들은 넛맥을 넣어 독특한 맛을 낸다.

추가 향신료

생강, 카카오, 감초, 시나몬, 아니스

생강의 경우 그 쓰임새가 많지 않지만 카카오 닙스(배유 : 외피와 배아를 제거한 상태)는 새콤달콤한 아그로 돌체(agrodolce) 소스에 넣으면 특색 있는 맛을 내기도 한다. 칼라브리아 사람들은 수렵한 고기를 요리할 때 감초와 짝지어 사용하고 주류의 향을 낼 때도 사용한다.

▶ 아라비아타 소스, 파르메산, 생 바질로 맛을 낸 펜네(파스타)

이탈리아

훅 끼치는 | 소박한 | 온기를 주는

이탈리아는 베니스 공화국이 무역을 좌지우지했던 시절인 8세기부터 15세기까지 향신료 이야기에서 핵심적인 역할을 했다. 오늘날, 다양한 지역별 취향들은 각 주마다 나뉘어 이탈리아의 역사를 반영하고 있지만 회향, 넛맥, 사프란은 고기, 치즈, 파스타, 리소토의 맛을 내는 용도로 이탈리아 전역에 걸쳐 널리 애용되고 있다. 칼라브리아의 화끈한 음식들은 페퍼론치노 고추를 향신료로 사용한 치즈, 살라미, 기름을 넣어 만든다. 정향 또한, 달콤한 요리(예를 들면 시에나의 소박한 판포르테(타르트)와 토속적인 짭짤한 일상 요리에 두루 사용되고 있다.

현지 고유의 혼합 향신료

아라비아타 소스

'화가 났다'는 뜻의 재빨리 만들 수 있는 이 파스타 소스는 양껏 넣은 고추와 흑후추로 인해 그 불꽃 같은 명성을 얻었다.

매운 붉은 고춧가루 1큰술
말린 오레가노 1작은술
마늘 가루 1작은술
소금 1작은술
간 흑후추 1작은술
올리브오일 1큰술
깍둑썰기한 판체타 50g
곱게 다진 양파 1개
통조림 토마토 2캔(약 430ml) 다진 것

다섯 번째까지의 재료를 한꺼번에 섞어서 한쪽에 둔다. 팬에 기름을 두르고 가열한 다음 판체타와 양파를 넣고 5분간 볶는다. 향신료 믹스와 토마토를 넣고 10분간 뭉근하게 끓인다. 펜네(파스타)에 곁들여 차려 낸다.

유럽 남동부
흔치 않은 | 흙 내음의 | 구난한

동부 지중해와 옛 공산주의 국가들의 음식은 강한 향신료 맛과는 상당한 거리가 있으며 특히 그리스 음식은 허브 맛을 선호한다. 그렇긴 해도, 헝가리 파프리카(17세기에 터키인들이 들여옴)와 조지아 공화국(그루지야) 푸른 페누그릭은 유럽에서 가장 독특한 맛을 보여주고 있다. 고추는 주로 발칸 요리에서 보이지만 작열감이 나는 경우는 드물다. 이들 요리의 온기는 주로 흑후추에서 기인하곤 한다. 캐러웨이는 헝가리에서 양배추와 짝을 이루는 경우가 많고 발칸 반도에서는 가끔씩 생선과 짝을 이루기도 한다. 시나몬은 루마니아에서 인기가 많다. 키프로스의 음식은 코리앤더 씨앗과 함께 드물게는 소나무와 비슷한 향의 매스틱으로 장식하곤 한다.

페베리노는 베니스가 유럽의 향신료 교역의 중심지로서 전성기를 구가했던 시기에 전해진 후추 맛의 쿠키다.

현지 고유의 혼합 향신료
크멜리-수넬리

조지아 전역에서 인기가 있는 크멜리-수넬리(Khmeli-suneli)는 거의 모든 요리에 뿌려 입맛을 돋우는 용도로 사용하지만 고기에 양념으로 바르거나 건더기가 많은 스튜에 넣기도 한다.

코리앤더 씨앗 1큰술	**말린 매리골드** 2큰술
검정 통후추 1작은술	**말린 세이보리** 2큰술
말린 월계수 잎 2장	**말린 마조람** 2큰술
푸른 페누그릭 잎 1큰술	**말린 민트** 1큰술
푸른 페누그릭 씨앗 1큰술	**말린 딜** 1큰술
마늘 가루 1작은술	**말린 히솝** 1작은술
고춧가루 1/2작은술	

통 향신료를 분쇄한 다음 나머지 재료들과 섞어서 사용한다.

향신료 팔레트

푸른 페누그릭

파프리카

대표 향신료
푸른 페누그릭, 흑후추, 파프리카

조지아 요리에서만 거의 독점적으로 사용되는 푸른 페누그릭은 건초, 태운 설탕과 약간 비슷한 맛이 난다. 씨앗과 꼬투리를 모두 가루로 분쇄해서 사용한다.

보조 향신료
시나몬, 캐러웨이, 회향, 고추

시나몬은 그리스 무사카(moussaka)의 따뜻한 향신료 향을 낼 뿐만 아니라 루마니아 요리(시나몬이 아니면 향신료를 매우 약하게 사용하는)의 두드러진 특징이기도 하다. 캐러웨이는 때때로 오렌지 맛이 나는 그리스 소시지인 루카니코(loukaniko)에 첨가되기도 한다.

추가 향신료
딜, 캐럽, 바닐라, 매스틱

동유럽에서는 흔히 딜 씨앗을 생선과 짝 지워 사용한다. 캐럽은 초콜릿 대용으로 각광을 받고 있으며 그리스 캐럽 케이크에 사용한다. 헝가리 크림과 케이크에는 주로 바닐라를 녹여 넣어서 맛을 낸다.

풍미 그룹

달콤 온화한 페놀	80
따뜻해지는 테르펜	102
향기로운 테르펜	116
흙 내음의 테르펜	126
깊숙이 스며드는 테르펜	130
감귤 테르펜	142
새콤달콤한 산	148
과일 향의 알데하이드	160
구운 맛의 피라진	164
황화 화합물	172
얼얼한 맛의 화합물	180
독특한 풍미의 화합물	194

레시피

고추와 팔각으로 맛을 낸 중국식 연어찜	92
일곱 가지 향신료로 맛을 낸 치킨과 가지 비리야니	104
주키니, 페타 치즈, 딜, 블랙 라임 하리사를 이용한 에쉬	112
더반 마살라를 곁들인 서아프리카식 땅콩 커리	124
커리를 넣은 오리고기와 카오 쿠아를 곁들인 아시아식 라브 샐러드	140
대추, 타마린드 그라니타와 파인애플 조림	156
검은깨, 감초, 카다멈 아이스크림	170
매콤달콤한 애플 페이스트리 로제트	182
사프란 뵈르블랑으로 요리한 매운 가리비	196
닭고기와 돼지고기를 이용한 필리핀식 향신료 아도보	208

향신료 | 개요

과학적 지식과 실용적인 조언을 통해 세계 최고의
향신료에 대해 알아보고, 보다 혁신적인 요리를 시작해 보자.

시나몬

달콤한 | 향기로운 | 온화한

학명
Cinnamomum verum

다른 이름
실론 시나몬, '트루' 시나몬

주요 화합물
시남알데하이드

사용하는 부분
부드러운 순의 건조된 껍질

경작 방법
나무가 18~24개월 되었을 때 윗부분을 잘라주면 덤불처럼 자라난다. 새로 난 순을 뿌리 쪽에서 잘라낸 뒤 껍질을 벗긴다.

상품화
껍질의 안쪽 층을 햇볕에 말린 후 손으로 길게 말아서 등급을 나눈 뒤 자른다.

요리 외적 용도
향수, 천연 방부제

향신료 이야기

고대 이집트인들은 기원전 1600년부터 시나몬의 한 종류를 아프리카 상인들을 통해 아시아에서 들여와 향과 방부 처리용 향신료로 사용했다. 이것이 스리랑카나 중국 계수나무에서 나온 시나몬인지는 확실치 않다. 8세기부터 아랍 상인들이 공급원을 지키고 높은 가격을 유지하기 위해 거래를 독점하고 과장된 이야기를 만들어냈다. 거대한 새들이 미지의 땅에서 나는 시나몬 껍질을 모아서 그것으로 높은 절벽 위에 둥지를 만드는데 시나몬을 모으는 유일한 방법은 거대한 고기 조각으로 그 새들을 모으는 것이란 이야기도 있다. 유럽인들은 1500년대 초, 포르투갈인들이 스리랑카에서 자라는 시나몬 나무를 발견하고 바로 그 섬을 점령할 때까지 시나몬이 정말로 어디에서 나는지 알지 못했다. 이후 포르투갈인들은 네덜란드인들에 의해 축출되었고, 이후 네덜란드는 그 지역과 돈벌이가 되는 교역품에 대한 지배권을 두고 수세기에 걸쳐 영국과 싸웠다.

시나몬은 녹나뭇과에 속하는 작은 상록수이다. 습한 열대림에서 야생으로 발견된다.

껍질을 얻기 위해 2년마다 어린순을 수확한다.

가루는 향미를 쉽게 잃는다. 소량 구입하고 밀폐된 용기에 넣어 서늘하고 어두운 곳에 보관하며 6개월 이내에 사용한다.

통 시나몬 스틱은 1년까지 풍미가 유지된다. 밝은 갈색에 얇고 잘 부서지는 것일수록 질이 좋다.

재배 지역
시나몬은 스리랑카의 섬이 원산지이며 현재 미얀마, 베트남, 인도네시아, 동아프리카 연안의 셰이셸 제도에서 많이 재배되고 있다.

크리에이티브 키친

시나몬 그 자체로는 단맛이 나지 않지만 다른 재료의 단맛이 잘 느껴지도록 하는 역할을 한다. 때문에 달콤한 페이스트리와 디저트에 잘 어울리며 짭짤한 요리에서 달콤한 향기를 끌어내는 데 제격이다.

블렌딩 과학

시남알데하이드가 주요 풍미 화합물이다. 혀를 통해 열감을 감지할 수 있으며 이런 특성으로 인해 다른 열성 향신료와 잘 어울린다. 캐리오필렌(caryophyllene)의 나무 향, 유제놀의 예리한 향, 리날로올의 꽃향으로 보다 다양한 조합을 만들어 보자.

시나몬 Ci

- **캐리오필렌** — 매운맛 | 나무 향 | 단맛이 없는
  - 캐리오필렌 계열로 나무 향을 강화한다.
  - ⊕ **올스파이스** 역시 매운 열감을 내는 유제놀을 공유한다.
  - ⊕ **통후추**는 피페린의 자극적인 열감을 추가한다.

- **시남알데하이드** — 온화한 | 매운맛 | 자극적인
  - 흙냄새가 강한 열성 화합물로 깊이를 더한다.
  - ⊕ **큐민**은 비슷한 열성과 지속력이 강한 큐민알데하이드를 가지고 있다.

- **리날로올** — 꽃향 | 나무 향 | 매운맛
  - 다른 리날로올과 함께 꽃 향을 끌어낸다.
  - ⊕ **카다멈**은 감귤-꽃 향과 예리한 유칼립투스의 복합적인 향기를 제공한다.

- **유제놀** — 소독내 | 나무 향 | 온화한
  - 다른 유제놀과 함께 사용하여 예리하고 깔끔한 향기를 만든다.
  - ⊕ **정향**은 캐리오필렌을 공유한다. 정향은 소량 사용해야 한다.
  - ⊕ **아니스**와 **팔각**은 시나몬의 감미 효과를 강화하며 감초 향을 격한다.

음식 궁합

⊕ **과일** 시나몬 가루를 설탕과 섞어 복숭아, 무화과, 사과, 배에 뿌린 후 굽는다. 자두나 체리 클라푸티(clafoutis, 과일을 넣은 파이의 일종) 반죽에 첨가한다.

⊕ **단맛의 빵·과자** 시나몬 가루를 사용해 북유럽식 번(bun), 이탈리아식 디저트, 판포르테(panforte), 프랑스식 팽 데피스(pain d'épices, 생강 빵)에 풍미를 더한다.

⊕ **토마토와 가지** 시나몬 향을 낸 토마토소스는 구운 가지의 토핑으로 매우 잘 어울린다.

⊕ **붉은 고기** 양고기 타진(tagine), 이란식 코락(khorak), 소고기 스튜, 향긋한 베트남식 소고기 포 육수에 한두 조각을 넣는다.

⊕ **비둘기** 시나몬은 모로코식 필로(phyllo, 묽은 반죽), 페이스트리 파스틸라(pastilla)의 주 향신료이다.

블렌딩 해보기

시나몬을 이용한 전형적인 블렌딩을 따라해 보고 변형도 시도해 보자.
아드비에 27p
버마식 가람 마살라 48p
자메이카식 저크 럽 64p
몰레 믹스 65p
멀링 스파이스 73p

향 내는 법

시나몬의 맛을 내는 성분이 나무와 같은 구조에서 벗어나는 데에는 시간이 필요하다. 주요 풍미 화합물인 캐리오필렌은 물에 녹지 않는다.

조리 시 일찍 첨가해서 요리에 맛이 퍼질 시간을 준다.

지방(기름)과 알코올은 시남알데하이드의 확산을 돕는다.

증기는 시남알데하이드의 이동을 원활하게 한다. 뚜껑을 덮고 펄펄 끓인다.

카시아

달콤한 | 후추 향 | 떫은맛

학명
Cinnamomum cassia, C. loureirii, C. burmannii

다른 이름
차이니즈 시나몬(C. cassia),
베트남/사이공 시나몬(C. loureirii),
인도네시아/자바/코린테 시나몬(C. burmannii)

주요 화합물
시남알데하이드

사용하는 부분
건조된 껍질, 덜 익은 열매(봉오리)

경작 방법
우기에 최소한 4년이 된 나무에서 2년마다 껍질을 수확한다.

상품화
안쪽 껍질 조각을 햇볕에 말리면 자연스럽게 둥글게 말리면서 두꺼운 조각을 형성한다. 봉오리는 건조시킨다.

요리 외적 용도
설사와 소화불량을 치료하는 한약재

향신료 이야기

카시아는 기원전 2700년부터 고대 중국에서 약용으로 사용되었으며 고대 교역로를 통해 지중해에 최초로 도달한 향신료 중 하나였다. 이집트인들은 계피를 요리 향신료와 치료 효과 때문에 사용하기도 했는데 그들이 사용한 것이 시나몬인지 카시아인지는 확실치 않다. 페르시아인들은 카시아와 시나몬을 다르치니(darchini)로 알고 있었고 고소하고 달콤한 요리에 사용했다. 카시아는 기원전 5세기부터 시나몬과 다른 것으로 구분되었다. 중세 영국과 프랑스의 요리책은 카시아와 시나몬을 '카넬라(canella)'라고 불렀지만 카시아는 좀 더 거친 맛 때문에 시나몬보다 열등한 취급을 받았다. 예의에 관한 15세기 책 《양육경(Bok of Nurture)》에서 존 러셀(John Russell)은 "시나몬은 귀족들을 위한 것이고 카넬라는 평민들을 위한 것이다."라고 적고 있다. 오늘날 카시아는 세계 계피 공급량의 거의 50%를 차지하고 있으며 중국과 동남아시아의 핵심적인 향신료이다. 북아메리카에서도 인기가 높은데 이곳에서 사용되는 시나몬 가루의 대부분은 사실 카시아이다.

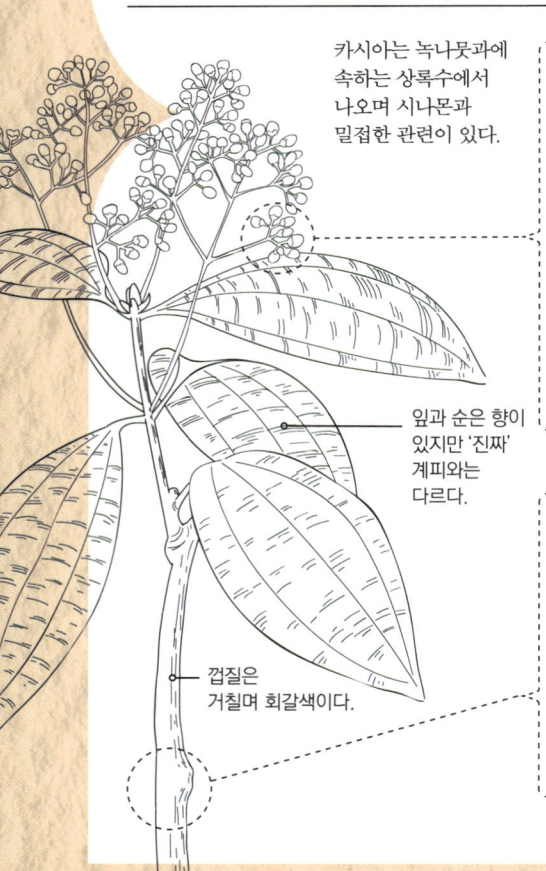

카시아는 녹나뭇과에 속하는 상록수에서 나오며 시나몬과 밀접한 관련이 있다.

잎과 순은 향이 있지만 '진짜' 계피와는 다르다.

껍질은 거칠며 회갈색이다.

덜 익은 열매를 건조시킨 것은 정향과 비슷하며 극동에서 절임용 향신료로 사용된다.

카시아 껍질보다 색깔이 어둡고, 더 두꺼우며, 보다 헐겁게 말려 있고, 부러뜨리기가 더 어렵다. 강한 향이 있으며 맛도 더 강렬하다.

재배 지역
카시아는 중국 남부의 열대림이 원산지이다. 동남아시아 전역에서 재배되지만 주된 재배지는 중국 남부와 베트남이다.

풍미 그룹 | 달콤 온화한 페놀 | 카시아   83

크리에이티브 키친

카시아는 단맛과 열성(熱性)을 갖고 있지만 쌉쌀하며, 시나몬과 같은 감귤 향, 꽃향은 나지 않는다. 단맛이 나는 제과·제빵에도 사용할 수 있지만 좀 더 깊고, 맵고, 덜 미묘한 맛 때문에 향이 진한 요리에 잘 어울린다.

블렌딩 과학

카시아의 향미 프로필은 시나몬과 카시아 특유의 맛을 내는 화합물, 시남알데하이드가 지배하고 있다. 입안을 얼얼하게 만드는 떫은맛의 탄닌도 들어 있고 '진짜' 시나몬에는 없는 페놀인 쿠마린 외에 유칼립투스 향의 시네올도 포함하고 있다.

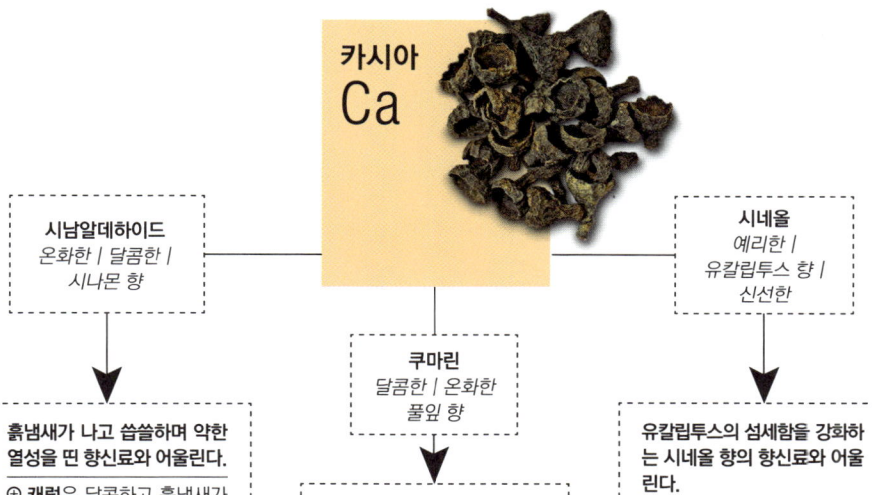

카시아 Ca

시남알데하이드 — 온화한 | 달콤한 | 시나몬 향

쿠마린 — 달콤한 | 온화한 풀잎 향

시네올 — 예리한 | 유칼립투스 향 | 신선한

흙냄새가 나고 쌉쌀하며 약한 열성을 띤 향신료와 어울린다.
- ⊕ **캐럽**은 달콤하고 흙냄새가 나며 시남알데하이드를 포함하고 있다.
- ⊕ **큐민**은 흙냄새와 약간 쌉쌀한 맛을 내며 열성을 띤다.
- ⊕ **팔각**은 허브, 흙, 꽃향기와 감초의 향미를 은은하게 깔아준다.
- ⊕ **생강**은 예리한 열감과 달콤한 감귤 향을 제공한다.

다른 달콤한 향신료와 결합시켜 좀 더 풍성한 프로필을 만든다.
- ⊕ **마할레브**는 쿠마린을 갖고 있으며 아몬드 향을 낸다.
- ⊕ **넛맥**은 쌉쌀하면서 달콤한 나무 향을 더한다.
- ⊕ **바닐라**는 꿀처럼 달며 약간 견과 맛이 난다.
- ⊕ **아니스**는 단맛을 강화하며 허브 향을 더한다.

유칼립투스의 섬세함을 강화하는 시네올 향의 향신료와 어울린다.
- ⊕ **카다멈**은 달콤한 민트 향을 더해준다.
- ⊕ **월계수 잎**에는 시네올이 풍부하며 복합적인 소나무와 꽃 향의 신선한 느낌을 전한다.
- ⊕ **올스파이스**는 달콤하고 따뜻한 기운을 낸다.
- ⊕ **그레인스 오브 셀림**은 소독내가 나며, 소나무, 꽃, 나무 향을 추가한다.

음식 궁합

- ⊕ **소고기, 돼지고기** 이탈리아식 소고기나 소꼬리 라구(ragu, 요리용 소스), 소고기 렌당(rendang), 돼지고기 빈달루(vindaloo)에 카시아 껍질 한 조각과 다른 열성 향신료를 넣는다.
- ⊕ **콩, 곡물** 필라프, 콩 요리, 커리에 들어가는 기본 향신료에 카시아 껍질 한 조각을 추가한다.
- ⊕ **제과제빵** 껍질 가루를 이용해 차게 식힌 미국식 시나몬 롤의 독특한 향을 만든다. 크리스마스 과자류, 과일 케이크, 쿠키 반죽에는 봉오리 가루를 첨가한다.
- ⊕ **보존 식품** 오이피클, 토마토 처트니(chutney) 소스, 바비큐 소스에 카시아 봉오리를 넣는다.

블렌딩 해보기

카시아를 이용한 전형적인 블렌딩을 따라해 보고 변형도 시도해 보자.

가람 마살라 40쪽

쿠마린 사용 시 주의할 점

단맛의 쿠마린은 과량 섭취할 경우 일시적인 간 손상을 유발할 수 있다. 따라서 계피 맛 식품을 정기적으로 섭취하는 소비자라면 카시아가 아닌 시나몬을 선택해야 한다.

어린이 3.5g

성인 7g

의료 당국이 발표한 카시아의 주간(週間) 최대 섭취 권장량은 위와 같다. 장기간 최대 권장 섭취량 이상을 섭취하는 것은 금해야 한다.

향 내는 법

시남알데하이드를 비롯한 카시아에 든 대부분의 향미 성분은 물에 녹지 않으며 나무 껍질과 같은 구조에서 벗어나기가 쉽지 않다.

카시아 껍질은 전기 그라인더로 분쇄하는 것이 가장 좋다.

증발로 인한 향의 손실을 최소화하기 위해서 사용하기 직전에 카시아를 갈아준다.

지방(기름)과 알코올을 첨가해 시남알데하이드의 확산을 돕는다.

증기는 시남알데하이드를 확산시킨다. 국물 요리는 뚜껑을 덮고 끓여야 향을 우려낼 수 있다.

정향

달콤한 | 떫은맛 | 장뇌 향

학명
Syzygium aromaticum

다른 이름
네일 스파이스(nail spice, 모양으로 인해 많은 언어권에서 '못 향신료'라고 부른다)

주요 화합물
유제놀

사용하는 부분
꽃봉오리

경작 방법
1년에 두 번, 막 꽃분홍색으로 변하고 거의 벌어지려는 꽃봉오리를 손으로 따낸다.

상품화
봉오리가 진갈색으로 변하고 딱딱해질 때까지 햇볕에 말린다.

요리 외적 용도
인도네시아의 크레텍(kretek) 담배의 향을 내는데, 일부 치과용 제품, 메스꺼움, 소화불량, 염증 치료에 쓰인다.

향신료 이야기

인도네시아의 몰루쿠스(현재의 말루쿠) 제도는 거의 2천 년 동안 다른 곳이 아닌 그곳에서만 재배되던 3대 토종 향신료인 정향, 넛맥, 메이스 덕분에 향신료 제도(Spice Islands)로 알려졌었다. 중국 한 왕조(기원전 206년~기원후 220년) 동안 황제를 보필하는 조신들은 정향으로 입 냄새를 없앴으며, 이 향신료를 클라부스(clavus, 라틴어로 손톱)라고 불렀던 로마인들은 정향을 직접 불에 태워 쓰는 향과 향수로 만들어서 사용했다. 정향은 중세 시대에 요리용 향신료로 쓰이기 시작했다. 처음에는 베네치아 공화국이 이 수익성 높은 교역품을 사실상 독점하고 있었지만 포르투갈, 네덜란드, 스페인, 영국인들이 통제권을 얻기 위해 일련의 전쟁을 벌였고 결국 네덜란드가 승리를 거두었다. 18세기에 프랑스인 피에르 푸와브르(Pierre Poivre)가 정향 묘목을 모리셔스에 밀반입했다.

봉오리는 크림 거품 같은 수술이 있는 진홍색 꽃이 된다.

둥근 윗부분은 열리지 않은 꽃잎

잎은 월계수 잎처럼 윤이 나며 향이 있다.

통통하고, 오그라들거나 부서지지 않았으며, 대부분이 둥근 윗부분을 유지하고 있는 정향을 고른다. 품질을 확인하려면 손톱으로 줄기를 눌러 본다. 기름이 스며 나와야 한다.

정향나무는 열대 상록수로 화산성 로움질 토양에서 잘 자란다. 꽃은 5년 후에 피지만 나무는 100년 동안 생산력을 유지한다.

정향 가루는 향이 곧 사라진다. 통 정향을 구입해서 필요할 때 갈아서 사용하는 것이 좋다. 통 정향 12개 정도면 정향 가루 1작은술이 나온다.

재배 지역

인도네시아가 정향의 최대 생산국이지만 대부분의 수확물은 그 지역의 크레텍 담배 산업에 사용된다. 다른 주요 생산국은 마다가스카르와 탄자니아가 있고 인도, 스리랑카, 파키스탄에서도 소량 생산된다.

풍미 그룹 | **달콤 온화한 페놀** | 정향   85

크리에이티브 키친

정향의 풍미는 너무 강하기 때문에 주로 다른 비슷한 열성 향신료를 더해 정향의 풍미를 희석시키는 식으로 조합하여 사용한다. 살균 효과가 있어 피클을 만들 때 흔히 쓰는데 조금씩 사용하도록 한다.

블렌딩 과학

정향은 어떤 향신료보다 유제놀의 함량이 높다. 향기로운 이 열성 페놀 화합물은 유칼립투스와 유사한 향을 가지며 혀에서 감미 효과를 낸다. 나무 향의 캐리오필렌 역시 향신료 조합에 유용한 화합물이며 그린 바나나와 유사한 메틸 아밀케톤과 박하 향의 메틸 살리실산염이 향미 프로필을 완성한다.

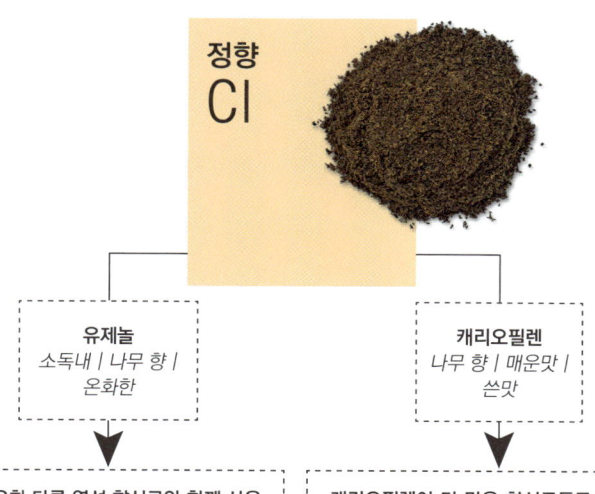

정향 Cl

유제놀
소독내 | 나무 향 | 온화한

캐리오필렌
나무 향 | 매운맛 | 쓴맛

유제놀을 함유한 다른 열성 향신료와 함께 사용한다.
- ⊕ **올스파이스**는 달콤하고 매콤한 열감을 더한다.
- ⊕ **감초**는 단맛과 유칼립투스와 유사한 향을 낸다.
- ⊕ **넛맥**이나 **시나몬**을 소량 사용하면 매콤한 열감을 더할 수 있다.
- ⊕ **월계수 잎**과 **페누그릭**은 뛰어난 풍미의 조합을 만든다.

캐리오필렌이 더 많은 향신료들로 매콤한 맛을 끌어낸다.
- ⊕ **그레인스 오브 파라다이스**는 매콤한 열감과 예리한 매운맛을 낸다.
- ⊕ **흑후추**는 열감과 함께 나무 향까지 제공한다.
- ⊕ **카카오**는 고소한 볶은 내와 풍성하고 씁쓸한 맛을 더한다.

음식 궁합

- ⊕ **토마토와 적양배추** 토마토소스에 소량 넣거나 적양배추를 삶을 때 넣는다.
- ⊕ **복숭아** 유제놀을 함유하고 있기 때문에 정향과 자연스럽게 어우러진다. 시나몬, 생강, 통 정향(복숭아 하나당 2~3개)을 넣은 설탕 시럽에 절인다.
- ⊕ **소고기와 돼지고기** 비프스튜, 돼지고기 찜, 정통 프랑스식 진한 수프 포토푀(pot-au-feu)에 양념으로 통 정향 몇 개를 넣거나 케랄라식 소고기 카레에 사용한다.
- ⊕ **우유** 화이트소스나 인도식 푸딩 키르(kheer), 혹은 인도 디저트 파야삼(payasam)을 만들 때 우유를 데우기 전 정향 1~2개를 넣는다.
- ⊕ **뜨거운 음료** 칼로리가 없는 감미료로 차나 커피에 통 정향을 넣어 우린다. 정향은 멀드 와인(mulled wine)이나 사과주를 만들 때 꼭 들어가는 향신료이다.

블렌딩 해보기

정향을 이용한 전형적인 블렌딩을 따라해 보고 변형도 시도해 보자.
필라우 마살라 34쪽
빈달루 페이스트 44쪽
핀란드식 진저브레드 향신료 72쪽

향 내는 법

정향의 주요 풍미 화합물인 유제놀과 캐리오필렌은 유성이다. 그들은 일단 방출되면 빨리 증발하며 물에 거의 녹지 않는다.

통 정향을 사용하거나 요리에 넣기 직전에 간다.

조리 시 일찍 첨가해 나무 같은 구조에서 향이 빠져나올 충분한 시간을 준다.

 알코올  지방(기름)
풍미 화합물의 확산에는 오일과 알코올이 필요하다.

올스파이스

온화한 | 매운맛 | 달콤한

학명
Pimenta dioica

다른 이름
자메이카 페퍼, 클로브 페퍼, 피멘토

주요 화합물
유제놀

사용하는 부분
말린 열매, 가끔 신선한 잎

경작 방법
가지에 여러 개의 열매가 맺힌다. 열매가 성숙했지만 아직 녹색인 여름철에 손으로 나무에서 딴다.

상품화
열매는 증기를 쏘이는 발효 과정(바닐라 큐어링, vanilla curing, 100쪽 참조)을 거친 후 햇빛에서 며칠간 건조시키거나 따기 전에 인공적으로 건조시킨다.

요리 외적 용도
향수와 화장품의 에센셜 오일, 약제의 향료, 살충제와 살진균제, 방부제, 소화제

올스파이스는 도금양과에 속하는 상록수이다. 수령이 7~8년이 되면 열매를 맺기 시작하며 최대 100년까지 계속 열매를 맺는다.

열매는 따지 않고 두면 진한 자주색으로 익지만 이렇게 되면 대부분의 향은 사라진다.

올스파이스 가루는 효능을 쉽게 잃는다. 소량 구입하고 밀폐된 용기에 넣어 서늘하고 어두운 곳에 보관하며 6개월 이내에 사용한다.

말린 열매는 향을 잘 간직하고 있으며 서늘하고 어두운 곳에 밀봉해 둔다면 보관기간은 무한에 가깝다.

거친 표면에는 작은 기름샘이 있다.

대부분의 향은 씨앗이 아닌 주름진 겉껍질(혹은 '과피, percarp')에 농축되어 있다.

윤이 나는 잎은 카리브해 지역에서 고기소에 사용한다.

향신료 이야기

중앙아메리카의 마야인들은 적어도 기원전 2000년부터 시체의 방부 처리, 관절염 완화, 초콜릿 음료의 맛을 낼 때 올스파이스를 사용했으며, 카리브해 지역의 토착민들은 고기와 생선의 보존제로 사용했다. 크리스토퍼 콜럼버스(Christopher Columbus)는 1494년 자메이카에서 올스파이스를 접한 최초의 유럽인이었고 올스파이스를 후추의 한 종류라 생각했기 때문에 피멘토(pimento, 후추)라 불렀다. 유럽인들은 올스파이스가 가진 보존력에 매료되었고 스칸디나비아 수산업에서는 지금까지도 보존제로 사용하고 있다. 러시아가 19세기 초 나폴레옹에게 침공당했을 때, 러시아군은 군화 안에 올스파이스 열매를 넣어 발에 생길 수 있는 박테리아와 곰팡이로 인한 감염을 막았다.

재배 지역
서인도, 멕시코, 중앙아메리카가 원산인 올스파이스는 주로 자메이카에서 재배되지만 온두라스, 멕시코, 과테말라, 하와이, 통가에서도 재배된다.

풍미 그룹 | 달콤 온화한 페놀 | 올스파이스   87

크리에이티브 키친

이름에 걸맞은 풍부한 향의 다목적 향신료로 달콤한 요리나 짭짤한 요리 모두에 어울리고 다른 향신료와도 조화를 이룬다. 올스파이스는 자메이카 요리의 근간이며 육포(肉脯) 양념의 핵심 재료이다.

블렌딩 과학

올스파이스는 강한 소독내를 내는 페놀 화합물, 유제놀을 공유하는 다른 향신료와 잘 어울린다. 시네올을 함유해 유칼립투스와 같은 예리한 향을 내는 다른 향신료들과도 잘 어우러진다. 보다 약한 테르펜 펠란드렌, 리날로올, 미르센, 피넨 소량이 향미 프로필을 완성시킨다.

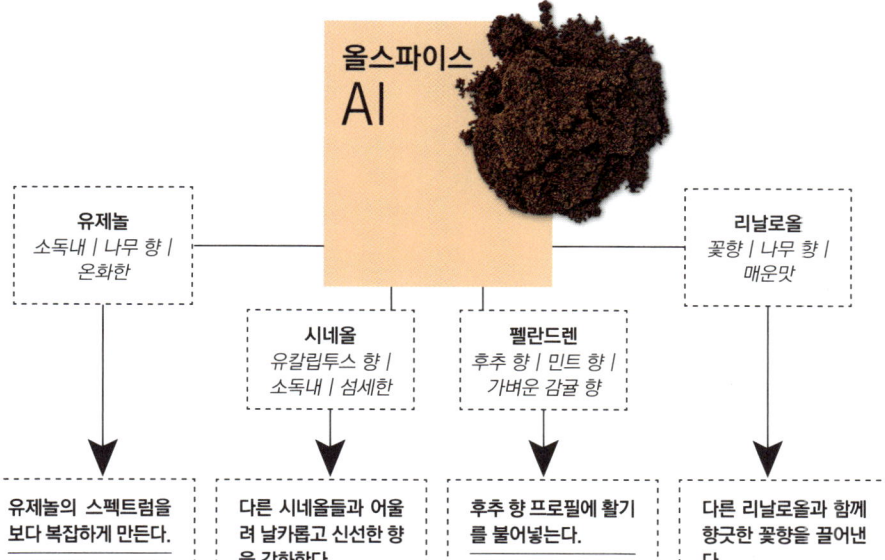

올스파이스 AI

유제놀 — 소독내 | 나무 향 | 온화한

시네올 — 유칼립투스 향 | 소독내 | 섬세한

펠란드렌 — 후추 향 | 민트 향 | 가벼운 감귤 향

리날로올 — 꽃향 | 나무 향 | 매운맛

유제놀의 스펙트럼을 보다 복잡하게 만든다.
- ⊕ **넛맥**이나 **시나몬**은 따뜻한 느낌을 끌어올린다.
- ⊕ **감초**는 달콤한 소독내를 강조한다.
- ⊕ **월계수 잎**은 유제놀에 신선함과 꽃향을 더한다.

다른 시네올들과 어울려 날카롭고 신선한 향을 강화한다.
- ⊕ **갈랑갈**은 감귤 향을 제공한다.
- ⊕ **카다멈**은 꿰뚫는 듯한 열감을 전한다.
- ⊕ **블랙 카다멈**은 유칼립투스에 깔린 훈연 향의 층을 추가한다.

후추 향 프로필에 활기를 불어넣는다.
- ⊕ **팔각** 역시 시네올을 공유해 아니스 씨앗의 새콤달콤한 맛을 낸다.
- ⊕ **흑후추**는 심하지 않은 톡 쏘는 열감을 낸다.

다른 리날로올과 함께 향긋한 꽃향을 끌어낸다.
- ⊕ **코리앤더**는 강한 감귤 향을 더한다.
- ⊕ **그레인스 오브 셀림**은 시네올을 공유하고 있으며 올스파이스의 후추 향을 강화한다.

음식 궁합

- ⊕ **날생선** 겨자씨와 함께 청어 같은 날생선 절임이나 멕시코의 에스카베슈(escabeche, 생선이나 닭을 튀겨서 초절임한 것)에 사용된다.

- ⊕ **단맛의 채소** 토마토소스나 수프, 비트 보르시치(borscht, 비트로 만든 수프), 고구마 퓌레에 첨가해서 채소 본연의 단맛을 끌어낸다.

- ⊕ **붉은 고기** 비프스튜(특히 토마토를 기본으로 하는)와 돼지고기나 엽조류 파테(pâté, 고기나 생선을 곱게 다지고 양념해 빵 등에 발라 먹음)에 올스파이스 가루를 넣어 섞는다.

- ⊕ **핵과와 대황** 자두, 사과, 배, 대황 등을 데칠 때는 팬에 올스파이스 가루 약간을 뿌려준다.

- ⊕ **단맛의 빵·과자** 비스킷 반죽, 생강 케이크, 우유 푸딩, 스팀 푸딩에 올스파이스 한 꼬집을 추가한다.

블렌딩 해보기

올스파이스를 이용한 전형적인 블렌딩을 시도하거나 이들 요리법에 블렌딩 과학을 적용시켜 보자.

아라비아 바하라트 26쪽
자메이카식 저크 럽 64쪽
멀링 스파이스 73쪽

향 내는 법

갈기 전에 통 올스파이스를 빻아 볶으면 피라진에서 나오는 스모키한 볶은 내의 층을 더할 수 있다.

볶기 전에 올스파이스 열매를 절구에 가볍게 빻아 껍질을 부순다.

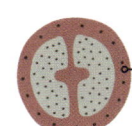

풍미 화합물들은 겉껍질에 농축되어 있다. 껍질을 빻는 것은 작은 알갱이 속에 들어 있는 향유를 방출하는 데 도움을 준다.

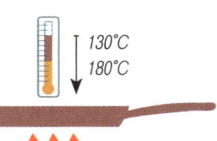

130°C
180°C

기름을 두르지 않은 팬에서 볶는다. 피라진과 같은 새로운 풍미 화합물은 130°C 이상에서 형성된다. 하지만 180°C가 넘으면 탄 냄새가 다른 향을 덮는다.

아니스

장뇌 향 | 달콤한 | 온화한

학명
Pimpinella anisum

다른 이름
아니시드, 스위트 큐민, 화이트 아니스

주요 화합물
아네톨, 아니실 알코올

사용하는 부분
작은 씨가 담긴 살이 없는 열매

경작 방법
한해살이 작물로 재배되며 열매가 익으면 식물을 뽑아내거나 벤다.

상품화
열매를 일주일 동안 말린 후 타작해서 꽃 머리를 분리한다.

요리 외적 용도
에센셜 오일로 만들어 기침약, 향수, 비누에 사용된다. 가스가 차거나 두통이 있을 때 전통적으로 사용되는 치료제로 알려져 있다.

향신료 이야기

고대 이집트에서 뱀에 물렸을 때 치료제로 아니스를 썼다는 기록이 있지만 감초와 같은 강렬한 단맛을 적극적으로 이용한 것은 로마인이었다. 로마에서는 하위 장교들의 식료품에서부터 특별한 연회에 내는 향료 주인 콘디툼(conditum)과 쌀 케이크 무스타체오이(mustaceoe)에 이르기까지 다양한 것들에 아니스의 풍미를 더했다. 아니스는 중세까지, 특히 피레네 산맥에서 텃밭 작물로 인기를 유지했다. 프랑스인들이 식전주로 마셨고 피레네 수도사들은 아니스 향의 리큐어를 만들었고 스튜와 스톡에도 사용했다. 오늘날에도 프랑스의 파스티스(pastis), 그리스의 우조(ouzo), 터키의 라키(raki), 아라비아의 아라크(arrak) 등 여러 리큐어가 아니스 에센셜 오일로 향을 낸다. 아니스는 오랫동안 효과적인 소화 보조제로 여겨졌는데, 오늘날에도 인도에서는 식후에 아니스 열매를 통째로 씹는다.

아니스는 서리에 민감하고 목본류가 아닌 식물이다. 꽃은 한여름에 피고, 한두 달에 걸쳐 열매가 익는다. 조립질의 알칼리성 토양에서 번성한다.

유백색의 작은 꽃이 모여 산형화를 이룬다.

양치식물과 같은 잎에는 옅은 향이 있어 허브로도 사용된다.

씨앗에는 종종 줄기가 조금씩 붙어 있지만 과도한 줄기는 품질이 표준 이하라는 것을 나타낸다.

씨앗에 먼지가 없는지 확인한다.

녹갈색의 타원형 씨앗을 사서 필요할 때마다 갈아서 사용하는 것이 가장 좋다. 씨앗은 밀폐 용기에 담아 2년까지 보관할 수 있다. 이탈리아 칼라브리아산 야생 블랙 아니스는 보통의 아니스보다 쓴맛이 덜하고 더 달콤하지만 구하기도 훨씬 어렵다.

재배 지역
아니스는 원산지인 동 지중해, 이집트, 중동에서 광범위하게 재배되며 현재는 발트해 연안 국가들과 라틴 아메리카에서도 재배되고 있다. 동쪽으로도 인도, 중국, 일본까지 재배지가 확장되었다.

풍미 그룹 | 달콤 온화한 페놀 | 아니스   89

크리에이티브 키친

아니스는 달콤한 빵과 과자의 맛을 낼 때 가장 많이 쓰이지만 그밖에도 많은 요리에 사용한다. 아니스와 회향 씨는 아시아 요리에서 서로의 대체물로 쓰인다. 아니스 기반의 리큐어를 사용할 때는 요리의 다른 맛을 압도하지 않도록 소량만 사용한다.

블렌딩 과학

아니스의 강한 감초 향은 강력한 아네톨 화합물에서 나온다. 좀 더 은은한 향의 화합물들(체리, 바닐라, 초콜릿의 느낌을 주는 아니실 알코올은 물론 미량의 에스트라골, 피넨과 리모넨)을 사용해 새로운 조합을 만들 수 있다.

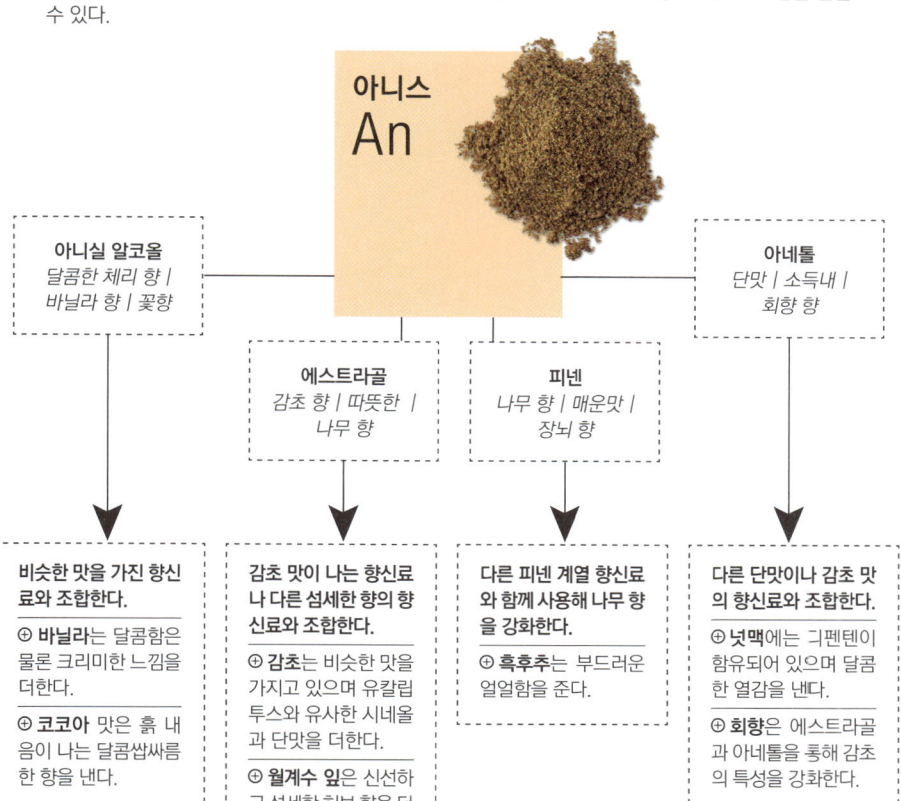

아니스 / An

- **아니실 알코올** — 달콤한 체리 향 | 바닐라 향 | 꽃향
- **에스트라골** — 감초 향 | 따뜻한 | 나무 향
- **피넨** — 나무 향 | 매운맛 | 장뇌 향
- **아네톨** — 단맛 | 소독내 | 회향 향

비슷한 맛을 가진 향신료와 조합한다.
- ⊕ **바닐라**는 달콤함은 물론 크리미한 느낌을 더한다.
- ⊕ **코코아** 맛은 흙 내음이 나는 달콤쌉싸름한 향을 낸다.

감초 맛이 나는 향신료나 다른 섬세한 향의 향신료와 조합한다.
- ⊕ **감초**는 비슷한 맛을 가지고 있으며 유칼립투스와 유사한 시네올과 단맛을 더한다.
- ⊕ **월계수 잎**은 신선하고 섬세한 허브 향을 더한다.

다른 피넨 계열 향신료와 함께 사용해 나무 향을 강화한다.
- ⊕ **흑후추**는 부드러운 얼얼함을 준다.

다른 단맛이나 감초 맛의 향신료와 조합한다.
- ⊕ **넛맥**에는 기펜텐이 함유되어 있으며 달콤한 열감을 낸다.
- ⊕ **회향**은 에스트라골과 아네톨을 통해 감초의 특성을 강화한다.

단맛 화합물

아네톨은 아니스에 함유된 향유의 90%를 이루며 아니스가 가진 감초 맛을 내는 성분이다. 이 화합물은 인간의 미뢰에 있는 단맛 수용체를 자극해서 설탕보다 더 달게 느껴지도록 만들지만 열량은 없다. 설탕을 사용할 수 있게 되기 전까지 오랫동안 아니스가 달콤한 사탕과 리큐어의 맛을 내는 향신료로 선택을 받은 것은 당연한 일이다.

설탕보다 13배 달다

음식 궁합

- ⊕ **셀러리악** 기름진 드레싱, 셀러리악 레물라드(remoulade, 냉육·생선샐러드용 소스)에 아니스를 갈아 넣는다.
- ⊕ **감자** 다진 양파, 통 아니스, 커리 잎, 겨자씨를 함께 볶아 감자와 완두콩 커리의 맛을 낸다.
- ⊕ **생선** 남부 인도 스타일의 코코넛 생선 스프나 토마토를 기반으로 하는 지중해식 생선 스튜에 아니스 1작은술을 넣는다.
- ⊕ **돼지고기** 볶은 씨앗을 미트볼이나 스터핑에 사용되는 소시지 고기에 추가한다.
- ⊕ **과일** 레몬, 마르멜로(quince, 모과 비슷한 열매), 사과 타르트를 위한 페이스트리 반죽에 씨앗을 섞는다. 사과나 바나나 프리터 반죽에 넣는다.

향 내는 법

아네톨은 알코올과 기름에는 녹지만 물에는 녹지 않는다. 요리에 섞기 전에 기름이나 다른 지방에 살짝 볶는다. 국물 요리에는 향이 퍼지도록 알코올(예를 들어 청주나 간장)을 사용한다.

알코올   기름

블렌딩 해보기

아니스를 이용한 전형적인 블렌딩을 따라해 보고 변형도 시도해 보자.

버마식 가람 마살라 48쪽
산둥 스파이스 백 58쪽
난징 스파이스 백 59쪽

팔각

감초 향 | 달콤한 | 온화한

학명
Illicium verum

다른 이름
스타아니스, 바디안 아니스, 시베리안 아니스

주요 화합물
아네톨

사용하는 부분
꼬투리, 씨앗

경작 방법
열매는 늦여름부터 초겨울까지 익기 전에 수확한다.

상품화
열매는 단단한 나무처럼 변하고 꼬투리의 끝이 벌어져 씨앗이 노출될 때까지 주로 햇볕에 말린다.

요리 외적 용도
비누, 향수, 기침약. 한의학에서는 복통, 두통, 류머티즘 치료제로 사용한다.

향신료 이야기

팔각의 라틴 이름, 일리키움(Illicium)은 달콤한 향과 아름다운 모양을 나타내는 '매혹'이라는 뜻을 갖고 있다. 요리 재료와 약용으로 원산지인 중국과 베트남에서 3천 년 전부터 재배되었다. 팔각은 중국 문화에서 행운을 상징한다. 중국에서는 일반적인 8개의 꼬투리보다 더 많은 꼬투리를 가진 팔각을 찾는 것을 대단한 행운으로 여긴다. 중세 말부터 중국에서 러시아를 거치는 차 교역로를 통해 교역되었는데, 이 시대에 팔각은 시베리안 카다멈으로 알려져 있었다. 가격이 비교적 높고 아시아 요리의 인기가 높아진 결과 현재는 다른 어느 때보다 널리 사용되고 있다. 팔각에 함유된 시킴산은 항바이러스제 타미플루(Tamiflu)를 만드는 데 사용되는 화학 물질이기 때문에 세계적으로 독감이 발병하면 부족 사태가 벌어지기도 했다.

팔각은 목련과 밀접한 관계가 있는 중국산 작은 상록수의 열매이다. 나무는 100년 이상 열매를 맺는다.

크고 향기롭고 광택이 있는 잎들이 뭉친 형태를 이룬다.

수선화와 같은 꽃이 열매를 맺기 직전 노랗게 변한다.

희끄무레한 색상의 줄기는 향이 좋다.

씨앗과 나무 같은 심피를 가루로 만든다. 풍미 화합물이 빨리 증발하므로 신선함이 오래 유지되지 않는다.

각각의 꼬투리가 씨앗이 생성되는 심피이다.

윤이 나는 씨앗은 향기 방어 화합물이 집중되어 있는 꼬투리보다 향이 약하다.

재배 지역
중국 남서부와 베트남 북동부가 원산인 팔각은 중국, 인도, 라오스, 베트남, 필리핀, 일본, 대만에서 재배된다.

풍미 그룹 | 달콤 온화한 페놀 | 팔각

크리에이티브 키친

팔각은 중국 요리와 오향 가루에서 빼놓을 수 없는 재료이다. 남부 인도에서는 비리야니(biryani)*에 들어가며 다양한 가람 마살라에 사용된다. 베트남 요리 포는 팔각의 독특한 향이 없이는 완성되지 않는다.

블렌딩 과학

팔각, 아니스, 회향, 감초는 전혀 관계가 없는 식물에서 나오지만 아네톨이라는 풍미 화합물을 공유하고 있다. 설탕보다 13배가 더 단 아네톨이 팔각에 단맛을 준다. 전체적인 향미 프로필은 다른 아네톨 향신료보다 복잡하며 리날로올의 매혹적인 꽃향이 특징이다.

팔각 St

시네올 — 유칼립투스 향 | 약한 소독내 | 섬세한

- 다른 시네올 향신료와 함께 사용해 숨어 있는 유칼립투스의 향을 끌어낸다.
- ⊕ **카다멈**은 공유하는 리날로올을 통해 꽃향을 낸다.
- ⊕ **월계수 잎**은 솔향을 더하며 신선한 꽃향과 약한 쌉쌀한 향을 내는 리날로올을 공유한다.
- ⊕ **블랙 카다멈**과 **그레인스 오브 셀림**은 혼합물에 식욕을 돋우는 나무 탄내를 더한다.
- ⊕ **갈랑갈**과 **생강** 역시 신선하고 자극적인 풍미의 조합을 만든다.

아네톨 — 달콤한 | 감초 향 | 온화한

- 비슷하게 달콤하거나 열성이 있는 향신료와 짝을 이룬다.
- ⊕ **넛맥과 메이스, 올스파이스**는 아네톨과 상승 작용을 일으킨다. 넛맥과 메이스는 신선한 나무 향을 내는 테르피네올을 공유한다.
- ⊕ **시나몬**은 달콤한 열감을 가지고 있어 아네톨을 보완한다.

펠란드렌 — 풀향 | 후추 향 | 감귤 향

- 다른 펠란드렌 계열 향신료와 함께 사용해 신선하고 톡 쏘는 허브 향을 강화한다.
- ⊕ **통후추**는 오래 가는 알싸한 열감을 낸다.
- ⊕ **딜**은 보다 강한 감귤 향을 내는 리모넨을 특징으로 한다.

*비리야니(biryani)
생쌀을 향신료에 잰 고기, 생선 또는 달걀, 채소를 넣어서 찌거나 고기 등의 재료를 미리 볶아 반쯤 익힌 쌀과 함께 찐 인도의 쌀 요리이다.

음식 궁합

- ⊕ **채소** 조린 부추, 양배추, 회향에 꼬투리 하나를 넣는다. 호박, 뿌리채소, 스웨덴 순무를 볶기 전에 팔각 가루를 뿌린다. 달콤한 채소 퓌레에 팔각 한 꼬집을 넣는다.
- ⊕ **쌀** 바스마티 쌀이나 찰기가 있는 쌀을 조리할 때 팬에 통 팔각 하나를 넣는다. 팔각의 섬세하고 달콤한 향이 비리야니와 필라우(pilau, 쌀에다 날짐승의 고기 또는 간, 후추를 섞어 만든 요리)의 맛을 배가시킨다.
- ⊕ **소고기, 돼지고기** 소꼬리 스튜나 중국식 돼지 수육을 만들 때 통 팔각을 넣으면 맛이 깔끔해진다.
- ⊕ **해산물** 소스 팬에 팔각, 생강, 통후추를 넣어 볶다가 조개나 홍합을 넣고 와인이나 셰리주(sherry, 스웨덴 남부 지방의 백포도주), 페르노(Pernod, 프랑스제 리큐어)를 끼얹어 베트남식 요리를 완성한다.
- ⊕ **과일 프리저브** 마르멜로, 무화과, 사과, 살구나 파인애플, 망고와 같은 열대 과일과 혼합해 신선한 감초 향을 더한다.

블렌딩 해보기

팔각을 이용한 전형적인 블렌딩을 따라해 보고 변형도 시도해 보자.

빈달루 페이스트 44쪽
버마식 가람 마살라 48쪽
산둥 스파이스 백 58쪽
난징 스파이스 백 59쪽
오향 가루 60쪽

향 내는 법

대부분의 향은 꼬투리의 딱딱한 심피에 갇혀 있다. 심피는 씨앗을 보호하며 해충을 쫓기 위해 진화된 농축 풍미 화합물을 담고 있다. 독특한 향을 내고 강화하는 다양한 방법이 있다.

기름과 알코올(예를 들어 청주, 간장)을 이용해서 아네톨을 확산시킨다.

130~180°C에서 볶아서 견과 맛이 나는 피라진 화합물을 만든다.

파속 식물(양파, 파, 마늘)과 함께 조리하면 황이 아네톨과 반응하면서 고기 향이 난다.

통 꼬투리를 천천히 조리해서 나무 같은 질감의 껍질로부터 향이 빠져나올 수 있는 시간을 준다.

고추와 팔각으로 맛을 낸 중국식 연어찜

향신료가 미묘하게 배합된 간단하고 준비하기 쉬운 중국 요리로 팔각과 스카치 보넷 고추를 통한 자극적인 맛의 조합을 보여준다. 또한 생선의 담백함을 과하게 누르지 않으면서도 요리의 깊이를 더한다. 약하게 훈제한 연어와 특히 잘 어울리지만, 훈제되지 않은 연어를 더 좋아한다면 그것을 사용해도 괜찮다.

향신료 아이디어

다양한 후추를 사용한다. 보다 향긋하고 복잡한 열감을 내려면 후추를, 허베이서스 향을 두드러지게 내려면 그린 페퍼를 사용한다.

신선한 향신료에서 영감을 얻어 팔각의 대체물로 사용해본다. 올스파이스는 칠리에서 과일향의 에스테르를 뽑아낸다. 감귤과 꽃향의 코리앤더는 생강의 시트랄을 강화한다.

생고추 대신 건조된(재수화시켜 저민) 고추를 사용해서 훈연 향과 볶은 내를 낸다.

4인분
준비시간 30분 | 조리시간 10분

- 살짝 훈제하고 껍질을 제거한 연어 살 4쪽
- 빻은 백후추 1/2작은술
- 부순 팔각 1줌
- 사오싱주나 단맛이 없는 셰리주 1큰술
- 곱게 다진 생강 1큰술
- 씨를 제거하고 12조각으로 길게 자른 스카치 보넷 고추 1개
- 묽은 간장 2작은술
- 진간장 2작은술
- 곱게 다진 파 3대
- 식물성 기름 1큰술
- 참기름 2작은술
- 고추기름 1작은술

1 연어 살에 백후추를 뿌린 뒤 골고루 문지른다. 내열 접시에 팔각 한 조각을 깐 뒤 연어를 올리고 그 위에 팔각 한 조각을 또 얹는다.

2 1의 연어에 사오싱주(소흥주)나 셰리주를 붓고 그 위에 다진 생강과 고추를 올린다.

3 찜기에 2cm 정도 물을 부은 뒤 바닥에 삼발이를 놓고 불을 켠다. 물이 끓으면 삼발이 위에 2의 연어 접시를 올리고 뚜껑을 덮고 생선의 두께에 따라 중불에서 8~10분간 찐다. 물이 졸아 부족할 경우 뜨거운 물을 추가한다.

TIP 뚜껑이 없는 깊은 팬을 사용한다면 포일로 단단히 덮어준다.

4 생선이 익으면 찜기에서 접시를 꺼내고 팔각 조각을 제거한다. 생선 위에 간장을 붓고 파를 뿌린다.

5 웍이나 무거운 팬을 강불에 올린다. 세 가지 기름을 팬 가장자리 쪽으로 돌리듯이 넣는다. 기름의 온도가 아주 높아져서 연기가 약간 나면 팬을 불에서 내린 뒤 4의 생선 위에 기름을 붓는다. 밥과 함께 청경채 등 볶은 채소를 곁들인다.

회향

아니스 같은 | 온화한 | 달콤쌉싸름한

학명
Foeniculum vulgare (쓴 회향),
F. v. var. dulce (단 회향)

다른 이름
스위트 큐민

주요 화합물
아네톨

사용하는 부분
열매(이름을 잘못 붙인 씨앗), 꽃가루

경작 방법
꽃이 피는 꽃차례에서 씨앗이 성숙해져서 회녹색을 띠면 식물을 자른다.

상품화
열매를 품고 있는 꽃차례를 건조시킨 뒤 탈곡하고 세척해 등급을 나눈다.

요리 외적 용도
기침 약, 비누, 향수에 들어가는 에센셜 오일. 시력을 개선하고 소화를 돕는 한약재에 쓰인다.

- 열매는 작은 황색 꽃에서 생산된다.
- 단 회향은 줄기 밑동이 불룩하다.
- 당근과에 속하는 단단한 다년초. 향신료로 기르는 회향에는 야생의 쓴 회향과 경작되는 단 회향의 두 가지가 있다.

- 열매는 통째로 먹어도 좋을 만큼 부드럽다.
- 씨앗은 타원형의 겉껍질에 쌓여 있다.
- 색은 녹색에서 황갈색까지이다.
- 쓴 회향은 셀러리 씨앗과 약간 비슷한 약간 씁쓸한 맛이 난다. 아니스와 비슷한 단 회향을 더 쉽게 구할 수 있다.

향신료 이야기

인도의 베다 전통에서부터 고대 그리스 의학서의 저자들에 이르기까지 수세기 동안 약초학자들은 회향이 시력을 회복시키는 힘을 가지고 있으며 뱀에 물렸을 때 해독제로 사용할 수 있다는 것을 알고 있었다. 그리스어로 회향은 마라토(maratho)이다. 때문에 그리스가 기원전 490년 페르시아인들과의 결전에서 승리한 마라톤 평원에는 '회향 들판'이라는 이름이 붙었다. 로마인들은 이 향신료를 그들이 정복한 모든 땅에 소개했고 중세 초기에 프랑크 왕국의 샤를마뉴 대제(기원후 742~814년)가 회향을 자신의 제국에서도 경작하라고 요구한 덕분에 그 인기가 유럽 전역으로 퍼졌다. 유럽의 식민지 주민들은 회향을 방부제로 사용했고 신선함이 떨어진 고기의 냄새를 가리는 데 이용했다. 그들은 이 식물을 아메리카와 오스트레일리아로 퍼뜨렸다. 이들 지역에서는 야생 회향을 유해초로 취급한다.

재배 지역
회향은 지중해가 원산지이며 유럽 전역에서 재배되지만 사실 주된 생산국은 인도이다. 다른 주요 재배지로는 터키, 일본, 아르헨티나, 북아프리카, 미국(주로 캘리포니아)이 있다.

크리에이티브 키친

회향은 부드러운 아니스 씨앗의 특성으로 단 음식과 고소한 음식의 맛을 돋운다. 이 향신료는 이탈리아 살라미의 풍미를 돋우고 카슈미르에서 스리랑카에 이르는 남아시아 전역에서 마살라 믹스에 사용되는 것으로 유명하다.

블렌딩 과학

회향이 가진 아니스 씨앗의 달콤한 향은 강력한 아네톨에서 나오지만 예리한 펜촌이 씁쓸한 얼얼함을 내며 소량의 감귤 향 리모넨과 솔향의 피넨도 들어 있다.

회향 Fe

- **아네톨** 달콤한 | 허브 향 | 아니스 같은
- **리모넨** 감귤 향 | 허브 향 | 테레빈 향
- **피넨** 나무 향 | 매운맛 | 솔향
- **펜촌** 장뇌 향 | 쓴맛 | 쏘는 맛

감초와 유사한 화합물을 지닌 다른 단맛 향 신료와 조합한다.
- ⊕ **아니스와 팔각**은 아네톨이 지배적인 향을 내며 풀향과 꽃향을 더한다.
- ⊕ **딜 씨앗**은 박하 향, 감초와 유사한 카르본과 리모넨의 감귤 향을 낸다.
- ⊕ **넛맥**은 비슷한 단맛을 가지고 있다. 유제놀이 아네톨과 잘 어울린다.

다른 리모넨으로 신선한 과일 향을 강화한다.
- ⊕ **카다멈**이 가진 유칼립투스와 유사한 시네올의 예리한 향이 아네톨과 맞서 균형을 잡아준다.

다른 피넨 계열과 조합해서 나무 향을 더한다.
- ⊕ **흑후추** 쏘는 듯한 열감을 더한다.
- ⊕ **큐민**은 흙 내음, 약한 씁쓸한 맛을 낸다.

회향의 예리한 장뇌 향을 끌어낸다.
- ⊕ **카시아**의 장뇌 향이 펜촌의 향을 부각시킨다. 하지만 한편으로는 달콤함이 쓴맛과 균형을 이룬다.

음식 궁합

- ⊕ **자두와 무화과** 졸이거나 잼이나 처트니를 만들 때 볶은 씨앗을 넣는다.
- ⊕ **열매채소** 가지, 호박, 토마토 카포나타 (caponata, 가지 요리의 일종) 스튜에 회향 가루를 섞는다.
- ⊕ **돼지고기와 소고기** 미트볼에 섞거나 삼겹살을 구울 때 소금과 함께 겉면에 문질러 바른다.
- ⊕ **기름기가 많은 생선** 약간의 후추, 소금과 섞어서 생선 살 위에 뿌린 뒤에 구워준다.
- ⊕ **아몬드** 따뜻한 아몬드 쿠키 위에 빻은 회향을 섞은 설탕을 뿌린다.

향 내는 법

회향의 향을 담고 있는 기름은 열매의 외피 바로 밑, 겉껍질의 세관 안에 있다.

씨앗을 갈면 세관이 파괴되면서 기름이 쉽게 빠져나온다.

미리 볶아 두면 새로운 구운 견과 맛의 피라진 향이 생긴다. 이것은 기존의 풍미 화합물과 빠르게 혼합된다.

블렌딩 해보기

회향을 이용한 전형적인 블렌딩을 따라해 보고 변형도 시도해 보자.

판치 포란 43쪽
오향 가루 60쪽

감초

달콤한 | 아니스 같은 | 온화한

학명
Glycyrrhiza glabra

다른 이름
스위트 우드, 스페니시 주스 플랜트, 제티마드

주요 화합물
글리시리진

사용하는 부분
뿌리와 뿌리줄기(지하경)

경작 방법
3~5년생 식물 전체를 파내 뿌리와 뿌리줄기를 수확한다.

상품화
뿌리와 뿌리줄기를 잘라 세척하고 다듬은 뒤 몇 개월간 건조시킨다.

요리 외적 용도
담배 향료, 기침약과 로젠(lozenge, 약용 효과가 있는 사탕)의 재료, 염증, 위궤양, 흉통을 치료하는 데 쓰이는 전통적 약재.

향신료 이야기

고대 아시리아인, 바빌로니아인, 이집트인, 그리스인, 로마인은 모두 갈증을 해소하고, 입 냄새를 없애고, 원기를 돋우기 위해 감초를 씹었다. 이 향신료는 2천 년 전 실크로드를 통해 중국까지 이르렀고 그곳에서 해독제와 각성제로 사용되었다. 12세기에는 감초 추출물이 북부 유럽에서 널리 사용되었는데, 주로 수도승들이 재배하여 기침, 위궤양, 흉통에 처방했다. 최초의 감초 사탕은 1760년에 만들어졌고, 19세기 말 유럽, 특히 북유럽 국가에서 사탕, 리큐어로 만들었다. 감초는 담배에 향을 입히는 데에도 사용되었고 현재는 경작의 대부분이 이런 목적으로 이루어지고 있다. 향신료로 사용하는 것은 중국, 인도, 스칸디나비아에 국한되어 있다.

감초는 콩과 완두콩과에 속하는 다년초로 망형으로 퍼지는 뿌리줄기를 가지고 있다.

푸른빛이 도는 보라색 꽃이 거칠거칠한 적갈색 꼬투리를 만든다.

뿌리줄기는 밝은 노란색이며 연필 두께 정도이다.

말린 뿌리를 간 감초 가루는 식물의 종류와 가공 방식에 따라 '고운' 것이나 '생' 것, 여러 가지 색상으로 나뉜다.

건조된 감초 뿌리는 최대 20cm의 조각이나 편으로 구입할 수 있으며 밀폐 용기에 넣고 서늘하고 건조한 장소에 보관하면 거의 무기한으로 사용할 수 있다.

재배 지역
감초의 원산지는 지중해 지역과 서아시아이다. 주로 러시아, 스페인, 중동에서 재배되지만 북아프리카, 프랑스, 이탈리아, 터키, 북아메리카, 인도, 중국에서도 재배된다.

풍미 그룹 | 달콤 온화한 페놀 | 감초   97

크리에이티브 키친

건조된 뿌리와 뿌리줄기는 강한 아니스 같은 향과 따뜻하고 오래 지속되는 단맛을 가지고 있다. 달콤한 요리와 스톡, 소스, 스튜에 향을 내는 데 사용할 수 있으며 중국의 오향 가루 같은 혼합 향신료에도 추가할 수 있다. 요리의 맛을 압도하지 않도록 소량 사용한다.

블렌딩 과학

감초의 강력한 감미 효과는 설탕보다 약 50배 단 화합물, 글리시리진에서 나온다. 이 향신료의 소독내는 세 가지 화합물(아니스와 같은 에스트라골, 유칼립투스와 같은 시네올, 정향 같은 유제놀)에서 나온다. 소량씩 함유된 꽃향의 리날로올, 오이와 유사한 알데하이드, 오레가노 향의 페놀이 균형 있는 복합적 맛을 만든다.

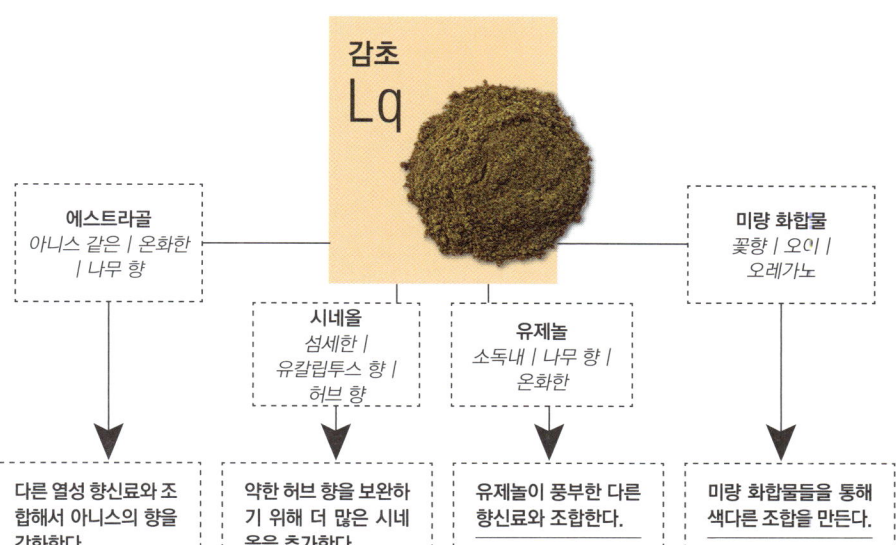

감초 Lq

에스트라골 아니스 같은 | 온화한 | 나무 향

시네올 섬세한 | 유칼립투스 향 | 허브 향

유제놀 소독내 | 나무 향 | 온화한

미량 화합물 꽃향 | 오이 | 오레가노

다른 열성 향신료와 조합해서 아니스의 향을 강화한다.
- 아니스 씨앗이 체리와 크리미한 바닐라, 카카오의 흔적이 있는 허브 향을 더한다.
- 회향은 단맛을 강화하고 아니스 같은 특성에 복잡성을 더한다.
- 팔각은 달콤한 아네톨과 함께 예리한 유칼립투스 향과 매콤한 박하 향을 가지고 있다.

약한 허브 향을 보완하기 위해 더 많은 시네올을 추가한다.
- 월계수 잎은 신선하고, 예리한 허브 향과 꽃 향을 낸다.
- 카다멈은 박하와 레몬 향을 더하면서 유칼립투스 향을 강화한다.

유제놀이 풍부한 다른 향신료와 조합한다.
- 정향은 달콤하면서 떫은 장뇌 향을 낸다.
- 시나몬과 카시아는 비슷한 단맛을 가지고 있으며 나무 향과 감귤 향을 더한다.

미량 화합물들을 통해 색다른 조합을 만든다.
- 코리앤더는 감초의 꽃향을 강화한다.
- 바닐라는 아니스 같은 아니스알데하이드와 크리미한 향과 더불어 꽃향과 나뭇잎 향을 가지고 있다.
- 니젤라와 아즈와인은 오레가노 같은 화합물들과 좋은 조합을 이룬다.

블렌딩 해보기

감초를 이용한 전형적인 블렌딩을 따라해 보거나 변형시켜 보자.

난징 스파이스 백 59쪽
오향 가루 60쪽

음식 궁합

- **감귤류 과일** 자몽이나 오렌지 샐러드에 감초 가루를 소량 뿌린다.
- **아스파라거스, 회향** 구운 아스파라거스 요리를 위한 버터 드레싱에 추가하거나 구운 회향에 레몬과 함께 뿌려준다.
- **기름기가 많은 생선** 연어나 송어를 염지할 때 감초 가루를 넣는다.
- **햄, 소고기** 햄이나 소고기 가슴살 육수에 감초 뿌리로 향을 더한다.
- **제과·제빵** 진저브레드 반죽에 감초 가루를 넣는다. 스폰지 푸딩 시럽에 물에 불린 감초 뿌리를 넣는다.
- **프리저브** 사과 젤리, 체리 잼의 향을 낸다. 카다멈, 코리앤더와 함께 스칸디나비아식 자두 처트니의 향을 내는 데 사용한다.

향 내는 법

시나몬 안의 글리시리진이 기름과 물이 섞일 수 있게 하면서 감초는 물론 다른 향신료의 향이 퍼지는 데 도움을 준다.

물속에 있는 기름방울

글리시리진은 물에 넣으면 끈적해지면서 젤을 형성해서 기름과 물이 부드럽게 혼합되도록 한다.

맛을 극대화하기 위해서 요리를 시작할 즈음에 감초를 넣는다.

국물이 없거나 조리 시간이 짧은 요리일 때는 뿌리를 먼저 뜨거운 물에 담가둔다.

마할레브

달콤쌉싸름한 | 과일 향 | 나무 향

학명
Prunus mahaleb

다른 이름
말라브, 메흘피, 록 체리, 생루시에 체리

주요 화합물
쿠마린

사용하는 부분
열매 씨 안의 알맹이

경작 방법
가을에 체리가 익어 짙은 자줏빛이 되었을 때 수확한다.

상품화
살이 얇은 체리 열매 안의 씨앗을 깨뜨려 작고 부드러운 알맹이를 꺼낸다. 이후 이 알맹이를 데치고 건조시켜, 통으로 혹은 갈아서 판매한다.

요리 외적 용도
에센셜 오일이 향수에 사용된다.

향신료 이야기

지중해와 중동의 선사 유적지에서 마할레브 체리 씨앗이 발견되었지만, 글로 남아 있는 고대의 사용 증거는 드물다. 마할레브 알맹이가 재료에 포함된 향수 제조법은 가장 오래된 것도 기원후 12세기에 불과하다. 하지만 마할레브가 경작되었다는 증거는 고대 메소포타미아(현재의 이라크와 시리아쯤에 해당하는) 수메르 시대(기원전 4500~1900)까지 거슬러 올라가기도 한다. 마할레브 체리 나무의 원산지에서는 수백 년 전부터 알맹이를 말린 후 갈아 사용했다. 종교 기념일에 즐겨 먹는 기름진 빵과 케이크에 자주 이용된다. 마할레브는 그리스, 터키, 북아프리카, 중동 이외에서는 잘 사용하지 않지만 그리스계 미국인들은 유럽 스타일의 이스트 케이크와 페이스트리에 마할레브를 넣곤 한다.

마할레브 체리는 장미과에 속하는 낙엽수나 큰 관목이다.

열매는 매우 시큼해서 먹을 수 없는 것으로 여겨진다.

향이 진한 흰 꽃이 핀다.

간 마할레브는 옅은 크림색이어야 한다.

통 알맹이보다는 덜 쓰고 향이 약하다. 기름 함량이 높아 대단히 쉽게 산패한다.

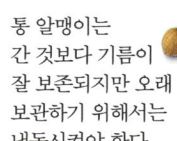

타원형의 알맹이는 부드러우며 통후추와 비슷한 크기이다.

통 알맹이는 간 것보다 기름이 잘 보존되지만 오래 보관하기 위해서는 냉동시켜야 한다.

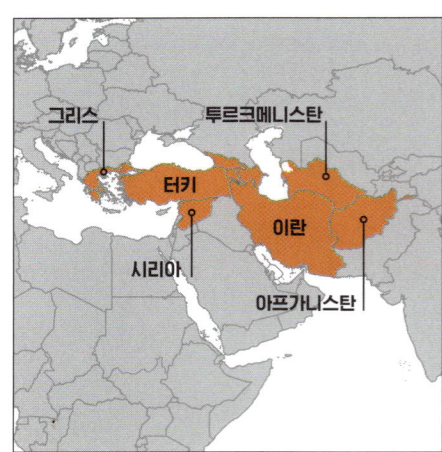

재배 지역
마할레브의 원산지는 지중해 지역과 중앙아시아 일부, 이란이다. 주로 터키의 아나톨리아 지역과 시리아, 이란에서 재배된다.

크리에이티브 키친

마할레브는 고급스런 단맛과 과일 향에 아몬드 향과 나무 향이 가미된 체리 향을 가지고 있다. 통 알맹이를 씹으면 씁쓸한 맛이 난다. 주로 제과·제빵용 향신료로 알려져 있으며 고소한 요리에 과일과 견과 향을 더해준다.

블렌딩 과학

쿠마린이라고 불리는 락톤이 달콤한 정향과 살구와 유사한 마할레브의 크리미한 맛을 낸다. 아몬드 향은 메톡시에틸 신나메이트에서 나온다. 이 향신료에는 나무 향과 고추 맛이 나는 아줄렌과 발삼 같은 과일 향의 펜탄올, 녹색 사과와 유사한 다이옥솔레인도 들어 있다. 신선한 향신료의 쓴맛은 페놀에서 나온다.

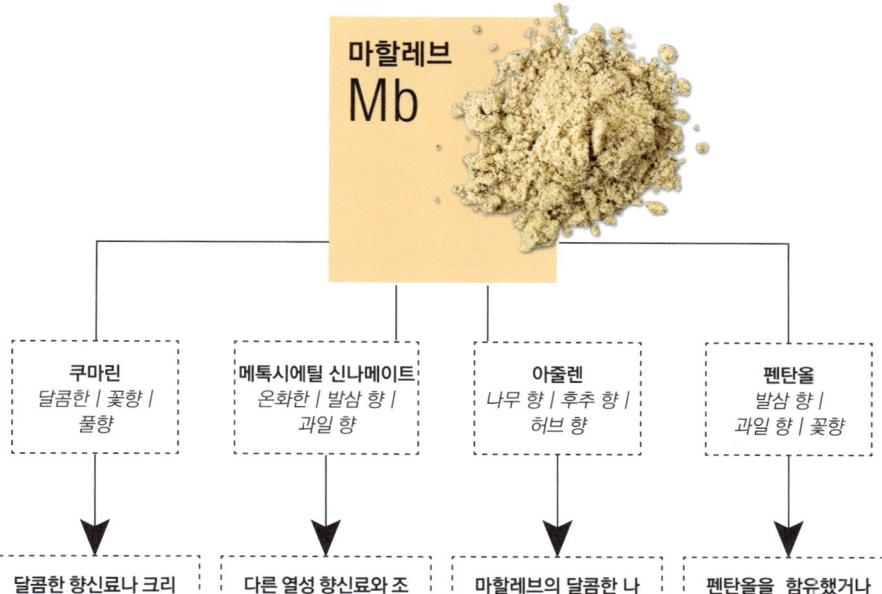

마할레브 Mb

- **쿠마린** 달콤한 / 꽃향 / 풀향
  - 달콤한 향신료나 크리미한 느낌의 향신료와 조합한다.
  - ⊕ **정향**은 수렴성의 달콤한 캠퍼로스 향을 더한다.
  - ⊕ **넛맥**은 열성의 매운 맛을 추가한다.
  - ⊕ **감초**는 달콤함과 유칼립투스 같은 향을 내며 때로는 쿠마린 같은 물질을 함유하고 있다.
  - ⊕ **바닐라**는 부드럽고 풍성한 크림의 느낌을 준다.

- **메톡시에틸 신나메이트** 온화한 / 발삼 향 / 과일 향
  - 다른 열성 향신료와 조합한다.
  - ⊕ **시나몬과 카시아**는 매콤 달콤한 나무 향의 특질을 보여준다.
  - ⊕ **갈랑갈**에는 비슷한 신나메이트 화합물과 체리의 흔적이 있어 예리한 얼얼함을 더해준다.
  - ⊕ **생강**은 열감과 달콤한 감귤 향을 더한다.

- **아줄렌** 나무 향 / 후추 향 / 허브 향
  - 마할레브의 달콤한 나무 향을 더한다.
  - ⊕ **참깨**는 빵과 같은 향과 견과 향을 낸다. 옅은 색의 볶지 않은 참깨에도 크리미한 맛이 있다.
  - ⊕ **카카오**는 씁쓸한 초콜릿의 향을 추가하며 달콤한 쿠마린과 잘 어우러진다.

- **펜탄올** 발삼 향 / 과일 향 / 꽃향
  - 펜탄올을 함유했거나 그 향을 강화하는 향신료와 조합한다.
  - ⊕ **양귀비 씨앗**에는 펜탄올이 들어 있으며 흙 내음을 더한다.
  - ⊕ **레몬 머틀**에는 과일 맛의 헵타논에서 나오는 독특한 숲 향이 있으며 강력한 레몬-라임 향을 더한다.

음식 궁합

⊕ **핵과** 마할레브 가루를 이용해서 달콤한 체리 소스를 걸쭉하게 만든다. 자두 크럼블 토핑에 추가하고, 구운 살구나 복숭아 위에 뿌린다.

⊕ **고기** 오리 다리, 돼지고기, 양고기 구이를 할 때 터키식 건 향신료에 추가해 고기 표면에 문질러 바른다.

⊕ **제과·제빵** 다른 열성 향신료와 함께 기념일에 사용하는 페이스트리에 넣는다. 살구 타르트의 스위트 도우에 추가한다.

⊕ **아이스크림** 체리 아이스크림에 뿌리거나 피스타치오 설탕 조림 위에 얹는다.

⊕ **통카 콩** 달콤한 요리에 바닐라와 비슷한 통카 콩과 함께 사용한다. 통카 콩 역시 쿠마린의 함량이 높다.

향 내는 법

마할레브의 풍미 화합물 중 다이옥솔레인과 몇몇 쓴맛 페놀만이 물에 잘 녹는다. 따라서 물을 기반으로 하는 요리를 할 경우 '풀 맛'과 쓴맛이 나기 때문에 반드시 피해야 한다.

알맹이를 빻으면 기름이 나오는데 이 기름은 쉽게 상한다. 쓴맛을 내는 페놀이 증발하도록 몇 분간 그대로 두었다가 사용한다.

요리에 섞기 전에 지방을 첨가해서 달콤한 맛과 나무 향이 부각되도록 한다.

열을 가하면 쓴맛이 줄어들고 체리의 과일 향이 드러난다.

바닐라

달콤한 | 사향 향 | 나무 향

학명
Vanilla planifolia

다른 이름
바닐린

주요 화합물
시남알데하이드

사용하는 부분
꼬투리(사실 열매이다)

경작 방법
식물이 기둥이나 나무를 타고 자라도록 가꾸며 꽃은 손으로 수분한다. 꼬투리는 다 익기 전에 딴다.

상품화
꼬투리는 열처리를 한 뒤 밀폐 용기에 넣고 서서히 가열해 페놀 분자가 방출되도록 한다. 이들은 공기, 분열성 식물 효소와 반응을 일으켜 풍미가 좋은 화합물로 분해된다. 꼬투리는 원래 무게의 1/5로 쪼그라들고 검게 될 때까지 건조시킨다.

요리 외적 용도
향수, 화장품

향신료 이야기

바닐라는 1천 년 전 멕시코 동해안에서 토토나카족이 향 때문에 처음으로 경작했다. 향신료 사용이 처음으로 기록된 것은 15세기, 아즈텍 사람들이 토토나카를 점령하고 콩과 같은 열매를 발견해 카카오 음료에 향을 내는 데 사용한 때로 거슬러 올라간다. 스페인의 정복자 코르테스(Cortés)는 1519년에 아즈텍 왕으로부터 그 음료를 대접받고 바닐라 꼬투리와 카카오 콩을 스페인으로 가지고 돌아갔다. 하지만 멕시코가 계속 독점권을 유지했다. 멕시코 원산의 난초 벌들이 수분을 해야만 꼬투리가 열리기 때문이었다. 1830년대가 되어서야 벨기에의 한 식물학자가 이 미스터리를 풀고 손으로 수분하는 방법을 고안했다. 1874년 독일 화학자는 이 천연 향의 합성 대체물을 만들었고 현재 바닐라 향 식품의 97%는 인조 바닐린으로 만들어진다.

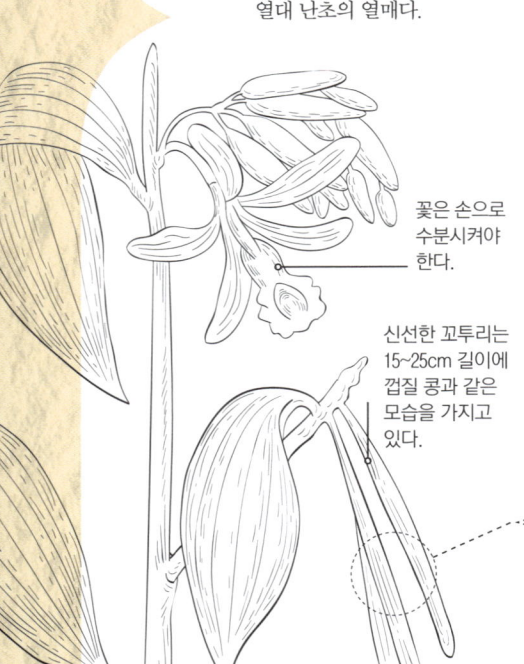

바닐라는 녹황색 꽃다발이 생기는 덩굴 모양 다년생 열대 난초의 열매다.

꽃은 손으로 수분시켜야 한다.

신선한 꼬투리는 15~25cm 길이에 껍질 콩과 같은 모습을 가지고 있다.

알코올에 냉침시켜서 만든다. '천연 추출물', 35% 정도의 알코올이라고 적힌 라벨을 찾아라.

어두운 색상과 통통한 외양은 발효와 숙성이 잘 이루어졌다는 표식이다.

꼬투리는 4년까지 향을 유지할 수 있다. 쓴맛은 오래 되었다는 신호이다. 표면이 희게 변하는 것은 공기에 노출된 탓이다.

재배 지역
바닐라의 원산지는 멕시코와 중앙아메리카이다. 여전히 이들 지역에서 재배가 이루어지고 있으며 마다가스카르, 레위니옹, 인도, 스리랑카, 인도네시아, 타히티에서도 재배된다.

크리에이티브 키친

부드럽고 풍부한 맛의 바닐라는 역사적으로 단맛이 나는 요리에 사용되었지만 고소한 요리, 특히 생선과 해산물 요리에 넣는 것도 점점 인기를 끌고 있다. 하지만 요리의 맛을 쉽게 덮어버리기 때문에 주의를 기울여서 사용해야 한다.

블렌딩 과학

바닐린은 바닐라 향의 85%를 이루는 페놀이며 다른 달콤한 향의 향신료와 잘 어울린다. 하지만 바닐린 외에도 나무 향, 매운 향, 꽃향, 과일 향을 비롯한 250종 이상의 풍미 화합물이 존재한다. 이런 소량 화합물이 인조 바닐린 향과 진짜 바닐라 꼬투리의 차이를 만든다.

바닐라 Va

- **바닐린** — 달콤한 | 온화한 | 크리미
  - 달콤한 혹은 열성인 다른 천연 화합물과 조합한다.
  - ⊕ **시나몬, 카시아**는 단맛을 강화하고 매콤한 열감과 꽃향을 낸다.
  - ⊕ **생강, 갈랑갈**은 열감과 단맛을 낸다. 갈랑갈에는 체리 향이 있다.
  - ⊕ 강한 단맛의 글리시리진과 아니스 같은 향을 가진 **감초**는 이상적인 조합을 만든다.

- **구아야콜** — 훈연 향 | 나무 향 | 약한 소독내
  - 나무와 훈연 향을 끌어낸다.
  - ⊕ 훈연 향과 흙 내음이 조합된 **카카오**는 큰 상승효과를 가져온다.
  - ⊕ **올스파이스**는 따뜻한 나무 향을 갖고 있다.
  - ⊕ **흑후추**의 열성, 나무 향, 감귤 향은 예측하기 힘든 조합을 만든다.

- **아니스알데하이드** — 단맛 | 나무 향 | 아니스 같은
  - 비슷한 화합물을 공유하는 향신료로 아니스 같은 향을 강조한다.
  - ⊕ **회향**과 **넛맥**은 단맛, 나무 향, 약간의 예리한 매운맛을 가지고 있어 아니스 같은 향과 조화를 이룬다.
  - ⊕ **아니스** 역시 소량 화합물로 아니스알데하이드를 갖고 있다.

- **피페로날** — 꽃향 | 옅은 체리 향
  - 체리 향의 특이한 조합을 만든다.
  - ⊕ **마할레브**는 견과 향의 단맛과 오래 지속되는 체리 맛을 갖고 있다.

음식 궁합

⊕ **채소** 당근, 콜리플라워(cauliflower), 뿌리채소, 감자에 바닐라 씨앗을 넣는다. 토마토 처트니에 쪼갠 꼬투리를 넣는다.

⊕ **딸기** 캐러멜화된 설탕 시럽에 바닐라를 섞고 딸기를 담는다.

⊕ **생선, 해산물** 녹은 버터에 넣어 저은 뒤 구운 바닷가재, 가리비, 생선에 바른다. 홍합을 찌기 전 꼬투리 한 조각을 넣는다.

⊕ **디저트** 초콜릿과 크림 디저트에 추가한다. 케이크와 팬케이크 반죽에 바닐라 향 설탕을 사용한다.

향 내는 법

바닐라에 든 대다수의 풍미 화합물은 빠르게 증발한다. 씨앗은 즉시 사용하고 약불에서 조리해 미묘한 향을 놓치지 않도록 한다.

내부 섬유질에서 향이 방출되도록 꼬투리를 가볍게 빻는다.

조리 초반에 통 꼬투리를 넣어서 거친 조직으로부터 향이 잘 확산되도록 한다.

바닐라 선택

바닐라 꼬투리가 세 가지 난초 종 중 어디에 속하며, 이를 어디에서 재배해 어떻게 건조, 숙성시켰느냐에 따라 바닐린의 농도와 향미 프로필이 달라진다.

국가	식물	향 함유량	설명
마다가스카르, 레위니옹	바닐라 플라니폴리아	바닐린 2%	부르봉 바닐라는 풍성하고 균형 잡힌 향으로 높은 평가를 받는다.
멕시코	바닐라 포모나	바닐린 1.75%	멕시코 바닐라는 와인과 같은 과일 향의 화합물을 갖고 있다.
타히티	바닐라 타히텐시스	바닐린 1.70%	가장 값이 비싼 바닐라. 체리-초콜릿, 감초, 캐러멜 향이 포함된 깊은 향을 낸다.
인도, 스리랑카	바닐라 플라니폴리아	바닐린 1.50%	남아시아에서 자란 바닐라는 바닐린 함량이 낮아 부드러운 훈연 향을 풍긴다.

넛맥

달콤쌉싸름한 | 나무 향 | 온화한

학명
Myristica fragrans

다른 이름
트루 넛맥, 프래그런트 넛맥

주요 화합물
미리스티신

사용하는 부분
씨앗 알맹이

경작 방법
열매는 1년에 수차례 수확한다. 나무 하나가 한 해에 1만 개 이상의 넛맥을 산출한다.

상품화
열매를 쪼개서 열고, 건조시키고, 레이스 같은 가종피를 제거해서 메이스(mace, 넛맥의 씨껍질을 말린 향미료)를 만든다. 씨앗의 껍질을 깨서 연 후에 넛맥을 빼낸다.

요리 외적 용도
치약과 기침약을 비롯해 약용으로 사용. 약한 진통 효과가 있어 치통이나 관절 통증을 치료한다.

넛맥은 열대 상록수에서 나오는 두 가지 다른 향신료 중 하나이다. 씨앗은 넛맥이고 레이스 같은 씨껍질은 메이스이다.

두껍고 부드러운 껍질이 나무 같은 씨앗을 감싸고 있다.

종 모양의 꽃에서는 은방울꽃 향이 난다.

최대 16m까지 자란다.

넛맥은 가루 형태의 것도 구할 수 있지만 향유의 증발이 가장 빠른 향신료에 속하기 때문에 통으로 구입해서 바로 갈아 사용하는 것이 훨씬 좋다.

알맹이는 씨앗 껍질을 깨뜨려 열어야 드러난다.

알맹이 통째로 밀폐 용기에 넣고 어둡고 서늘한 곳에 보관하면 최대 1년간 사용할 수 있다. 검은 점이 생기기 시작했다면 버려야 한다.

향신료 이야기

인도네시아 몰루카스(Moluccas, 말루쿠 Maluku) 군도의 반다 제도가 원산인 넛맥은 폭력으로 물든 복잡한 역사를 가지고 있다. 넛맥은 희귀성, 향, 최음성과 치유력 때문에 귀하게 여겨졌고, 이 귀중한 상품을 보호하려는 무역상들은 넛맥의 출처를 비밀에 부쳤다. 16세기에는 유럽에서 넛맥에 대한 수요가 대단히 높아서 금보다 귀해졌다고 한다. 이 때문에 그 출처를 찾아 장악하려는 경쟁에 불이 붙었다. 포르투갈은 1511년 몰루카스를 정복했고, 이후 1599년 네덜란드가 지배권을 빼앗았으며, 1603년에는 영국이 반다 제도의 두 개 섬을 점령했다. 네덜란드인들은 이 향신료에 대단히 높은 가치를 두었기 때문에 그들이 가진 신세계에 대한 정착권 중 하나와 영국이 가진 이 제도의 섬 하나를 맞바꾸는 거래를 했다. 그들이 영국에 준 땅은 당시 뉴 암스테르담(New Amsterdam)으로 알려져 있었는데, 오늘날의 뉴욕이다.

재배 지역
넛맥 나무는 인도네시아 말루쿠(몰루카스) 제도 전역에서 재배된다. 스리랑카, 카리브해(특히 그레나다), 남아프리카에서도 재배된다.

풍미 그룹 | 따뜻해지는 테르펜 | 넛맥

크리에이티브 키친

넛맥의 깊고 달콤한 나무 향은 달콤한 요리와 고소한 요리 모두에 잘 어울린다. 탄닌의 떫은맛을 가진 넛맥은 요리의 맛을 덮기 쉬우나 다른 자극적인 향신료와 좋은 조합을 이룬다.

블렌딩 과학

넛맥의 나무 향은 미리스티신에서 나온다. 미리스티신은 향미 기름에서 차지하는 부분은 적지만 향미 프로필의 핵심 요소이다. 넛맥에는 후추와 과일 향의 사비넨, 꽃향의 제라니올과 사프롤, 회향과 유사한 유제놀, 유칼립투스 향의 시네올, 코니퍼와 유사한 피넨도 함유되어 있다.

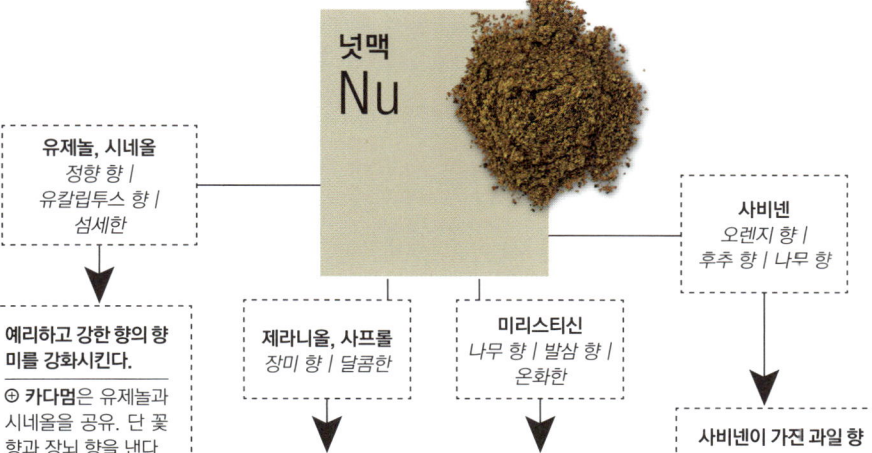

넛맥 Nu

유제놀, 시네올
정향 향 | 유칼립투스 향 | 섬세한

제라니올, 사프롤
장미 향 | 달콤한

미리스티신
나무 향 | 발삼 향 | 온화한

사비넨
오렌지 향 | 후추 향 | 나무 향

예리하고 강한 향의 향미를 강화시킨다.
- ⊕ **카다멈**은 유제놀과 시네올을 공유. 단 꽃 향과 장뇌 향을 낸다.
- ⊕ **그레인스 오브 셀림**은 시네올과 피넨을 공유하며 장뇌 향을 낸다.
- ⊕ **회향**의 향은 시네올에서 나오는 것으로 깊이와 달콤함을 더한다.
- ⊕ **카시아**는 시네올을 함유하고 있으며 시남알데하이드가 넛맥의 향에 묻히지 않고 조화로운 향을 만든다.

달콤함에 깊이를 더해준다.
- ⊕ **올스파이스**에는 비슷한 꽃향의 리날로올이 들어 있고 유제놀과 시네올을 공유한다.
- ⊕ **커리 잎**은 향미 프로필의 많은 부분이 넛맥과 겹쳐 피넨과 시네올을 비롯한 화합물을 공유한다.

열성 향신료를 함께 사용한다.
- ⊕ **생강**의 진저론이 자극적인 열감과 감귤 향, 달콤함을 더한다.
- ⊕ **흑후추**는 꽃향과 감귤 향을 공유한다.
- ⊕ **아니스**는 미스트리신을 함유하고 있으며 넛맥의 달콤한 나무 향을 강화한다.

사비넨이 가진 과일 향의 톡 쏘는 느낌을 끌어낸다.
- ⊕ **마늘**은 사비넨을 공유하며, 유황의 얼얼함이 강력한 넛맥의 향미에도 잘 견딘다.
- ⊕ **주니퍼**는 넛맥과 피넨을 공유하며 리모넨에서 비롯된 감귤 향이 오렌지 향의 사비넨과 잘 어우러진다.

음식 궁합

⊕ **시금치** 버터와 크림을 넣은 시금치 요리에 갈아 넣거나 시금치와 리코타 라비올리의 속 재료에 추가한다.

⊕ **양고기** 미트볼 재료에 넉넉한 양을 갈아 넣거나 무사카(moussaka, 그리스 전통 음식)에 사용한다.

⊕ **소스와 음료** 베사멜, 치즈퐁뒤, 수플레, 인도식 골든 라테(할디 두드, haldi doodh), 에그노그, 카리브식 넛맥 아이스크림에 넣는다.

⊕ **달콤한 페이스트리** 시에나식 판포르테에 사용하거나 커스터드 타르트에 뿌린다.

향 내는 법

넛맥의 향유는 대단히 강력해서 요리의 다른 맛을 누르기 쉽지만 오래 가지 못하는 특성이 있다.

갈아 넣으라는 말은 그레이터에 단 한 번만 밀어주면 된다는 의미이다. 조금씩 사용한다.

강하고 복합적인 향을 원한다면 요리의 마지막에 넣는다. 기름이 매우 빨리 증발하기 때문이다.

블렌딩 해보기

넛맥을 이용한 전형적인 블렌딩을 따라해 보고 변형도 시도해 보자.

터키 스타일의 바하라트 23쪽
붐부 52쪽
자메이카식 저크 럽 64쪽
멀링 스파이스 73쪽
콰트르 에피스 74쪽

네오리그난의 냉각 효과

최근 넛맥 기름에서 네오리그난이라고 불리는 일단의 화학 물질이 발견되었다. 이 화학 물질은 혀와 입안에 있는 온도를 감지하는 신경에 작용해서 오랫동안 감각을 마비시키는 냉감을 준다.

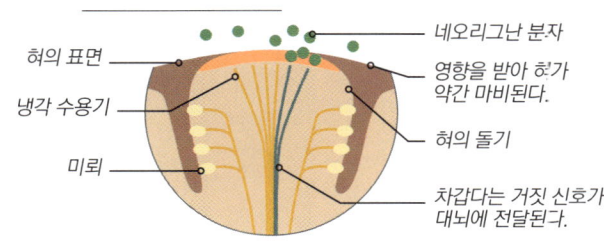

- 네오리그난 분자
- 혀의 표면
- 영향을 받아 혀가 약간 마비된다.
- 냉각 수용기
- 혀의 돌기
- 미뢰
- 차갑다는 거짓 신호가 대뇌에 전달된다.

일곱 가지 향신료로 맛을 낸 치킨과 가지 비리야니

비리야니는 요리의 용광로라 부를 만한 음식이다. 페르시아에서 만들어진 비리야니는 아라비아 상인들에 의해 인도로 전해졌고 인도 전 지역에서 인기를 얻었다. 레바논에서 가람 마살라에 사용하는 일곱 가지 향신료가 훈연 향이 나는 풍성한 중동의 느낌을 전한다. 칠리의 강한 효과를 약화시키려면 칠리 플레이크의 양을 절반으로 줄인다.

향신료 아이디어

나만의 일곱가지 향신료 조합을 실험해 보자. 달콤한 향신료들을 큐민이나 니겔라로 바꾸어서 흙 내음을 더하거나 페누그릭으로 대체해서 퀴퀴하고 달콤쌉싸름한 향을 낸다.

신선한 생강을 시네올이 풍부한 갈랑갈로 바꾸어서 여러 가지 말린 향신료에 들어 있는 유칼립투스와 유사한 시네올의 향을 부각시킨다.

자극적인 향을 위해 생강을 나중에 넣는다.(6번 완두콩을 넣을 때) 진저롤과 진기베렌의 톡 쏘는 느낌이 더 잘 유지된다.

4~6인분

준비 시간 30분

조리 시간 1시간 40~50분

일곱 가지 향신료
- 검정 통후추 1큰술
- 올스파이스 베리 1큰술
- 정향 1작은술
- 코리앤더 씨앗 1작은술
- 시나몬 가루 1큰술
- 생강가루 1작은술
- 넛맥 가루 1작은술

비리야니
- 버터 5큰술(75g)
- 뼈와 껍질을 제거한 닭 넓적다리 살 4쪽
- 정향 4개
- 팔각 1개
- 검정 통후추 8개
- 바스마티 쌀 250g
- 식물성 기름 4~5큰술
- 얇게 저민 마늘 6~8쪽
- 곱게 간 생강 7cm 크기
- 칠리 플레이크 1작은술
- 일곱 가지 향신료 1큰술(위에서 만든)
- 사방 1cm로 깍둑썰기한 가지 2개
- 천일염과 갓 빻은 후추
- 냉동 완두콩 100g

TIP 더 바삭한 누룽지를 만들려면 6에서 유산지를 빼고 조리하면 되는데 단, 쌀이 타지 않도록 주의해야 한다.

---

1 통 향신료는 갈고 나머지 향신료와 섞어 향신료 믹스를 만든다. 1큰술을 따로 챙겨 둔다.

2 오븐을 160℃로 예열한다. 오븐용 큰 팬에 버터 2큰술을 녹인 뒤 닭고기, 정향, 팔각, 통후추를 넣고 함께 볶는다. 닭고기가 불투명하게 변하기 시작하면 뜨거운 물을 붓고 은근히 끓인다. 팬에 뚜껑을 덮어 오븐에 넣고 닭고기가 부드러워질 때까지 1시간 정도 조리한 뒤 닭고기만 따로 꺼내 접시에 담아 둔다.

3 2의 국물에서 향신료를 걸러 없앤 뒤 뜨거운 물을 붓는다. 쌀과 소금 한 꼬집을 넣고 쌀이 부드러워질 때까지 7~8분간 끓인 뒤 국물을 따라 버리고 쌀은 찬물에 헹군다. 2의 닭고기를 먹기 좋은 크기로 찢는다. 큰 소스 팬에 유산지를 깔아둔다.

4 프라이팬에 기름 2큰술을 넣어 가열하고 중불에서 마늘을 볶는데 시간은 1분이 넘지 않도록 한다. 여기에 간 생강, 칠리 플레이크, 일곱 가지 향신료를 넣고, 천일염을 한 꼬집 넣는다. 3의 닭고기를 넣고 기름을 두른 뒤 가지를 넣는다. 닭고기와 가지에 기름이 충분히 입혀질 때까지 약 5분간 볶은 후 소금과 후추로 간을 맞춘다.

5 다른 팬에 남은 버터를 약간의 기름과 함께 녹인 뒤 유산지를 간 소스 팬에 붓는다. 천일염을 뿌리고 3의 쌀을 얇게 깐 뒤 4를 한 층 올린다. 이렇게 쌀과 닭고기, 가지를 번갈아 켜켜로 쌓고 마지막에 쌀로 덮는다. 나무 숟가락의 손잡이로 증기 구멍을 몇 개 낸다.

6 팬 뚜껑을 깨끗한 행주로 감싼 뒤 팬에 덮는다. 약한 불에서 35~45분간 조리한 다음 15분간 뜸을 들인 뒤 쌀 위에 완두콩을 뿌린다. 바닥에 쌀이 눌어 누룽지가 생겨야 하는데 그 상태가 아니라면 불을 키워 5분간 더 조리한다.

7 접시에 6을 뒤집어 엎어 누룽지가 위로 오게 담는다.

메이스

달콤한 | 온화한 | 향기로운

학명
Myristica fragrans

다른 이름
넛맥 씨앗의 가종피

주요 화합물
사비넨

사용하는 부분
익은 열매는 바구니가 달린 긴 장대, 가이 가이(gai-gai)를 이용해 나무에서 수확한다.

경작 방법
열매를 가르면 가종피라는 새빨간 색의 막이 있는 넛맥 씨앗이 드러난다. 이 가죽 같은 가종피를 벗겨내, 압력을 가하고, 건조시킨다. 그레나다산 메이스는 몇 개월간 어두운 곳에서 전통적인 가공 과정을 거친다. 이후 메이스는 건조시켜 통으로('블레이드, blade'라고 불린다) 혹은 가루로 판매된다.

요리 외적 용도
향수, 비누, 샴푸에 사용된다. 전통 의학에서 기관지 이상과 관절염, 소화 보조, 순환 개선에 사용한다.

향신료 이야기

인도네시아 몰루카스(말루쿠) 군도의 반다 제도가 원산인 메이스는 기원후 6세기 비잔틴 제국이 교역을 맡고 있었다. 비잔틴 제국에서는 만병통치약, 식품 방부제, 훈증제, 최음제인 메이스에 높은 가치를 두었다. 중세에 메이스는 유럽 요리에서 가장 수요가 높고 값비싼 향신료 중 하나가 되었다. 이들 향신료에 대한 욕심 때문에 포르투갈, 네덜란드, 영국은 재배 지역에 대한 지배권을 얻기 위한 수세기 동안 혈투를 벌였다. 결국 영국이 그레나다, 스리랑카를 비롯한 몇 군데 식민지에서 토양과 함께 성공적으로 넛맥 나무를 이식하는 데 성공했다. 뛰어난 가용성 덕분에 넛맥과 메이스는 사프란과 머스터드를 앞질러 서양 요리에서 가장 많은 선택을 받는 향신료가 되었다. 서양 요리에서는 넛맥보다 메이스가 더 흔하게 사용된다(그리고 값이 더 싸다).

메이스는 열대 상록수에서 나오는 두 가지 다른 향신료 중 하나이다. 씨앗은 넛맥이고 레이스 같은 씨껍질은 메이스이다.

종 모양의 꽃은 연한 노란색의 윤이 나는 꽃잎을 가지고 있다.

홈이 있는 열매는 살구와 비슷하다.

메이스 가루는 상당히 오래 보관할 수 있지만 향은 약간 약해진다.

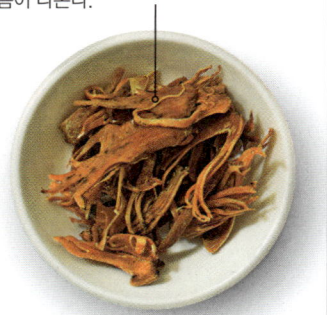

블레이드는 손톱으로 눌렀을 때 기름이 나온다.

건조된 가종피나 그 조각을 블레이드라고 한다. 진한 주황색의 블레이드는 보통 인도네시아산이고 그레나다산 블레이드는 좀 더 연한 주황색이다.

재배 지역
메이스는 인도네시아 말루쿠(몰루카스) 제도 전역에서 재배되며 스리랑카, 카리브해(특히 그레나다), 남아프리카에서도 재배된다. 특히 그레나다는 국기에 넛맥과 메이스의 그림이 있다.

풍미 그룹 | **따뜻해지는 테르펜** | 메이스   107

크리에이티브 키친

메이스는 단맛이 나는 대부분의 요리에서 넛맥을 대체한다. 하지만 주로 고소한 소스, 고기, 피클, 처트니의 향을 내는 데 사용한다. 연한색 크림이나 맑은 육수에 넣을 때는 가루의 흔적이 남는 것이 바람직하지 않아 블레이드를 통으로 이용한다.

블렌딩 과학

메이스가 가진 매콤한 사비넨의 향은 넛맥만큼 지배적이지 않으며, 테르피네올과 조화를 이루는 꽃향의 엘레미신과 소량의 유제놀, 사프롤을 비롯한 다양한 향 화합물 등이 함유된 더 많은 향유를 가지고 있다. 메이스에는 넛맥이 가진 떫은맛의 탄닌이 없어 입안에서의 느낌이 더 부드럽다.

메이스 Ma

사비넨
나무 향 | 후추 향 | 감귤 향 | 장뇌 향

↓

다른 사비넨 계열 향신료와 어울린다.
⊕ **흑후추**는 사비넨의 특성 대부분을 공유하기 때문에 가장 좋은 맛의 조합을 만든다.
⊕ **블랙 카다멈**은 훈연 향을 내며, 소량의 리모넨이 감귤 향을 강화한다.
⊕ **커리 잎** 역시 나무 향과 솔향, 약한 민트 향을 가지고 있다.

테르피네올
꽃향 | 감귤 향 | 소나무 향

↓

히아신스 같은 향을 가진 부드러운 다른 향신료와 조합한다.
⊕ **코리앤더**는 강한 꽃향과 독특한 소나무, 감귤 향의 화합물을 가지고 있어 대단히 효과적인 조합을 만든다.

사프롤
단맛 | 열성 | 아니스 같은

↓

사프롤이 함유된 다른 향신료를 추가한다.
⊕ **팔각**은 이 흔치 않은 화합물을 가지고 있으며 아니스와 유사한 아네톨의 강한 향을 갖고 있다. 예리한 매운맛도 낸다.

유제놀
유칼립투스 향 | 온화함

↓

다른 향신료의 유제놀을 추가해서 유칼립투스의 향을 끌어낸다.
⊕ **정향**의 달콤한 향의 유제놀은 메이스의 유칼립투스 향을 강화한다. 정향은 테르피네올도 공유한다.
⊕ **올스파이스** 역시 유제놀의 함량이 높아 깊은 매운맛을 추가한다.

음식 궁합

⊕ **채소** 크리미한 감자구이, 시금치나 당근 스프에 메이스 가루를 뿌린다. 채소 필라우에 넣는다.

⊕ **조개류** 조개 육수에 메이스 블레이드 하나를 넣는다. 새우나 게에 메이스 가루를 뿌린 뒤 따뜻한 파스타와 잘 섞이게 볶거나 구운 호밀빵 위에 얹어 낸다.

⊕ **돼지고기, 닭고기** 돼지고기, 리코타 치즈, 레몬 제스트를 섞은 미트볼 재료에 소량의 메이스 가루를 뿌린다. 크림 치킨 파이를 위한 베샤멜 소스에 블레이드 하나를 추가한다.

⊕ **치즈 소스** 우유에 메이스 블레이드 하나를 넣어 향을 우려낸 후 라자냐나 마카로니 치즈를 위한 치즈소스를 만든다.

⊕ **디저트** 커스터드에 소량을 넣거나 당분이 든 휘핑크림과 섞어 과일과 함께 낸다.

⊕ **제과·제빵** 케이크 반죽에 메이스 가루를 넣거나 호박 파이나 우유 푸딩에 조금 뿌린다.

블렌딩 해보기

메이스를 이용한 전형적인 블렌딩을 따라해 보고 변형도 시도해 보자.

가람 마살라 40쪽

향 내는 법

메이스에 들어 있는 기름 기반의 화합물은 물에 잘 녹지 않으며 장시간 가열할 경우 향이 변할 수 있다. 새로운 테르펜 유사 화합물이 형성되는 동안 일부 화합물은 증발하거나 분해되어 대부분의 사람들이 싫어하는 맛을 낸다.

메이스에 가장 소량 들어 있는 테르펜 향은 증발을 통해 사라질 수 있으므로 필요할 때 갈아서 바로 사용한다.

요리가 시작되는 시점에 국물에 기름을 첨가하거나 재료를 살짝 볶는다.

통 메이스를 사용하는 경우 블레이드에서 기름이 빠져나올 충분한 시간을 확보하기 위해 요리 초반에 넣는다. 너무 오래 조리하는 것은 피한다.

가루는 빨리 향이 확산되며 가루를 넣으면 테르펜의 증발이 줄어든다.

캐러웨이

박하 향 | 온화한 | 흙 내음

학명
Carum carvi

다른 이름
카르비스, (부정확하지만) 와일드 큐민, 페르시아 큐민, 메르디안 펜넬

주요 화합물
S-카르본

사용하는 부분
씨앗처럼 보이는 열매

경작 방법
식물은 2년 동안 성장하며 두 번째 해 여름에 씨앗과 같은 열매가 단단해지면 수확한다.

상품화
자른 꽃 머리는 최대 10일의 건조, 숙성 과정을 거친 후 세척하고 탈곡한다.

요리 외적 용도
상업용 구강 청결제나 어린이용 약의 향을 내는 데 쓰인다. 소화를 돕는 전통적인 치료약이다.

향신료 이야기

고고학자들은 스위스 소재의 5천 년 전 주거지와 석기 시대의 쓰레기 구덩이에서 캐러웨이 씨앗을 발견했다. 하지만 최초의 기록은 기원전 1500년쯤에 만들어진 이집트의 허브 백과사전에 남아 있다. 악령을 쫓기 위해 무덤 안에 캐러웨이 씨앗을 넣었던 이집트인들에게 이 향신료는 상징적인 의미를 갖고 있다. 로마인들은 캐러웨이를 카로(karo) 혹은 캐리엄(careum)으로 알고 있었고 이를 북부 유럽에 소개했다. 중세에는 엽조와 고기 요리, 콩과 양배추 요리는 물론 당과의 일반적인 재료가 되었으며 알코올의 향을 내는 데에도 쓰였다. 캐러웨이의 독일 이름인 퀴멜(Kümmel)은 지금까지 높은 인기를 누리는 리큐어의 이름이기도 하다. 연인의 주머니에 캐러웨이를 넣어두면 신의가 깨어지지 않는다는 풍속이 있다.

캐러웨이는 당근과에 속하는 동결내한성의 2년생 식물이다. 비옥한 점토질 토양에서 잘 자라며 60cm까지 자란다.

크림색의 꽃차례에서 열매가 자라난다.

솜털이 덮인 잎은 식용이며 딜과 아주 흡사한 맛이 난다.

씨앗이라고 하는 것은 사실 말린 열매이다.

초승달 모양의 갈색 '씨앗'을 밀폐 용기에 넣어 어둡고 서늘한 곳에 보관하면 6개월간 사용할 수 있다. 살짝 볶아주면 좋다.

캐러웨이는 가루 형태로 구입할 수 있지만, 향이 곧 사라지므로 통으로 구입해서 필요할 때 분쇄해서 사용한다.

재배 지역
캐러웨이는 중앙 유럽과 아시아가 원산지이지만 주요 생산국은 핀란드, 폴란드, 네덜란드, 독일, 우크라이나, 헝가리, 루마니아이다. 경작지는 북아프리카, 이집트, 북아메리카까지 확대되었다.

크리에이티브 키친

캐러웨이는 따뜻하고 복합적인 맛을 가지고 있으며 중부 유럽의 여러 가지 요리에서 그 향을 찾아볼 수 있다. 알제리와 튀니즈식 타빌(tabil)의 주재료이며 칠리를 기반으로 한 북아프리카식 페이스트, 하리사에도 사용된다.

블렌딩 과학

가장 풍부한 풍미 화합물은 기름과 친한 테르펜, S-카르본이다. S-카르본은 대부분의 테르펜과 달리 강한 매운맛을 내며 멘톨과 호밀, 아니스를 연상시키는 향도 가지고 있다. 다른 주요 풍미 화합물은 감귤 향의 리모넨과 소량의 나무 향 사비넨이다.

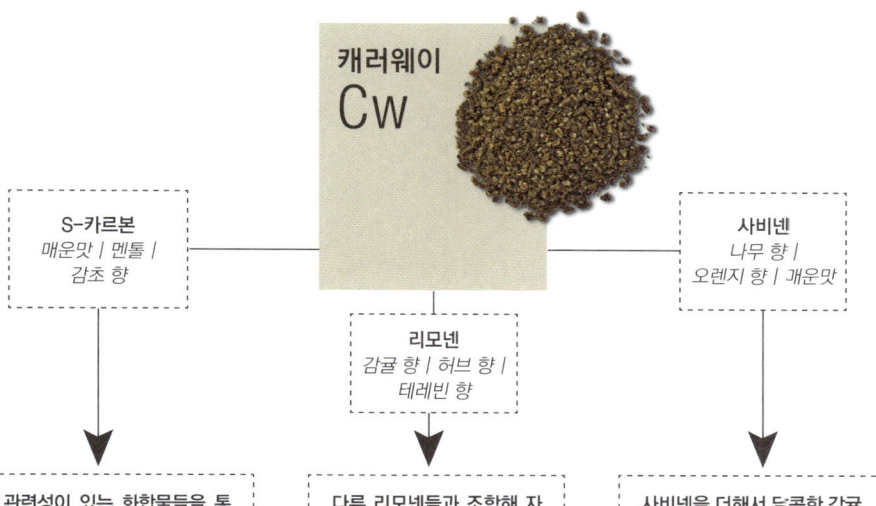

캐러웨이 Cw

- **S-카르본** — 매운맛 | 멘톨 | 감초 향
- **리모넨** — 감귤 향 | 허브 향 | 테레빈 향
- **사비넨** — 나무 향 | 오렌지 향 | 개운맛

관련성이 있는 화합물들을 통해 감초/아니스 향에 깊이를 더한다.
- ⊕ **아니스**와 **팔각**은 아네톨 때문에 감초와 유사한 향이 난다. 이 두 가지 향신료는 모두 열감과 나무 향을 낸다.
- ⊕ **시나몬**과 **올스파이스**는 매우 비슷한 유제놀을 특징으로 하며 캐러웨이의 달콤함을 끌어낸다.

다른 리모넨과 조합해 자극적인 강렬함을 강화한다.
- ⊕ **카다멈**은 달콤함과 예리한 허브 향을 낸다.
- ⊕ **흑후추**는 약간의 매운맛을 주며 얼얼함을 강조한다.
- ⊕ **생강**은 보완적인 감귤 향의 배경을 가지고 있으며 요리에 특유의 열감을 더한다.

사비넨을 더해서 달콤한 감귤 향을 강화한다.
- ⊕ **넛맥**과 **메이스**, 두 향신료에서는 사비넨이 지배적이다. 이들은 풍성한 달콤함을 더한다.

음식 궁합

- ⊕ **양배추, 비트** 버터에 볶은 양배추에 캐러웨이 가루를 넣는다. 비프 슬로나 수프에 통 캐러웨이를 넣는다.
- ⊕ **붉은 고기** 소시지, 소고기, 양고기 스튜에 넣거나 만두에 향을 낼 때 사용하고 곁들여 낸다.
- ⊕ **오리, 거위** 캐러웨이, 소금, 마늘 가루 혼합물을 오리와 거위 고기에 문질러 바른 뒤 굽는다.
- ⊕ **기름기가 많은 생선** 보존재에 후추, 회향, 코리앤더를 섞는다.
- ⊕ **스위스 치즈** 부드러운 퐁뒤에 캐러웨이 가루 한 꼬집을 넣는다.
- ⊕ **쿠키** 방금 구워 낸 쇼트브레드에 캐러웨이 씨앗을 뿌린다.

향 내는 법

기름과 함께 조리해서 풍미 화합물이 용해되도록 한다. 캐러웨이 가루를 사용할 경우 조리의 마지막 단계에 넣는다.

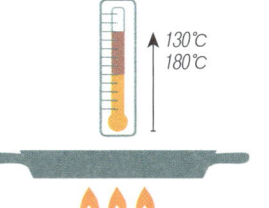

130°C
180°C

캐러웨이를 볶으면 향의 강도가 높지만 너무 볶으면 쓴맛이 나므로 주의해야 한다.

거울상 화합물

캐러웨이의 주요 풍미 화합물인 S-카르본은 스피어민트에서 발견되는 시원한 박하 향, D-카르본과 정확히 동일한 분자 구조를 가지고 있다. 그렇지만 그들은 거울상이다. 이는 이 쌍둥이 화합물질이 완전히 다른 향을 만들며 캐러웨이의 향은 '스피어민트를 뒤집어 놓은 것'이란 뜻이다.

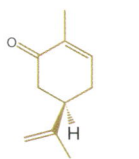

D-카르본 (스피어민트)   S-카르본 (캐러웨이)

블렌딩 해보기

캐러웨이를 이용한 전형적인 블렌딩을 따라해 보고 변형도 시도해 보자.
하리사 33쪽

딜

쓴맛 | 감귤 향 | 나무 향

학명
Anethum graveolens

다른 이름
팔스 아니시드

주요 화합물
D-카르본

사용하는 부분
씨앗(기술적으로는 열매)

경작 방법
꽃이 핀 후에 열매를 수확한다. 씨앗이 줄기에 달린 상태에서 마저 익고 건조되도록 놓아둔다.

상품화
자른 줄기를 쌓아서 건조되도록 일주일 동안 놓아둔다. 이후 기계를 이용해서 꽃 머리에서 열매를 떼어 낸다.

요리 외적 용도
위장 장애를 치료하는 전통 약재(그라이프 워터, gripe water)와 같은 성분)에 쓰이며 약한 진정제로도 사용된다.

향신료 이야기

딜 식물의 씨앗과 잎은 기원전 3000년부터 이집트에서 약용으로 사용되었으며 고대 그리스인들은 딜의 소화와 진정 효과를 알고 있었다고 한다. 처음에 씨앗은 스칸디나비아와 중앙 유럽, 동부 유럽에서 식초와 피클의 향을 내는 데 사용되었다. 중세 시대에 딜은 흔한 요리용 허브였고 마법과 사랑의 묘약에도 사용되었으며 최음제로도 쓰였다. 이후 코셔 딜 피클은 동유럽과 러시아에 사는 유대인들의 주식이 되었으며 1800년대 말과 1900년대 초 동유럽 출신 유대인 이민자들을 통해 미국에 소개되었다. 딜은 곧 미국 피클 업계에서 중요한 상업용 작물이 되었다. 하지만 현재는 피클 업계에 공급되는 딜 씨앗의 대부분이 인도산이다.

딜은 파슬리과에 속하는 내한성의 한해살이 식물이다.

씨앗은 이 식물의 다 익은 열매를 말한다. 씨앗이 줄기에서 다 마를 때까지 그대로 둔다.

양치식물 같은 잎은 허브로 사용된다.

딜 씨앗은 가루로 구할 수 있다. 하지만 '딜위드(dill weed)'와 혼동하지 말자. 말린 허브가 가끔 딜위드라는 이름으로 판매된다.

베이지와 갈색을 띤 타원형 씨앗은 회향 씨앗과 대단히 비슷하게 보인다. 으깨거나 갈기 전에는 향이 거의 나지 않는다.

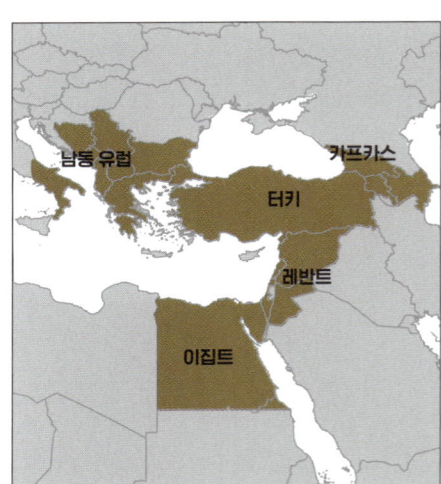

재배 지역
딜의 원산지는 남부 유럽, 중동, 카프카스이다. 현재는 주로 인도, 파키스탄, 미국, 지중에 남동쪽 모서리 주변 국가들에서 재배된다.

풍미 그룹 | **따뜻해지는 테르펜** | 딜

크리에이티브 키친

딜 씨앗의 향미는 아니스와 부드러운 버전 캐러웨이의 중간쯤이다. 캐러웨이 특유의 레몬 향이 느껴지는 허브 향과 부드러운 나무 향을 가지고 있다. 씁쓸한 향도 있다.

블렌딩 과학

딜 씨앗의 향미 프로필을 지배하고 있는 것은 D-카르본이다. 이 테르펜 풍미 화합물은 매콤한 맛이 나며 멘톨, 호밀, 아니스 같은 감초 향을 가지고 있다. 다른 중요한 풍미 화합물은 감귤 향의 리모넨이다. 씁쓸한 펜촌, 박하 향의 펠란드렌도 소량 함유하고 있다.

딜
Di

D-카르본
매운맛 | 멘톨 | 감초 향

리모넨
감귤 향 | 허브 향 | 테레빈 향

펠란드렌
박하 향 | 매운맛 | 감귤 향

카르본이 함유된 향신료나 그 맛과 잘 어울린다.
- ⊕ **캐러웨이**는 딜의 허브 향을 공유하며, 솔과 나무의 향을 전한다.
- ⊕ **아니스**는 딜이 가진 감초 향을 강화한다.
- ⊕ **회향**은 아니스와 같은 향에 복잡함을 더하고 공통의 리모넨을 통해 감귤 향을 낸다.

다른 리모넨 함유 향신료와 결합시켜 감귤 향을 돋운다.
- ⊕ **코리앤더**는 열감과 꽃향을 더하며 특히 효과적인 조합을 이룬다.
- ⊕ **카다멈**은 달콤함과 예리한 박하 향을 낸다.
- ⊕ **생강**은 공통의 리모넨 덕분에 톡 쏘는 열감을 주며 좋은 조합을 만든다. 리모넨은 달콤함도 더한다.

펠란드렌을 공유하는 향신료와 조합해 박하와 레몬의 느낌을 부각시킨다.
- ⊕ **올스파이스**는 매콤달콤한 열감을 낸다.
- ⊕ **팔각**은 흙 내음, 꽃향, 잘 드러나지 않은 유칼립투스 향에 아니스 같은 향까지 가지고 있다.
- ⊕ **월계수 잎**은 신선한 꽃과 허브 향, 예리한 유칼립투스 향, 약간의 씁쓸한 맛을 더한다.

음식 궁합

- ⊕ **사과** 사과에 버터와 설탕, 딜 씨앗을 넣고 조린다. 사과 조림만 먹어도 맛있고 구운 돼지고기에 곁들여 먹어도 좋다.
- ⊕ **당근, 양파** 구운 양파나 꿀을 발라 구운 당근에 뿌린다.
- ⊕ **생선** 살짝 볶은 씨앗을 큐민, 코리앤더와 함께 굵게 갈아 생선살에 문지른 후 구워 준다.
- ⊕ **굴라시**(goulash, 고기에 파프리카를 넣은 헝가리 스튜 요리) 파프리카로 양념을 한 소고기나 돼지고기 굴라시에 캐러웨이 씨앗 대신 딜 씨앗을 넣고 사우어 크림과 함께 낸다.
- ⊕ **플랫브레드** 녹인 버터나 기 버터에 씨앗을 넣어 가열한 뒤 플랫브레드(flatbread, 밀가루, 소금, 물을 이용해 만든 반죽을 굽거나 튀겨 납작한 모양으로 만든 빵)에 바른 뒤 차려 낸다.

딜 피클

딜의 풍미 화합물은 물에 잘 녹지 않지만, 절임에 소요되는 충분한 시간과 발효 과정은 화합물이 빠져나오는 데 도움을 준다.

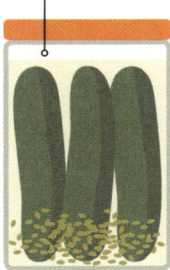

카르본, 리모넨과 같은 화합물은 알코올에 용해된다.

피클의 저온 발효가 향미가 퍼지는 데 도움을 주는 알코올을 만들어낸다.

향 내는 법

딜은 볶으면 당과 아미노산과의 작용으로 새로운 풍미 화합물을 만들어낸다. 그러나 새로운 화합물과 기존 화합물 모두가 물에는 잘 녹지 않는다.

씨앗을 볶으면 견과류의 향과 열을 통해 얻어지는 풍미 화합물, 특히 피라진을 얻을 수 있다.

기름이나 지방으로 요리하면 풍미 화합물의 발산에 도움을 줄 수 있다.

주키니, 페타 치즈, 딜, 블랙 라임 하리사를 이용한 에쉬

에쉬(ejjeh)는 신선한 허브와 주키니를 넣은 레바논식 오믈렛으로 지역의 향신료로 양념을 한다. 하지만 여기에서는 북아프리카식 하리사 페이스트로 변화를 주었다. 보통의 페이스트 레시피에 변화를 주어 캐러웨이를 딜 씨앗으로, 프리저브 레몬 대신 블랙 라임을, 구운 파프리카 대신 치폴레 고추를 넣어 진한 훈연 향을 이끌어냈다.

향신료 아이디어

아니스, 팔각, 올스파이스, 감초와 같은 아니스 씨앗 계열의 다른 향신료와 바꿔어 사용해 보라.

블랙 라임을 대신할 새콤달콤한 대체물(수막, 바베리, 암추르, 아나르다나, 타마린드, 레몬 머틀)을 실험해 보자.

가능한 한 다양한 고추를 이용해 보자. 열감, 훈연 향, 향미의 복합성을 달리하는 여러 가지 고추를 생으로 혹은 말린 것으로 사용해 본다.

2~3인분

준비 시간 10분 / 조리 시간 30분

하리사
- 빨간 칠레 고추 5개(큰 것)
- 붉은색 피망 1개
- 치폴레 고추 페이스트 1큰술
- 칠리 플레이크 1/2작은술
- 볶아서 빻은 큐민 씨앗 1/2작은술
- 볶아서 빻은 딜 씨앗 1/2작은술
- 다진 마늘 2쪽(큰 것)
- 레드와인 비니거 1½작은술
- 올리브오일 3큰술
- 천일염 1꼬집
- 블랙 라임 가루 1/2작은술

오믈렛
- 올리브오일 1큰술과 드레싱을 만들 별도의 분량
- 가늘게 채 썬 주키니 1개
- 다진 이탈리아 파슬리 크게 1줌
- 하리사 1큰술(더 매운 맛을 원하면 추가한다)
- 물을 빼고 굵게 다진 페타 치즈 200g
- 천일염과 후추 적당량
- 달걀물 4개(큰 것, 가볍게 저어서 천일염과 후추로 간을 한다)

차려 내기
피타브레드, 올리브오일과 자타르(22쪽 레시피 참조)로 만든 드레싱을 버무린 래디시와 잎채소를 곁들인다.

1. 하리사 페이스트를 만들기 위해 오븐을 200℃로 예열한다. 기름을 약간 바른 유산지 위에 고추와 피망을 놓고 표면이 살짝 타서 속살이 부드러워질 때까지(고추의 경우 15~20분, 피망의 경우 30분 정도) 몇 번씩 뒤집어 가며 오븐에서 굽는다.

2. 오븐에서 구운 고추와 피망을 꺼내 비닐봉지에 넣고 껍질이 들뜨도록 몇 분간 밀봉한다. 손으로 만질 수 있을 정도로 식으면 꺼내 종이 타월로 두드려 물기를 제거하고 껍질을 벗긴다. 피망은 씨를 빼고 고추와 함께 굵게 썬다.

3. 고추와 피망을 푸드 프로세서로 갈아준 뒤 나머지 하리사 재료를 추가해 부드러워질 때까지 간다. 이때 농도가 너무 되면 물을 약간 추가한다. 15큰술 정도의 하리사가 만들어지는데, 완성되면 작고 깨끗한 유리병에 넣어 밀봉해서 냉장 보관한다(냉장 상태로 일주일 정도 보관할 수 있다).

4. 이제 오믈렛을 만들 차례이다. 그릴의 온도를 고온으로 설정해 놓는다. 중간 크기의 프라이팬을 중불에 올리고 올리브오일을 두른다. 채 썬 주키니를 노릇한 색이 나고 부드러워질 때까지 4~5분간 저으면서 볶는다.

5. 허브를 흩뿌리고 하리사를 군데군데 올린 다음 다진 페타 치즈를 얹고 후추를 한두 번 갈아 뿌린다. 30분 뒤에 달걀물을 붓고 윗부분은 무른 상태이면서 아랫부분은 굳은 상태가 되도록 3~4분간 익힌다. 열이 오른 그릴로 옮겨 오믈렛이 약간 끈적이는 상태로 부풀어 오를 때까지 1~2분간 익힌다.

6. 피타브레드에 5의 오믈렛을 끼워 넣고 자타르 드레싱에 버무린 래디시, 잎채소를 곁들여 낸다.

안나토

후추 향 | 흙 내음 | 달콤한

학명
Bixa orellana

다른 이름
아치오테, 비홀, 립스틱 트리, 로우쿠, 우루쿠

주요 화합물
제르마크렌

사용하는 부분
씨앗

경작 방법
익은 꼬투리가 벌어져서 삼각형의 씨앗이 드러나면 꼬투리를 수확한다.

상품화
익은 꼬투리를 말린 뒤 막대로 두들겨 씨앗을 빼내고 마지막으로 손이나 기계를 이용해서 쭉정이와 이물질을 가려낸다.

요리 외적 용도
원단 염료, 화장품과 약품의 착색제, 남미와 아유르베다의 전통 약재

향신료 이야기

'가난한 이들의 사프란'이라고 불리는 신세계의 향신료로 수세기 동안 천연 염색에 사용되었다. 중앙아메리카의 마야 원주민들은 이 선명한 색상의 씨앗으로 붉은 페이스트를 만들어서 전쟁을 준비할 때 몸에 발랐다. 초기 아즈텍 문명에서도 안나토를 의식용 안료로 사용했으며 햇빛으로부터 피부를 보호하는 수단으로도 이용했다. 아즈텍인들은 뜨거운 음료에 안나토를 넣어 마셨고, 입안이 빨갛게 변하기 때문에 '립스틱 트리'라는 이름을 갖게 되었다. 17세기에는 유럽에 도착해서 식품 착색제로 사용되었다. 그 후에는 치즈와 훈제 생선에 매력적인 금빛 주황색을 입히는 수단(오늘날까지 이어지고 있는 관행)으로 인기를 얻었다.

안나토는 아치오테과에 속하는 열대 상록 관목이다.

씨앗은 선홍색이며 염색했을 때는 선명한 주황색을 낸다.

가시로 뒤덮인 붉은색 열매의 삭(蒴) 안에는 밀랍과 같은 붉은색 과육이 감싸고 있는 50개 정도의 씨가 들어 있다.

세모꼴의 씨앗은 너무 단단해서 매우 강력한 블렌더가 아니면 갈 수 없다. 통 씨앗을 사용했을 경우 차려 내기 전에 반드시 제거해야 한다. 3년까지 보관할 수 있다.

심장 모양의 광택이 있는 잎에는 불그스름한 잎맥이 있다.

안나토 가루는 향이 약하고 맛이 부드럽지만 사용하기가 편리하고 통 씨앗보다 빠르게 색을 낸다. 가루의 보관 기간은 1년에 불과하다.

재배 지역
안나토는 카리브해와 남아메리카의 열대 지방이 원산지이다. 필리핀, 스리랑카, 인도, 아프리카, 아시아에서도 재배된다.

크리에이티브 키친

안나토는 착색 효과 때문에 사용하는 경우가 많지만, 색뿐만 아니라 요리를 할 때 후추 향, 약한 감귤 향, 구운 흙 내음을 낸다.

블렌딩 과학

안나토가 가진 맛의 대부분은 순한 맛을 가진 제르마크렌, 엘레멘, 코파엔 같은 형태의 테르펜 계열 화합물들로부터 나온다. 이들 화합물은 모두가 기본적으로 달콤한 맛을 가지고 있다. 그와 대조되는 날카로운 씁쓸한 맛과 후추 향은 캐리오필렌에서 나온다.

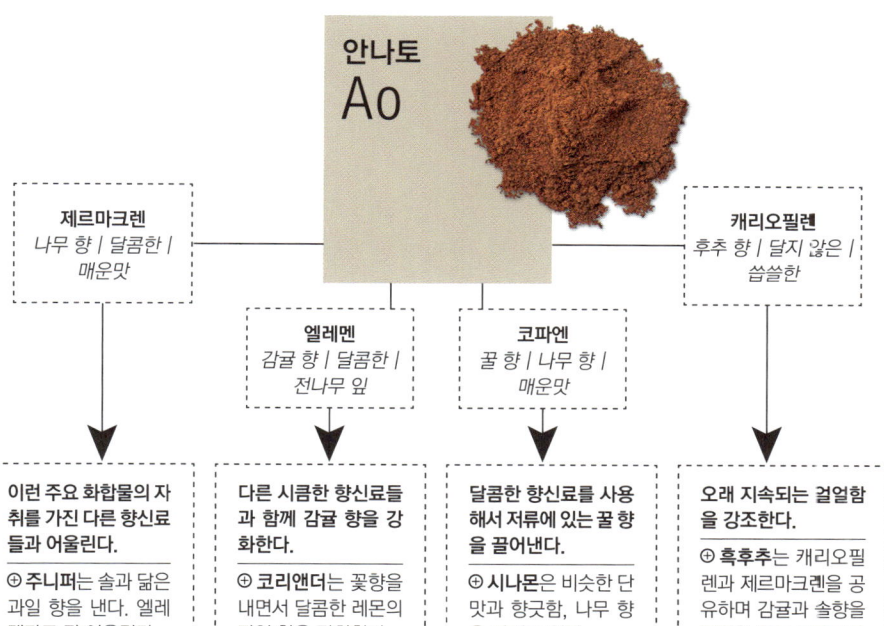

안나토 Ao

- **제르마크렌** 나무 향 | 달콤한 | 매운맛
- **엘레멘** 감귤 향 | 달콤한 | 전나무 잎
- **코파엔** 꿀 향 | 나무 향 | 매운맛
- **캐리오필렌** 후추 향 | 달지 않은 | 씁쓸한

이런 주요 화합물의 자취를 가진 다른 향신료들과 어울린다.
- ⊕ **주니퍼**는 솔과 닮은 과일 향을 낸다. 엘레멘과도 잘 어울린다.
- ⊕ **아사푀티다**의 양파 향은 제르마크렌의 달콤한 향을 통해 다듬어진다.

다른 시큼한 향신료들과 함께 감귤 향을 강화한다.
- ⊕ **코리앤더**는 꽃향을 내면서 달콤한 레몬의 과일 향을 강화한다.
- ⊕ **수막**은 엘레멘의 감귤 향을 강조한다.

달콤한 향신료를 사용해서 저류에 있는 꿀 향을 끌어낸다.
- ⊕ **시나몬**은 비슷한 단맛과 향긋함, 나무 향을 가지고 있다.
- ⊕ **올스파이스**는 혼합물 속에서 열감과 매운맛을 낸다.
- ⊕ **정향**은 엘레멘의 전나무 향과도 어울리는 장뇌 향을 갖고 있다.

오래 지속되는 걸걸함을 강조한다.
- ⊕ **흑후추**는 캐리오필렌과 제르마크렌을 공유하며 감귤과 솔향을 포함한 향미 프로필을 가지고 있다.
- ⊕ **그레인스 오브 셀림**은 매콤한 훈연 향을 가지고 있으며 제르마크렌을 공유한다.

향과 색 내는 법

통 안나토가 가장 좋은 향을 내지만 딱딱하고 밀도가 높은 씨앗은 향 분자가 빠져나오게 하는 데 많은 시간이 필요하다. 통 안나토를 사용할 경우 차려 내기 전에 반드시 제거해야 한다. 이런 이유 때문에 이 씨앗으로 향을 낸 기름이나 물을 가지고 요리를 하는 것이 좋다.

밝은색의 기름을 약불에 올리고 씨앗을 천천히 가열한다.

기름으로 향을 우린다

안나토에 든 대부분의 풍미 화합물은 기름에 가장 잘 녹는다. 때문에 안나토 오일은 강한 향을 가지고 있다. 친유적인, 천연 착화제 빅신 색소가 풍부하기 때문에 지방과 함께 조리하면 강한 색을 낸다.

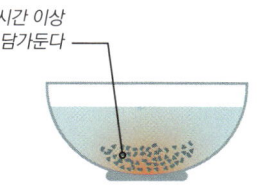

1시간 이상 담가둔다

물에 담근다

풍미 화합물이 물에는 쉽게 녹지 않기 때문에 기름에 우릴 때보다 더 많은 씨앗을 사용해야 한다. 수용성 노르빅신 색소의 함량은 빅신 함량의 1/4에 불과하다.

음식 궁합

- ⊕ **사탕옥수수** 옥수숫대에 붙은 뜨거운 옥수수 위에 안나토 침유를 뿌린다.
- ⊕ **생선** 뜨거운 기름에 씨앗을 담가 두었다가 그 기름을 어묵이나 프리터를 조리할 때 사용한다.
- ⊕ **쌀** 닭고기를 이용한 스페인식 쌀 요리에 사프란 대신 안나토를 우린 물을 사용한다.
- ⊕ **초콜릿** 초콜릿 무스에 안나토, 시나몬, 칠리 한 꼬집을 추가한다.
- ⊕ **고기** 닭고기, 돼지고기, 소고기의 재움장에 아치오테 페이스트를 넣고 약한 불에 익힌 후 타코나 토스타다(tostada, 토르티야(tortilla)를 파삭파삭하게 튀긴 것)에 넣어 낸다.

매스틱

솔향 | 송진 향 | 나무 향

학명
Pistacia lentiscus

다른 이름
아라빅 검(검 아라빅-gum arabic, 아라비아 고무-과 혼동하지 말자), 마스티하, 렌티스크

주요 화합물
피넨

사용하는 부분
수지, 열매

경작 방법
늦여름에 이 나무의 껍질에 흠을 내 수지가 나오게 한다. 나무는 5년생이 되면서부터 60년간 수지를 생산한다.

상품화
수지가 나무 기저에서 점차적으로 굳어 서양 배 모양의 '눈물'을 형성한다. 이를 채취하고 정제해 말린다.

요리 외적 용도
화장품과 향수, 상처를 치료하는 전통 약재

향신료 이야기

매스틱을 생산하는 나무는 그리스의 키오스섬에서만 자란다. 키오스섬에서는 이 특별한 산물을 2천 5백 년 이상 길러 왔다. 고대 그리스인들과 로마인들은 입 냄새를 없애기 위해 매스틱을 씹었으며 이것이 'masticate(씹다)'라는 단어의 어원이다. 1346년 베네치아에게 키오스섬을 빼앗은 제네바인들은 섬 주민들을 해적으로부터 보호해 주는 대가로 수익성이 높은 매스틱 교역을 독점했다. 당시 매스틱은 수요가 대단히 높은 향신료였다. 1566년, 오스만 제국이 키오스 섬을 장악하고 1913년에 이 섬이 그리스의 일부가 될 때까지 매스틱 무역을 지배했다. 현재 남아 있는 24개의 매스틱 생산 마을(매스티초초리아, mastichochoria라고 알려진)은 과거와 동일한 전통 방식으로 수지를 수확하고 가공한다. 키오스산 매스틱은 원산지 보호 명칭(PDO)의 보장을 받는 특산물이며 대부분이 터키와 중동으로 수출된다.

매스틱은 피스타치오와 매우 연관성이 높은 옻나무과의 작은 상록수에서 수확한다.

익은 검정 열매는 건조 후 향신료로 쓴다.

2~6m로 성장한다.

처음에는 연한 상아색이었다가 햇빛, 공기와 접촉하면 금황색으로 색이 짙어진다.

단단하고 투명한 조각은 요리에 사용하며 다실로페트리스(dahtilidopetres, 부싯돌)라고 부른다. 좀 더 낮은 등급의 연하고 큰 조각은 칸틸레스(kantiles, 물집)라고 부르며 주로 씹는 용도로 사용한다.

재배 지역
매스틱 나무의 원산지는 지중해이며 수지는 오로지 그리스 키오스섬에서만 수확된다.

풍미 그룹 | 향기로운 테르펜 | 매스틱   117

크리에이티브 키친

터키에서는 터키쉬 딜라이트에 매스틱을 넣는다. 레바논에서는 달걀이 들어가지 않고 장미수로 향을 낸 약간 쫀득한 아이스크림의 맛을 내는 데 쓰인다. 이집트에서는 붉은 고기와 가금류를 이용한 요리에 카다멈과 함께 넣는다.

블렌딩 과학

매스틱의 미묘한 향은 주로 피넨이란 풍미 화합물에 의한 것이다. 피넨은 매스틱 화학 조성의 80%를 차지한다. 소량의 미르센과 다른 테르펜 화합물들이 매스틱을 매우 다양한, 고소하거나 달콤하거나 나무 향이 나는 향신료들과 조합시킬 가능성을 열어준다.

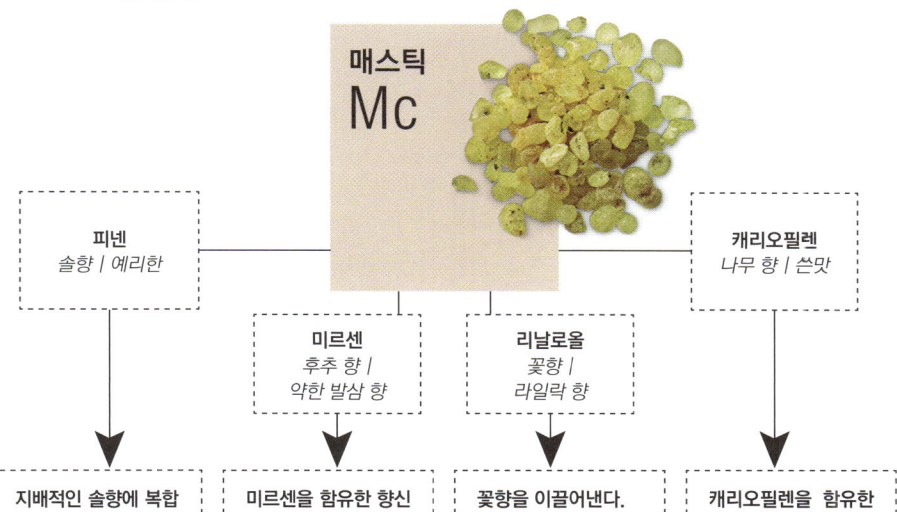

매스틱 Mc

- **피넨** 솔향 / 예리한
- **미르센** 후추 향 / 약한 발삼 향
- **리날로올** 꽃향 / 라일락 향
- **캐리오필렌** 나무 향 / 쓴맛

지배적인 솔향에 복합적인 향을 더한다.
- ⊕ **넛맥**은 피넨과 마찬가지로 조화로운 장뇌 향을 공유하면서 오렌지, 꽃, 나무의 복합적인 향을 낸다.

미르센을 함유한 향신료로 후추 향을 더한다.
- ⊕ **코리앤더**는 신선한 감귤 향을 내며 다른 많은 화합물들을 공유하는 가장 좋은 짝이다.
- ⊕ **올스파이스**는 후추 향의 달콤함을 가지고 있으며 리날로올의 꽃향을 공유한다.

꽃향을 이끌어낸다.
- ⊕ **장미**는 달콤한 꽃향의 여러 가지 화합물들을 제공한다.
- ⊕ **카다멈**의 달콤한 박하 향과 예리한 유칼립투스 향은 리날로올과 함께 매스틱을 지배하는 솔향과의 균형을 이루는 데 기여한다.

캐리오필렌을 함유한 향신료를 이용해서 나무 향을 강화한다.
- ⊕ **시나몬**은 달콤한 열감과 꽃향도 낸다.
- ⊕ **정향**의 유칼립투스와 같은 유제놀의 강력한 향은 매스틱의 피넨에도 꺾이지 않는다.

음식 궁합

- ⊕ **과일 프리저브** 사과 젤리나 무화과 잼에 매스틱을 소량 넣는다.
- ⊕ **양구이** 양고기에 으깬 양파, 마늘, 약간의 카다멈을 매스틱과 함께 문질러 준 후에 굽는다.
- ⊕ **빵** 고소한 빵 반죽에 매스틱 가루 1작은술과 회향 씨앗 약간을 넣는다.
- ⊕ **달콤한 제과 · 제빵** 마카롱(매스틱은 아몬드와 잘 어울린다)과 장미수로 향을 낸 스펀지 케이크에 매스틱을 넣는다.
- ⊕ **쌀 푸딩** 매스틱 향의 쌀 푸딩을 만들고 오렌지 꽃향의 시럽을 뿌린다.

향과 색 내는 법

매스틱을 사용 직전에 갈아 다른 가루 재료와 섞음으로써 요리 전체에 향이 퍼지게 하는 것이 가장 좋다.

달콤한 요리는 설탕과 함께 갈고, 고소한 요리는 소금과 함께 간다. 두 경우 모두 밀가루와 갈 수도 있다. 이렇게 하면 매스틱이 기구에 달라붙는 것을 막아준다.

밀가루 루와 매스틱, 버터 혹은 다른 지방으로 만들어진 소스로 요리에 매스틱을 첨가해 본다.

매스틱 덩어리

매스틱을 육수에 넣으면 팬의 바닥에 끈적하게 눌러붙을 위험이 있다.

물에 섞이면 매스틱 안의 미르센 향 분자가 매우 빠르게 서로 달라붙으면서 긴 사슬(중합체)을 형성한다. 이것이 함께 얽혀 끈끈한 덩어리를 만든다.

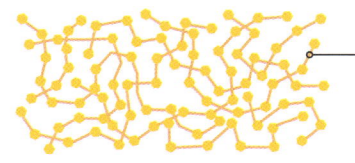

극히 얇은 섬유질은 천연, 인공 수지 그리고 고무에서 발견되는 것들과 유사하다.

주니퍼

송진 향 | 날카로운 | 꽃향

학명
Juniperus communis

다른 이름
커먼 주니퍼

주요 화합물
피넨

사용하는 부분
베리(실제로는 구과(毬果, 방울), 소나무에 달리는 것과 비슷하지만 살집이 있는 비늘이 있다.)

경작 방법
관목은 석회질 토양에서 자란다. 베리는 늦여름과 가을에 수확한다.

상품화
베리는 향미 화합물을 함유하고 있는 에센셜 오일의 증발을 제한하기 위해 35℃ 이하의 온도에서 부분적으로 건조시킨다.

요리 외적 용도
향수, 옷감 염색, 살충제. 전통 의학에서 이뇨제, 소염제

향신료 이야기

민간에서는 주니퍼가 치유력이나 마력과 연관이 있다고 알려져 있다. 또한 조밀한 관목이 안전한 대피 장소로 여겨지는데, 어린 예수가 주니퍼 울타리에 숨어 헤롯왕의 군대를 피했다는 전설도 있다. 고대로부터 이 관목의 가지들을 태워 고기와 생선을 훈제했으며, 중세에는 전염병이 돌 때 이 나무를 태워 공기를 정화했다. 이탈리아는 5백 년 이상 국내산 주니퍼를 수출해 왔다. 이탈리아 주니퍼의 대부분은 바로 진(gin)을 만드는 양조장으로 간다. 지금까지도 모든 진에서 주니퍼가 지배적인 향이 되어야 하는 것이 법적 요건이다. 처음 주니퍼를 증류주로 만든 것은 13세기 네덜란드인들로 보인다. 녹색의 덜 익은 베리를 이용한 예네이버(jenever)라는 독주를 만든 것이다.

주니퍼는 가시로 뒤덮인 조밀한 상록수 관목이다. 암구과에서 '베리'가 맺힌다. 베리가 익는 데에는 몇 년이 소요된다.

굵게 간 베리를 구할 수 있지만, 향미를 함유한 기름이 곧 분해되기 때문에 빨리 사용해야 한다.

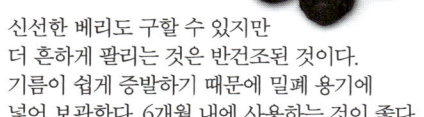

베리의 기름기는 좋은 품질을 나타낸다.

각 베리에는 6개의 검은 씨가 들어 있다.

베리의 살에는 여러 가지 향미 기름 주머니가 들어 있다.

신선한 베리도 구할 수 있지만 더 흔하게 팔리는 것은 반건조된 것이다. 기름이 쉽게 증발하기 때문에 밀폐 용기에 넣어 보관한다. 6개월 내에 사용하는 것이 좋다.

재배 지역
주니퍼는 유럽의 온대 지방, 러시아, 카프카스, 북아메리카, 일본이 원산지이다. 가장 진한 맛을 내는 베리는 따뜻하고 화창한 남부 유럽에서 자란다.

크리에이티브 키친

주니퍼는 강한 솔향, 테레빈 향과 더불어 달콤한 맛을 가지고 있다. 깔끔한 감귤 향 때문에 특히 고기와 잘 어울린다. 고기에서 주니퍼의 산성이 약한 연육 효과를 낸다.

블렌딩 과학

주니퍼의 주된 향(약한 나무 느낌의 솔향)은 주니퍼가 비롯된 침엽수의 느낌을 준다. 주니퍼 향미 기름의 80%를 이루는 것은 향기로운 테르펜 화합물이며 가장 먼저 나오는 것은 피넨의 소나무 숲 향이다. 이 기분 좋은 향을 내는 여러 종류의 테르펜이 주니퍼의 높은 당 함량(최대 33%)과 함께 다양한 블렌딩 가능성을 마련한다.

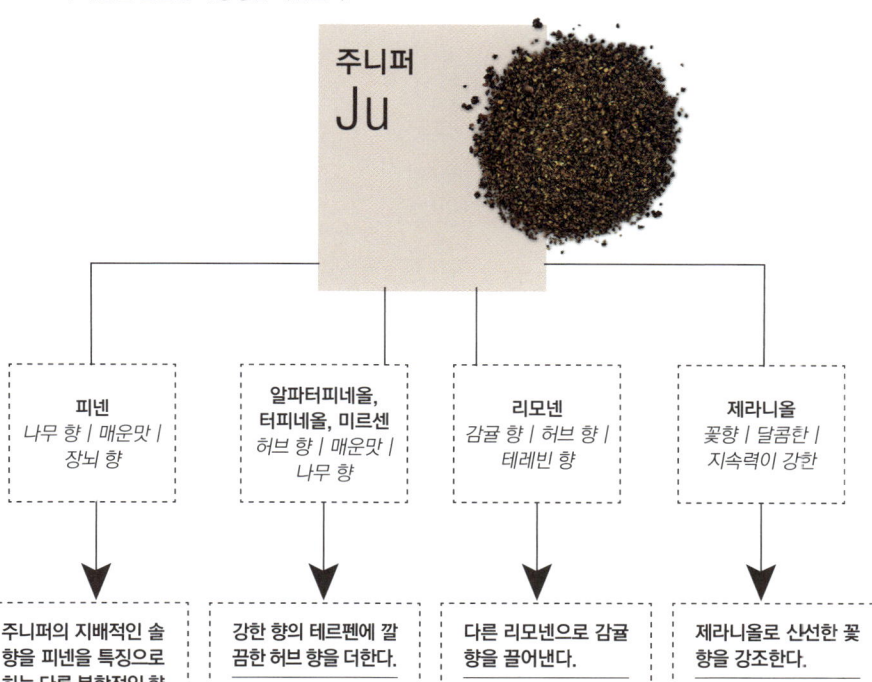

주니퍼 Ju

- **피넨** — 나무 향 | 매운맛 | 장뇌 향
  - 주니퍼의 지배적인 솔향을 피넨을 특징으로 하는 다른 복합적인 향신료와 결합시킨다.
  - ⊕ **큐민**은 풍성하고 자극적인 향을 가지고 있지만, 배경에는 피넨에서 나오는 강한 소나무 숲 향도 있다.
  - ⊕ **그레인스 오브 셀림**은 피넨의 함량이 높으며 특이한 유칼립투스 향을 낸다.
  - ⊕ **흑후추**는 솔향을 강조하는 한편 후추의 열감을 낸다.

- **알파피네올, 터피네올, 미르센** — 허브 향 | 매운맛 | 나무 향
  - 강한 향의 테르펜에 깔끔한 허브 향을 더한다.
  - ⊕ **월계수 잎**은 나무 향의 터피네올과 함께 피넨과 제라니올을 가지고 있어 좋은 조합을 이룬다.
  - ⊕ **카다멈**의 테르펜 화합물들은 리모넨과 제라니올을 공유할 뿐 아니라 나무 향의 베이스 노트를 가지고 있다.

- **리모넨** — 감귤 향 | 허브 향 | 테레빈 향
  - 다른 리모넨으로 감귤 향을 끌어낸다.
  - ⊕ **레몬 머틀** 리날로올의 꽃향도 가지고 있는 레몬 머틀은 매우 달콤한 감귤 향을 전할 것이다.

- **제라니올** — 꽃향 | 달콤한 | 지속력이 강한
  - 제라니올로 산선한 꽃향을 강조한다.
  - ⊕ **넛맥**은 터피네올과 피넨을 가지고 있어 나무 향과 흙 내음이 복합적으로 느껴진다.
  - ⊕ **코리앤더**는 피넨과 미르센을 가지고 있어 주니퍼와 잘 어울린다.
  - ⊕ **생강**이 가진 달콤한 향과 레몬 향을 모두 꺼낼 수 있다.

음식 궁합

⊕ **양배추, 비트** 코울슬로에 새콤한 사과 조각들과 함께 빻은 주니퍼 베리를 추가한다. 소금과 섞어서 비트에 뿌린 후 굽는다.

⊕ **감귤류** 빻은 베리 두어 개로 감귤류 과일 프리저브에 향을 낸다. 레몬 소르베에 작게 한 꼬집을 올린다.

⊕ **고기** 고기 요리, 특히 엽조고기의 재움장, 럽(rub), 소(filling)에 이용한다. 캐서롤(casserole, 오븐에 넣어 천천히 익혀 만드는 찌개나 찜 같은 요리)과 스튜에 빻은 베리와 오렌지 껍질 한 조각을 넣는다.

⊕ **연어** 주니퍼가 가진 수지의 특성이 기름진 생선과 잘 어울린다. 연어 그래블랙스(salmon gravlax, 소금과 여러 가지 허브를 이용하여 저장한 연어)를 위해 만드는 절임장에 넣는다.

⊕ **초콜릿** 트뤼플이나 무스 케이크 반죽에 빻은 베리를 넣는다.

향 내는 법

주니퍼 베리는 볶을 필요가 없다. 하지만 빻거나 갈면 테르펜이 풍부한 기름이 요리에 확산되는 속도를 높일 수 있다.

베리를 사용하기 직전에 빻는다. 기름 주머니가 파괴되면 풍미 화합물이 곧 증발한다.

기름에서 나오는 테르펜은 물에는 잘 녹지 않지만 기름과 알코올에서는 쉽게 퍼진다.

빻은 주니퍼를 넣은 고기 럽은 강한 맛을 낸다. 표면의 지방이 향미를 확산시키기 때문이다.

장미

꽃향 | 사향 향 | 달콤한

학명
Rosa x damascena
(가장 흔히 사용되는 종들)

다른 이름
다마스크 장미

주요 화합물
제라니올

사용하는 부분
말린 봉오리나 꽃잎

경작 방법
봉오리와 꽃 머리는 손으로 수확한다. 꽃잎의 경우, 완전히 개화한 첫 날 동이 틀 때나 동이 트기 전에 딴다.

상품화
봉오리와 꽃잎은 말려서 향신료로 판매하거나 증류해서 장미유를 만든다.

요리 외적 용도
향수와 화장품. 전통 의학에서 항우울제와 방부제, 불안 치료제로 쓰인다.

향신료 이야기

장미는 고대 중국 문명에서 약 5천 년 전에 처음 재배했다. 중국은 아름다움, 향기, 치유력을 가지고 있는 장미를 귀하게 여겼다. 로마인들은 장미를 대규모로 키웠고 숙취 방지(화관을 썼을 때)를 비롯한 장미의 약효를 기록했다. 7세기에는 장미 재배가 중동 전역으로 확산되었다. 이즈음에 페르시아인들은 꽃에서 기름을 추출하는 방법을 발견했고 요리에 사용하는 방법이 널리 확산되었다. 중세에는 장미가 연회에서 손을 씻는 물과 고소하고 달콤한 요리에 향을 내는 데 사용되었다. 가장 향기가 진해 장미유의 주된 원료인 다마스크 장미는 십자군 전쟁 때 북유럽까지 퍼져 나갔다. 영국 빅토리아 시대에는 장미 꽃잎 샌드위치를 티타임의 세련된 간식으로 여겼다.

다마스크 장미는 꽃을 피우는 내한성 관목으로 요리에 사용되는 장미 향의 주요한 공급원이다. 하지만 한국, 중국, 일본에서는 해당화의 인기가 더 높다.

관목의 생산력은 최대 40년이다.

◀ 꽃잎

◀ 봉오리

꽃잎과 봉오리는 말려서 향신료로 사용할 수 있고 설탕에 절여 케이크와 디저트를 장식할 때 사용할 수도 있다.

재배 지역
장미의 원산지는 북반부의 온대 지방으로 중국에서 유래한 것으로 보인다. 다마스크 장미는 중동이 원산지이다. 이 장미는 터키, 인도, 이란, 불가리아, 모로코에서 재배된다.

크리에이티브 키친

장미 꽃잎은 달콤한 요리와 고소한 요리에 꽃향을 더한다. 향기가 있고 농약 처리가 되지 않은 장미 꽃잎이라면 어떤 것이든 사용할 수 있지만 상품용으로 재배한 장미는 정원에서 키우는 장미보다 훨씬 강한 향을 가지고 있다.

블렌딩 과학

장미의 향미 프로파일은 제라니올, 네롤, 유제놀, 리날로올을 비롯해 달콤한 꽃향을 특징으로 하는 테르펜 풍미 화합물들이 지배하고 있다. 독특한 장미 향은 '로즈 케톤(rose ketone)'이라 불리는 강력한 풍미 화합물에서 만들어진다. 로즈 케톤은 신선한 풀향, 허브 향의 매운맛, 나무 향의 달콤함, 베리와 유사한 향을 전한다.

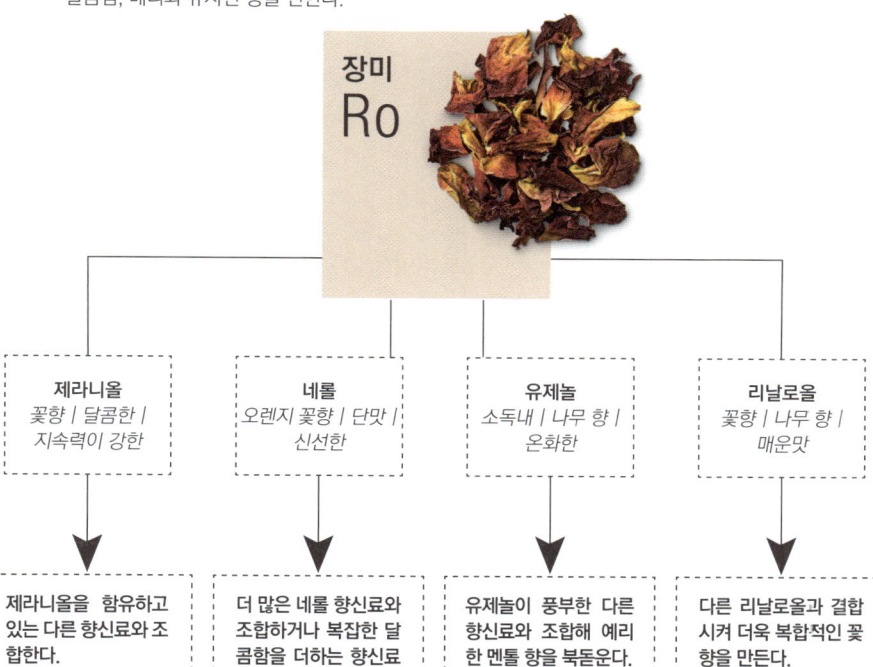

장미 Ro

제라니올 — 꽃향 | 달콤한 | 지속력이 강한
- 제라니올을 함유하고 있는 다른 향신료와 조합한다.
  - ⊕ **생강**은 자극적인 열감과 감귤 향을 더하며 리날로올도 공유한다.
  - ⊕ **넛맥**은 소량 사용하면 흙 내음의 매운맛과 열감을 내며 유제놀도 공유한다.

네롤 — 오렌지 꽃향 | 단맛 | 신선한
- 더 많은 네롤 향신료와 조합하거나 복잡한 달콤함을 더하는 향신료와 짝을 이룬다.
  - ⊕ **레몬그라스**는 감귤 향과 약간의 후추 향, 매운맛을 내며 리날로올도 공유한다.
  - ⊕ **바닐라**는 부드럽고 풍부한 크림의 느낌과 미묘한 체리 향을 비롯한 복잡한 향을 가지고 있다.

유제놀 — 소독내 | 나무 향 | 온화한
- 유제놀이 풍부한 다른 향신료와 조합해 예리한 멘톨 향을 북돋운다.
  - ⊕ **올스파이스**는 달콤한 후추 향을 낸다.
  - ⊕ **정향**은 단맛, 떫은 맛, 유칼립투스와 같은 향을 더한다.

리날로올 — 꽃향 | 나무 향 | 매운맛
- 다른 리날로올과 결합시켜 더욱 복합적인 꽃향을 만든다.
  - ⊕ **시나몬, 카시아**는 달콤한 열감과 함께 카시아에서 비롯되는 쓴맛의 느낌을 전한다.
  - ⊕ **코리앤더**는 강렬한 감귤 향의 매운맛과 함께 꽃향의 특징들을 전달한다.

음식 궁합

⊕ **체리** 졸인 체리에 장미를 추가해 타르트에 잼 대신 사용한다.

⊕ **채소** 하리사에 말린 장미 꽃잎을 넣고 구운 야채와 함께 낸다.

⊕ **닭고기** 모로코식 치킨 스튜에 잘게 부순 장미 꽃잎을 뿌린다.

⊕ **고등어** 구운 고등어를 장미 꽃잎으로 향을 낸 쿠스쿠스(couscous, 으깬 밀로 만든 북아프리카 음식)와 함께 낸다.

⊕ **쇼트브레드** 말린 장미 꽃잎 몇 장을 부수어서 쇼트브레드 쿠키 반죽에 추가한다.

⊕ **아이스크림** 장미 꽃잎 가루나 장미수를 이용해서 장미 아이스크림을 만든다.

향 내는 법

장미의 가장 강력한 풍미 화합물들은 지용성이며 이 경우 흔히 요리의 다른 맛을 압도하곤 한다. 따라서 장미는 물에 우리는 방식으로 사용하는 것이 적합한 향신료 중 하나다. 장미수에는 수백 가지 풍미 화합물이 들어 있어 복잡 미묘한 향을 낸다.

장미 꽃잎을 물에 담가 직접 장미수를 만들 수 있다. 풍미 화합물이 액체에 천천히 용해될 수 있도록 며칠간 그대로 둔다.

블렌딩 해보기

달콤하거나 고소한 요리에 잘 어울리는 전형적인 블렌딩을 따라해 보고 변형도 시도해 보자.

아드비에 27쪽

코리앤더

감귤 향 | 꽃향 | 온화한

학명
Coriandrum sativum

다른 이름
실란트로, 인도, 중국, 일본 파슬리라는 잘못된 이름으로 불리기도 한다.

주요 화합물
리날로올

사용하는 부분
'씨앗'(사실은 열매), 잎, 뿌리

경작 방법
한해살이 작물로 밭에서 자란다. 파종 후 약 3개월 후 식물에서 열매가 생긴다.

상품화
열매가 완전히 익기 전에 줄기를 자른다. 열매를 탈곡해서 세척하고 건조한다.

요리 외적 용도
향수와 화장품의 에센셜 오일, 궤양과 위장병에 대한 전통 치료약으로도 사용된다.

향신료 이야기

이스라엘 나할 헤마르 동굴에서 발견된 8천 년 된 향신료 더미와 이집트 무덤에서 찾은 증거는 코리앤더가 인접한 동방에서 들여온 것임을 보여준다. 그리스인들과 로마인들은 코리앤더를 밤을 곁들인 렌틸 등의 요리에 향신료로 사용했고 약과 고기 보존제로도 이용했다. 이 향신료는 약 2천 년 전 페르시아를 거쳐 인도로 건너갔고, 그로부터 4세기 후에는 중국으로부터 영국에 이르기까지 광범위하게 사용되었다는 증거가 남아 있다. 북아메리카로 건너간 유럽의 초기 정착민들은 코리앤더를 가져갔고 그후 이 지역에서 코리앤더가 널리 재배되었다. 18세기에는 유럽에서 코리앤더의 인기가 식어서 진 종류와 맥주 양조로 사용이 제한되었다. 코리앤더는 지금까지도 벨기에 맥주의 인기 있는 향료이다.

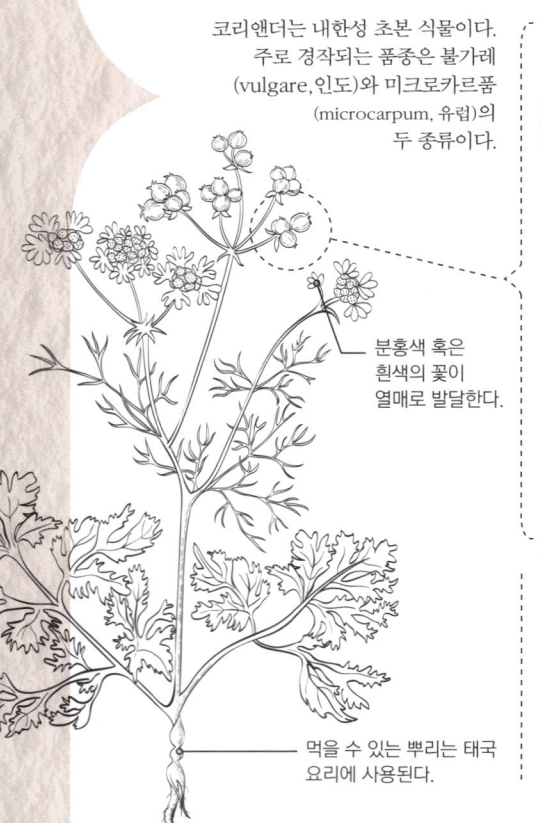

코리앤더는 내한성 초본 식물이다. 주로 경작되는 품종은 불가레(vulgare, 인도)와 미크로카르품(microcarpum, 유럽)의 두 종류이다.

분홍색 혹은 흰색의 꽃이 열매로 발달한다.

먹을 수 있는 뿌리는 태국 요리에 사용된다.

◀ 유럽산

유럽산 열매는 에센셜 오일의 함량이 높다.

열매의 겉껍질 속에 2개씩의 씨앗이 들어 있다.

작은 원형의 유럽산 열매는 보다 큰 타원형의 인도산 코리앤더의 열매보다 감귤 향이 강하다. 인도산 코리앤더는 달콤하고 약간 크리미한 맛을 가지고 있다. 1년까지 보관할 수 있다.

▲ 인도산

미리 갈아 놓은 코리앤더는 향을 빨리 잃기 때문에 필요할 때 통 씨앗을 갈아서 사용하는 편이 낫다. 4개월까지 보관할 수 있다.

코리앤더 가루는 증점제의 역할도 한다.

재배 지역
지중해와 남부 유럽이 원산인 코리앤더는 씨앗과 잎을 얻기 위해 현재 전 세계에 걸쳐 광범위하게 재배되고 있다. 주요 생산지는 인도와 러시아이며, 모로코, 루마니아, 이란, 중국, 터키, 이집트에서도 많은 양을 수출한다.

크리에이티브 키친

코리앤더는 말린 오렌지 껍질을 연상케 하는 달콤쌉쌀한 맛을 가진 다재다능한 향신료이다. 단독으로 사용할 수도 있지만 흙 내음의 큐민과 함께 고소한 블렌딩의 중추를 이룬다.

블렌딩 과학

라일락 향의 리날로올이 코리앤더의 향미 프로필을 지배하고 있으며, 피넨, 시멘, 리모넨을 비롯한 부드러운 향의 여러 테르펜이 그 뒤를 이으면서 코리앤더를 조합하기 좋은 다재다능한 향신료로 만든다.

코리앤더 Co

리날로올 — 꽃향 | 오렌지 향 | 달콤한
피넨 — 나무 향 | 솔향 | 장뇌 향
시멘 — 신선한 | 나무 향 | 감귤 향
리모넨 — 감귤 향 | 허브 향 | 테레빈 향

꽃향을 가진 향신료들과 조합한다.
- 카다멈은 달콤한 허브 향을 낸다.
- 넛맥과 메이스는 달콤한 열감과 함께 강렬한 꽃향의 요소를 전해 준다.

더 많은 피넨으로 나무 향을 끌어올린다.
- 흑후추의 나무 향 피넨과 리모넨은 후추의 부드러운 매운맛이 잘 어우러진다는 것을 의미한다.
- 아니스, 올스파이스는 나무 향의 열감을 내며 단맛을 더한다.

공유하는 시멘으로 전형적인 조합을 뒷받침한다.
- 큐민의 씁쓸한 흙 내음은 코리앤더의 꽃향과 감귤 향을 가장 잘 돋보이게 해 준다.

과일 향의 다른 향신료로 코리앤더의 감귤 향을 더욱 복합적으로 만든다.
- 생강은 조화로운 강한 풍미를 준다.
- 레몬그라스는 꽃향과 감귤 향을 한껏 끌어올린다.
- 캐러웨이는 아니스와 유사한 미묘한 후추 향을 낸다.

음식 궁합

- **셀러리, 회향, 양배추** 코울슬로나 찜 요리에 코리앤더 씨앗 몇 개를 빻아 넣는다.
- **감귤류, 사과, 배** 감귤 소르베, 사과와 배를 이용한 페이스트리 반죽, 크럼블 도우에 볶아서 빻은 코리앤더 가루를 넣는다.
- **돼지고기, 엽조고기, 닭고기** 가루로 된 양념, 럽, 혹은 소에 사용한다.
- **참치와 갑각류** 참치 스테이크를 굽기 전에 코리앤더 가루를 발라준다. 갑각류 조림 요리를 위한 쿠르부용(court-bouillon, 야채·백포도주·향료 따위로 만든 생선을 조리는 국물)에 통 코리앤더를 넣는다.
- **프리저브** 피클용 향신료로 적합하다. 토마토 렐리시와 마말레이드에도 잘 어울린다.
- **스폰지 케이크** 플레인 스폰지 케이크에 코리앤더 한 꼬집을 넣는다. 감귤류, 블루베리, 블랙베리와도 좋은 조화를 이룬다.

블렌딩 해보기

코리앤더를 이용한 전형적인 블렌딩을 따라해 보고 변형도 시도해 보자.

저그 25쪽
두카 28쪽
더반 커리 마살라 37쪽
말레이시아식 생선 커리 페이스트 51쪽
치미추리 66쪽

향과 색 내는 법

코리앤더의 향미 기름 대부분은 씨앗 깊숙이 있으며 이를 볶을 경우 향미 프로필이 크게 바뀐다.

풀향과 꽃향의 지배력을 유지하려면 볶지 않는다.

견과 향과 흙 내음의 피라진을 끌어내리면 진한 갈색이 될 때까지 볶는다.

조리 시간이 짧은 요리에서 기름을 방출시키려면 씨앗을 깨뜨려서 열거나 간다.

더반 마살라를 곁들인 서아프리카식 땅콩 커리

서아프리카의 땅콩 수프와 땅콩 스튜에서 영감을 받은 레시피로, 보통 사용되는 얼얼한 스카치 보넷 고추를 사용하지 않고 남아프리카 공화국 이스턴케이프만의 특별한 더반 커리 마살라를 이용한다. 열감은 주로 카이엔 페퍼에서 나오기 때문에 좀 더 순한 맛을 원한다면 카이엔 페퍼의 사용량을 줄인다. 따뜻한 수프를 원할 경우 조리 마지막에 물을 더 붓기만 하면 된다.

향신료 아이디어

나만의 마살라 블렌딩 훈연 향을 원할 경우 블랙 카다멈 혹은 그레인스 오브 셀림을 넣거나 생강이나 코리앤더를 나무 향과 발삼 향의 메이스로 대체한다.

피라진의 볶은 향을 내려면 통 향신료를 볶아 사용해야 한다. 이때 맛이 지나치게 강해지지 않도록 주의한다.

기본 향에 깊이를 더하려면 볶은 채소에 신선한 생 향신료를 추가한다. 오래 조리하면 마늘과 생강의 자극적인 향을 부드럽고 달콤하게 만들 수 있다.

6~8인분

준비 시간 20분

조리 시간 25~35분

더반 마살라
- 큐민 씨앗 2작은술
- 코리앤더 씨앗 1작은술
- 페누그릭 씨앗 1/2작은술
- 카다멈 씨앗 꼬투리 5개 분량
- 시나몬 1토막
- 정향 5개
- 카이엔 페퍼 1작은술
- 생강가루 1/2작은술

커리
- 무가당 땅콩버터 4큰술
- 물 500ml
- 기름 2큰술
- 껍질을 제거한 당근 3개(큰 것)
- 껍질을 제거한 파스닙 2개
- 루타바가 혹은 순무 1개(약 500g)
- 다진 중간 크기 양파 1개
- 토마토퓌레 1큰술
- 곱게 다진 완숙 토마토 2개
- 야생 혹은 재배 혹은 혼합 버섯 400g
- 채소 맛국물 500ml
- 가지 2개(선택적)
- 간을 위한 소금과 후추

1 통 향신료들은 곱게 갈아 카이엔 페퍼와 생강가루와 함께 섞어 더반 마살라를 만들어 둔다.

2 푸드 프로세서에 물 한 컵과 땅콩버터를 넣고 섞는다. 땅콩버터와 물이 잘 섞이면 팬에 붓고 남은 물도 부어 저어준 다음 약불에서 기름이 표면에 모이기 시작할 때까지 약 15분간 뭉근하게 끓여 땅콩소스를 만든다.

3 당근, 파스닙, 루타바가나 순무를 사방 2~3cm 길이로 깍둑썰기한다. 큰 팬에 기름 1큰술을 두르고 가열한다. 채소를 넣고 중불에서 가끔 저어주면서 각 면이 갈색이 될 때까지 약 15분간 볶는다. 팬을 불에서 내린다.

4 다른 팬에 남은 기름을 두르고 가열한 뒤 양파와 마살라를 넣는다. 몇 분 동안 중불에서 볶은 후 토마토퓌레와 다진 토마토를 넣는다. 강불로 올린 뒤 버섯을 넣어 3분간 볶는다.

5 여기에 채소 맛국물, 땅콩소스, 3의 채소를 넣는다. 가지를 (사용한다면) 사방 2~3cm 길이로 깍둑썰기해서 넣는다. 채소가 부드러워질 때까지 15~20분간 뭉근하게 끓인다.

6 간을 보고 소금과 후추를 넣는다. 향신료가 큰 조각이나 통째로 남아 있다면 제거하고 찰기가 있는 밥과 함께 접시에 담아 낸다. 물을 더 넣어 끓여 수프처럼 먹을 수도 있다.

큐민

흙 내음 | 허브 향 | 나무 향

학명
Cuminum cyminum

다른 이름
로만 캐러웨이, 지라

주요 화합물
큐민알데하이드

사용하는 부분
'씨앗', 기술적으로는 열매이다.

경작 방법
한해살이 작물로 경작한다. 식물은 심은 지 4개월쯤 되어 열매가 금갈색으로 변하면 잘라 준다.

상품화
줄기를 말린 뒤 탈곡해서 열매를 분리한다. 열매는 더 건조시킨다.

요리 외적 용도
향수와 수의학에 쓰이는 에센셜 오일, 전통 의학에서는 체했거나 속이 부글거릴 때 이용한다.

향신료 이야기

이집트 피라미드에는 큐민이 5천 년 이상 사용되었다는 증거가 남아 있다. 고대 그리스인들과 로마인들은 큐민을 소금과 함께 식탁에 두고 양념으로 사용했다. 로마의 동식물 연구가 플리니(Pliny the Elder)는 큐민을 조미료의 왕으로 여겼으며, 현대에도 그루지야와 아프리카 소금과 함께 인기 있는 양념의 자리를 차지하고 있다. 7세기부터 아랍 상인들은 북아프리카, 동쪽으로는 이란, 인도, 인도네시아, 중국으로 가는 향신료 대상을 통해 큐민을 운송했다. 큐민은 바하라트(중동), 가람 마살라와 판치 포란(인도), 라스 엘 하누트(ras el hanout, 모로코)를 비롯한 지역 특유의 향신료 믹스의 주요 재료가 되었다. 스페인 정복자들은 16세기 아메리카에 큐민을 소개했다. 특히 멕시코에서는 이 향신료가 요리에 깊이 자리 잡았다.

- 작은 흰색 혹은 연한 자주색 꽃차례에서 씨앗이 나온다.
- 씨앗의 길이는 약 6mm이다.

- 보트 모양의 연한 갈색 씨앗은 밀폐 용기에 넣어 어둡고 서늘한 곳에서 보관하면 최대 1년까지 향을 유지한다.
- 여러 개의 줄기가 달린 식물로 30~60cm까지 자란다.
- 큐민은 파슬리과에 속하며 가뭄에 잘 견디는 한해살이 초본 식물이다.

- 큐민 가루는 소량씩 구입한다. 효능이 곧 사라지기 때문이다. 두 달 이내에 사용하는 것이 좋다.

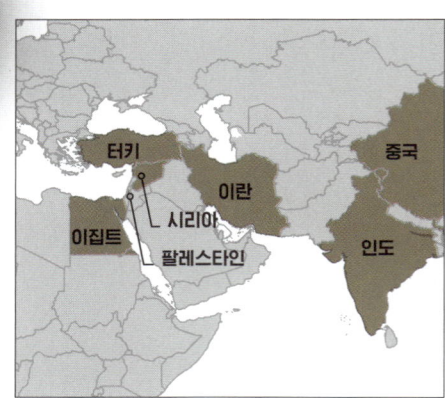

재배 지역
이집트 나일 계곡과 지중해 동부가 원산으로 여겨지는 큐민은 인도(최대 생산국이자 최대 소비국), 중국, 시리아, 터키, 이란에서 재배된다. 팔레스타인과 미국 역시 큐민을 생산한다.

풍미 그룹 | **흙 내음의 테르펜** | 큐민   **127**

크리에이티브 키친

큐민은 인도, 북아프리카, 레반트, 멕시코 요리의 필수 요소이다. 단독으로 혹은 다른 향신료와 함께 사용하면 다양한 종류의 짭조름한 요리를 독특하고 진한 향과 예리한 풍미로 채워준다.

블렌딩 과학

큐민의 독특한 사향 향, 흙 내음, 거의 탄 듯한 향은 큐민알데하이드에서 나온다. 구운 소고기와 시나몬에서 발견되는 이 화합물은 다른 향신료에서는 찾아보기 힘들다. 다른 중요한 화합물로는 달지 않은 소나무 숲의 향을 내는 피넨과 신선한 테르펜과 같은 향을 가진 시멘이 있다.

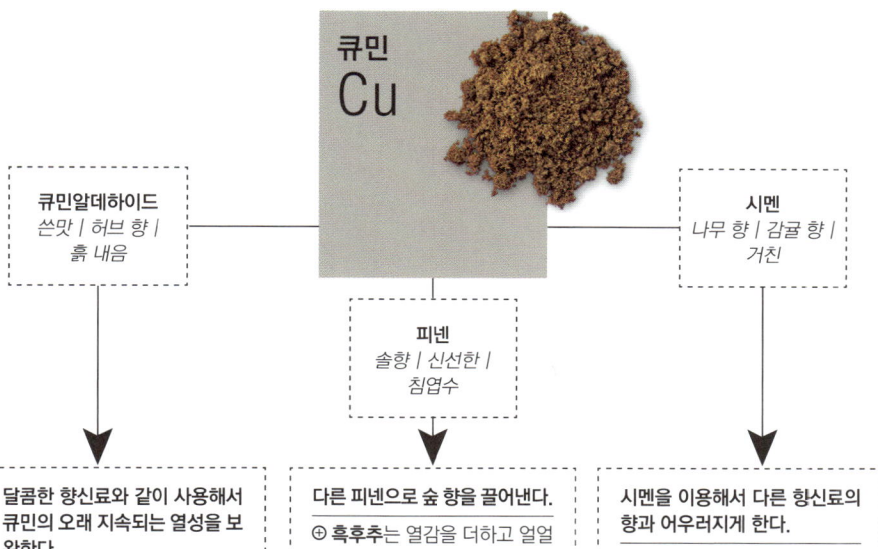

큐민알데하이드
쓴맛 | 허브 향 | 흙 내음

시멘
나무 향 | 감귤 향 | 거친

피넨
솔향 | 신선한 | 침엽수

달콤한 향신료와 같이 사용해서 큐민의 오래 지속되는 열성을 보완한다.
⊕ **시나몬과 카다멈**은 달콤한 열감을 주며 약간의 큐민알데하이드를 가지고 있다.
⊕ **넛맥**은 열성의 사향 향과 잘 어울리며 피넨도 공유한다.

다른 피넨으로 숲 향을 끌어낸다.
⊕ **흑후추**는 열감을 더하고 얼얼함을 강화한다.
⊕ **블랙 카다멈**의 훈연 향은 큐민의 흙 내음과 좋은 조화를 이룬다.

시멘을 이용해서 다른 향신료의 향과 어우러지게 한다.
⊕ **팔각과 아니스**는 감초 향과 유칼립투스 향을 더한다.
⊕ **코리앤더**는 자극적인 감귤 향과 꽃향으로 큐민의 흙 내음과 균형을 이룬다.
⊕ **아즈와인**은 강렬한 타임 같은 향을 낸다.
⊕ **니겔라**는 태운 겨자, 양파의 매운맛을 더한다.

음식 궁합

⊕ **가지와 뿌리채소** 구운 가지, 비트 딥, 뿌리채소 퓌레에 볶아서 빻은 큐민을 뿌린다.

⊕ **콩류** 달(dhal, 동남아시아의 콩 요리), 기타 렌틸 스튜의 향을 내는 데 사용하며, 팔라펠(falafel, 렌틸이나 잠두를 다진 마늘이나 양파, 파슬리, 큐민, 코리앤더 씨앗, 잎과 함께 갈아 만든 반죽을 둥근 모양으로 튀긴 음식) 반죽에 넣고, 후무스(houmous, 병아리콩을 으깬 것에 오일과 마늘을 섞어 만든 중동 지역 음식) 위에도 뿌린다.

⊕ **소고기와 양고기** 무어식 케밥을 위해 다진 양고기, 비프 렌당, 멕시코 소스 몰레(mole), 칠리 콘 카르네(chili con carne, 매콤한 스튜의 일종)에 큐민 가루 한 꼬집을 넣는다.

⊕ **소금** 큐민 씨앗을 볶은 뒤 동량의 천일염과 함께 갈아 구운 닭고기, 토마토 샐러드, 아보카도 토스트, 타코, 구운 감자에 뿌린다.

⊕ **요구르트** 큐민 씨앗, 요구르트, 레몬을 섞어 구운 채소나 겨잣잎이나 케일 등 쓴맛 나는 잎채소 샐러드에 드레싱으로 이용한다.

블렌딩 해보기

큐민을 이용한 전형적인 블렌딩을 따라해 보고 변형도 시도해 보자.

터키 스타일의 바하라트 23쪽
자타르 22쪽
아드비에 27쪽
두카 28쪽
하와이지 29쪽
챠트 마살라 42쪽
산둥 스파이스 백 58쪽
비비큐 럽 68쪽

향 내는 법

큐민은 열에 대한 반응성이 높다. 큐민 씨앗을 빻은 후 마른 팬에서 볶아주면 피라진과 황 같은 풍미 화합물이 추가로 생성된다.

피라진은 견과 향과 볶은 내를 낸다.

황은 녹색 채소와 구운 고기의 향을 낸다.

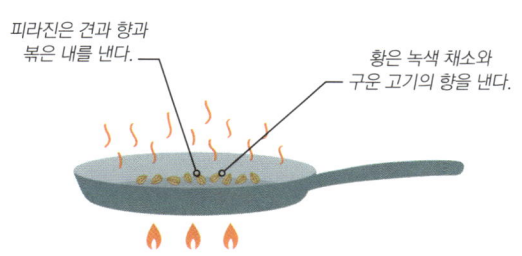

니겔라

부드러운 | 후추 향 | 풀 내음

학명
Nigella sativa

다른 이름
러브인어미스트, 블랙어니언씨드, 블랙 큐민, 블랙 캐러웨이

주요 화합물
니겔론

사용하는 부분
씨앗

경작 방법
한해살이 식물에 큰 삭이 맺힌다. 익으면 수확을 한다.

상품화
삭을 말린 뒤 조심스럽게 부수어서 씨앗을 빼낸다. 씨앗을 통으로 판매하기도 하고 기름을 추출하기도 한다.

요리 외적 용도
자연 요법에서는 니겔라 씨앗을 감기 증상을 완화하고, 소화기 질환을 치료하고, 젖의 분비를 촉진하는 데 사용한다.

눈물방울 모양의 씨앗은 공기 중에서 건조되기 전까지 베이지색이다.

식물은 약 60cm 까지 자란다.

니겔라는 미나리아재비과에 속하는 작은 한해살이 초본 식물이다. 연한 푸른색의 다섯 개 꽃잎을 가진 꽃과 솜털이 덮인 회녹색 잎이 생긴다.

씨앗은 2년간 보관할 수 있다. 매우 단단하기 때문에 절구를 이용해서 손으로 갈기보다는 향신료나 커피 그라인더를 이용해야 한다.

향신료 이야기

이집트 투탕카멘의 무덤에서 발견되었다고 알려진 니겔라는 3천 년 전부터 씨앗을 얻기 위해서 재배되었다. 니겔라라는 이름은 라틴어 니겔루스(nigellus) 혹은 니거(niger, 검은)에서 유래했다. 고대 그리스인들과 아랍인들은 이 씨앗이 가진 방부 효과와 치료 효과를 알고 있었다. 아랍에는 니겔라가 '죽음 이외의 모든 질병에 대한 치료제'라는 속담이 있다. 고대 아랍 문헌은 니겔라를 '하바툴 바라카(habbatul barakah)', 즉 '축복의 씨앗'이라고 묘사하며, 구약에서는 니겔라를 '케차(ketzah)'라고 부른다. 로마 시대의 의사이자 철학자인 갈렌(Galen)은 감기의 치료약으로 니겔라를 처방했고 니겔라는 지금까지도 이런 방법으로 사용된다. 니겔라 씨앗 한 스푼을 모슬린에 싸서 콧구멍에 대고 숨을 들이쉬면 막힌 코를 뚫을 수 있다. 니겔라는 남부 유럽, 서아시아, 중동 전역에서 약초로 사용되어 왔다.

재배 지역
남부 유럽, 터키, 카프카스, 중동이 원산인 니겔라는 현재 인도(현대의 최대 생산국)와 이집트, 북아프리카, 남아시아에서 재배된다.

크리에이티브 키친

니겔라는 혀에 약간 열감을 주고 약간의 쓴맛, 허브 향, 탄 양파 같은 향을 내는 데 효과적인 향신료이다. 인도 요리에서 널리 사용되며 방부성이 있어 과일과 야채 피클에 쓰인다.

블렌딩 과학

효과적인 향신료 배합을 위해서는 니겔라의 부수적인 풍미 화합물들에 주의를 기울여야 한다. 상당한 함량의 시멘이 흙 내음과 신선한 향을 주며, 부드러운 테르펜 향의 피넨과 리모넨도 소량 함유되어 있다.

니겔라 Ni

- **시멘** | 나무 향 | 거친 | 테레빈 향
- **피넨** | 솔향 | 나무 향 | 장뇌 향
- **리모넨** | 감귤 향 | 허브 향

다른 시멘과 조합해 신선한 향을 강화한다.
- ⊕ **아즈와인**의 티몰이 오레가노와 같은 맛을 내면서 니겔라의 허브 향과 조화를 이룬다. 쓴맛과 멘톨 같은 청량감도 더한다.
- ⊕ **큐민**이 사향 향의 열감을 낸다.
- ⊕ **넛맥**은 소량을 사용해야 하며, 나무 향과 매운 열감을 낸다.

다른 피넨을 추가해 소나무 향의 깊이를 더한다.
- ⊕ **흑후추**는 약한 얼얼함과 쓴맛을 준다.
- ⊕ **시나몬**은 단맛을 내놓으면서 나무 향을 강화한다.

다른 리모넨의 과일 향과 조합을 이룬다.
- ⊕ **코리앤더**의 지배적연 꽃향과 감귤 향은 니겔라가 가진 쓴맛과 균형을 이룬다.
- ⊕ **캐러웨이**는 아니스와 유사한 후추 향의 얼얼함을 준다.

음식 궁합

- ⊕ **채소** 뿌리채소, 호박, 가지로 만든 채식 커리에 니겔라를 넣는다.
- ⊕ **곡물과 콩** 쌀과 불구르(bulgur, 듀럼밀 등 몇 가지 밀을 데치거나 쪄서 빻은 것)에 살짝 볶은 니겔라 씨앗으로 향을 낸다. 기름이나 기 버터에 살짝 볶은 니겔라를 막 조리된 콩 요리에 넣는다.
- ⊕ **달걀** 달걀 스크램블이나 달걀프라이 위에 뿌린다.
- ⊕ **빵** 참깨와 섞어 플랫브레드 반죽에 넣거나 플랫브레드 위에 직접 뿌린다. 호밀빵과도 잘 어울린다.
- ⊕ **산양유 치즈** 휘핑한 페타나 기타 산양유 치즈로 만든 치즈 딥에 니겔라 씨앗을 넣어 준다.
- ⊕ **양고기** 인도식 코르마(korma, 아시아 남부 지방의 소스)나 모로코식 타진에 사용한다.

향 내는 법

니겔라 씨앗은 딱딱해서 잘 깨지지 않고 향 미유는 작은 캡슐에 갇혀 있다. 기름이 빠져 나오기 쉽게 만드는 한 가지 방법은 씨앗을 갈아서 마른 팬에서 볶는 것이다. 이 방법은 피라진 풍미 화합물도 추가적으로 생성시킨다.

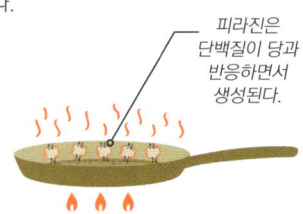

피라진은 단백질이 당과 반응하면서 생성된다.

블렌딩 해보기

니겔라를 이용한 전형적인 블렌딩을 따라해 보고 변형도 시도해 보자.
판치 포란 43쪽

오레가노와의 관련성

니겔라의 주요 풍미 화합물(니겔론)은 성질이 매우 독특하지만, 많은 사람들이 오레가노와의 유사성을 발견하고 있다. 오레가노에서도 발견되는 약 맛의 타이모퀴논 분자들이 하나로 뭉쳐져서 니겔론이 형성되기 때문이다.

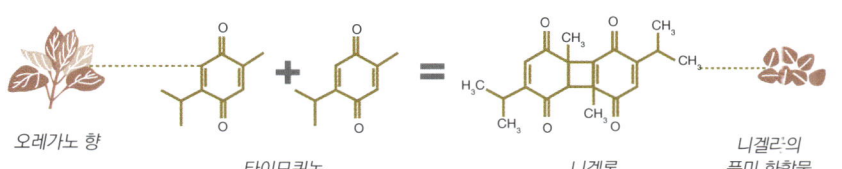

오레가노 향 — 타이모퀴논 — 니겔론 — 니겔라의 풍미 화합물

그레인스 오브 셀림

사향 향 | 송진 향 | 쓴맛

학명
Xylopia aethiopica

다른 이름
우다 포드, 에디오피아 페퍼, 아브젤리,
킴바 페퍼, 셀림 킬리, 기니아 페퍼

주요 화합물
펜촌

사용하는 부분
꼬투리(열매)와 씨앗

경작 방법
꼬투리를 얻기 위해 나무를 수확한다. 꼬투리는 성숙 정도에 따라 여러 번에 걸쳐 따낸다.

상품화
세네갈에서는 덜 익은 열매를 훈연한 뒤 두드린다. 다른 곳에서는 햇빛에 말린 꼬투리를 갈거나 통으로 이용한다.

요리 외적 용도
전통 아프리카 의학에서는 열매와 뿌리를 다양한 통증을 치료하는 데 사용한다. 껍질 추출물은 피부 연고로 이용된다.

향신료 이야기

그레인스 오브 셀림은 에티오피아부터 가나에 이르기까지 아프리카 전역에서 인기 있는 향신료이며, 그레인스 오브 파라다이스와 마찬가지로 중세 시대에 희귀하고 비싼 후추의 대체물로 유럽으로 수출되었다. 그렇지만 16세기부터 유럽에서는 그레인스 오브 셀림의 인기가 시들었다. 포르투갈 선원들과 상인들이 아시아에서 유럽으로 가는 해상 무역로를 만들었고 이 때문에 후추를 비롯한 이국적인 향신료를 훨씬 쉽게 구할 수 있게 된 탓이었다. 토착 지역 밖에서는 이 향신료를 에디오피아 후추라고 부르지만 파이퍼 니그룸(Piper nigrum, 후추)과는 아무런 관계도 없다. 아프리카, 특히 나이지리아에서는 요리에 쓰이는 향신료와 약으로 평가되고 있으며 아프리카 대륙 밖에서 더 잘 알려질 만한 자격이 있는 향신료이다.

그레인스 오브 셀림은 아프리카의 습한 열대 지방에서 자라는 상록수에서 나온다. 나무는 30m까지 자란다.

씨앗 꼬투리는 조밀한 무리로 형성된다.

꼬투리는 어두운 갈색이며 5~8개의 씨앗을 담고 있다.

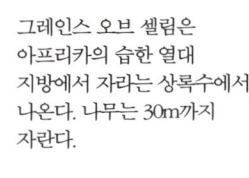

꼬투리는 통으로 사용할 수 있다. 상에 내기 전에 접시에서 제거한다.

꼬투리는 직접 갈아서 바로 사용한다. 향이 빨리 날아가기 때문이다. 이런 이유 때문에 미리 갈아 놓은 가루는 구하기가 어렵다.

재배 지역
원산지는 에티오피아이며 에티오피아는 물론이고 케냐, 우간다, 탄자니아, 나이지리아, 가나, 세네갈에서도 재배된다.

크리에이티브 키친

통 꼬투리는 수프와 죽, 스튜, 소스에 다듬어지지 않은 얼얼한 맛을 더하며, 꼬투리 가루는 고기나 생선의 럽으로 적합하다. 통 꼬투리는 모슬린 주머니에 담겨 있는 경우가 많은데 이 주머니는 차려 내기 전에 쉽게 제거할 수 있다.

블렌딩 과학

그레인스 오브 셀림은 펜촌이라는 강렬하고 독특한 화합물로 인해 특이한 향미를 가지고 있다. 바닐린, 제르마크렌, 리날로올, 제라니올, 피넨과 같은 소량의 풍미 화합물들을 이용해서도 흥미로운 조합을 만들 수 있다.

그레인스 오브 셀림
SI

펜촌 — 쓴맛 | 예리한 | 장뇌 향
- 다른 강력한 펜촌들과 팀을 이룬다.
  - ⊕ **회향**은 강력한 감초 맛을 가지고 있으며 솔 향을 강조한다.
  - ⊕ **딜**은 좀 더 미묘한 아니스 향을 전하며 감귤 향을 더한다.

바닐린 — 달콤한 | 향긋한 | 크리미
- 과일 향의 톡 쏘는 향신료로 단맛을 보완한다.
  - ⊕ **주니퍼**는 피넨과 제라니올을 공유하며 단맛의 훌륭한 조합을 만든다.
  - ⊕ **수막**은 떫은맛이 남는 새콤달콤한 풍미를 준다.
  - ⊕ **감초**는 단맛이 많이 나는 글리시리진을 함유하고 있으며 시네올을 공유한다.

제르마크렌 — 나무 향 | 매운맛 | 달콤한
- 비슷한 화합물들로 나무 향을 강화한다.
  - ⊕ **넛맥과 메이스**는 미리스티신이라는 나무 향 화합물을 함유하고 있다.

리날로올과 제라니올 — 꽃향 | 달콤한 | 허브 향
- 향기로운 꽃향의 향신료를 첨가해 혼합물을 만든다.
  - ⊕ **코리앤더**의 꽃향은 달콤한 감귤 향이 스며 있다.
  - ⊕ **카다멈**은 리날로올을 공유하며, 예리한 시네올이 오래 지속되는 장뇌 향을 보완한다.

음식 궁합

⊕ **음료** 그레인스 오브 셀림의 가루를 넣어 세네갈식 커피 음료 카페 투바(café touba)를 만든다.

⊕ **채소** 콩, 토마토, 애호박으로 만든 채소 커리에 그레인스 오브 셀림 가루를 넣는다. 양념한 호박 수프에 그레인스 오브 셀림 가루를 뿌린다.

⊕ **생선** 생선을 굽거나 풍부한 향을 가진 검보(gumbo, 걸쭉한 수프)에 넣기 전에 그레인스 오브 셀림 가루를 럽으로 이용한다.

⊕ **고기** 그레인스 오브 셀림, 넛맥, 칠리, 여러 가지 고기를 넣은 서아프리카식 페퍼 수프를 만든다.

⊕ **쌀** 필라프, 비리야니, 나이지리아식 원-팟(one-pot), 졸로프 라이스에 통 꼬투리를 넣어 준다.

훈연 향을 극대화시키다

말린 꼬투리는 건조 중에 훈연이 되어 사향 향과 나무 탄 내를 풍긴다. 대부분의 훈연 향은 꼬투리에 들어 있기 때문에 향을 극대화시키려면 사용 직전에 통 꼬투리를 간다.

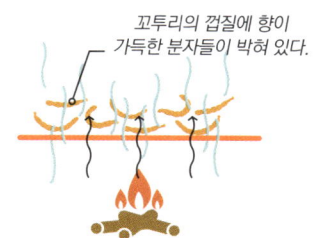

꼬투리의 껍질에 향이 가득한 분자들이 박혀 있다.

올라가는 연기 입자들이 말린 열매를 스쳐갈 때 기분 좋은 향을 내는 분자들이 들어간다.

향 내는 법

그레인스 오브 셀림의 주된 풍미 화합물들은 지방과 알코올에 녹아서 잘 섞인다. 하지만 물을 기반으로 한 액체에는 잘 섞이지 않는다.

기름(지방)과 함께 빠르게 조리해 요리에 첨가하거나, 볶는 시간의 마지막 부분에 넣는다.

물기가 있는 요리를 할 때는 조리 초반에 넣어서 향미가 요리에 스며들 충분한 시간을 준다

블렌딩 해보기

그레인스 오브 셀림을 이용한 전형적인 블렌딩을 따라해 보고 변형도 시도해 보자.

야지 36쪽

블랙 카다멈

훈연 향 | 장뇌 향 | 송진 향

학명
Amomum subulatum

다른 이름
윙드 카다멈, 라지 카다멈, 브라운 카다멈, 그레이터 카다멈, 블랙 골드

주요 화합물
시네올

사용하는 부분
씨앗과 통 열매(꼬투리)

경작 방법
숲 그늘에서 자란다. 3년산 식물의 씨앗 꼬투리를 완전히 익기 전에 기부 근처부터 손으로 딴다.

상품화
꼬투리는 가마 속 덮개가 없는 불 위에서 24~72시간 동안 말린다. 이 때문에 어두운 색상과 훈연 향을 갖게 된다.

요리 외적 용도
향수와 치과 용품. 전통 의학에서는 목이 아플 때, 위장 장애와 말라리아 치료에 사용한다.

향신료 이야기

블랙 카다멈은 녹색의 일반 카다멈보다 질이 낮은 대체품이라는 부당한 평판을 얻었다. 20세기까지 서양에서는 주로 향수에 사용했는데, 이 향신료는 전통적으로 인도 북동부에 있는 시킴주의 렙차족이 재배해왔다. 시킴주민들은 블랙 카다멈을 의료용으로 쓰고, 요리에 사용하는 일은 드물다. 하지만 중국에서는 수세기 동안 요리 재료로서의 가치를 인정받아 왔다. 이 향신료가 시킴주 밖에서 재배된 것은 블랙 카다멈이 네팔과 부탄에 소개된 1960년대부터였다. 이후 서벵골의 다르질링에 전해졌으며, 현재 두 지역은 블랙 카다멈을 내수용으로 재배한다. 이들 지역에서는 가람 마살라 향신료 블렌딩의 주요 재료로 쓰인다. 점차 중동, 일본, 러시아로 수출도 늘어나고 있다.

산림의 축축한 그늘에서 자라는, 서리에 약한 여러해살이 초본 식물로 넓고 무성한 상록의 순을 가지고 있다.

황백색의 꽃은 지반의 뿌리줄기에서부터 자란다.

불그스름한 꼬투리에는 달콤한 과육에 싸인 최대 50개의 씨앗이 들어 있다.

씨앗은 겉껍질 안에 뭉쳐져 있다.

꼬투리 크기는 그린 카다멈 꼬투리의 약 3배 정도이다.

블랙 카다멈 꼬투리를 통으로(씨앗 가루가 아닌) 구입하라. 통 꼬투리는 밀폐 용기에 넣어 1년간 보관할 수 있다. 씨앗은 꼬투리에서 나오는 순간부터 향을 잃기 시작하므로 바로 사용한다.

카오 구오(cao guo)라고도 알려진 차이니즈 블랙 카다멈은 아모멈(Amomum)이라는 다른 종보다 꼬투리가 훨씬 더 크다. 하지만 맛이 아주 흡사하기 때문에 교환해서 사용할 수 있다.

재배 지역
네팔부터 중국에 이르는 동부 히말라야의 축축한 경사진 임야 지역이 원산지이다. 블랙 카다멈의 90%는 여전히 인도 북동부의 시킴주에서 자란다.

크리에이티브 키친

블랙 카다멈은 고소한 찜 요리에 가장 잘 어울린다. 쓰촨식 고기찜 요리, 포를 비롯한 베트남 육수와 수프, 인도와 네팔의 가람 마살라와 필라프에 사용된다.

블렌딩 과학

블랙 카다멈을 지배하는 것은 녹색 카다멈의 향을 내는 것과 동일한 예리한 시네올 화합물이다. 하지만 유사성은 여기에서 끝난다. 훈연 향의 페놀, 정향과 같은 유제놀, 소나무 같은 피넨, 감귤 향의 리모넨 상당향이 함유되어 있어 다양한 조합의 기회를 부여한다.

블랙 카다멈 Bl

- **시네올** 섬세한 | 유칼립투스 향
- **유제놀** 소독내 | 나무 향 | 열성
- **리모넨** 감귤 향 | 허브 향 | 테레빈 향

다른 시네올 향신료로 지배적인 향에 복잡함을 더한다.
- ⊕ **올스파이스**는 단맛과 후추 향의 열감을 제공한다.
- ⊕ **카다멈**은 블랙 카다멈보다 더 단맛과 진한 꽃향을 낸다.
- ⊕ **갈랑갈**은 장뇌 향을 강화한다.

다른 유제놀과 조합해서 시네올의 거친 향에 대응한다.
- ⊕ **넛맥**은 조금씩 사용해서 따뜻한 느낌과 매운 향을 더한다.
- ⊕ **시나몬**은 단맛과 향긋함을 전한다.

더 많은 리모넨과 짝을 이뤄 과일 향을 끌어낸다.
- ⊕ **코리앤더**는 강렬한 꽃향을 가져온다.
- ⊕ **캐러웨이**는 카다멈의 훈연 향과 잘 어우러지는 아니스와 같은 향을 더한다.

음식 궁합

- ⊕ **쓴맛의 녹색 채소** 콜라드 그린과 같은 쓴맛이 나는 잎채소를 천천히 조리할 때 씨앗 가루 한 꼬집을 넣는다.
- ⊕ **채소 피클** 당근, 오이, 토마토 피클의 달거나 고소한 절임장에 통 꼬투리가 잘 어울린다.
- ⊕ **채식 스튜** 숯불 향이 나는 블랙 카다멈은 스튜와 전골 요리에서 훈제 베이컨의 좋은 대체품이 된다.
- ⊕ **붉은 고기** 붉은 고기의 바비큐 럽에 으깬 씨앗을 넣는다.
- ⊕ **초콜릿** 다크초콜릿 무스에 으깬 씨앗을 소량 뿌린다. 바크 초콜릿이나 트뤼플을 만들 때 부분적으로 굳은 초콜릿 위에 으깬 씨앗을 소량 뿌린다.

블렌딩 해보기

블랙 카다멈을 이용한 전형적인 블렌딩을 따라해 보고 변형도 시도해 보자.

산둥 스파이스 백 58쪽
아드비에 27쪽
빈달루 페이스트 44쪽

향 내는 법

대부분의 훈연 향은 껍질 안에 들어 있다. 따라서 훈연 향을 유지하려면 꼬투리를 통째로 사용해야 한다.

통 꼬투리나 씨앗 가루를 볶아서 훈연 향 화합물과 반응하는 견과 향과 구운 내가 나는 풍미 화합물을 만들어낸다.

통 꼬투리를 가볍게 으깨서 조리 초반에 넣어주어야 향이 온전히 요리에 스며든다.

보다 강한 향을 내려면 씨앗을 갈아 향미유가 방출되도록 한다. 단, 기름이 빨리 증발하기 때문에 바로 사용해야 한다.

카다멈

유칼립투스 향 | 감귤 향 | 꽃향

학명
Elettaria cardamomum

다른 이름
스몰 카다멈, 그린 카다멈, 트루 카다멈, 퀸 오브 스파이스

주요 화합물
시네올

사용하는 부분
씨앗을 품고 있는 통 '꼬투리'(열매)

경작 방법
거의 다 익은 씨앗 꼬투리를 1년에 5~6차례 손으로 수확한다.

상품화
씨앗 꼬투리를 세척한 뒤 햇볕이나 가온식 '경화' 실에서 건조한다.

요리 외적 용도
향수, 화장품과 일부 진해정. 우울증, 피부 증상, 비뇨기 증상, 황달을 다스리는 아유르베다 약물

향신료 이야기

카다멈은 인도에서 2천 년 이상 요리와 약으로 사용되었다. 고대 그리스인들과 로마인들은 카다멈이라는 향신료가 가진 향수와 소화제로서의 특성에 가치를 두었다. 북유럽의 바이킹들은 9세기에 콘스탄티노플을 습격할 때 이 향신료를 접하고 스칸디나비아로 가지고 돌아왔다고 전해진다. 카다멈은 지금까지도 스칸디나비아에서 빵과 페이스트리에 사용되는 인기 있는 향료로 남아 있다. 19세기에는 영국령 인도의 커피 농장에서 이모작 두 번째 작물로 재배되기 시작했고, 1914년에는 과테말라에 소개되었다. 과테말라는 현재 세계 최대의 카다멈 생산국이다. 전체 카다멈의 60%는 아랍 국가에서 소비된다. 카다멈은 아랍 국가에서 환대의 의미로 대접하는 향긋한 커피, 가화(gahwa)의 핵심 재료다.

카다멈은 생강과에 속하는 열대성 다년생 식물이다. 키가 큰 순이 뿌리줄기(지하경)에서 자란다.

검 모양의 잎은 대단히 약한 향을 갖고 있다.

품질이 좋은 카다멈 꼬투리에 담긴 씨앗은 검은색이고 약간 끈적하다. 건조하고 연한색의 씨앗은 사용을 피한다.

열매에는 흰색에서 익으면 적갈색 혹은 검은색으로 변하는 15~20개의 씨앗이 들어 있다.

얇고 건조한 꼬투리는 보통 황록색이다. 흰 꼬투리는 심미적인 이유에서 표백한 것이며 향이 약하다.

꼬투리는 너비로 등급을 나눈다. 가장 통통한 꼬투리가 가장 많은 씨앗을 담고 있는 것이다.

꽃은 녹색이며 보라색 줄무늬가 있는 흰 꽃잎이 있다.

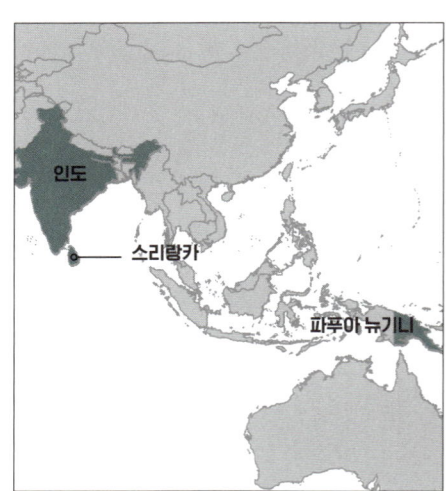

재배 지역
카다멈은 인도 남부와 스리랑카가 원산지이지만 현재 최대 생산국은 과테말라이며 인도, 파푸아 뉴기니, 스리랑카, 탄자니아가 그 뒤를 잇고 있다.

크리에이티브 키친

대단히 향긋한 향신료로 달콤하면서 약간 박하 향이 나기도 한다. 예리한 느낌이어서 달콤한 요리나 고소한 요리에 모두 잘 어울린다. 단맛이 덜하고 훈연 향을 가지고 있어 디저트와는 잘 어우러지지 못할 수 있는 블랙 카다멈보다 다용도로 쓰인다.

블렌딩 과학

카다멈의 향미 프로필은 강한 유칼립투스와 같은 풍미 화합물, 시네올이 지배한다. 알파-펜칠 아세테이트라는 단맛, 박하 향, 허브 향의 흔치 않은 풍미 화합물도 들어 있다. 또한 레몬과 같은 리모넨, 섬세한 꽃향의 리날로올을 비롯해 여러 개의 기분 좋은 테르펜 화합물도 상당량 있다.

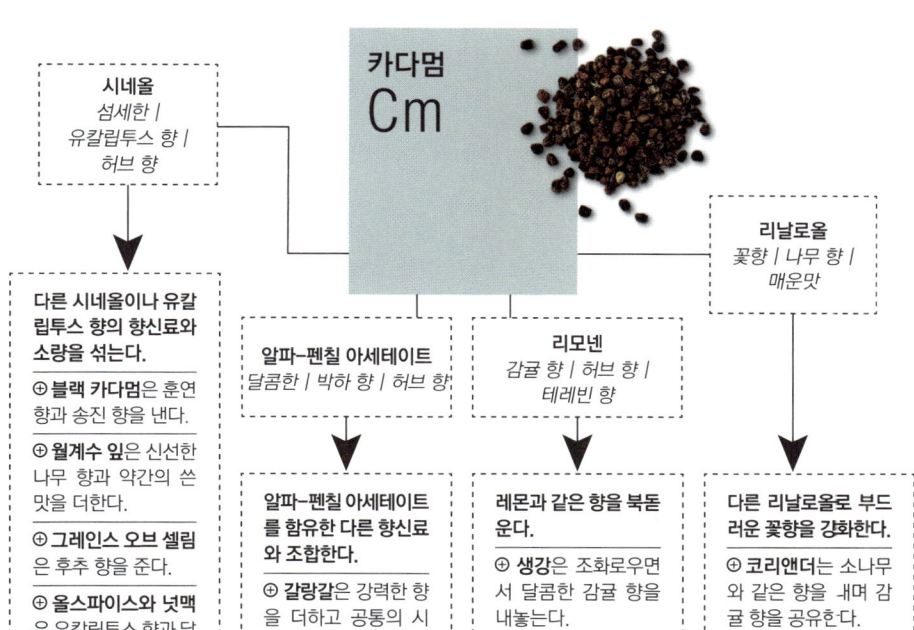

시네올 — 섬세한 | 유칼립투스 향 | 허브 향

다른 시네올이나 유칼립투스 향의 향신료와 소량을 섞는다.
- ⊕ **블랙 카다멈**은 훈연 향과 송진 향을 낸다.
- ⊕ **월계수 잎**은 신선한 나무 향과 약간의 쓴맛을 더한다.
- ⊕ **그레인스 오브 셀림**은 후추 향을 준다.
- ⊕ **올스파이스와 넛맥**은 유칼립투스 향과 달콤함의 미묘한 조합을 제공한다.

알파-펜칠 아세테이트 — 달콤한 | 박하 향 | 허브 향

알파-펜칠 아세테이트를 함유한 다른 향신료와 조합한다.
- ⊕ **갈랑갈**은 강력한 향을 더하고 공통의 시네올을 통해 유칼립투스 향을 강화한다.

리모넨 — 감귤 향 | 허브 향 | 테레빈 향

레몬과 같은 향을 북돋운다.
- ⊕ **생강**은 조화로우면서 달콤한 감귤 향을 내놓는다.

리날로올 — 꽃향 | 나무 향 | 매운맛

다른 리날로올로 부드러운 꽃향을 강화한다.
- ⊕ **코리앤더**는 소나무와 같은 향을 내며 감귤 향을 공유한다.
- ⊕ **레몬그라스**는 신선한 레몬 향과 함께 다양한 꽃향을 추가한다.

음식 궁합

- ⊕ **사과** 오븐에 구운 사과에 바로 간 카다멈을 작게 한 꼬집 넣는다.
- ⊕ **쌀** 필라프나 비리야니를 만들 때 쌀을 추가하기 전 살짝 으깬 꼬투리 두어 개를 기름이나 기 버터, 또는 버터에 볶아준다.
- ⊕ **고기** 으깬 꼬투리 하나를 크리미한 코르마 치킨 커리나 양고기 핫팟에 넣어 지나치게 농후한 느낌을 완화시킨다.
- ⊕ **음료** 블랙 티, 커피, 리큐어, 멀드 와인에 으깬 꼬투리 두어 개를 담근다.
- ⊕ **제과제빵** 굽기 전의 진저브레드 반죽에 바로 간 카다멈 한 꼬집을 넣는다.

블렌딩 해보기

카다멈을 이용한 전형적인 블렌딩을 따라해 보고 변형도 시도해 보자.

- **터키 스타일의 바하라트** 23쪽
- **아드비에** 27쪽
- **하와이지** 29쪽
- **더반 커리 마살라** 37쪽
- **빈달루 페이스트** 44쪽
- **산둥 스파이스 백** 58쪽
- **핀란드식 진저브레드 향신료** 72쪽

향 내는 법

통 꼬투리는 향이 약하기 때문에 천천히 조리하는 요리에 알맞다. 단, 반드시 으깨서 사용한다. 더 신선하고 강한 향을 원하거나 조리 시간이 짧은 요리에 적용할 때는 씨앗을 제거하고 갈아서 사용한다.

이전에는 존재하지 않았던 훈연 향, 견과 향, 구운 내 향미 화합물의 향취를 돋우려면 꼬투리나 씨앗을 볶는다.

으깨는 것은 요리유와 액체가 씨앗에 이르는 것도 돕는다.

꼬투리를 가볍게 으깨 껍질을 열고 씨앗에 상처를 내면 저장 세포에서 향미유가 배어나온다.

대부분의 풍미 화합물이 물에는 거의 녹지 않기 때문에 기름(지방)으로 조리한다.

월계수 잎

송진 향 | 허브 향 | 꽃향

학명
Laurus nobilis

다른 이름
스위트 베이, 베이 로렐

주요 화합물
시네올

사용하는 부분
잎, 드물게 베리

경작 방법
잎은 연중 어느 때나 수확할 수 있다. 2~3년생의 잎이 무성한 순을 직접 손으로 식물에서 잘라낸다.

상품화
순을 그늘에서 말린다. 이후 잎을 모아서 등급을 나누고 포장한다.

요리 외적 용도
향수와 화장품, 전통 의학에서 기침약이나 소독약으로 쓰이며 피부나 관절의 문제를 치료하는 데 사용하기도 한다.

향신료 이야기

고대 그리스인들과 로마인들은 월계수 잎을 승리와 높은 지위의 상징으로 여겼다. 로마인들은 구운 고기에 향을 낼 때 월계수 잎을 사용했고 월계수 베리를 갈아 스튜와 소스에 넣었다. 그들은 월계수 잎을 약으로 사용하기도 했으며 월계수 잎으로 만든 화관이 귀신을 쫓는다고 믿었다. 월계수는 고대에 소아시아로부터 지중해 전 지역에 도입되었다. 중세 시대에는 유럽 전역으로 퍼져 나갔고 여전히 영적인 의미를 갖고 있었다. 17세기에 영국의 약초학자 니콜라스 켈페퍼(Nicholas Culpeper)는 월계수가 몸을 보호하는 힘을 가지고 있으며 전염병이 돌 때는 공공장소에서 식물의 가지를 불에 태웠다는 기록을 남겼다.

월계수과의 내한성 상록 관목이다. 7.5m까지 자란다.

따뜻한 지방에서는 황백색의 꽃무리가 형성된다.

신선한 잎은 먹을 수 있지만 질기다. 약간 쓴맛이 나지만 점차 소멸된다.

빛이 나는 진한 녹색의 잎에는 향이 있다. 특히 으깼을 때 향이 강해진다.

좋은 품질의 잎은 연한 녹색이 유지된다. 쓴맛이 덜하고 향은 거의 없지만 요리를 하면 향이 나온다.

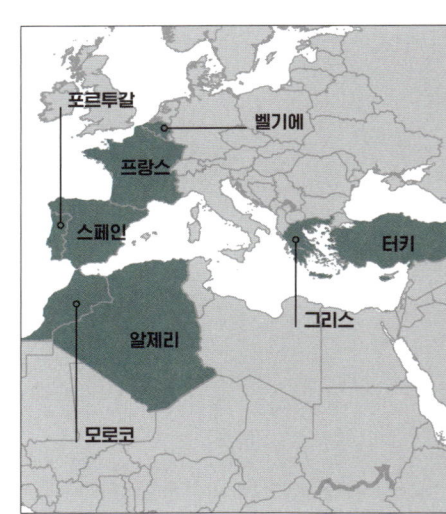

재배 지역
월계수 잎은 지중해 동부 지역(소아시아)이 원산지이다. 세계 시장의 90% 이상에 공급하는 터키에서 주로 재배되지만 유럽 전역, 북아프리카, 멕시코, 중앙아메리카, 미국 남부에서도 재배된다.

크리에이티브 키친

신선한 혹은 말린 월계수 잎은 조리 초반에 넣어주면 천천히 향긋한 열감을 낸다. 전통적으로 월계수 잎은 타임, 파슬리와 함께 부케 가르니(bouquet garni, 음식을 요리할 때 향을 더하기 위해 넣는 작은 향초 주머니)의 필수 재료이다. 브케 가르니는 차려 내기 전에 제거한다.

블렌딩 과학

월계수 잎의 향미 프로필을 지배하는 것은 시네올이라고 불리는 테르펜 화합물이다. 시네올은 보통 예리하고 강한 유칼립투스 향을 가지고 있다. 다음으로 많은 풍미 화합물은 열감과 맵고 단맛을 가진 유제놀이란 페놀이다. 페퍼민트와 유사하고 약간의 감귤 향을 내는 펠란드렌, 소나무와 같은 피넨과 테르피네올, 꽃향의 제라니올과 리날로올도 소량씩 들어 있다.

월계수 잎 Ba

시네올 섬세한 | 유칼립투스 향 | 허브 향

유제놀 소독내 | 나무 향 | 온화한

펠란드렌 박하 향 | 톡 쏘는 | 감귤 향

다른 시네올과 조합해 열감과 나무 향의 자극을 보완한다.
- ⊕ **블랙 카다멈**은 훈연 향과 예리한 향들을 낸다.
- ⊕ **카다멈**은 감귤 향과 꽃향을 강화한다.
- ⊕ **갈랑갈**은 매운맛을 더하고 공유하는 유제놀을 통해 열감을 강화한다.
- ⊕ **넛맥**은 소량 사용해서 열감과 나무 향을 더한다.

유제놀이 풍부한 다른 향신료와 함께 사용해 단맛과 열감을 끌어올린다.
- ⊕ **정향**은 단맛과 씁쓸한 나무 향을 더한다.
- ⊕ **시나몬**은 달콤하고 향긋한 열감을 낸다.
- ⊕ **감초**는 단맛과 유칼립투스와 유사한 향을 강화한다.
- ⊕ **장미수**는 달콤한 꽃향을 더한다.

펠란드렌이 함유된 다른 향신료와 결합시켜 톡 쏘는 느낌을 끌어낸다.
- ⊕ **딜**은 아니스와 같은 향을 추가하는 한편 리모넨의 감귤 향과 카르베올의 박하 향을 공유한다.
- ⊕ **흑후추**는 매콤한 열감을 주며 배경으로 소나무 향을 낸다.

음식 궁합

- ⊕ **채소** 바비큐나 그릴에 굽는 채소 꼬치에 통 월계수 잎이나 기름을 먹인 월계수 잎을 페어 넣는다.
- ⊕ **사과** 애플파이 소에 월계수 잎을 통째로 넣어준다.
- ⊕ **고기구이** 고기를 굽기 전 바비큐 불씨에 신선한 월계수 잎이나 말린 월계수 잎을 넣는다.
- ⊕ **해산물** 굽기 전 생선 속에 월계수 잎 몇 개를 집어넣는다. 홍합이나 조개찜에 월계수 잎 몇 개를 넣는다.
- ⊕ **카넬리니 콩** 불린 카넬리니 콩을 월계수 잎과 물에 넣어 리보리타(ribollita, 이탈리아 수프)나 콩 퓌레를 만든다.
- ⊕ **초콜릿** 월계수 잎의 향을 우려 넣은 크림과 녹인 초콜릿을 섞어 향긋한 가나슈를 만든다.

블렌딩 해보기

월계수 잎을 이용한 전형적인 블렌딩을 따라해 보고 블렌딩 과학을 통한 변형도 시도해 보자.

버마식 가람 마살라 48쪽
닝징 스파이스 백 59쪽
멀링 스파이스 73쪽
크멜리-수넬리 77쪽

향 내는 법

월계수 잎의 향미유는 잎 깊숙이 들어 있다. 때문에 잎을 말려도 효능이 유지되는 것이다.
풍미 화합물들은 기름, 지방, 알코올에는 잘 녹지만 물에는 잘 녹지 않는다.

물을 기반으로 하는 요리에 사용해서 은은한 향을 낸다. 풍미 화합물들이 요리에 확산되도록 충분한 시간을 준다.

기름 3큰술에 작은 월계수 잎 하나의 비율이 대부분의 요리에 적용된다

월계수 잎 + 기름 3큰술

기름을 넣고 약하게 가열한 뒤에 다른 재료를 넣어 향을 최대한 끌어낸다.

갈랑갈

온화한 | 톡 쏘는 | 후추 향

학명
Alpinia galanga

다른 이름
그레이터 갈랑갈, 라오스 루트, 타이 진저, 샴 진저

주요 화합물
시네올

사용하는 부분
뿌리줄기(지하경)

경작 방법
한해살이 작물에서 자라며, 뿌리줄기는 녹색 대의 덩어리를 형성한다. 심은 후 3~4개월 내에 수확한다.

상품화
뿌리줄기를 세척하고 잘라서 껍질을 긁어낸 뒤 신선한 상태로, 혹은 건조시켜, 혹은 가루로 판매한다.

요리 외적 용도
향수의 에센셜 오일, 전통 아유르베다 의학에서는 식욕을 돋우고 심장병, 폐병을 치료하는 데 쓰인다.

- 갈랑갈은 생강과에 속하는 열대성 여러해살이 초본 식물로 2.5m의 큰 무더기로 자란다.
- 꽃과 봉오리는 먹을 수 있다.
- 잎은 길고 칼날 형상이다.
- 갈랑갈은 건조시켜서 자르거나 갈아서 가루로 만들 수 있다.
- 건조된 편은 사용하기 전에 물에 넣어 부드럽게 만드는 것이 좋다.
- 뿌리줄기는 생강의 뿌리줄기와 비슷하지만 색상이 더 진하다.
- 뿌리줄기는 긁어내고 나면 황색에 가까운 주황색을 띤다.
- 과육이 생강의 그것보다 거칠고 실뿌리가 많다. 껍질을 벗기고 난 후 갈거나 썰거나 으깬다.

향신료 이야기

그리스 철학자 플루타르크는 고대 이집트인들이 훈증약으로 갈랑갈을 태워 공기를 소독하고 향기를 냈다고 전했다. 지중해에서 중국에 이르는 고대 문명에서 약으로도 사용되었다. 그리스와 로마의 의사들은 초기 교역로를 통해 아시아에서 들여온 이 향신료를 부유한 환자들을 위한 값비싼 혼합제에 넣었다. 중세 시대에 독일 약초약자 힐데가르트 폰 빙엔(Hildegard von Bingen, 1098~1179)은 갈랑갈을 '생명의 향신료'라고 묘사했지만, 여러 증거를 근거로 판단할 때, 그것은 현재는 레서 갈랑갈(lesser galangal)이라고 불리는, 유럽 요리에서 유명해진 다른 종류의 향신료였다. 14세기의 영국 요리책 《쿠리의 형식(The Forme of Cury)》과 다른 많은 중세 요리법과 튜더 요리법에 등장한다. 현재는 동남아시아 요리에서 중요한 향신료이다.

재배 지역
갈랑갈은 인도네시아 자바가 원산지이지만 현재는 동남아시아, 인도, 방글라데시, 중국, 수리남 전역에서 재배된다.

크리에이티브 키친

갈랑갈의 향은 겨자와 감귤 향이 가미된 카다멈, 생강, 사프란의 흥미로운 결합이다. 자신의 특이한 성질을 잃지 않으면서 다른 향을 강화한다는 평판을 갖고 있다.

블렌딩 과학

갈랑갈 특유의 오래 지속되는 톡 쏘는 향은 예리한 시네올과 소독내의 캠퍼에서 나오며, 고추냉이와 같은 싸한 맛은 특이한 갈랑갈 아세테이트에서 나온다. 마찬가지로 흔치 않은 메틸 신나메이트와 펜칠 아세테이트는 과일에서 종종 발견된다. 이들 화합물이 각각 미묘한 발사믹 식초 향과 전나무 향을 낸다.

갈랑갈 Gg

- **시네올**: 섬세한 | 유칼립투스 향 | 허브 향
- **캠퍼**: 톡 쏘는 | 소독내 | 쓴맛
- **메틸 신나메이트**: 발삼 향 | 체리 향 | 시나몬 향
- **펜칠 아세테이트**: 달콤한 | 박하 향 | 허브 향

시네올 향신료로 유칼립투스 향을 강화한다.
- ⊕ **월계수**는 소나무와 전나무의 향을 강화하며 약성을 보완한다.
- ⊕ **카다멈**은 공통의 펜칠 아세테이트에서 비롯되는 박하 향을 내며 꽃향과 감귤 향도 낸다.

지속력이 강한 이 화합물에 어울리는 짝을 찾는다.
- ⊕ **코리앤더**가 가진 캠퍼와 비슷한 계열의 캠펜이 장뇌 향의 냉감을 내며, 동시에 꽃향과 감귤 향도 전한다.

달콤한 계열의 향신료와 결합시킨다.
- ⊕ **시나몬**은 메틸 신나메이트를 공유하며 달콤한 나무 향을 낸다.
- ⊕ **정향**은 캐리오필렌에서 비롯된 더 진한 나무 향의 매운맛과 자극적인 단맛을 낸다.

이 드문 화합물을 보완하는 향신료와 짝을 짓는다.
- ⊕ **딜과 캐러웨이**는 박하 향을 가지고 있지만 레몬과 약한 아니스의 배경 향도 내놓는다.

시네올의 냉각 효과

갈랑갈 특유의 입안을 얼얼하게 하는 냉감은 시네올에서 나온다. 이 풍미 화합물은 TRPM8이라는 차가운 온도를 감지하는 냉온 수용기를 직접적으로 자극하는 분자 형상을 가지고 있다.

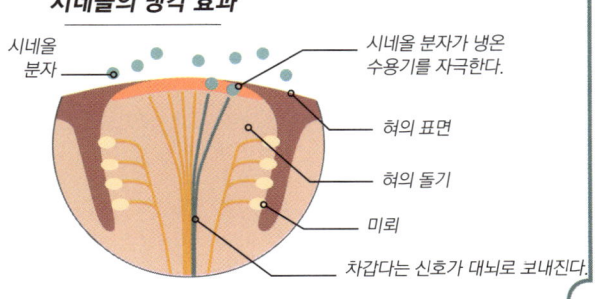

- 시네올 분자
- 시네올 분자가 냉온 수용기를 자극한다.
- 혀의 표면
- 혀의 돌기
- 미뢰
- 차갑다는 신호가 대뇌로 보내진다.

음식 궁합

- ⊕ **고기** 소고기 렌당, 소고기 갈비찜, 닭고기의 재움장에 갈랑갈 페이스트를 넣는다. 소고기나 닭고기 육수에 저며 넣어 베트남 쌀국수 포를 만든다.
- ⊕ **스무디** 과일이나 채소 스무디에 생강 대신 소량의 갈랑갈을 넣는다.
- ⊕ **생선과 조개** 갈랑갈과 레몬그라스를 샬롯, 마늘, 칠리, 피시 소스와 섞어 타이식 생선 커리의 페이스트를 만든다.
- ⊕ **과일** 갈아 놓은 갈랑갈을 라임즙, 피시 소스, 설탕, 칠리, 마늘과 섞어 그린 파파야나 기타 과일 샐러드의 매력적인 드레싱을 만든다.

향 내는 법

생 갈랑갈은 갈거나 빻아서 페이스트 형태로 만드는 것이 좋다. 저며서 사용할 경우 향이 천천히 발산된다. 기름은 풍성한 향을 내는 데 없어서는 안 되는 요소이다. 가루는 생 갈랑갈보다 향이 거칠고 그만큼 복합적이지도 않다. 가공 과정에서 미묘한 풍미 화합물이 증발하기 때문이다.

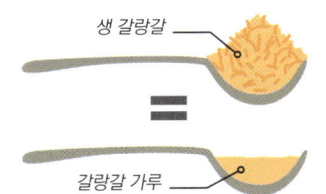

생 갈랑갈 = 갈랑갈 가루

생 갈랑갈 대신 갈랑갈 가루를 사용할 경우 양은 절반으로 줄인다.

블렌딩 해보기

갈랑갈을 이용한 전형적인 블렌딩을 따라해 보고 변형도 시도해 보자.

카오 쿠아 49쪽
붐부 52쪽

커리를 넣은 오리고기와 카오 쿠아를 곁들인 아시아식 라브 샐러드

라오스와 태국에서 인기가 높은 라브는 주로 잘게 다진 고기나 생선에 신선한 향신료와 허브로 맛을 내고, 볶은 쌀가루를 얹어 만드는 입안이 타는 듯 얼얼한 샐러드이다. 인도 요리라면 절대 빠트릴 수 없는 따뜻한 열감의 혼합 향신료인 가람 마살라를 더했다.

향신료 아이디어

레몬그라스와 라임 잎을 레몬 머틀, 수막, 건조된 라임 가루로 대체하거나 이들 향신료를 추가해 카오 쿠아가 가진 감귤 향의 신맛을 재창조한다.

상쾌한 과일 향의 새콤달콤한 풍미를 내려면 드레싱에 라임즙 대신 타마린드 워터를 사용한다.

나만의 가람 마살라를 만든다. 코리앤더와 그린 카다멈으로 꽃향의 성격을 강화한다. 기본적인 아니스에 회향이나 딜, 캐러웨이를 추가한다.

2~3인분

준비 시간 10분

조리 시간 2~3 1/2분

식물성 기름 1큰술
가람 마살라 2작은술
(40쪽 레시피 참조)
태국식 칠리 플레이크 혹은 칠리 플레이크 1작은술
껍질을 제거하고 다진 오리 살코기 2쪽
라임즙 라임 2개 분량
태국식 피시 소스(남 플라, nam pla) 2큰술
종려당 혹은 무스코바도 설탕 1큰술
레몬그라스 줄기 2대
곱게 다진 샬롯 4개
다진 박하 잎 1줌
다진 코리앤더 잎 1줌
볶은 쌀가루 카오 쿠아 1큰술
(49쪽 레시피 참조)

1. 프라이팬에 기름을 두르고 중불로 가열한 뒤 가람 마살라와 칠리 플레이크를 넣고 향기가 올라올 때까지 1~2분간 볶는다.

2. 강불로 올리고 다진 오리고기를 넣는다. 고기의 겉면은 갈색, 속은 분홍색이 유지되도록 1~2분간 빠르게 볶은 후 접시에 옮겨 담는다.

3. 드레싱을 만든다. 커다란 볼에 라임즙과 피시 소스, 설탕을 넣고 설탕이 녹을 때까지 저어서 섞는다.

4. 레몬그라스 줄기의 윗부분과 밑동을 다듬고 단단한 겉껍질은 벗겨 준비한다. 향미유가 나오도록 연두색의 부드러운 안쪽 줄기를 단단한 칼등으로 눌러 으깬 다음 곱게 다진다.

5. 2의 오리고기, 샬롯, 다진 레몬그라스, 박하, 코리앤더를 3의 드레싱 볼에 넣고 고루 섞어 샐러드를 만든다.

6. 5의 샐러드 위에 카오 쿠아를 뿌린 다음 즉시 차려 낸다. 샐러드를 미리 준비했다면 눅눅해지지 않도록 차려 내기 직전에 카오 쿠아를 뿌린다.

말린 라임

톡 쏘는 | 신맛 | 사향 향

학명
Citrus x latifolia 혹은 C. aurantifolia

다른 이름
페르시아 라임, 누미(C. x latifolia),
오마니 라임, 루미(C.aurantifolia)

주요 화합물
시트랄

사용하는 부분
말린 열매

경작 방법
나무는 과수원에서 자라며 열매는 약간 덜 익었을 때 딴다.

상품화
열매를 소금물에 데친다. 열매가 단단하고, 색이 짙어지면서, 발효가 시작될 때까지 햇빛에서 말린다.

요리 외적 용도
아라비아 베두인족이 검은색 염료로 사용했다. 전통 의학에서 소화를 촉진하고 더부룩함을 줄이는 데 쓰인다.

향신료 이야기

라임은 동남아시아가 원산지로 아라비아 상인들에 의해 중동에 전해졌다. 어떤 방법으로 언제 중동에 들어갔는지는 정확치 않다. 아라비아의 문헌에는 레몬과 라임이 똑같은 이름으로 언급된 경우가 많기 때문이다. 10세기에 아랍 상인들은 이 과일을 이집트와 북아프리카에 소개했고 십자군 원정 시기에 그곳에서 남부 유럽 전역으로 퍼졌다. 라임이 아메리카에 처음 상륙한 것은 16세기였으며, 유럽 탐험가들이 서인도 제도에 라임 나무를 심었다. 라임을 말리는 관행은 오만에서 처음 발달했다. 수확하지 않은 열매가 나무에서 건조되고 발효되기 시작한 후에 이 아이디어가 생겼다고 생각하는 이들도 있다. 중동 전역에서 요리에 사용되는 말린 라임은 페르시아 요리와 가장 밀접하게 연관되어 있다.

라임은 열대와 아열대가 원산지인 감귤과의 작은 상록수에서 자란다.

열매는 다 익었지만 아직 연한 녹색을 벗어나지 않았을 때 딴다.

잎은 향긋하며 가끔 요리에 쓰인다.

라임 가루는 말린 블랙 라임을 갈아 만들며 수막과 비슷한 맛이 난다.

▲ 화이트 라임

블랙 라임 ▶

껍질이 가죽 같다.

블랙 라임은 오래 발효되어 진한 사향 향이 난다. 더 연한 유형은 단기간 건조시킨 것이다.

재배 지역
중동 시장에서 가장 중요한 라임 생산국은 이집트, 터키, 이스라엘이다. 말린 라임으로 가공하는 것은 오만, 사우디아라비아, 이라크, 이란에서 이루어진다.

크리에이티브 키친

라임은 감귤류 과일 중에서 가장 시지만 감귤류 과일만이 가진 향긋한 꽃향을 낸다. 라임을 건조시키는 과정에서 부드러운 발효 향과 함께 신 냄새가 나는 흙 내음과 훈연 향이 발생한다.

블렌딩 과학

일부 산이 당으로 분해된다. 이는 건조된 라임은 생 라임보다 강렬한 신맛이 덜해서 다른 향들이 돋보이게 한다는 뜻이다. 미묘한 나무 향, 장뇌 향, 꽃향, 단맛을 강조해주는 향신료와 짝을 짓는다.

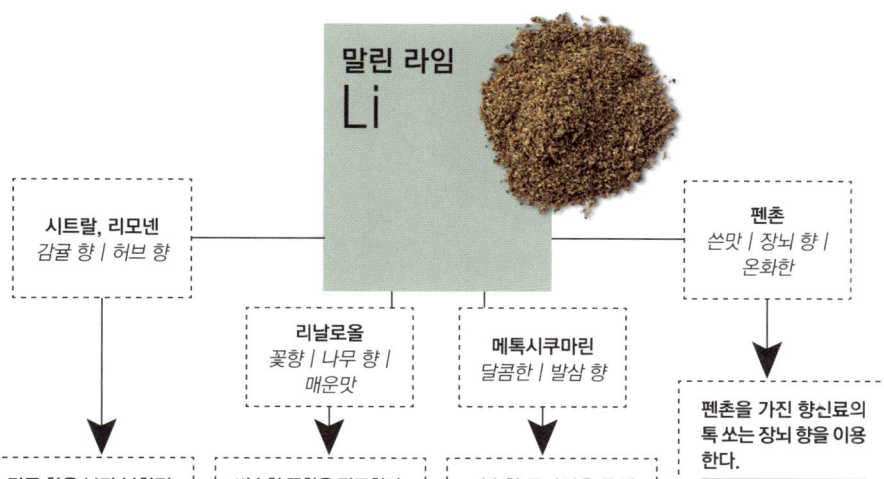

말린 라임 Li

시트랄, 리모넨 — 감귤 향 / 허브 향

리날로올 — 꽃향 / 나무 향 / 매운맛

메톡시쿠마린 — 달콤한 / 발삼 향

펜촌 — 쓴맛 / 장뇌 향 / 온화한

감귤 향을 보다 복합적으로 만든다.
- 시트랄에서 나오는 레몬과 유사한 **생강**의 특성이 라임을 보조하고, 진저롤이 자극적인 열감을 더한다.
- **카다멈**은 유칼립투스 향을 가지고 있으며 감귤 향의 리모넨, 꽃향의 리날로올, 허브 향의 펜칠 아세테이트에서 나오는 단맛을 공유한다.

비슷한 꽃향을 강조한다.
- **넛맥**은 사프롤과 제라니올의 꽃향을 추가한다.
- **올스파이스**의 주된 향미 화합물인 유제놀은 강렬한 향을 가지고 있다.
- **코리앤더**는 리모넨과 리날로올을 모두 공유하며 라임의 감귤 향과 꽃 향이 이루는 균형을 똑같이 보여준다.

비슷한 쿠마린을 통해 단맛을 북돋운다.
- **바닐라**의 향긋한 단맛은 쿠마린과 비슷하다. 균형이 잘 맞으면 단맛의 요리에 풍성한 풍미를 전한다.
- **마할레브**는 아몬드, 크림, 체리 파이의 향으로 단맛을 강화한다.

펜촌을 가진 향신료의 톡 쏘는 장뇌 향을 이용한다.
- **카시아**의 쓴맛, 예리한 느낌의 탄닌과 달콤한 쿠마린이 말린 라임의 신맛과 균형을 이룬다.
- **그레인스 오브 셀림**은 리날로올과 피넨으로 꽃향과 솔향을 더한다.
- **회향**의 미묘한 아니스 씨앗이 말린 라임의 달콤쌉쌀한 특성과 잘 어우러진다.

향 내는 법

생 라임의 눈물을 찔끔거리게 하는 자극과 달리, 말린 통 라임의 복잡한 향미는 잘 구슬러 뽑아내야 한다. 가루 형태는 쉽게 사용할 수 있지만 향미가 완벽하지 않다.

요리에 넣기 전, 꼬치로 통 라임에 구멍을 낸다. 과육이 천천히 재수화되면서 향을 낸다.

지방과 알코올은 껍질에 있는 향긋한 테르펜을 방출시킨다. 메톡시쿠마린, 산, 당은 물에 녹기 때문에 지방이 적은 요리는 달콤하고 시큼하지만 향이 부족하다.

라임 가루는 조리 시간이 짧은 요리에 제격이다. 조리 시간이 긴 요리에 이용하려면 조리 후반에 넣어 테르펜이 증발할 시간을 줄인다.

음식 궁합

- **과일 샐러드** 과일 샐러드의 시럽에 넣는 레몬즙을 말린 라임 가루로 대체한다.
- **채소** 이란식 병아리콩과 채소 스튜를 만들 때, 양파, 당근, 마늘이 부드러워진 후 국물에 말린 라임을 통으로 넣는다.
- **생선** 생선 커리나 구운 조개 혹은 농어에 말린 라임 가루를 넣는다.
- **닭고기** 말린 라임에 구멍을 뚫고 굽기 전에 닭의 배 속에 넣는다. 닭 조림장에 터메릭, 사프란, 양파와 함께 넣는다.
- **곡물** 말린 라임 가루를 이용해서 쌀 요리나 필라프에 향을 낸다. 퀴노아나 불구르 타불레 샐러드에 말린 라임 가루를 뿌린다.

전동 그라인더로 분쇄하려면 먼저 반으로 가른 다음 씨를 제거해야 한다.

레몬 머틀

감귤 향 | 온화한 | 쓴맛

학명
Backhousia citriodora

다른 이름
스윗 버베나트리, 레몬 아이언우드

주요 화합물
씨트랄

사용하는 부분
잎(생것 또는 말린 것)

경작 방법
잎은 1년 내내 기계나 손으로 수확한다.

상품화
잎을 줄기에서 분리하고 건조 기계를 사용해서 말린다. 통으로 혹은 가루로 만들어서 포장한다.

요리 외적 용도
화장품과 향수, 약초학에서 항균제나 항산화제. 국소 소독제

향신료 이야기

오스트레일리아 원주민들은 오랫동안(거의 1천 년 동안) 강한 향을 내는 레몬 머틀 나무의 잎을 소중하게 여겼다. 그들은 레몬 머틀 잎을 요리나 베인 상처를 치료하는 데 사용했다. 처음으로 레몬 머틀 잎을 증류해서 에센셜 오일로 만든 시기는 1888년이다. 2차 대전 중에는 이 레몬 향 잎의 추출물을 공급이 부족해진 상업용 레몬 에센스의 대체물로 사용했다. 음식, 음료 업계에서나 수익 잠재력을 가진 작물로 여겨졌던 레몬 머틀이 향신료로 재배되기 시작한 것을 1990년대 초반부터였다. 현재는 수요가 공급을 앞서고 있어 오스트레일리아 이외 지역에도 대규모 농장이 만들어지고 있다. 레몬 머틀은 2010년부터 머틀 러스트라는 진균의 공격을 받고 있는데, 장기적으로는 이 진균 감염이 레몬 머틀 종을 위협할 수도 있을 것으로 보인다.

레몬 머틀은 머틀과의 상록수이며 올스파이스, 정향과 동류이다.

꽃과 베리는 먹을 수 있지만 상업적으로 판매하지는 않는다.

잎은 두껍고 광택이 있으며 강한 레몬 향을 풍긴다.

고품질의 가루는 녹색을 띈다. 갈색 가루는 피한다.

가장 쉽게 구할 수 있는 레몬 머틀은 말린 잎을 곱게 갈거나 으깬 형태이다. 햇빛이나 열에 의해 품질이 빠르게 저하되므로 반드시 어둡고 서늘한 곳에서 보관해야 한다.

재배 지역
레몬 머틀은 오스트레일리아 퀸즐랜드 해안의 아열대 우림이 원산지이다. 오스트레일리아의 일부 아열대 지역(주로 퀸즐랜드와 뉴사우스웨일스 북부), 말레이시아, 중국에서 재배된다.

풍미 그룹 | 감귤 테르펜 | 레몬 머틀   145

크리에이티브 키친

레몬 머틀은 선명한 감귤 향(오히려 레몬보다 더 레몬 향이 강하지만 과즙에는 신맛이 없다)에 풀향과 허브 향, 약한 유칼립투스 향을 가지고 있다. 달거나 고소한 요리에 조금씩 넣는다.

블렌딩 과학

레몬 머틀의 잎에서 추출한 기름은 거의 전부가 시트랄로 이루어져 있다. 이 향신료에는 레몬 껍질에 들어 있는 것보다 최대 30배 많은 레몬 향의 이 화합물이 농축되어 있다. 그 외에도 꽃향의 리날로올, 후추 향의 미르센, 풀 맛의 케톤 설카톤이 조금씩 들어 있다.

레몬 머틀 Lm

- **시트랄** — 감귤 향 | 허브 향 | 유칼립투스 향
  - 레몬 성분을 고조시키거나 보완하는 향신료와 조합한다.
  - ⊕ **레몬그라스**는 부드러운 후추 향과 약한 매운맛을 전한다.
  - ⊕ **와틀**은 단맛, 견과 향, 살짝 그을린 나무 향과 함께 약한 팝콘 향을 전한다.
  - ⊕ **카카오**는 씁쓸한 초콜릿 향을 더한다.
  - ⊕ **칠리**는 입안을 얼얼하게 하는 자극을 준다.

- **리날로올** — 꽃향 | 나무 향 | 매운맛
  - 리날로올을 가지고 있는 다른 향신료들과 짝을 지어 꽃향을 강화한다.
  - ⊕ **시나몬**은 달콤한 열감을 준다.
  - ⊕ **생강**은 달콤하면서 자극적인 열감과 감귤 향을 더한다.

- **설카톤** — 풀향 | 사과 향 | 곰팡내
  - 식물 향을 내는 다른 향신료를 통해 상쾌한 풀향을 강화한다.
  - ⊕ **월계수**에는 헥사날에서 나오는 풀향이 잠재되어 있다. 예리하고 복잡한 솔향과 꽃향을 전한다.

- **미르센** — 후추 향 | 매운맛 | 발삼 향
  - 후추 향과 어울리는 향신료와 조합한다.
  - ⊕ **쓰촨 후추**는 열감과 감질나는 얼얼함을 더한다.
  - ⊕ **흑후추**는 열감과 나무 향을 낸다.
  - ⊕ **올스파이스**는 달콤한 열감과 후추 향을 전한다.

음식 궁합

- ⊕ **마늘과 기름** 올리브오일에 마늘과 레몬 머틀을 우려 샐러드드레싱과 재움장에 사용한다.
- ⊕ **호박** 빻은 후추와 섞어서 구운 호박에 뿌려준다.
- ⊕ **기름진 생선** 으깬 레몬 머틀을 천일염과 섞어서 연어나 송어를 굽거나 바비큐하기 전에 뿌린다.
- ⊕ **양고기** 양고기 구이 양념으로 쓰는 이집트식 두카(28쪽 참조)를 레몬 머틀과 마카다미아 넛을 넣어 변형시킨다.
- ⊕ **제과제빵** 레몬 머틀을 우린 시럽을 마르멜로, 배, 자두 케이크에 뿌린다. 이 시럽을 소르베에 사용한다. 파이 소에 레몬 머틀 한 꼬집을 넣어 레몬 머랭 파이의 레몬 맛을 강화한다.

향 내는 법

시트랄은 불안정해서 시간이 지나면 분해되기 때문에 장뇌와 유칼립투스 향이 지배적인 향이 된다. 이 화합물은 물에 녹지 않는다.

조리 마지막에 넣거나 조리 시간이 짧은 요리에만 사용한다. 지방이 요리에 포함되는지 확인한다.

멍울이 생기지 않는 감귤류

레몬이나 기타 감귤류 열매의 즙은 우유나 크림 같은 유제품의 단백질 분자가 모여 응결되도록 한다. 레몬 머틀에는 산이 들어 있지 않기 때문에 우유나 크림을 기반으로 하는 소스와 디저트에 넣어서 멍울이 생길 위험이 없이 강한 레몬-라임 향을 낼 수 있다.

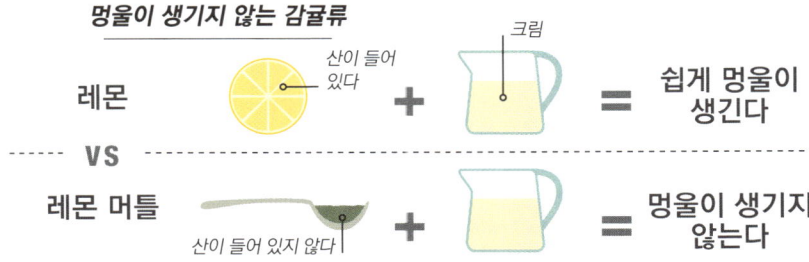

레몬 (산이 들어 있다) + 크림 = 쉽게 멍울이 생긴다

vs

레몬 머틀 (산이 들어 있지 않다) + = 멍울이 생기지 않는다

레몬그라스

감귤 향 | 후추 향 | 신선한

학명
Cymbopogon citratus

다른 이름
세라이, 오일 그라스, 웨스트 인디언 레몬그라스

주요 화합물
시트랄

사용하는 부분
줄기, 잎

경작 방법
1년에 세 번 정도 식물의 기부에서 어린 줄기와 잎밑의 덩어리 전체를 손으로 자른다.

상품화
줄기를 분리해서 세척하고 20cm 길이로 다듬은 뒤 묶어서 말리거나 신선한 상태로 사용한다.

요리 외적 용도
향수, 비누 등 세면용품, 방충제, 소염제, 살진균제, 관절 통증 완화

향신료 이야기

레몬그라스의 라틴어 이름인 침보포곤(Cymbopogon)은 레몬그라스의 꽃 형태를 말하는 그리스어 키임베(kymbe, 배)와 포곤(pogon, 수염)에서 유래되었다. 하지만 현재 재배되는 것들 중에는 이런 꽃이 피는 종류가 드물다. 이 향신료는 아시아에서 수천 년 동안 약과 향신료로 사용되었으며, 10세기 중국에서는 해충 퇴치제로 사용했다. 향긋한 잎을 잠자리에 두어 벼룩을 쫓은 것이다. 중세 시대에는 향신료 대상로를 따라 아시아에서 유럽으로 전해졌다. 당시 레몬그라스는 여러 양조 레시피와 향료주 레시피에 등장했다. 19세기 인도에서는 주로 비누와 화장품에 향을 내는 방향성 유지 수출용으로 레몬그라스를 재배하기 시작했다. 그렇지만 레몬그라스를 주된 향신료로 이용하는 것은 인도 요리보다는 동남아시아 요리였다.

레몬그라스는 벼과의 식물로 더운 열대 기후에서 1.5~2m까지 자란다.

말려서 간 레몬그라스(세레, sereh라고 불리기도 한다)는 이 향신료가 가진 복잡한 향의 일부만을 전한다.

1작은술이면 레몬그라스 줄기 1대와 거의 비슷하다.

가늘고 끝이 뾰족한 잎은 둥근 형태의 밑동 부분에서부터 자란다.

방향성 유지는 줄기에 집중되어 있다.

줄기의 가장 부드러운 부분은 생으로 먹을 수 있다.

신선한 레몬그라스를 잘 싸서 냉장고에 보관하면 2주까지 사용할 수 있다. 잎새 역시 요리에 향을 낼 수 있다. 여러 개를 한데 묶어 부드럽게 찧는다.

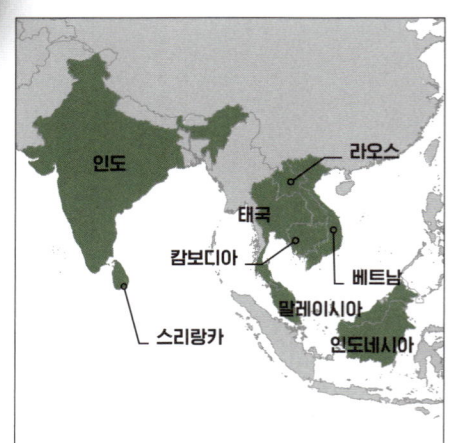

재배 지역
레몬그라스는 인도, 스리랑카, 태국, 라오스, 캄보디아, 베트남, 말레이시아, 인도네시아, 오스트레일리아, 아메리카, 서아프리카의 열대 지방 전역에서 재배된다.

| 풍미 그룹 | 감귤 테르펜 | 레몬그라스

크리에이티브 키친

섬세한 레몬그라스의 향은 커리, 볶음, 피클, 샐러드, 수프에 생동감을 준다. 부드러운 속대를 커리 페이스트, 재움장, 럽에 사용할 수 있다. 섬유성 통 줄기를 찧어 스톡이나 수프에 사용하는 경우 차려 내기 전에 제거한다.

블렌딩 과학

레몬 향의 시트랄이 이 향신료 풍미 화합물의 70%를 차지한다. 하지만 향신료를 배합하는 열쇠는 다른 레몬 향의 향신료를 통해 지배적인 감귤 향이 강해지지 않도록 하는 것이다. 대신 미르센에서 나오는 레몬그라스의 부드러운 후추 향과 리날로올과 제라니올의 단맛과 꽃향을 끌어내도록 한다.

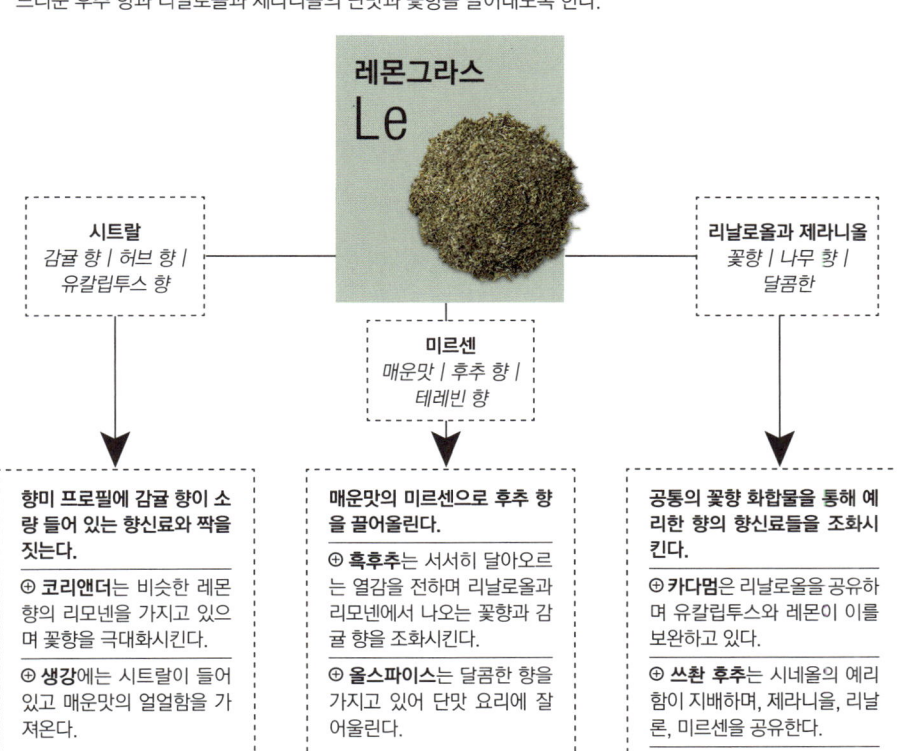

레몬그라스 Le

시트랄
감귤 향 | 허브 향 | 유칼립투스 향

미르센
매운맛 | 후추 향 | 테레빈 향

리날로올과 제라니올
꽃향 | 나무 향 | 달콤한

향미 프로필에 감귤 향이 소량 들어 있는 향신료와 짝을 짓는다.
⊕ **코리앤더**는 비슷한 레몬 향의 리모넨을 가지고 있으며 꽃향을 극대화시킨다.
⊕ **생강**에는 시트랄이 들어 있고 매운맛의 얼얼함을 가져온다.

매운맛의 미르센으로 후추 향을 끌어올린다.
⊕ **흑후추**는 서서히 달아오르는 열감을 전하며 리날로올과 리모넨에서 나오는 꽃향과 감귤 향을 조화시킨다.
⊕ **올스파이스**는 달콤한 향을 가지고 있어 단맛 요리에 잘 어울린다.

공통의 꽃향 화합물을 통해 예리한 향의 향신료들을 조화시킨다.
⊕ **카다멈**은 리날로올을 공유하며 유칼립투스와 레몬이 이를 보완하고 있다.
⊕ **쓰촨 후추**는 시네올의 예리함이 지배하며, 제라니올, 리날론, 미르센을 공유한다.
⊕ **그레인스 오브 셀림**은 리날롤과 제라니올을 가지고 있으며 유칼립투스 향과 쓴맛도 낸다.

향과 색 내는 법

레몬그라스가 가진 대부분의 향은 풀 깊숙이 들어 있는 지방 분비선에서 나온다. 줄기를 찧어야 지방 분비선이 터지면서 기름이 나온다.

조리 시간이 짧은 경우에는 저미거나 갈거나 빻아야 한다. 손상이 클수록 기름이 빨리 나온다. 가루는 조리 마지막에 넣는다.

조리 시간이 길 때는 풍미 화합물이 너무 많이 증발하지 않도록 잎새를 부드럽게 찧거나 꺾는다.

유성의 감귤 향과 꽃향 화합물이 요리 전체에 퍼질 수 있도록 코코넛밀크와 같은 지방과 함께 조리한다.

음식 궁합

⊕ **어육 완자** 생선과 감자를 튀기기 전에 레몬그라스, 칠리, 생강, 마늘, 라임 잎을 넣어 태국식 어육 완자를 만든다.

⊕ **돼지고기** 곱게 다진 레몬그라스, 생강, 코코넛, 터메릭으로 만든 페이스트에 돼지고기를 재워두었다가 굽거나 바비큐를 한다.

⊕ **과일** 배, 루바브, 마르멜로, 복숭아를 조릴 때 레몬 껍질 대신 으깬 레몬그라스 줄기를 넣어 후추 향을 더한다.

⊕ **샐러드** 곱게 다진 레몬그라스를 역시 곱기 다진 당근, 칠리, 오이, 볶은 견과류와 허브 한 줌과 함께 태국식 누들 샐러드드레싱에 넣는다.

⊕ **그라니타**(granita, 우리나라 팥빙수와 비슷한 얼음을 이용한 이탈리아식 음료) 설탕 시럽에 레몬그라스와 라임 제스트로 향을 낸다. 체에 받쳐 그래니타나 막대 아이스크림을 만든다.

블렌딩 해보기

레몬그라스를 이용한 전형적인 블렌딩을 따라해 보고 변형도 시도해 보자

카오 쿠아 49쪽

암추르

감귤 향 | 풀 내음 | 달콤쌉쌀한

학명
Mangifera indica

다른 이름
망고 파우더

주요 화합물
오시멘

사용하는 부분
덜 익은 열매의 과육

경작 방법
설익은 망고를 기계 혹은 손으로 수확한다.

상품화
열매의 껍질을 까고, 편으로 썰어, 오븐 혹은 햇빛에서 말려 수분의 90%를 제거한 뒤 편이나 가루 형태로 포장한다.

요리 외적 용도
아유르베다 의술에서 호흡기 질환이나 소화 불량을 치료하는 데 쓰인다.

향신료 이야기

망고는 인도에서 4천 년 이상 재배되어 왔으며 전통 인도 의학의 아유르베다 시스템과 긴밀한 연관이 있다. 힌두교 전통 문화에 따르면 망고는 신성한 성질을 가지고 있으며, 코끼리 머리를 한 힌두교 신, 가네쉬는 성취의 상징으로 익은 망고를 들고 있는 모습으로 그려진 경우가 많다. 불교 승려들은 4~5세기에 동아시아로 망고를 들여왔다. 이 과일은 이후 무역로를 따라 서쪽으로 퍼져 1천 년경에는 아프리카, 14세기 초에는 북유럽까지 전해졌다. 망고는 17세기 포르투갈 탐험가들에 의해 브라질에 소개되었고 필리핀을 거쳐 멕시코에도 전해졌다. 망고는 18세기 중기에서 말기에 서인도까지 이르렀는데, 브라질을 거쳐 간 것으로 추측된다.

망고는 캐슈과에 속하는 큰 열대 상록수이다.

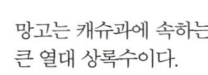

크림색이나 분홍색 꽃에서 열매가 맺힌다.

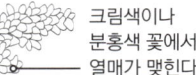

설익은 녹색 열매의 과육은 시고 떫은맛이 난다.

암추르 가루는 결이 거칠고 연한 베이지색을 띤다. 밀폐 용기에 넣어 일광을 피하도록 하면 1년까지 보관할 수 있다.

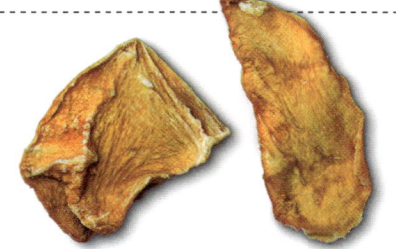

말린 편은 밝은 갈색이며 거친 재질의 나무와 비슷하다. 밀폐 용기에 넣어 어둡고 서늘한 곳에서 보관하면 4개월까지 사용할 수 있다. 필요한 경우 갈아 쓸 수 있다.

재배 지역
망고의 원산지는 인도와 미얀마이며 세계 총생산량의 40%가 인도에서 재배된다. 다른 주요 생산국으로는 파키스탄, 방글라데시, 중국, 태국, 인도네시아, 필리핀, 멕시코가 있다.

풍미 그룹 | 새콤달콤한 산 | 암추르   149

크리에이티브 키친

암추르는 과일 향에 시금털털한 맛이 나며 약간의 송진 향과 감귤의 톡 쏘는 맛도 가지고 있다. 산미제로 주로 사용되는 암추르는 레몬과 매우 흡사하지만 수분을 더하지 않는 것이 장점이다. 신중하게 사용하지 않으면 달콤쌉쌀한 맛이 너무 심해질 수 있다.

블렌딩 과학

동일하거나 비슷한 과일, 허브, 채소와 같은 풍미 화합물을 공유하는 다음의 향신료들과 조합하거나, 갈랑갈과 생강 혹은 달콤한 향의 넛맥, 시나몬과 조합해서 암추르의 달콤하면서도 떫은맛의 특징을 살린다.

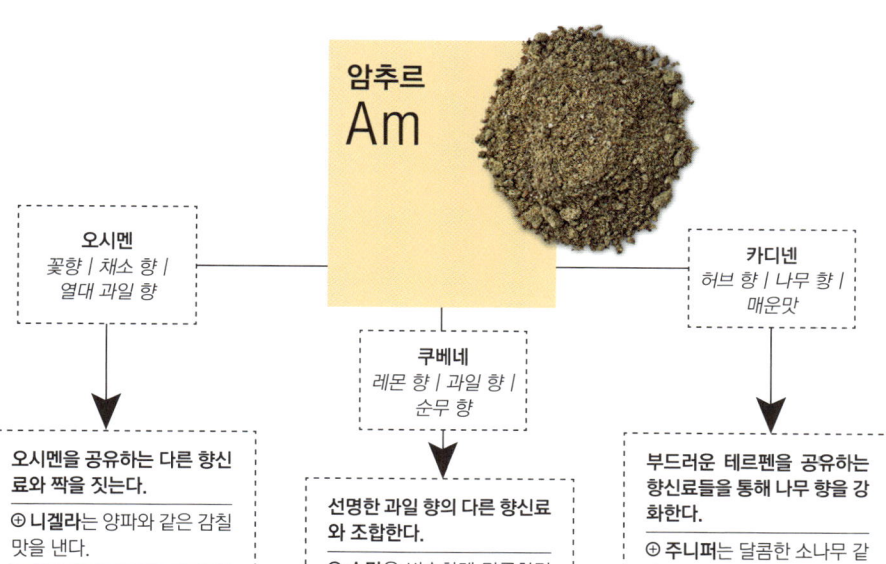

오시멘
꽃향 | 채소 향 | 열대 과일 향

쿠베네
레몬 향 | 과일 향 | 순무 향

카디넨
허브 향 | 나무 향 | 매운맛

오시멘을 공유하는 다른 향신료와 짝을 짓는다.
- **니겔라**는 양파와 같은 감칠맛을 낸다.
- **그레인스 오브 셀림**은 장뇌와 같은 단맛을 더한다.
- **안나토**는 날카로운 후추 향을 전한다.
- **월계수**는 예리한 과일 향과 꽃향을 가지고 있다.

선명한 과일 향의 다른 향신료와 조합한다.
- **수막**은 비슷하게 달콤하면서 떫은 감귤 맛의 프로필을 가지고 있다.
- **코리앤더**는 꽃향의 쌉쌀한 맛을 가져온다.

부드러운 테르펜을 공유하는 향신료들을 통해 나무 향을 강화한다.
- **주니퍼**는 달콤한 소나무 같은 나무 향을 전한다.
- **캐럽**의 달콤한 바닐라 향이 암추르의 과일 향을 부각시킬 것이다.
- **아사푀티다**는 주로 유황과 사향의 향이 나는 매우 다른 특징에도 불구하고 암추르와 좋은 조합을 이룬다.

음식 궁합

- **생선과 새우** 생선이나 새우튀김의 반죽이나 빵가루에 넣는다.
- **양고기** 갈비, 어깨, 다리살을 양념에 재울 때 암추르를 이용한다. 고기에 문지르고 밤새 두었다가 굽는다. 산성이 연육제의 역할을 한다.
- **렌틸** 달에 넣어 톡 쏘는 맛을 낸다.
- **채소** 구운 콜리플라워에 뿌리거나 가지나 오크라(okra) 볶음에 한 꼬집 넣는다.
- **열대 과일** 달콤한 열대 과일 소르베(sorbet) 혹은 샐러드에 넣는다.

향 내는 법

암추르가 가진 테르펜 향미의 대부분은 빠르게 증발하지만 과당은 그렇지 않다. 구연산은 물보다 늦게 끓는다. 즉 오래 조리하면 달콤하면서도 떫은맛이 강해진다는 뜻이다.

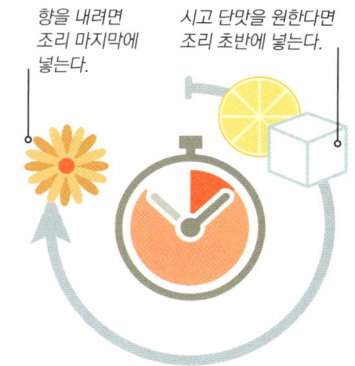

향을 내려면 조리 마지막에 넣는다.

시고 단맛을 원한다면 조리 초반에 넣는다.

농축된 단맛과 신맛

망고의 수분 대부분은 건조 과정에서 증발한다. 수분 함량이 8% 이상에서 10% 이하로 떨어지는 것이다. 이 과정에서 산, 당, 풍미 화합물들이 고도로 농축되어 뚜렷한 단맛과 신맛의 향미 프로필이 나타난다.

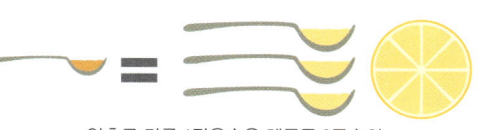

암추르 가루 1작은술은 레몬즙 3큰술의 신맛을 가지고 있다.

과당은 건조 과정에서 약 65%까지 농축된다.

블렌딩 해보기

암추르를 이용한 전형적인 블렌딩을 따라해 보고 변형도 시도해 보자.

챠트 마살라 42쪽

아나르다나

달콤한 | 신맛 | 과일 향

학명
Punica granatum

다른 이름
퍼머그래네이트

주요 화합물
구연산과 말산

사용하는 부분
작은 열매(씨앗이라고 잘못 불리는)

경작 방법
열매가 완전히 익은 다음, 벌어지기 전에 나무에서 딴다.

상품화
쓴맛이 나는 흰 막에서 씨앗과 과육을 분리해 햇빛에서 말린다.

요리 외적 용도
씨앗과 껍질은 인도, 전통 유럽, 중동 의학에서 열을 내리게 하고, 소화를 돕거나 소염제로 널리 쓰인다.

향신료 이야기

석류는 5천 년 이상 경작되어 온 가장 오랜 역사를 가진 재배 과일 중 하나로 페르시아(현재의 이란) 인근에서 기원된 것으로 추정된다. 석류 재배는 청동기 시대 초, 지중해 남부 전역과 동쪽으로는 인도, 중국에까지 퍼졌다. 씨앗이 가득 든 형태 때문에 여러 고대 문화에서 석류를 풍요의 상징으로 여겼다. 특히 이집트의 경우 신전과 무덤에서 석류 무늬들이 많이 발견된다. 그리스-로마 시대의 의사들은 촌충 치료에 석류를 처방했으며, 로마 시대의 요리책《아피키우스(Apicius)》에는 네로(Nero) 황제가 즐긴 것으로 추정되는 소화에 도움이 되는 석류 음료의 조리법이 담겨 있다. 지난 수천 년간 그랬듯이 이 건조 향신료가 주로 사용되는 곳은 여전히 인도와 페르시아 요리이다.

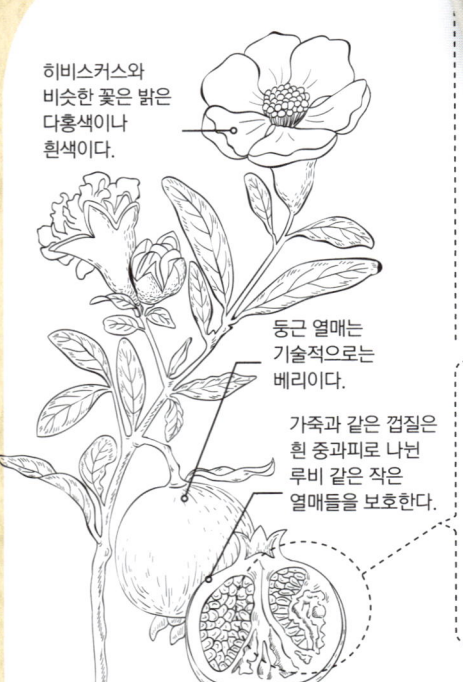

아나르다나는 부처꽃과에 속하는 꽃이 피는 큰 관목의 열매로 만든다. 온대 기후에서는 낙엽성이지만 일부 열대 지방에서는 상록수이다.

히비스커스와 비슷한 꽃은 밝은 다홍색이나 흰색이다.

둥근 열매는 기술적으로는 베리이다.

가죽과 같은 껍질은 흰 중과피로 나뉜 루비 같은 작은 열매들을 보호한다.

느리게 건조시킨 작은 열매는 적갈색-검은색을 띤다.

열매 살집이 있는 가종피(과육)로 둘러싸인 씨앗으로 이루어져 있으며 약간 부드럽고 끈적거리며 눅눅하다.

건조된 열매를 갈아서 만든 가루 형태의 아나르다나도 구할 수 있다.

재배 지역
석류는 중동이 원산지이며 중동, 터키, 카프카스, 인도에서 주로 재배되고 동남아시아와 중국에서도 재배된다.

풍미 그룹 | 새콤달콤한 산 | 아나르다나 151

크리에이티브 키친

아나르다나는 인도 북부에서 인기가 높다. 이곳에서는 커리, 파코라(pakora, 튀김 비슷한 동남아시아 음식), 처트니의 산미제로 아나르다나를 사용한다. 닭고기와 호두를 이용한 스튜, 페센쟈(fesenjan)와 같은 많은 이란 요리에서 이 향신료를 석류 당밀과 섞어 풍부한 맛을 이끌어낸다.

블렌딩 과학

석류의 톡 쏘는 과일 향은 주로 산, 당, 탄닌의 조합에서 나온다. 이 화합물들은 '풀향'의 헥사날, 감귤 향의 리모넨에서 후추 향의 미르센과 달콤한 테레빈 향 같은 카렌에 이르기까지 구미를 당기는 다양한 향미를 준다.

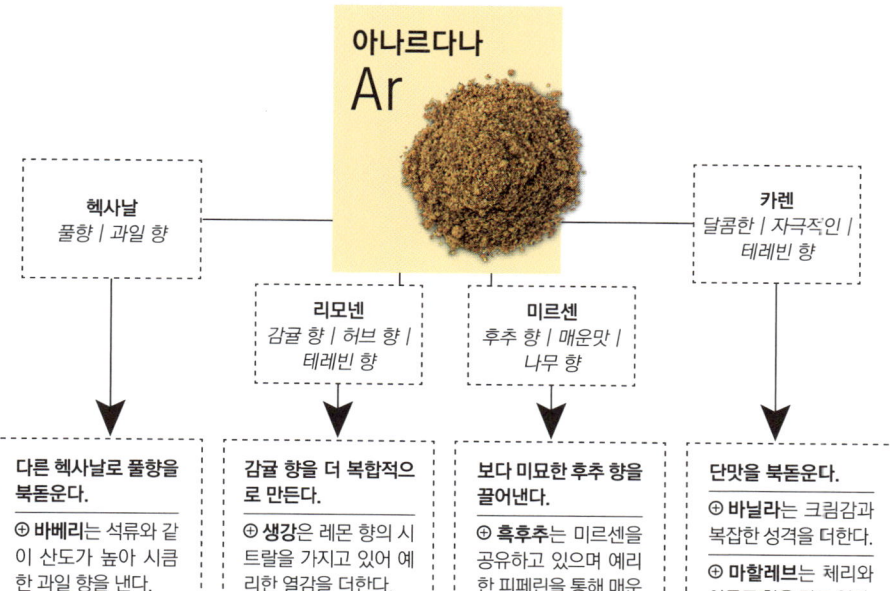

아나르다나 Ar

헥사날 — 풀향 | 과일 향
리모넨 — 감귤 향 | 허브 향 | 테레빈 향
미르센 — 후추 향 | 매운맛 | 나무 향
카렌 — 달콤한 | 자극적인 | 테레빈 향

다른 헥사날로 풀향을 북돋운다.
- **바베리**는 석류와 같이 산도가 높아 시큼한 과일 향을 낸다.

감귤 향을 더 복합적으로 만든다.
- **생강**은 레몬 향의 시트랄을 가지고 있어 예리한 열감을 더한다.
- **타마린드**는 레몬 향을 공유하고 빵 냄새와 꽃향을 더해주는 이상적인 짝이다.

보다 미묘한 후추 향을 끌어낸다.
- **흑후추**는 미르센을 공유하고 있으며 예리한 피페린을 통해 매운맛의 깊이를 더한다.
- **큐민**은 열감과 구수한 흙 내음을 전하는 이상적인 파트너이다.

단맛을 북돋운다.
- **바닐라**는 크림감과 복잡한 성격을 더한다.
- **마할레브**는 체리와 아몬드 향을 갖고 있다.
- **시나몬**은 열감과 단맛을 낸다.

음식 궁합

⊕ **열대 과일** 망고와 라임 샐러드 위에 아나르다나 가루를 뿌린다.

⊕ **채소** 채소찜에 말린 씨앗을 넣는다. 당근이나 파스닙 커리 수프 혹은 감자와 콜리플라워 커리에 통이나 가루 아나르다나를 뿌린다.

⊕ **미트볼** 미트볼, 석류(생것이나 말린 것), 노란 스플릿 피, 쌀, 허브가 들어간 이란식 수프, 아쉬에아나르(ash-e anar)를 만든다.

⊕ **닭고기** 매콤한 요구르트 재움장에 말린 씨앗을 넣고 닭고기를 재웠다가 굽는다.

⊕ **쌀, 병아리콩** 말린 열매를 향긋한 필라프에 넣는다. 볶은 병아리콩에 큐민, 소금과 함께 뿌린다.

⊕ **단맛의 과자** 말린 씨앗을 그래놀라 바 혹은 쿠키 반죽에 넣는다.

향 내는 법

아나르다나의 주요 향미 프로필은 당, 산, 탄닌에서 나오며 이 모든 성분이 물에 녹는다.

물기가 있는 소스의 경우 직접 넣어서(기름이 필요치 않다) 요리에 이 향신료의 기분 좋은 톡 쏘는 느낌을 전한다.

보다 강한 향을 내려면 말린 씨앗을 빻는다. 씨앗이 그라인더에 달라붙으므로 절구를 사용한다.

새콤달콤한

매우 시큼하면서도 과일 향이 나는 아나르다나의 향미 프로필은 비교적 높은 산 함량이 과당과 조화를 이루는 한편 다량의 탄닌이 입안을 바짝 말리는 끝맛을 낸 결과이다.

정확한 비율은 재배 지역에 따라 다르다. 인도 북부산 씨앗은 신맛이 강한 것으로 유명하다.

아나르다나 =  당 함량 23% +  산 함량 11% + 탄닌 함량 5%

수막

신맛 | 과일 향 | 나무 향

학명
Rhus coriaria

다른 이름
엘름리브드 수막

주요 화합물
말산

사용하는 부분
말린 베리(진짜 베리가 아니고 사실은 핵과)

경작 방법
늦은 여름, 열매가 완전히 익기 직전 가지를 햇빛에서 말린다. 이후 베리를 비벼 떼어 낸다.

상품화
베리를 세척하고 며칠간 소금물에 절인 후 간다. 간 뒤에 더 말려야 할 수도 있다.

요리 외적 용도
염료, 가죽 무두질, 중동 전통 의학에서 열병의 치료

향신료 이야기

'수막'이란 이름은 '붉은'이라는 뜻의 아람어 서마크(summaq)에서 유래했다. 레몬이 유럽에 이르기 훨씬 전, 로마인들은 시리아에서 수막을 수입해서 산미제와 염료로 사용했다. 로마의 동식물학자 플리니는 수막이 가진 수렴성과 냉각성을 높이 평가했다. 수막은 적어도 13세기부터 깨, 말린 허브와 함께 중동 요리의 혼합 향신료 자타르에 사용되었다. 수막은 주로 레바논, 시리아, 터키, 이란 요리에서 사용하는데, 1980년대까지 중동 이외의 지역에서는 거의 구할 수 없었다. 그렇지만 지난 20년 동안 많은 음식 작가들이 중동 요리에 큰 관심을 보여 왔고 그 결과 이제 수막은 서양 요리에서도 부흥 시대를 맞고 있다.

수막은 캐슈과의 낙엽성 관목이다. 온대와 아열대 지역의 고지대와 바위산에서 자란다.

녹색 잎은 가을이면 적색으로 변한다.

거친 가루는 붉은 벽돌색이며 약간의 습기가 있다.

녹 빛깔의 베리는 원뿔형 송이에서 열린다.

수막은 향이 강하지 않기 때문에 향이 부족한 것이 꼭 품질이 낮다는 뜻은 아니다. 덩어리가 지는 것을 막기 위해서 소금을 섞는 경우도 있다. 소금이 첨가된 수막은 구입하지 않는다. 말린 통 베리도 구할 수 있다.

재배 지역
수막은 자생하기도 하며, 지중해와 중동, 특히 이탈리아의 시실리, 터키, 이란, 중 아시아 일부 지역에서 재배되고 있다.

크리에이티브 키친

수막은 레몬밤을 연상시키며, 뚜렷한 신맛, 매운맛, 흙 내음, 나무 향을 가지고 있다. 레몬 제스트나 레몬즙이 들어가는 모든 요리에 사용할 수 있으며 소금처럼 양념으로도 쓴다.

블렌딩 과학

수막의 시큼하고 떫은맛은 고농도의 유기산(주로 구연산, 주석산, 말산)으로 인한 것이다. 테르펜 캐리오필렌이 매캐한 곰팡내와 나무 향을, 피넨이 신선한 솔과 같은 향을 낸다. 흙 내음의 데세날, 과일 향과 꽃향의 노나날과 같은 '풀향'의 알데하이드가 청량감을 더한다.

수막 Su

탄닌과 유기산
섬세한 | 떫은맛 | 신맛

- 신맛의 산성과 균형을 유지하기 위해 단맛이나 감귤 향의 향신료와 조합한다.
- ⊕ **코리앤더**는 조화로운 레몬 향을 내며 꽃향을 공유하고 있다. 유칼립투스 향도 더한다.
- ⊕ 소량 사용된 **넛맥**은 흙 내음, 매운맛, 열감을 준다.
- ⊕ **시나몬과 카시아**는 달콤한 열감을 내며 꽃향을 강조한다. 카시아는 쓴맛도 더한다.
- ⊕ **아니스**는 달콤한 감초 향과 조화를 이루며 약한 체리, 크리미한 바닐라, 코코아 향을 더한다.
- ⊕ **올스파이스**는 단맛과 후추 향의 열감을 더한다.

데세날과 노나날
풀향 | 과일 향 | 꽃향

- '풀향', 과일 향, 꽃향을 보완하는 향신료와 짝을 이룬다.
- ⊕ **카다멈**은 강한 유칼립투스 향을 내며 꽃향, 풀향, 허브 향을 갖고 있는 더없이 좋은 짝이다. 리모넨이 수막이 가진 감귤 향의 신맛에 깊이를 더한다.
- ⊕ **바닐라**는 부드럽고 풍부한 크림의 느낌과 미묘한 체리 향을 더한다.

피넨
나무 향 | 매운 맛 | 장뇌 향

- 피넨을 함유한 다른 향신료와 조합해 풍미 프로필을 보완한다.
- ⊕ **주니퍼**는 강한 솔향, 약한 단맛, 심하지 않은 쓴맛이 수막의 강한 신맛과 대조를 이루는 잘 어울리는 짝이다.

캐리오필렌
나무 향 | 매운맛 | 온화한

- 나무 향과 매운 열감을 강화시키는 향신료와 조합한다.
- ⊕ **큐민**은 볶았을 때 캐리오필렌과 매우 유사한 향미 화합물을 내놓으며, 피넨을 공유하고, 볶은 내와 견과 향의 피라진을 제공한다.
- ⊕ **신선한 생강**의 달콤한 레몬 향이 수막의 신맛을 보완하며, 또한, 밑바탕의 미묘한 매운맛을 끌어올린다.

음식 궁합

- ⊕ **뿌리채소** 구운 뿌리채소 위에 수막 가루를 뿌린다.
- ⊕ **토마토** 잘 익은 토마토를 얇게 썰고 수막을 얹은 뒤 석류 당밀을 뿌린다.
- ⊕ **병아리콩** 후무스나 튀긴 병아리콩 위에 뿌린다. 팔라펠에 사용한다.
- ⊕ **고기** 수막을 이용해서 구운 닭고기를 장식한다. 기름과 함께 메추라기 고기를 재우는 데 사용한다. 양고기 쾨프테*에 사용한다.
- ⊕ **생선** 레바논식 매운 생선구이에 수막을 뿌린다.
- ⊕ **요거트와 치즈** 휘핑한 페타와 타히니** 딥이나 구운 페타, 허브를 곁들인 신선한 라브네***, 구운 할루미****에 수막을 뿌린다.

향 내는 법

수막은 소금과 비슷하게 첨가된 음식의 향을 북돋운다. 수막의 떫은맛과 향을 온전히 경험하려면 가루를 사용한다.

여과한 수막즙은 젤리나 달콤한 여름 음료에 잘 어울리는 부드러운 향을 가지고 있다.

효과를 극대화시키려면 조리 초반에 넣기 보다는 완성된 요리 위에 얹는 것이 좋다.

블렌딩 해보기

시리안 양념을 이용한 전형적인 블렌딩을 따라해 보고 변형도 시도해 보자.

자타르 22쪽

---

*쾨프테(kofte): 다진 고기에 각종 양념과 채소를 넣어 완자로 만들어 굽거나 튀긴 터키의 전통 요리
**타히니(tahini): 껍질을 벗긴 참깨를 곱게 갈아 만든 페이스트
***라브네(labneh): 유제품으로 만든 중동식 요구르트
****할루미(halloumi): 양이나 염소의 젖으로 만든 하얀 치즈

타마린드

신맛 | 과일 향 | 달콤한

학명
Tamarindus indica

다른 이름
인디언 데이트

주요 화합물
푸르푸랄, 2-페닐아세트알데하이드

사용하는 부분
익은 꼬투리의 펄프

경작 방법
꼬투리는 완전히 익었을 때 손으로 따거나 나무를 흔들어 땅에 떨어뜨린다.

상품화
꼬투리 껍질을 제거하고 펄프를 페이스트 덩어리 형태로 압축한다.

요리 외적 용도
전통 의학에서 장 질환, 황달, 메스꺼움을 치료하는데 사용. 모든 부분이 완화제와 방부제의 속성을 가지고 있다.

향신료 이야기

타마린드는 장거리 운송이 가능한 향신료로 수천 년 동안 광범위한 사용과 교역이 이루어졌다. 고대 그리스 식물학자 테오프라스투스(Theophrastus)는 약초에 대한 그의 저술에서 이 식물에 관해 설명했다. 영어 이름은 "인도의 대추(date of India)"라는 의미의 아라비아어 "tamr hindi"에서 유래했다. 타마린드 나무가 해상 무역을 하던 아랍인들로 하여금 고향의 대추야자를 떠올리게 했기 때문이다. 그렇지만 타마린드는 완두콩과에 속하며 동아프리카가 원산지이다. 타마린드는 2천 년도 더 전에 인도에 도달한 것으로 짐작된다. 이후 인도 아대륙 전역에서 요리의 필수 향신료와 약재로 자리를 잡았다. 중세 시대에 상인들이 유럽으로 타마린드를 가져왔고 이때부터 인도가 주요 공급자가 되었다. 17세기에 스페인 탐험가들이 서인도 제도를 비롯한 신세계로 이 향신료를 전했고, 서인도에서 타마린드는 요리용, 관상용으로 유명해졌다.

타마린드 나무는 완두콩과의 키가 큰 열대 상록수로 30m까지 자란다.

반건조된 섬유질의 펄프 덩어리를 뜨거운 물에 담근 후 으깨서 페이스트 형태로 만들고 체에 거른다.

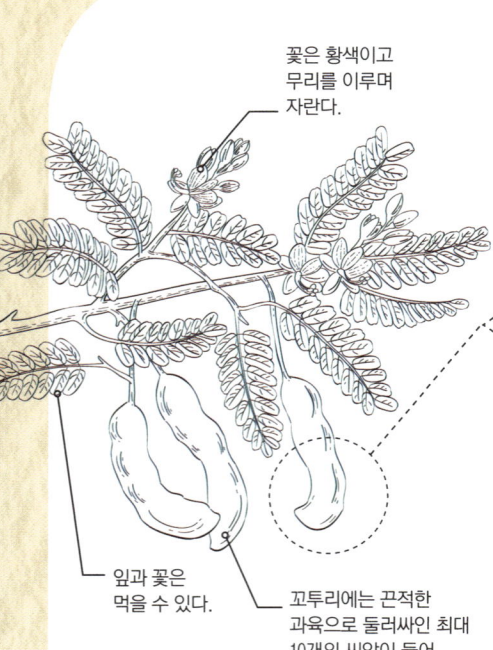

꽃은 황색이고 무리를 이루며 자란다.

잎과 꽃은 먹을 수 있다.

꼬투리에는 끈적한 과육으로 둘러싸인 최대 10개의 씨앗이 들어 있다.

뜨거운 물에 담가 향이 나는 액체를 얻는다.

편의를 위해 페이스트 형태로 미리 만들어 둔 것을 구할 수 있다. 따뜻한 물과 섞어 묽게 만든 후 사용한다.

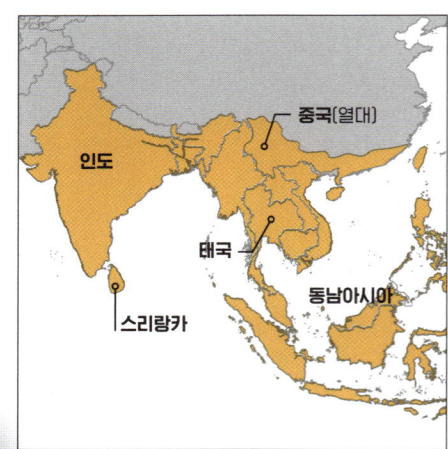

재배 지역
타마린드의 원산지는 동아프리카이다. 아마도 마다가스카르일 것으로 짐작된다. 대부분의 열대 지역에서 재배되며 주 생산국은 인도, 태국, 스리랑카이다.

풍미 그룹 | 새콤달콤한 산 | 타마린드 155

크리에이티브 키친

아프리카, 아시아, 중동, 인도의 경우 타마린드가 처트니, 소스, 커리, 수프에서 필수적인 역할을 한다. 과일 향의 새콤한 맛이 요리의 얼얼한 매운맛을 완화시킨다. 종종 레몬즙보다 과일 향이 강한 대체물로 사용된다.

블렌딩 과학

타마린드의 주요 풍미 화합물은 꽃향의 푸르푸랄, 페닐아세트알데하이드이다. 타마린드에는 기름이 많지 않기 때문에 빠르게 증발하는 향 분자가 비교적 소량 있을 뿐이다. 따라서 타마린드는 향이 진하지 않다. 하지만 감귤 향의 리모넨은 향이 감지될 만큼 충분한 양이 존재한다.

타마린드 Ta

- **주석산과 당** | 신맛 | 칼칼한 | 산성
- **2-페닐아세트알데히드** | 초콜릿 향 | 코코아 향 | 꿀 향
- **푸르푸랄** | 달콤한 | 빵 냄새 | 아몬드
- **리모넨** | 감귤 향 | 허브 향 | 테레빈 향

향신료의 조화를 위해 톡 쏘는 것을 단맛과 조합한다.
- ⊕ **시나몬**은 단맛의 시남알데하이드를 가지고 있다. 이것이 타마린드의 높은 당 함량을 보완해준다.
- ⊕ **감초**의 극히 단 글리시리진이 단맛과 신맛의 완벽한 조합을 만든다.

비슷한 화합물로 감미로운 향을 끌어낸다.
- ⊕ **바닐라**는 달콤한 향들의 조합과 꿀향의 향미 화합물들을 가진 좋은 짝이다.

다른 푸르푸랄과 조합한다.
- ⊕ **참깨**가 공유하는 푸르푸랄은 참깨를 색다르면서도 효과적인 파트너로 만든다. 진한 풍미가 타마린드의 새콤한 과일 향과 균형을 이룬다.

다른 감귤 향의 화합물로 향을 부각시킨다
- ⊕ **생강**은 리모넨을 공유하며 꽃향을 더한다 (신선한 것일 때는 특히 강한).
- ⊕ **라임**은 리모넨을 공유하며 풀향과 감귤 향의 짜릿한 향을 더한다.
- ⊕ **흑후추**는 리고넨을 가지고 있어 매운맛 블렌딩에 좋은 짝이다.

음식 궁합

- ⊕ **채소** 콜리플라워나 양파 파코라의 요구르트 딥에 타마린드즙 소량을 뿌려준다.
- ⊕ **생선** 흑설탕, 칠리와 섞어 생선 디핑 소스를 만든다.
- ⊕ **돼지고기와 양고기** 타마린드 페이스트나 즙을 간장, 생강과 섞어 돼지고기와 양고기를 잰다.
- ⊕ **불구르** 액상 타마린드나 희석한 타마린드, 석류 당밀, 올리브오일, 중동 허브와 향신료로 드레싱을 만들어 불구르 샐러드에 뿌린다.
- ⊕ **음료** 나만의 '타마린드 에이드'를 만든다. 체에 거른 타마린드 액을 탄산수와 섞고 설탕으로 맛을 낸 뒤 얼음과 함께 낸다.

향 내는 법

타마린드는 과육에서 나온 독특한 화학 성분 덕분에 물을 기반으로 한 요리에서 효과적으로 향을 내며 장기 보관이 가능하다.

타마린드의 주요 풍미 화합물들은 물에 잘 녹기(향신료에서는 찾기 힘든 특성) 때문에 향을 내기 위해 기름에 볶을 필요가 없다.

산과 당이 펄프 질량의 50%를 이룬다.

덩어리 형태의 타마린드는 산과 당의 함량이 높아 미생물의 번식을 막기 때문에 1년 이상 보관할 수 있다.

씨를 버리지 말 것!

딱딱한 타마린드 씨앗은 사실 먹을 수 있다. 덩어리에서 즙을 빼낸 후 씨를 버릴 필요가 없다. 땅콩과 비슷한 좋은 맛이 난다.

 남은 과육을 제거하고 마른 프라이팬에서 볶는다.

 씨앗을 물에 불려 보호막을 벗겨낸다.

 씨앗 알맹이를 끓이거나 기름에 볶는다.

대추, 타마린드 그라니타와 파인애플 조림

이 획기적인 음료는 큐민과 가람 마살라의 열감이 타마린드의 떫은맛, 생강의 알싸함, 풋고추의 톡 쏘는 듯한 허브 향과 대조를 이룬다. 남아시아 거리 음식에서 영감을 얻은 조합으로 무더운 여름날 타는 듯한 갈증을 풀어주는 데 제격이다.

향신료 아이디어

챠트 마살라에 암추르 대신 아나르다나 가루를 넣어 과일 향의 신맛에 약간의 쌉쌀한 자극을 더한다.

감초 향을 좋아하는 사람이라면 대추야자 시럽에 통팔각 2개와 볶은 회향 씨앗 1작은술을 넣어 보라.

생강을 생강가루 1작은술로 대체해 생강의 향을 강화한다. 큐민의 견과 향 열감이 거친 뒷맛을 정리해준다.

애피타이저 6인분

준비 시간 2시간

조리 시간 30~35분

그라니타
큐민 씨앗 3/4작은술
흑설탕 혹은 종려당 125g
액상 포도당 50g
물 750ml
라임 1개(큰 것)
껍질을 제거하고 굵게 다진 생강 75g
씨를 빼고 조각낸 타마린드 덩어리 150g
씨를 빼고 굵게 다진 대추 100g
씨째 다진 풋고추 2~3개
민트 크게 1단
가람 마살라 1/2작은술
(40쪽 레시피 참조)
칼라 나마크 1/2작은술

파인애플 조림
슈거 파우더 4큰술
챠트 마살라 2작은술
(42쪽 레시피 참조)
카슈미르 칠리 파우더 혹은 매운 파프리카 1작은술
껍질과 속대를 제거하고 깍둑썰기한 파인애플 300g
민트 잎 1줌

1 타마린드 그라니타를 만든다. 바닥이 두꺼운 자그마한 프라이팬을 중불에 달군 다음 큐민 씨앗을 넣고 향이 올라올 때까지 약 1분간 볶고, 씨앗을 식힌 후 절구를 이용해 가루로 만든다.

2 소스 팬에 흑설탕 혹은 종려당, 액상 포도당, 물을 넣고 저어주면서 당이 녹을 때까지 중불에서 가열한다. 3~4분간 끓인다.

3 필러를 사용해 라임의 껍질만 벗겨 낸다. 이때 쓴맛이 나는 흰색의 중과피가 들어가지 않도록 주의한다. 라임 껍질, 다진 생강, 타마린드, 대추, 고추를 2의 팬에 넣고 뚜껑을 덮지 않은 채 부드러워질 때까지 중약불에서 20분간 끓인 후 불에서 내린다.

4 민트는 가니시용으로 쓸 것 몇 장만 남기고 나머지 잎과 줄기를 적당히 다져서 3의 팬에 넣는다. 뚜껑을 닫고 향이 우러나도록 30분간 그대로 둔다.

5 체로 4를 밭쳐 국물만 남긴 다음 여기에 가람 마살라, 칼라 나마크, 1의 큐민 가루를 넣어 섞는다. 신맛이 강하다면 단맛과 신맛이 균형을 이루도록 설탕을 추가한다.

6 냉동 가능한 용기에 5를 옮겨 담고 완전히 식힌 다음 냉동실에 넣어 얼음 결정체가 생길 때까지 1시간 이상 둔다.

7 이제 파인애플 조림을 만든다. 슈거 파우더를 챠트 마살라, 칠리 파우더와 함께 체에 내려 볼에 담는다. 여기에 깍둑썰기한 파인애플을 넣고 향신료 가루가 잘 묻도록 섞어준다.

8 기름을 두르지 않은 프라이팬을 달군다. 파인애플 조각에 묻어 있는 가루를 털어낸 다음 팬에 넣는다. 중불에서 파인애플이 캐러멜화될 때까지 계속 저어주면서 5~8분간 볶은 다음 유산지에 쏟아 펼쳐서 식힌다.

9 6의 얼린 그라니타를 꺼내 포크로 긁어서 작은 잔에 나눠 담은 뒤 위에 파인애플 조림을 얹고 민트 잎으로 장식해 낸다.

캐럽

달콤한 | 떫은맛 | 진한 초콜릿 향

학명
Ceratonia siliqua

다른 이름
세인트 존 브레드, 로커스트 빈, 로커스트 씨드

주요 화합물
발레르산, 피루빈산, 헥산산

사용하는 부분
건조된 익은 꼬투리(기술적으로 열매)

경작 방법
나무는 과수원에서 자라며 익은 꼬투리는 손으로 따거나 나무를 흔들어서 땅에 떨어뜨린다.

상품화
꼬투리는 부분적으로 말리고 통으로 두거나 으깨서 씨를 제거한다.

요리 외적 용도
사료, 담배 착향, 씨앗은 음식이나 화장품에 쓰이는 겔화제(로커스트콩검, locust bean gum)를 만들 때 사용된다.

향신료 이야기

캐럽 나무의 열매는 고대부터 인간과 동물의 먹이였다. 좋지 않은 땅에서도 열매를 맺는 능력 덕분에 기근이 들었을 때 유용했으며 성경은 이 나무를 "가축의 사료"라고 언급하고 있다. 세인트 존 브레드(St. John's bread)와 로커스트 빈(locust bean)이라는 이름은 세례 요한이 디저트로 먹었다는 "메뚜기(locust)"에서 유래했다. 학자들은 사실 그것이 캐럽 열매라고 생각했다(현재는 대부분이 그가 곤충인 메뚜기를 먹었다고 생각한다). '캐럿(carat)'이라는 말은 캐럽 나무를 뜻하는 케레이숀(keration)에서 유래했다. 아랍의 보석상들이 캐럽 씨앗을 금의 무게를 재는 단위로 사용했기 때문이다. 캐럽 꼬투리는 운송이 쉬워 그리스인들과 아랍인들은 캐럽을 서쪽으로 가지고 갔다. 북쪽의 스페인과 포르투갈로 캐럽을 전한 것은 아랍인들이다. 이로써 17세기부터 스페인과 포르투갈에서 캐럽이 재배되었으며 그곳으로부터 신세계로 전해졌다.

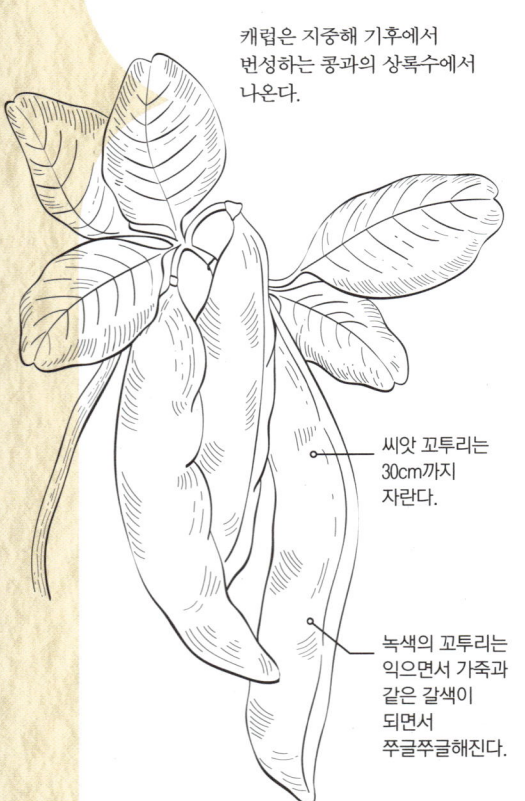

캐럽은 지중해 기후에서 번성하는 콩과의 상록수에서 나온다.

- 씨앗 꼬투리는 30cm까지 자란다.
- 녹색의 꼬투리는 익으면서 가죽과 같은 갈색이 되면서 쭈글쭈글해진다.

캐럽 가루는 보통 볶은 꼬투리와 과육으로 만들어지지만 생으로도 구할 수 있다. 이 가루는 밀폐 용기에 넣어 어둡고 서늘한 곳에 보관하면 거의 무기한 사용할 수 있다.

말린 꼬투리는 볶아서 먹거나 생으로 먹거나 통으로 먹기도 한다. 이때 단단한 씨앗은 제거한다. 물이나 우유에 넣어 끓여 액체를 시럽 상태로 만드는 데 사용하기도 한다. '키블(kibble)'이라고 부르는 부서진 조각도 구할 수 있다.

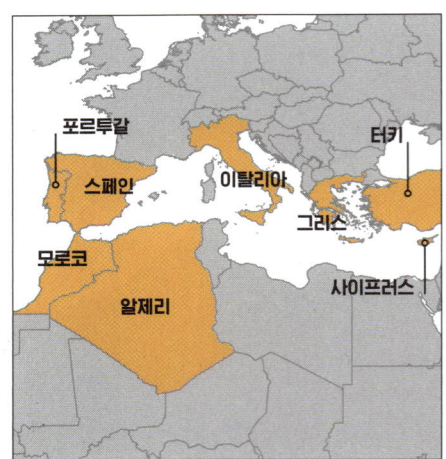

재배 지역
캐럽은 동 지중해와 레반트 지역이 원산지인 것으로 추정된다. 현재는 스페인에서 주로 재배되지만 이탈리아(특히 시실리), 포르투갈, 모로코, 그리스, 사이프러스, 터키, 알제리에서도 재배된다.

풍미 그룹 | 새콤달콤한 산 | 캐럽

크리에이티브 키친

달콤하고 약간 신맛의 캐럽은 밀크초콜릿과 조금 비슷한, 거의 바닐라와 흡사한 풍성한 향을 가지고 있다. 하지만 카카오의 쓴맛은 없고 독특한 약간 신 냄새를 갖고 있다. 이 향신료는 당을 많이 함유하고 있다.

블렌딩 과학

지배적인 발레르산과 헥산산이 신 우유 향과 '달콤한 치즈' 향을 내며, 피루빈산은 흑설탕 향을 가지고 있다. 파인애플 케톤을 비롯한 달콤한 과일 향의 케톤은 물론 매운맛의 시남알데하이드, 나무 향과 달콤한 감귤 향을 가지고 있는 파르네신이라는 테르펜도 존재한다. 가열하면 피라진이 진한 초콜릿 향, 견과 향을 내지만 시남알데하이드가 분해된다.

캐럽
Cb

파인애플 케톤, 피루빈산
달콤한 | 과일 향 | 황설탕 | 캐러멜

발레르산과 헥산산
신 우유 | 쿰쿰한 치즈

시남알데하이드
온화한 | 달콤한 | 향긋한

피라진, 파르네신
견과 향 | 붉은 내 | 빵 냄새 | 나무 향

단맛이 나는 향신료를 통해서 달콤한 과일 향을 강화한다.

⊕ **페누그릭**은 황설탕 향을 공유하며 메이플 시럽의 흔적을 갖고 있는 동시에 정향을 떠올리는 향긋한 맛을 낸다.

⊕ **회향** 씨앗은 단맛과 감초와 같은 향을 내며 꽃향과 감귤 향의 기미를 갖고 있다.

⊕ **카다몸**은 유칼립투스 향을 내며 달콤한 박하 향 때문에 놀랄 만큼 좋은 짝이 된다.

⊕ **감초**는 진한 아니스 같은 향과 함께 강한 단맛을 낸다.

산성이나 신맛 향신료와 조합해서 싸한 떫은맛을 낸다.

⊕ **타마린드**는 매우 시며 기저에는 꿀-캐러멜 향이 있다.

⊕ **수막**은 톡 쏘는 맛과 흙 내음, 자두 향을 갖고 있다.

⊕ **바베리**는 상쾌한 풀 향과 신맛을 가지고 있으며 약한 꽃향이 난다.

⊕ **암추르**는 열대 과일 향과 떫은맛을 낸다.

굽지 않은 캐럽에서 발견되는 이 화합물을 시나몬 향을 통해서 강조한다.

⊕ **시나몬**은 단맛, 매운맛, 온화하며 향긋하다.

⊕ **카시아**는 비슷한 단맛과 열성을 가지고 있지만 쓴맛이 강하고 약간의 떫은맛이 난다.

견과 향, 나무 향의 향신료와 조합해 붉은 내를 강화한다.

⊕ **볶은 참깨**는 조화로운 견과류 향을 낸다.

⊕ **카카오**는 열이 가해진 향미 화합물이 주축이 되어 좋은 조화를 이룬다.

⊕ **와틀**은 강한 훈연 향과 흙 내음을 더한다.

⊕ **그레인스 오브 셀림**은 파르네신을 공유하며 달콤한 바닐라 향을 낸다. 매캐한 훈연 향이 구운 캐럽과 조화를 이룬다.

⊕ **넛맥**은 달콤한 향을 내며 부분적으로는 파르네신으로 인해 나무 향을 가지고 있다.

음식 궁합

⊕ **채소** 구운 가지에 캐럽 시럽을 뿌린다.

⊕ **고기** 닭고기나 양고기의 바비큐 글레이즈에 캐럽 시럽을 사용한다. 럽이나 재움장에 캐럽 가루를 섞는다.

⊕ **제과·제빵** 커피 케이크 반죽과 향신료를 첨가한 바닐라 쿠키 반죽에 캐럽 가루를 넣는다. 플랩 잭(flapjack, 귀리, 버터, 설탕, 시럽으로 만든 두꺼운 비스킷) 반죽에 섞는다(캐럽이 코코아보다 달다는 것을 기억하라).

⊕ **디저트** 얼린 바나나에 바닐라 추출물, 캐럽 시럽(혹은 가루) 1~2큰술을 넣고 갈아 캐럽바나나 아이스크림을 만든다.

⊕ **음료** 캐럽 가루를 차가운 우유, 얼음과 갈아 아이스라테를 대체하는 상큼한 음료를 만든다.

향 내는 법

가장 진한 향을 내는 방법은 통 꼬투리를 사용하는 것이지만 요리의 성격에 따라 방법을 달리 해야 한다. 굽는 경우 아미노산과 당이 서로 반응해서 새로운 견과, 커피, 초콜릿 향의 화합물이 만들어지지만 단맛은 줄어든다.

빠르게 조리하는 요리의 경우, 꼬투리를 갈거나, 부드러워질 때까지 불렸다가 으깨거나 간다.

조리 시간이 길고 물기가 많은 요리의 경우 통 꼬투리를 바로 넣을 수 있다.

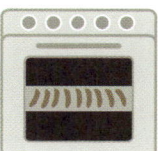

생 꼬투리는 150℃에서 40분간 굽는다. 키블의 경우는 조리 시간을 줄이고 타지 않도록 확인한다.

바베리

신맛 | 얼얼한 | 톡 쏘는

학명
Berberis vulgaris

다른 이름
파이퍼리지, 존더스 베리, 지어레쉬크

주요 화합물
헥사날

사용하는 부분
말린 베리

경작 방법
열매는 손으로 수확한다. 보통 막대로 가지를 두드려 베리를 떨어뜨린다.

상품화
베리를 햇빛이나 그늘에서 혹은 산업용 건조기로 말린다. 연구에 따르면 건조기가 가장 좋은 품질의 향신료를 만든다.

요리 외적 용도
이란 전통 의학에서는 황달, 염증, 치통 치료에 사용한다.

향신료 이야기

바베리의 사용에 대한 가장 오랜 기록은 기원전 650년으로 거슬러 올라간다. 혈액을 맑게 하는 효능이 아시리아 왕 아슈르바니팔(Ashurbanipal) 왕 도서관의 점토판 문서에 기록되어 있다. 중국 의학에서는 3천 년 전부터 이 식물을 사용했고 유럽에서 약으로 사용한 증거는 역사만큼이나 오래되었다. 예를 들어, 뿌리와 줄기의 껍질은 설사약과 강장제로 사용되었다. 바베리는 중세 시대 서유럽에서 보존제, 시럽, 와인으로도 널리 사용되었다. 이후 약초학자 존 제라드(John Gerard, 1545~1612)가 고기 양념에 바베리를 사용할 수 있다고 언급했는데, 말 그대로 세월의 시험을 견딘 맛내기 아이디어다! 바베리가 이란에서 처음 재배된 것은 2백 년도 전의 일이다. 이후 바베리는 중동과 카프카스 지역 요리에 중요한 부분이 되었다.

빽빽하고 가시로 뒤덮인 낙엽성 관목으로 관목지에서 자라며 바베리과에 속한다.

늦봄부터 초여름까지 주황색 꽃이 핀다.

붉은색의 길쭉한 베리들은 가시가 있는 가지 위에 조밀하게 무리를 형성하며 자라고 가을이면 익는다.

2~3m까지 자란다.

베리는 원상태로 혹은 불에 불린 뒤, 통으로 혹은 다져서 사용한다.

밝은 붉은색의 베리를 고른다. 밝은 색상은 건조가 주의 깊게 이루어졌으며 지나치게 오래되지 않았다는 의미이다. 밀폐 용기에 넣어서 냉동실에 보관하다가 필요한 경우 해동하면 6개월간 사용할 수 있다.

재배 지역
바베리의 원산지는 중유럽과 남유럽, 북서 아프리카, 서아시아이다. 현재는 주로 이란에서 재배되지만(매년 1만 1,000톤의 바베리 열매를 생산한다) 북유럽과 북아메리카에서도 재배된다.

풍미 그룹 | 과일 향의 알데하이드 | 바베리

크리에이티브 키친

바베리는 다른 진한 향신료와도 잘 어울리며 모든 종류의 고소하고 달콤한 요리에 쨍한 맛을 더한다. 보석과 같은 생김새 때문에 장식용으로 많이 쓰인다.

블렌딩 과학

산과 당의 함량이 높은 건조 바베리는 단맛에서 신맛까지의 스펙트럼을 아우르는 다재다능한 향신료이다. 당은 쓴맛과 신맛에 대한 미뢰의 감각을 떨어뜨린다. 이런 당의 함량이 높은 데다 허브 향의 헥사날, 꽃향의 리날로올 등의 풍미 화합물이 들어 있는 바베리는 다양한 향신료와 조합할 수 있다.

음식 궁합

⊕ **샐러드** 말린 베리를 으깨 샐러드 위에 뿌린다.

⊕ **붉은 고기** 바베리를 소금과 함께 으깨 양고기, 소고기, 사냥감의 럽으로 사용한다.

⊕ **필라프** 말린 베리를 불린 뒤 버터에 볶아 필라프를 만들 때 쌀에 섞는다.

⊕ **프리저브** 생 베리를 물에 데치고, 물을 뺀 후, 판에 펴 건조시켜 '가죽'과 같은 형태로 만든다.

⊕ **음료** 건조 베리를 이용한 시럽을 넣어 원기를 돋우는 시원한 음료를 만든다.

바베리 Ba

말산, 주석산, 구연산
칼칼한 | 신맛 | 레몬 향

당 (덱스트로오스, 프룩토오스 등)
달콤한

알데하이드 (헥사날과 노나날)
풀향 | 과일 향

다른 신맛 향신료와 결합해서 강한 신맛의 자극을 만든다.
⊕ **수막**은 이 세 가지 산을 모두 공유한다.
⊕ **타마린드**는 주석산을 공유하며 바베리와 마찬가지로 단맛과 떫은맛의 향미 프로필을 가지고 있다.
⊕ **갈랑갈**의 꿰뚫는 듯한 매운맛은 구연산의 신맛과 좋은 조화를 이룬다.
⊕ **코리앤더**는 공유하는 리날롤을 통해 복합적인 꽃향과 감귤 향을 낸다.

'풀향'의 향신료를 더 추가해 알데하이드를 강화한다.
⊕ **월계수**는 바베리의 헥사날과 리날로올을 보완하는 신선함과 꽃향을 더한다.
⊕ **아즈와인**은 알데하이드와 잘 어우러지는 '풀향'을 낸다.

다른 달콤한 향신료의 단맛을 강화하고 신맛과 쓴맛을 약화시킨다.
⊕ **카카오**의 쓴맛은 누그러지고 달콤한 향은 강화된다.
⊕ **시나몬**은 공유하는 리날로올을 통해 꽃향을 더한다.
⊕ **바닐라**는 바베리의 계리한 신맛과 조화를 이루는 데 도움이 되는 크리미한 성격을 가지고 있다.
⊕ **안나토**는 달콤한 향을 내지만 캐리오필렌에서 나오는 쓴맛도 함께 가지고 있다.

향 내는 법

조리 전에 베리를 물에 불려주면 톡 쏘는 맛은 약화시키면서 풍미 화합물의 방출 속도를 높일 수 있다. 찬물에 10분간 불리거나 소량의 끓인 물에서 잠깐 끓인다.

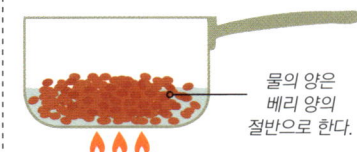

물의 양은 베리 양의 절반으로 한다.

펙틴이 가득한 바베리

펙틴은 식물 세포를 결합시키는 화학 접착제로 모든 과일에 들어 있지만 과일마다 그 양이 다르다. 과일을 설탕과 물에 넣고 조리하면 펙틴이 빠져나오고, 식었을 때는 이 펙틴이 잼의 기반이 되는 끈적한 젤 형태가 된다. 바베리는 펙틴 함량이 높다. 게다가 산성이 펙틴의 방출을 돕는다. 따라서 바베리로 잼과 젤리의 향을 내면 빠르게 원하는 질감을 얻을 수 있다. 펙틴의 함량이 중, 저에 해당되는 과일의 경우 특히 더 그렇다.

저 — 중 — 고

딸기 0.4% | 살구 1% | 사과(익지 않은) 1.5% | 바베리 2.2%

상대적인 펙틴 함량

카카오

흙 내음 | 꽃향 | 달콤쌉싸름한

학명
Theobroma cacao

다른 이름
코코아

주요 화합물
이소발레르알데하이드

사용하는 부분
씨앗('콩'이라고도 한다)

경작 방법
장대에 달린 특수한 갈고리로 익은 과일을 수확한다.

상품화
쓴맛의 생 씨앗을 발효시켜 구수한 맛이 나게 한 후에 건조시키고(주로 야외에서 나무를 태우며 그 옆에서) 볶은 후 쪼개서 속 알맹이가 나오도록 한다.

요리 외적 용도
전통 의학에서 강력한 흥분제로 사용했다. 현대 의학에서는 심혈관계 질환을 막는 것으로 알려져 있다.

향신료 이야기

일찍이 기원전 1500년 멕시코 남부의 올메크족 사람들이 카카오를 사용했다는 증거가 남아 있다. 기원전 600년에 올메크인들은 카카오를 유카탄 반도의 마야인들에게 소개했고, 마야인들은 이를 영양 공급원으로 사용했다. 그들은 아즈텍과 카카오 교역을 했고, 아즈텍인들은 카카오 콩을 당을 첨가하지 않은 진한 음료로 만들었다. 16세기 초 유카탄을 침입한 스페인 사람들은 카카오가 값어치 있는 상품이라는 것을 알아보고 자당을 넣어 달게 만들기 시작했다. 처음 유럽으로 보내져 스페인에 도착한 카카오 수송에 대한 기록은 1585년부터 시작된다. 한 세기만에 초콜릿 음료는 유럽 전역에서 소비하게 되었다. 커피와 차를 마신 것보다 훨씬 앞선 일이다. 최초의 단단한 초콜릿 바는 1847년에 영국 회사인 프라이스 오브 브리스톨(Fry's of Bristol)에서 만들었다.

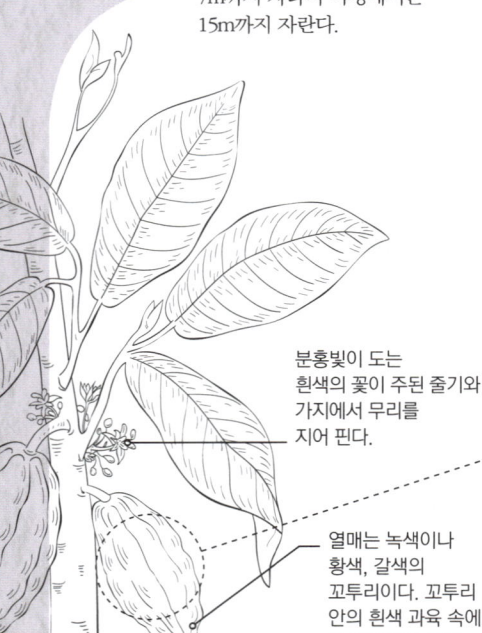

카카오는 아욱과의 잎이 넓은 열대 상록수이다. 농장에서는 7m까지 자라며 야생에서는 15m까지 자란다.

분홍빛이 도는 흰색의 꽃이 주된 줄기와 가지에서 무리를 지어 핀다.

열매는 녹색이나 황색, 갈색의 꼬투리이다. 꼬투리 안의 흰색 과육 속에 큰 씨앗들이 들어 있다.

닙스는 통으로, 혹은 다져서, 혹은 절구로 굵게 갈아서 가루로 사용한다.

카카오 닙스는 가미하지 않은 카카오 씨앗 속 알맹이를 부순 조각이다. 볶은 것이나 생것으로 구할 수 있다(향 내는 법 참조).

재배 지역
카카오의 원산지는 열대 중앙아메리카와 남아메리카이다. 현재는 세계 전체 작물의 50% 이상이 아이보리코스트와 가나에서 생산되고 있다. 하지만 에콰도르, 브라질, 페루, 콜롬비아, 멕시코, 도미니카공화국, 인도네시아를 비롯한 다른 많은 열대 국가에서도 카카오를 재배한다.

풍미 그룹 | 과일 향의 알데하이드 | 카카오   163

크리에이티브 키친

그 어떤 식품보다 복합적인 향을 가지고 있는 카카오 닙스는 흙 내음이 나고 쌉쌀한 동시에 향긋하다. 하지만 초콜릿과 달리 갈아서 페이스트 형태로 만들지 않으면 녹지 않는다. 견과류와 같은 바삭한 질감을 갖고 있으며, 통으로, 다져서, 굵은 가루로 갈아서 사용할 수 있다.

블렌딩 과학

카카오에는 600가지 정도의 풍미 화합물이 들어 있고, 그 각각의 양은 지역, 나무의 종류, 가공 방법에 따라 달라진다. 쓴맛은 부분적으로 볶는 과정에서 피라진으로 변형되는 두 가지 자극성 화합물, 카페인과 테오브로민에 의해 만들어진다. 카카오에는 단맛을 내는 알데하이드와 케톤은 물론 과일 향의 알코올과 페놀도 들어 있다. 피라진은 이 향신료에 볶은 견과류 향도 준다.

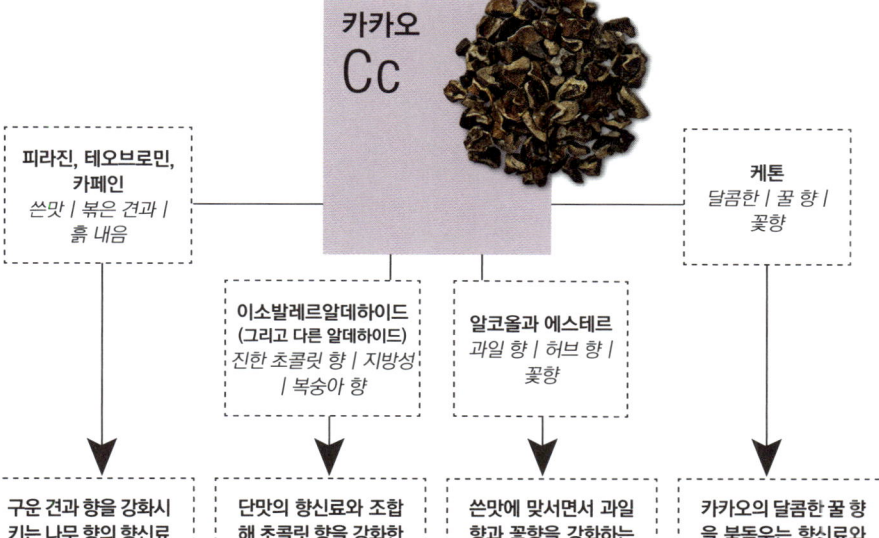

카카오 Cc

피라진, 테오브로민, 카페인
쓴맛 | 볶은 견과 | 흙 내음

이소발레르알데하이드 (그리고 다른 알데하이드)
진한 초콜릿 향 | 지방성 | 복숭아 향

알코올과 에스테르
과일 향 | 허브 향 | 꽃향

케톤
달콤한 | 꿀 향 | 꽃향

구운 견과 향을 강화시키는 나무 향의 향신료와 조합한다.
- ⊕ **와틀**은 볶은 커피 같은 맛과 진한 훈연 향을 더한다.
- ⊕ **흑후추**는 나무 향과 약간 쌉쌀한 얼얼함, 열성을 전한다.
- ⊕ **참깨**는 볶은 후의 조화로운 견과 향을 제공한다.
- ⊕ **큐민**은 흙 내음과 장작불 향을 내며 소나무 숲의 향기를 전한다.

단맛의 향신료와 조합해 초콜릿 향을 강화한다.
- ⊕ **바닐라**는 단맛과 특유의 크리미한 풍성함, 향긋함을 가지고 있다.
- ⊕ **마할레브**는 달콤쌉싸름한 체리와 아몬드 향을 낸다.
- ⊕ **메이스**는 달콤한 사향 향과 오렌지 향(넛맥의 경우는 약하다)을 전한다.

쓴맛에 맞서면서 과일 향과 꽃향을 강화하는 향신료들과 조합한다.
- ⊕ **코리앤더**는 꽃향을 증폭시키며 레몬 향으로 과일 향을 강화한다.
- ⊕ **칠리**는 과일 향과 풀 향을 주며, 열감이 전해지는 범위를 넓힌다.
- ⊕ **월계수**는 예리하고, 상쾌하며, 꽃향이 나는 허브 향을 전한다.
- ⊕ **생강**은 톡 쏘는 열감, 달콤한 감귤 향과 꽃향의 리날로올을 더한다.

카카오의 달콤한 꿀 향을 북돋우는 향신료와 조합한다.
- ⊕ **감초**는 강한 단맛을 내며, 정향의 맛과 진한 유칼립투스 향을 제공한다.
- ⊕ **시나몬**은 달콤한 열감의 원인이 된다.
- ⊕ **올스파이스**는 달콤한 후추 향의 '열감'을 제공한다.
- ⊕ **스위트 파프리카**는 단맛을 강화하며 흙 내음을 전한다.

음식 궁합

- ⊕ **회향, 늙은 호박** 회향과 블러드 오렌지 샐러드에, 늙은 호박과 세이지 라비올리에 갈아서 뿌린다.
- ⊕ **오징어** 굵게 간 닙스를 오징어튀김 반죽에 넣는다.
- ⊕ **고기** 볶은 닙스 가루를 스테이크에 문지른 뒤 굽는다. 오리와 돼지고기 요리를 위한 이탈리아식 아그로돌체(agrodolce) 소스에 넣고, 과일 향의 매운 양고기 타진에 섞는다.
- ⊕ **단맛 나는 제과·제빵** 바나나브레드, 팬케이크, 쿠키에 닙스를 넣는다.
- ⊕ **치즈케이크** 고소하거나 달콤한 치즈케이크의 쿠키 베이스 재료에 닙스를 넣는다.

향 내는 법

생 카카오 닙스는 단맛이 없고 초콜릿보다 훨씬 더 쓰다. 사용 전에 구우면 쓴맛을 일부 제거할 수 있다.

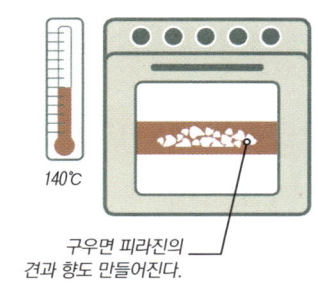

140℃

구우면 피라진의 견과 향도 만들어진다.

닙스를 140℃ 오븐에서 10~15분간 굽는다.

블렌딩 해보기

카카오를 이용한 전형적인 블렌딩을 따라해 보고 변형도 시도해 보자.

몰레 믹스 65쪽

파프리카

달콤쌉싸름한 | 흙 내음 | 과일 향

학명
Capsicum annuum

다른 이름
헝가리안 페퍼, 피멘톤

주요 화합물
피라진 조합

사용하는 부분
열매

경작 방법
여름철에 파프리카가 붉게 익으면 수확한다.

상품화
열매를 말린 뒤 간다. 훈제 파프리카로 만들 고추는 가공 전에 훈연실에 걸어 놓는다.

요리 외적 용도
캡사이신의 색소와 염증 완화 성질을 주로 화장품과 제약업계에서 이용한다.

향신료 이야기

캡시컴 고추는 멕시코에서 유래한 것으로 보인다. 최근 발견한 멕시코의 동굴 유적을 통해 기원전 7000년부터 캡시컴 고추를 먹었다는 것을 알 수 있다. 15세기 말, 탐험가 크리스토퍼 콜럼버스는 카리브해의 고추를 유럽으로 가져왔다. 스페인 수도사들은 이 열매들을 건조시켜 갈기 시작했고 세계 최고의 훈제 파프리카는 아직도 엑스트레마두라의 라베라 계곡에서 만들어진다. 이곳에서는 들판에 있는 훈연실에 익은 고추를 매달았다가 오래된 돌절구에 빻는다. 오스만 제국은 헝가리에 고추를 소개했고 1800년대 중반 헝가리인들은 파프리카를 자국의 양념으로 받아들여 소박한 고기 수프, 굴라시의 필수 재료로 삼았다. 프랑스 요리사 오귀스트 에스코피에(Georges Escoffier)는 파프리카를 더 넓은 요리의 세계로 끌어들였다. 그는 1879년에 파프리카를 헝가리로부터 그의 몬테카를로 레스토랑으로 들여와 파프리카 치킨(poulet au paprika)이라는 메뉴로 선보였다.

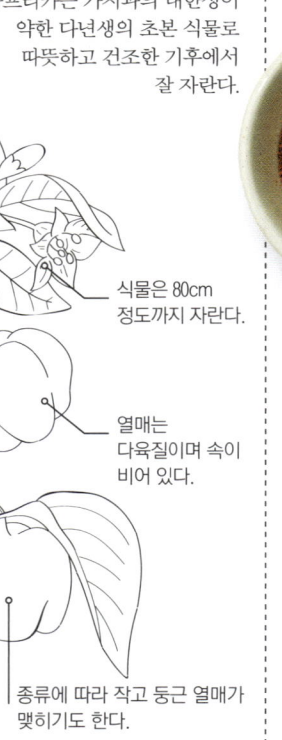

파프리카는 가지과의 내한성이 약한 다년생의 초본 식물로 따뜻하고 건조한 기후에서 잘 자란다.

식물은 80cm 정도까지 자란다.

열매는 다육질이며 속이 비어 있다.

종류에 따라 작고 둥근 열매가 맺히기도 한다.

◀ 헝가리산

가장 매운 에로스(erós)부터 가장 부드러운 퀼뢴레게시(különleges)까지 다양하다.

가장 널리 알려진 품종은 피칸테(picante, 매운), 돌세(dulce, 단), 아그리돌세(agridulce, 달콤쌉싸름한)이다.

스페인산 ▶

파프리카는 대표적으로 밝은 빨강이나 녹빛을 띠며 선명한 과일 향을 가진 헝가리안과 보다 어두운색과 보다 단맛의 피멘톤(pimentón) 두 가지 유형이 있다. 두 종류 모두 훈연된 것을 구할 수 있다.

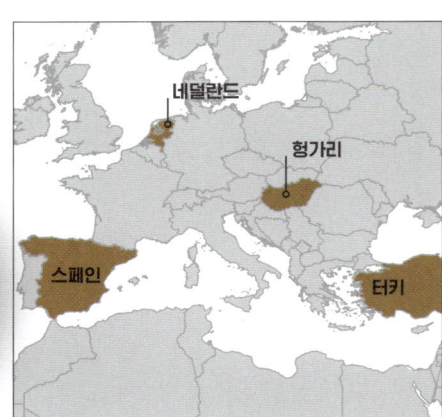

재배 지역
고추의 원산지는 남아메리카와 중앙아메리카이지만 파프리카 고추는 주로 헝가리, 스페인, 네덜란드, 터키에서 재배되고 가공된다.

크리에이티브 키친

다양한 종류의 파프리카는 흙 내음과 훈연 향, 매운 열감과 과당의 단맛으로 가치를 인정받고 있다. 녹빛의 색소를 이용하되 요리의 맛을 해치지 않으려면 가장 순한 맛을 가진 종류를 선택한다.

블렌딩 과학

신맛의 구연산에서 나오는 파프리카의 톡 쏘는 맛과, 럼과 같은 풍미 화합물 에틸아세테이트와 당에서 나오는 단맛, 피라진의 풍부한 흙 내음의 대부분은 건조와 훈연 과정에서 생긴다. 달콤한 과일 향에서부터 씁쓸한 훈연 향에 이르는 여러 가지 유형의 파프리카가 있기 때문에 다양한 조합이 가능하다.

파프리카 Pa

피라진 조합 — 흙 내음 | 훈연 향

구연산 — 떫은맛 | 감귤 향

당, 에틸아세테이트 — 달콤한 | 과일 향

이소발레르알데하이드, 아세톤 — 지방성 | 버터 향

다른 피라진이나 관련 화합물과 조합한다.
- **와틀**의 피라진과 다른 훈연 향 화합물은 장작불 향과 초콜릿 향을 낸다.
- **블랙 카다멈**은 흙 내음과 훈연 향을 가지고 있다.
- **참깨**는 볶았을 때 풍성한 견과 향과 캐러멜 향을 낸다.
- 볶은 형태의 **아즈와인**은 허브 향과 흙 내음, 약한 감귤 향을 가지고 있다.

파프리카의 달콤한 측면을 강조한다.
- **시나몬**은 단맛을 끌어올리고 향긋한 열감을 더한다.
- **올스파이스**는 정향과 같은 단맛과 꽃향을 낸다.
- **캐러웨이**는 배합이 잘 된 감귤 향과 달콤 씁싸름한향, 미묘한 아니스 같은 향을 낸다.

진한 풍미를 부각시켜 준다.
- **카카오**는 피라진, 케톤, 에스테르, 이소발레르알데하이드 등 많은 화합물을 공유한다.
- **사프란**은 부드러운 파프리카와 조합되었을 때 건조와 비슷한 독특한 진한 풍미를 내며 흙 내음을 조금 강화한다.

시거나 감귤 향이 나는 다른 향신료로 파프리카의 톡 쏘는 맛을 북돋운다.
- **타마린드**의 주석산, 과일 향의 알데하이드, 리모넨이 새콤달콤한 자극을 준다.
- **코리앤더**는 리모넨과 흙 내음을 돕는 시멘을 갖고 있어 좋은 짝이 된다.
- **생강**의 감귤 향, 단맛, 톡 쏘는 개운맛을 각각 순한, 단 매운 파프리카를 통해 끌어낼 수 있다.

음식 궁합

⊕ **자두** 새콤달콤한 자두 소스에 훈제 파프리카를 넣는다.

⊕ **뿌리채소 구이** 구운 예루살렘 아티초크를 훈제 파프리카 아이올리(aïoli)와 낸다. 소금, 햇감자, 파프리카, 큐민, 칠리, 마늘이 들어간 모호 피콘(mojo picón) 소스를 낸다.

⊕ **오징어, 문어** 오징어튀김 반죽에 매운 파프리카 가루를 뿌린다. 문어를 재우는 모로코식 셰물라(chermoula, 허브를 이용한 재움장)에 매운 파프리카 가루를 넣는다.

⊕ **고기** 구운 골수에 훈제 파프리카와 다진 허브를 뿌린다. 돼지고기 혹은 오리고기 리예트(rillette)에 훈제 파프리카를 넣는다. 조리 시작 전에 차돌박이에 문지르고, 내장 파프리카쉬(paprikash)를 만든다.

향 내는 법

파프리카에는 카르테노이드(당근의 주황색 색소와 유사한)의 농도가 높다. 파프리카의 주요 풍미 화합물들과 카르테노이드는 기름에 매우 잘 녹는다. 따라서 조리 초반에 기름과 함께 조리하면 요리에 색과 향을 퍼뜨리는 데 도움이 된다.

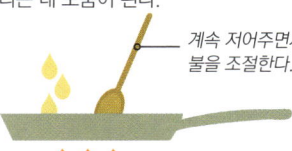

계속 저어주면서 불을 조절한다.

입자가 작은 것은 쉽게 타니 조리 시 주의한다. 훈제된 것은 이미 씁쓸한 맛이 약간 나기 때문에 눌어 버리면 시큼한 쓴맛이 나오기 쉽다.

블렌딩 해보기

파프리카를 이용한 전형적인 블렌딩을 따라해 보고 변형도 시도해 보자.

자메이카식 저크 럽 64쪽
치미추리 66쪽
비비큐 럽 68쪽

순한 맛? 매운맛?

칠리의 열감은 캡사이신에서 비롯된다. 대부분의 캡사이신은 중과피에 들어 있다. 파프리카가 가진 열감이나 부드러움의 정도는 사용된 칠리 종류에 들어 있는 캡사이신 농도, 가공 과정에서 중과피 제거 여부에 달려 있다. 저품질의 매운 파프리카는 씨를 포함하여 통째로 건조한 것이다.

캡사이신을 포함하고 있는 지방선이 중과피와 과육 사이의 내부 경계를 따라 이어져 있다.

와틀

볶은 내 | 나무 향 | 곰팡내

학명
Acacia victoriae (가장 흔히 사용되는 종)

다른 이름
건더블루 와틀

주요 화합물
피라진 화합물

사용하는 부분
씨앗

경작 방법
진동 수확기를 이용하거나 막대로 두들겨서 익은 꼬투리를 제거한다.

상품화
탈곡해 꼬투리에서 씨앗을 분리한 후 체로 쳐 불순물을 제거하고 건조시켜 볶는다.

요리 외적 용도
가축 사료로 사용되어 왔다. 전통 원주민 의학에서는 와틀 나무의 열매, 씨앗, 수지를 여러 질환에 사용한다.

향신료 이야기

오스트레일리아 원주민들은 적어도 4천 년 동안 와틀을 주식으로 이용했다. 오스트레일리아에서 자라는 수백 종의 아카시아 중에 먹을 수 있는 씨앗이 열리는 것은 몇 종 되지 않으며 독성이 있는 종들도 있다. 수천 년 동안 원주민들은 먹을 수 있는 종들을 찾아냈다. 그들은 씨앗을 꼬투리에서 꺼내 날것으로 먹기도 하고 말려서 볶거나 구운 뒤 맷돌에 갈아 가루로 만들어 먹기도 했다. 이 씨앗에 대한 상업적인 관심이 커지면서 오스트레일리아에 소규모 플랜테이션이 개발되기 시작했지만 작물의 상당량은 여전히 야생 나무에서 수확되고 있다. 대척지 레스토랑 메뉴에 '부시 푸드(bush food, 원주민 전통 음식)'가 점점 많이 등장하면서 와틀이 요리 향신료로써 가지는 중요성도 커졌다.

콩과의 몇 안 되는 상록 관목이나 작은 나무에서 먹을 수 있는 와틀 씨앗이 열린다.

크림색의 꽃은 먹을 수 있다. 때로 요리 장식용으로 사용된다.

완두콩과 비슷한 녹색의 꼬투리는 익으면 갈색이나 황색으로 변하며 종이같이 얇아지고 깨지기 쉽다.

와틀은 풍미가 좋을 뿐 아니라 단백질도 풍부하다(약 20%).

이 감칠맛 나는 향신료는 보통 갈아 놓은 커피와 비슷한 진한 갈색의 거친 가루 형태로 판매된다. 밀폐 용기에 담아 어둡고 서늘한 곳에 보관하면 2년까지 사용할 수 있다.

재배 지역
'아카시아 빅토리아에'를 비롯해 먹을 수 있는 와틀 품종들은 오스트레일리아의 반건조 지역과 건조 지역이 원산지이다. 그들은 오스트레일리아 남부와 서부, 빅토리아, 뉴사우스웨일스에서 재배된다.

풍미 그룹 | **구운 맛의 피라진** | 와틀   **167**

크리에이티브 키친

와틀은 독특한 견과 향과 볶은 커피 같은 맛, 약한 숯 향과 훈연 향을 가지고 있다. 이 향신료의 복잡한 향미는 달콤한 요리나 고소한 요리와 잘 어울린다.

블렌딩 과학

와틀의 향미 프로필을 지배하는 것은 쓴맛, 곰팡내, 흙 내음, 볶은 커피 향과 약간의 코코아 향을 가진 물에 녹는 피라진과 단맛, 견과 향, 숯 향과 약간의 팝콘 향을 가진 기름에 녹는 피라진이다. 강한 레몬 향의 시트랄과 쓴맛의 페놀도 존재한다.

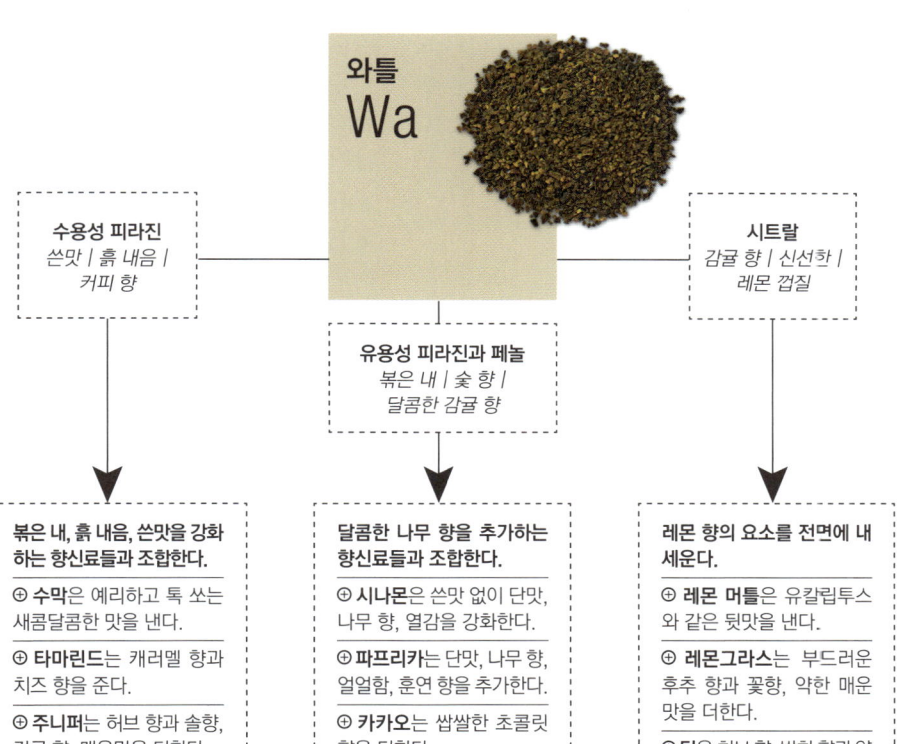

와틀 Wa

수용성 피라진
쓴맛 | 흙 내음 | 커피 향

유용성 피라진과 페놀
볶은 내 | 숯 향 | 달콤한 감귤 향

시트랄
감귤 향 | 신선함 | 레몬 껍질

볶은 내, 흙 내음, 쓴맛을 강화하는 향신료들과 조합한다.
- ⊕ **수막**은 예리하고 톡 쏘는 새콤달콤한 맛을 낸다.
- ⊕ **타마린드**는 캐러멜 향과 치즈 향을 준다.
- ⊕ **주니퍼**는 허브 향과 솔향, 감귤 향, 매운맛을 더한다.
- ⊕ **캐럽**은 볶았을 때 커피 향과 코코아 향을 강화한다.

달콤한 나무 향을 추가하는 향신료들과 조합한다.
- ⊕ **시나몬**은 쓴맛 없이 단맛, 나무 향, 열감을 강화한다.
- ⊕ **파프리카**는 단맛, 나무 향, 얼얼함, 훈연 향을 추가한다.
- ⊕ **카카오**는 쌉쌀한 초콜릿 향을 더한다.
- ⊕ **큐민**은 곰팡내, 흙 내음, 거의 탄 듯한 냄새를 갖고 있다.

레몬 향의 요소를 전면에 내세운다.
- ⊕ **레몬 머틀**은 유칼립투스와 같은 뒷맛을 낸다.
- ⊕ **레몬그라스**는 부드러운 후추 향과 꽃향, 약한 매운맛을 더한다.
- ⊕ **딜**은 허브 향, 박하 향과 약한 나무 향을 준다.
- ⊕ **캐러웨이**는 아니스 같은 향과 매운맛을 낸다.

향 내는 법

와틀은 기름에 볶거나 구울 필요가 없다. 가공 과정에서 견과 향과 볶은 내가 이미 방출되기 때문이다. 대신 향은 요리의 물과 기름 균형에 따라 달라진다.

지방에 조리하면 쓴맛의 페놀 함량이 떨어지고 레몬과 같은 감귤 향과 견과 향의 유용성 피라진이 방출된다.

물을 기반으로 하는 액체와 조리하면 수용성 피라진과 쓴맛의 페놀들이 방출되어서 쓴맛, 흙 내음, 볶은 커피 향과 약간의 코코아 향이 난다.

에스프레소처럼 추출한다

쓴맛은 줄이면서 물을 기반으로 하는 향을 극대화하려면 에스프레소 기계에 커피처럼 와틀 가루를 넣어 추출액을 만든 후 그것을 요리에 사용한다.

음식 궁합

- ⊕ **감자** 구운 고구마 칩이나 감자 웨지에 와틀을 뿌린다.
- ⊕ **커스터드** 커스터드에 와틀의 향을 우린 뒤 그것을 아이스크림으로 만들거나 단맛의 스펀지 푸딩 위에 따뜻하게 얹어 낸다.
- ⊕ **고기** 닭고기, 양고기, 소고기의 말린 향신료 럽이나 재움장에 와틀을 넣는다.
- ⊕ **빵** 빵 반죽이나 달콤한 이스트 빵에 와틀을 뿌려 견과 향의 단맛을 더한다.
- ⊕ **참치** 참치를 팬에 굽기 전, 크러스트에 다른 향신료와 함께 와틀을 포함시킨다.
- ⊕ **초콜릿** 와틀은 진한 초콜릿이 많이 든 모든 음식과 잘 어울린다. 초콜릿 무스나 초콜릿 가나슈에 와틀을 넣어 본다.

참깨

견과 향 / 달콤쌉싸름한 / 기름진

학명
Sesamum indicum

다른 이름
벤네

주요 화합물
피라진 화합물

사용하는 부분
씨앗

경작 방법
씨앗의 삭(기술적으로는 열매)이 완전히 익기 전에 식물 전체를 베어 낸다.

상품화
줄기를 말리고, 타작하고, 삭을 쪼개 씨를 털어 낸다.

요리 외적 용도
참기름은 화장품과 향수의 원료로 사용된다. 약간 완하제의 성질을 가진 씨앗은 아시아 전통 의학에서 소화불량과 관절염을 치료할 때 쓴다.

향신료 이야기

참깨가 처음 재배된 것은 4천 년 이상 된 일이다. 많은 고대 문명이 참깨를 귀하게 여겼다. 바빌로니아와 아시리아 사람들은 참깨를 요리와 종교 의식에 사용했는데, 아시리아 신화는 신들이 세상을 만들기 전 날 밤 참깨 술을 마셨다고 전한다. 고대 이집트인들은 참기름을 약으로 사용했고 씨앗을 갈아 가루로 만들었다. 투탕카멘(Tutankhamun)의 무덤에서 참깨의 흔적이 발견되었다. 로마의 군인들은 활력을 주는 참깨를 비상식량으로 가지고 다녔고, 요리사들은 참깨를 갈아 페이스트와 비슷한 소스로 만들어 큐민으로 향을 더했다. 그 유명한 아라비아 민담에서는 알리바바가 "열려라, 참깨!"라고 소리치면 보석을 숨겨 둔 동굴이 열린다. 이는 아마도 익은 씨앗 꼬투리가 살짝 건드리기만 하면 벌어져 씨앗을 뿌리는 것을 암시하는 듯하다. 참깨는 노예 무역을 통해 북아메리카와 멕시코로 전해졌고 1730년 식민지 시대 미국에서 재배되고 있었다.

참깨는 페달리움과의 열대성 한해살이 식물이다. 1~2m까지 자란다.

꽃은 트럼펫 모양이고 흰색, 연한 분홍색, 자줏빛을 띤다.

삭은 타원형이고 50~100개의 납작한 씨앗이 들어 있다.

겉껍질이 벗겨진 것과 벗겨지지 않은 것, 볶은 것과 볶지 않은 것이 판매된다. 생 씨앗에는 거의 향이 없다. 볶아서 견과 향을 끌어낸다.

겉껍질을 벗기지 않은 이런 유형의 씨앗은 중국과 일본 요리에서 인기가 있다. 볶은 것과 볶지 않은 것이 판매된다.

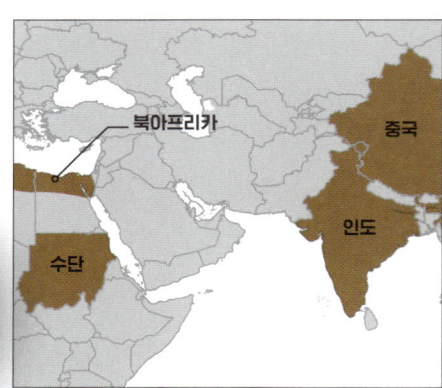

재배 지역
참깨의 원산지는 사하라 이남 아프리카이다. 참깨는 중국, 인도, 북아프리카, 북아메리카, 중앙아메리카, 남아메리카, 수단에서 재배된다.

크리에이티브 키친

참깨는 인도의 틸 라두스(til laddoos), 중동의 할바(halva)와 같은 당과에서부터 타히니와 후무스 같은 고소한 딥과 드레싱에 이르기까지 대단히 다양한 요리에 사용된다. 일본인들은 밥과 국수에 참깨와 소금을 섞은 양념, 고마시오(gomashio)를 뿌린다.

블렌딩 과학

볶지 않은 참깨 씨앗은 푸르푸랄, 헥사날과 같은 화합물에서 나오는 매우 약한 향을 가지고 있다. 볶거나 구우면, 씨앗 바깥쪽 막의 단백질과 당이 서로 반응해서 견과 향의 피라진을 비롯한 수백 가지 새로운 화합물들이 형성된다.

참깨 Se

- **피라진과 2-푸릴메탄올**: 견과 향 | 커피 향 | 구운 고기 향
- **푸르푸랄**: 달콤한 | 빵 냄새 | 캐러멜 향
- **헥사날**: 풀향 | 녹음의 향

볶은 씨앗의 견과 향을 강조한다.
⊕ **파프리카**는 달콤한 흙 내음을 더한다.
⊕ **와틀**의 피라진이 볶은 참깨 씨앗과 중복되면서 장작불 향과 초콜릿 향을 낸다.

푸르푸랄을 함유한 다른 향신료와 조합해서 구운 빵 냄새를 강화한다.
⊕ **타마린드**는 캐러멜과 같은 푸르푸랄 향을 낸다.
⊕ **바닐라**의 복잡한 화합물 조합은 달콤한 향에 깊이를 더한다.

풀향을 보강한다.
⊕ **양귀비** 씨앗에는 비슷한 풀향의 알데하이드 화합물이 가득하다.
⊕ **월계수**의 풀향과 상쾌한 향이 공유하는 헥사날에 의해 부각된다.

음식 궁합

⊕ **바나나와 사과** 볶은 씨앗을 사과나 바나나 프리터 위에 뿌린다.

⊕ **채소** 국수와 채소 샐러드에 매운 쓰촨 드레싱과 함께 검은깨를 뿌린다. 구운 케일이나 아스파라거스에 검은깨를 뿌린다.

⊕ **기름진 생선** 참치나 연어를 굽기 전에 깨를 입힌다.

⊕ **닭고기** 닭다리에 검은깨 가루, 콩, 꿀을 입혀 굽는다.

⊕ **콩** 팔라펠을 생 씨앗에 굴린 후, 조리한다.

⊕ **제과제빵** 빵 반죽을 굽기 전에 생 참깨를 뿌린다. 꿀, 버터, 흰깨로 참깨 브리틀(brittle, 견과류를 섞은 납작한 과자)을 만든다.

향 내는 법

참깨는 볶으면 외층의 단백질과 당이 반응해 볶은 견과 향의 피라진과 황, 커피나 구운 고기와 같은 2-푸릴메탄올 등의 새로운 화합물이 생성된다.

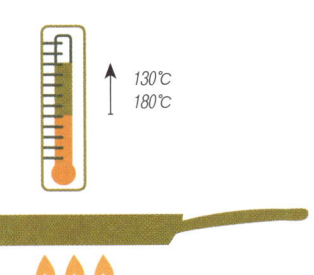

130°C
180°C

단백질과 당은 130°C 이상에서 반응한다. 180°C에서는 씨앗 안의 지방이 타서 신 냄새를 풍긴다. 따라서 주의를 기울여 볶아야 한다.

검은색? 흰색?

검은 씨앗은 보다 무겁고 강한 향을 내며 고소한 요리에 더 잘 어울린다. 흰색의 종은 부드러운 맛의 향신료와 조합하거나 버터와 함께 조리하기에 좋다. 껍질을 벗기지 않은 씨앗은 약간 쓴맛이 난다. 해충을 막기 위해 외피에 있는 수산염 때문이다.

강한 향의 요리에 잘 어울린다.

색소와 함께 높은 농도의 페놀 방어 화합물이 보다 강한 향과 약간의 쓴맛을 전달한다.

페이스트를 만드는 데 사용하거나 당과에 첨가한다.

흰색의 참깨 씨앗은 기름이 약간 적고 습기가 더 많아 꿀, 캐러멜화된 우유, 바닐라의 부드러운 향을 전한다.

검은깨, 감초, 카다멈 아이스크림

세 가지 향신료를 사용하는 이 레시피로 감칠 맛이 나면서 과하게 달지 않은 미묘한 향의 부드러운 아이스크림을 만들 수 있다. 카다멈의 약한 감초 향과 꽃향이 견과류의 향과 볶은 참깨 맛을 한층 더 강화한다. 알코올을 첨가하면 냉동실에서 꺼냈을 때 아이스크림이 더 부드러워진다. 하지만 원치 않을 경우 빼도 좋다.

향신료 아이디어

쓴맛을 줄이려면 검은깨 대신 흰깨를 사용하고 꿀 향과 꽃향을 더 부각시키려면 볶지 않고 사용한다.

초콜릿과 장작불 향을 내려면 참깨의 일부를 와틀로 대체한다.

감초 대신 월계수 잎을 사용해서 참깨가 가진 풀향의 헥사날과 카다멈의 유칼립투스와 같은 시네올을 끌어올린다.

4인분

준비 시간 20분

아이스크림 메이커의 냉동 시간 20~30분 (가능한 경우 볼을 미리 얼려 둔다) 냉동실에서 3~4시간

검은깨 3큰술 가득
휘핑크림 300ml
그릭 요거트 300ml
연유 300ml
간 카다멈 씨앗 꼬투리 30개 분량
감초 뿌리 가루 1½작은술
화이트 럼 혹은 다른 밝은 색상의 증류주 1½큰술(선택적)

1 기름을 두르지 않은 프라이팬을 중불로 달군 다음 검은깨를 넣고 5분간 볶아 그대로 식힌다.

2 절구나 작은 푸드 프로세서에 참깨, 감초, 카다멈을 넣고 갈아 페이스트를 만든다.

3 커다란 볼에 휘핑크림을 넣고 뿔 모양이 생길 때까지 휘젓는다.

4 다른 볼에 요구르트, 연유와 함께 2의 페이스트를 넣고 섞은 다음 3에 넣어 부드럽게 섞는다. 술을 추가한다면 이 단계에서 넣고 섞는다.

5 아이스크림 메이커에 4를 담고 설명서의 지시에 따라 작동시킨다. 메이커에서 꺼내 냉동 용기에 담아 냉동실에서 얼린다. 아이스크림 메이커가 없다면 4를 바로 냉동 용기에 넣고 부드러운 아이스크림이 되도록 일정한 시간마다 휘저어 얼음 결정을 부수면서 3~4시간 정도 얼린다.

마늘

얼얼한 | 유황 향 | 달콤한

학명
Allium sativum

다른 이름
캠퍼 오브 더 푸어, 스팅킹 로즈

주요 화합물
알리신

사용하는 부분
구근

경작 방법
잎의 절반 정도가 황색으로 변했을 때 구근을 수확한다.

상품화
구근은 그늘지고 서늘한 장소에서 10~20일 동안 보관할 수 있다. 이 사이에 수분 함량이 1/5정도 감소한다.

요리 외적 용도
최근 연구에 따르면 마늘은 콜레스테롤 수치를 개선하고 혈압을 약간 낮춘다.

향신료 이야기

강한 향을 내는 이 향신료는 거의 모든 문명으로부터 5만 년 이상 귀한 대접을 받아왔다. 그리스의 의사 갈레노스(Galen)는 마늘을 "위대한 만병통치약"이라고 칭송했다. 기원전 약 1550년의 이집트의 의학 파피루스에는 여러 질병에 대한 마늘 성분의 22가지 치료제 제조법이 등장한다. 이집트 피라미드를 건설한 노예들에게는 체력을 유지하고 질병을 막을 목적으로 마늘이 주어졌다. 중국인들은 강장과 치유 효과 때문에 마늘을 재배했고, 로마 병사들은 전쟁 전에 용기와 힘을 얻기 위해 마늘을 먹었다. 민간 설화에서는 마늘이 악령이나 흡혈귀로부터의 보호 도구로, 또 동시에 악의 상징으로 나타난다. 음식으로서의 인기는 부침을 거듭했다. 강한 냄새 때문에 로마와 그리스의 식탁에서는 외면을 받았지만 시간이 흐르면서 인도와 지중해를 비롯한 많은 지역 요리의 필수 재료가 되었다.

마늘은 양파과의 다년생 알뿌리 초본으로 0.6m까지 자란다. 구근을 심은 후 5~9개월이면 수확할 수 있다.

◀ 가루

플레이크 ▶

건조된 마늘은 플레이크, 가루, 입상 형태로 만들 수 있지만, 이런 형태에는 신선한 마늘이 가진 미묘한 솔향과 감귤 향이 사라지고 마늘의 주된 유황 향만 남는다.

껍질 구근의 껍질은 흰색, 황색, 분홍색, 연보라색이다.

어둡고 서늘한 곳에 보관한다. 냉장할 필요는 없다.

구근은 쪽이라고 알려진 최대 24개의 부분으로 이루어진다.

성숙한 구근은 향이 강해지기 마련이지만 푸른 순이 난 것은 피해야 한다(다음 페이지 참조).

재배 지역
중앙아시아가 원산지로 추정되지만 현재는 중국이 최대 생산국이자 최대 수출국이다. 그 뒤를 인도, 한국, 러시아, 미국이 잇고 있다.

크리에이티브 키친

마늘은 많은 고소한 요리에 깊이를 부여하는 고유의 향을 잃지 않으면서도 다른 향미를 증폭시키고 결속시킨다. 다양한 요리법의 필수 재료인 마늘은 양파, 생강과 함께 '삼위일체'를 형성해 아시아 요리의 핵심으로 기능한다.

블렌딩 과학

마늘의 얼얼한 느낌은 주로 황을 함유한 풍미 화합물에서 나온다. 이들 화합물은 역시 황 화합물을 함유하고 있는 조리된 고기와 특이한 융합을 이루어낸다. 리모넨과 사비넨을 비롯한 부드러운 향의 테레핀도 소량씩 존재한다. 볶으면 견과 향의 피라진이 생성된다.

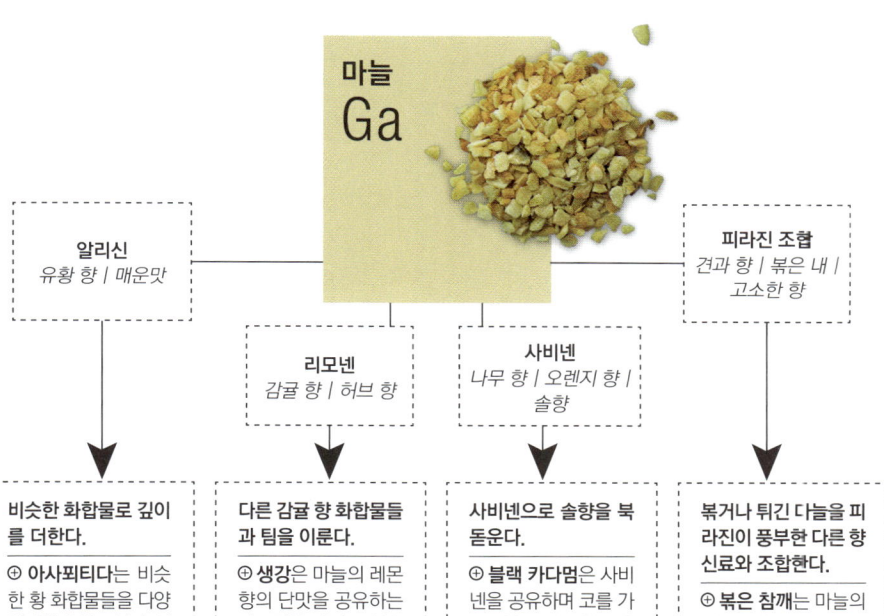

마늘 Ga

- **알리신** 유황 향 | 매운맛
- **리모넨** 감귤 향 | 허브 향
- **사비넨** 나무 향 | 오렌지 향 | 솔향
- **피라진 조합** 견과 향 | 볶은 내 | 고소한 향

비슷한 화합물로 깊이를 더한다.
- ⊕ **아사푀티다**는 비슷한 황 화합물들을 다양하게 함유하고 있다. 이들이 강한 향을 낸다.
- ⊕ **칠리**의 캡사이신은 혀의 온도 감지기를 자극해 마늘의 열감에 깊이를 더한다.

다른 감귤 향 화합물들과 팀을 이룬다.
- ⊕ **생강**은 마늘의 레몬 향의 단맛을 공유하는 시트랄을 가지고 있으며 열감도 낸다.
- ⊕ **레몬그라스**는 감귤 향, 달콤한 꽃향과 약한 후추 향을 더한다.

사비넨으로 솔향을 북돋운다.
- ⊕ **블랙 카다멈**은 사비넨을 공유하며 코를 가득 채우는 장뇌 향과 훈제 향을 더한다.
- ⊕ **넛맥**과 **메이스**는 흙 내음과 단맛을 전한다.

볶거나 튀긴 다늘을 피라진이 풍부한 다른 향신료와 조합한다.
- ⊕ **볶은 참깨**는 마늘의 견과 향을 강화한다.
- ⊕ **와틀**은 숯 향과 약한 팝콘 향을 전한다.

음식 궁합

- ⊕ **구운 양고기** 굽기 전에 고기 전체에 칼집을 내고 생마늘 편을 끼워 넣는다.
- ⊕ **수프** 호일에 싼 통마늘을 오븐에 구운 후 달콤한 과육을 짜내서 호박이나 다른 채소 수프에 넣는다.
- ⊕ **새우** 새우구이나 바비큐용 기름장에 마늘을 넣는다.
- ⊕ **생채소** 다진 마늘과 앤초비를 올리브오일과 섞어 프로방스식 페이스트, 앙쇼야드(anchoïade)를 만든 뒤 야채 쿠르디에 곁들여 낸다.
- ⊕ **병아리콩** 후무스를 만들 때 절구나 블렌더에 구운 마늘이나 생마늘을 넣는다.

블렌딩 해보기

마늘을 이용한 전형적인 블렌딩을 따라해 보고 변형도 시도해 보자.

니터 키베 32쪽
음봉고 믹스 35쪽
느억 참 50쪽
시치미 토우가라시 57쪽
비비큐 럽 68쪽

쓴맛의 순

마늘쪽에서 순이 나면, 쓴맛이 강해진다. 페놀과 황 화합물 같은 쓴맛의 방어 물질이 축적되기 시작한 것이다. 쓴맛을 줄이려면 요리 전에 녹색 순을 잘라낸다.

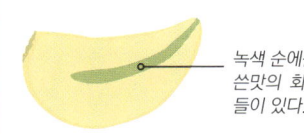

녹색 순에는 쓴맛의 화합물들이 있다.

향 내는 법

손상을 입은 마늘쪽에서 발산되는 화학 물질들은 서로 반응을 일으켜 우리에게 익숙한 '마늘 향'의 자극적인 화합물, 알리신을 만든다. 다지거나 으깨거나 퓌레로 만들면 알리신의 함량이 점점 높아진다.

으깨거나 다진 뒤에 60초 동안 그대로 두어 알리신 함량이 최고에 달하도록 한다.

손상이 없는 통마늘에는 알리신이 들어 있지 않다. 부드럽고 달콤한 맛을 원한다면 통으로 조리한다.

식물성 기름은 강한 풍미 화합물들을 확산시키는 반면 버터는 부드러운 향들의 확산을 돕는다.

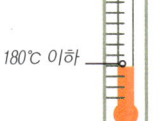
180℃ 이하
쓴맛이 나는 것을 피하려면 마늘을 180℃ 이하로 조리한다.

아사푀티다

유황 향 | 양파 향 | 마늘 향

학명
Ferula assa-foetida

다른 이름
데블스 덩, 스팅킹 검, 힝

주요 화합물
황화물

사용하는 부분
곧은 뿌리

경작 방법
봄이면 줄기 기부를 잘라 곧은 뿌리의 윗부분을 노출시킨다. 며칠에 한 번씩 곧은 뿌리에서 수액을 짜낸다.

상품화
수액을 건조시켜 어두운색의 수지가 형성되도록 한다. 대부분은 갈아서 가루로 만든 뒤 쌀가루, 아라비아고무와 섞는다.

요리 외적 용도
전통 의학에서는 속이 부글거리는 것을 완화하고 폐 질환을 치료하는 데 사용한다.

아사푀티다는 당근과 아위속의 여러 거대한 회향종에서 파생되었다. 이 식물은 특유의 악취를 풍긴다.

잎과 줄기를 먹을 수 있는데, 이란에서는 가끔 채소로 먹는다.

당근을 닮은 뿌리는 직경이 15cm나 되는 것도 있을 정도로 크다.

전분이 풍부한 아사푀티다가 엉기는 것을 막고 이 향신료를 사용하기 쉽도록 향을 약화시키기 위해 상업용 아사푀티다 가루에는 쌀가루를 섞는다.

건조된 수지 조각은 가장 순수한 형태의 아사푀티다이다. 이 작은 말린 수지 조각을 구입해서 갈거나 물을 넣거나 김을 쐬서 향을 낸다.

순수한 수지의 파삭한 덩어리를 '눈물'이라고 한다.

향신료 이야기

아사푀티다는 기원전 4세기 페르시아에서 알렉산더 대왕의 병사들에 의해 발견되었다. 고대에 향신료로 많이 쓰인 실피움으로 착각을 한 것이다. 실피움은 아사푀티다와 비슷하지만 지금은 멸종된 식물에서 나오는 향신료였다. 그들은 아사푀티다를 아시아와 지중해 지역으로 가져왔고, 아사푀티다는 이곳의 그리스인들과 로마인들로부터 실피움의 대체재로 인기를 모았다. 아사푀티다는 양념으로, 건강을 주는 특성으로 귀하게 여겨졌고 1세기의 로마 요리책 《아피키우스(Apicius)》에 담긴 여러 요리법에 사용되었다. 로마 제국이 멸망한 후에는 유럽에서 다시 인기를 되찾지 못했지만 몇 세기 후 《바그다드 요리책(Baghdad Cookery Book, 1226)》에 다시 용도가 기록되었다. 16세기에 무굴인들이 이 향신료를 인도로 가져갔다고 전해진다. 아사푀티다는 아대륙 전체에 걸쳐 채식주의와 아유르베다 요리에 없어서는 안 될 요소가 되었다.

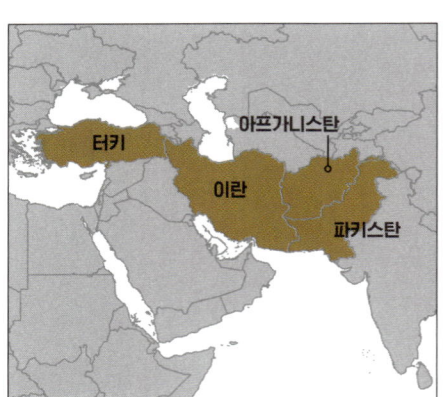

재배 지역
아사푀티다는 터키, 이란, 아프가니스탄에서 카슈미르에 이르는 중앙아시아의 산지가 원산지이다. 주로 아프가니스탄에서 재배되지만 이란, 파키스탄, 카슈미르에서도 재배된다. 세계 생산량의 대부분을 인도가 수입한다.

크리에이티브 키친

아사푀티다를 지방과 함께 가열하면 볶은 양파, 마늘과 비슷한 향이 난다. 같은 유황 향미 화합물(황화물)의 흔적이 고기에서도 발견되기 때문에 아사푀티다는 채식주의 요리에 고기의 깊은 향미를 전할 수 있다.

블렌딩 과학

아사푀티다의 향을 내는 기름을 지배하는 것은 황화물이다. 황화물은 볶은 양파 향을 내기 때문에 마늘과 같은 비슷한 향의 향신료와 잘 어울리는 짝이다. 소량 화합물들은 향이 약하긴 하지만 더 많은 조합에 도움이 되는 지침의 역할을 한다.

아사푀티다 As

황화물 — 유황 향 | 양파 향 | 마늘 향

산, 오시멘 — 신맛 | 감귤 향 | 꽃향

펠란드렌 — 후추 향 | 박하 향 | 테레빈 향

유황과 양파 향을 전면에 내세운다.
- ⊕ **마늘**은 황을 함유한 여러 가지 향미 화합물을 공유한다.
- ⊕ **머스터드**는 황을 함유한 화합물이 지배하는 향미 프로필을 가지고 있다.
- ⊕ **니겔라**는 비슷한 양파 향의 향미 프로필을 가지고 있다.

신선하고 떫은맛의 향신료로 기저의 신맛을 끌어낸다.
- ⊕ **바베리**는 꽃향의 예리함을 준다.
- ⊕ **코리앤더**는 감귤 향과 꽃향을 더한다.

후추 향의 향신료들로 톡 쏘는 느낌을 강화한다.
- ⊕ **통후추**는 신선한 열감의 오시멘을 공유한다.
- ⊕ **큐민**의 미르센에서 나오는 쓴맛과 후추 향이 아사푀티다의 향미와 어우러진다.
- ⊕ **그레인스 오브 셀림**은 시네올로 인해 보완적인 예리한 느낌을 더한다.
- ⊕ **월계수**는 공유하는 피넨에서 나오는 신선한 나무 향을 강조한다.

음식 궁합

- ⊕ **콩** 아사푀티다를 다른 열성 향신료와 함께 기 버터에 볶아 뭉 렌틸 달을 만든다.
- ⊕ **닭고기와 양고기** 닭고기나 양고기 구이 혹은 바비큐를 위한 요거트 재움장에 아사푀티다를 첨가한다.
- ⊕ **생선** 생선 케밥을 굽기 전에 아사푀티다를 뿌린다.
- ⊕ **채소** 천천히 조리하는 양파 수프에 아사푀티다 가루 한 꼬집을 넣어 깊이를 더한다. 콜리플라워, 버섯, 감자 커리를 만들 때 식용유에 아사푀티다 가루를 소량 뿌린다.
- ⊕ **프리저브** 파인애플, 토마토, 망고 피클이나 처트니에 아사푀티다 한 꼬집을 넣는다.

블렌딩 해보기

아사푀티다를 이용한 전형적인 블렌딩을 따라해 보고 변형도 시도해 보자.

챠트 마살라 42쪽
군 파우더 45쪽

향 제어

아사푀티다의 강렬한 지성 황 화합물은 물에 매우 천천히 녹는다. 통 수지 덩어리를 이용할 때는 이 점을 이용해서 향의 강도를 제어할 수 있다.

끈을 사용해 팬에 묶는다.
아사푀티다 향이 나는 물
'눈물'을 모슬린 주머니에 넣고 팬 뚜껑의 아랫부분에 묶어 둔다. 아사푀티다 향의 물방울이 조리되는 액체로 떨어진다.

올라가는 증기가 모슬린 주머니 유에 응결된다.
아사푀티다 조각
아사푀티다의 '눈물'을 물에 몇 시간 담가 원래의 이 향신료보다 훨씬 부드러운 아사푀티다 향 물을 만든다.

커리 잎

고기 향 | 열성 | 꽃향

학명
Murraya koenigii

다른 이름
카라핀차, 미타 님, 카리 파타.
먹을 수 없는 '커리 플랜트'와 혼동하지 말 것

주요 화합물
1-페닐에틸머캅탄

사용하는 부분
잎(정확히는 작은 잎)

경작 방법
꽃이 피기 전 초여름에 3년생 이상의 나무에서 잎을 수확한다.

상품화
신선한 잎을 떼어내지 않고 가지와 함께 진공으로 포장해 냉각 혹은 냉동하거나 세척해서 4~5일간 자연 건조시킨다.

요리 외적 용도
화장품, 전통 의학에서 소화 보조제

향신료 이야기

커리 잎은 인도 남부, 스리랑카, 말레이시아 요리에서 특별한 위치를 점하고 있다. 기원전 1000년경 인도 북서부의 드라비다인들이 남부로 이주하면서 새로운 땅에 심기 위해 쌀, 겨자씨, 콩류를 가져왔고 이후 그것들을 토착의 커리 잎과 섞기 시작했다. 채소에 향을 더하는 커리 잎의 용도는 1세기부터 초기 타밀 문헌에 기록되어 있다. 학명(Murraya koenigii)은 '왕'에 어울리는 향의 질을 찬양하는 것이 아니라 두 명의 18세기 식물학자 요한 안드레아스 머레이(Johann Andreas Murray)와 요한 게하르트 쾨니히(Johann Gerhard König)를 지칭한다. 인도 남부에서 관상용이나 텃밭 식물로 많이 재배되고 있다.

커리 잎은 감귤과에 속하는 작은 낙엽성 열대 나무에서 나온다.

가지 끝에서 검은 색 베리가 열린다.

잎은 작은 겹잎으로 나뉜다.

작은 잎은 진한 녹색에 광택이 있으며 강한 향이 난다.

건조된 잎 대신 양을 2배로 해 생잎을 사용해도 된다는 요리법이 있지만, 생잎에는 향이 거의 없기 때문에 사용하지 않는 것이 좋다.

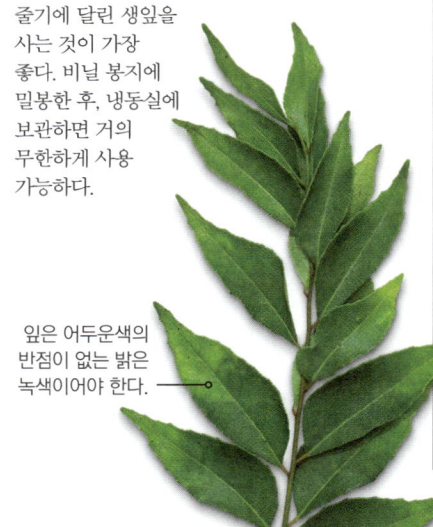

줄기에 달린 생잎을 사는 것이 가장 좋다. 비닐 봉지에 밀봉한 후, 냉동실에 보관하면 거의 무한하게 사용 가능하다.

잎은 어두운색의 반점이 없는 밝은 녹색이어야 한다.

재배 지역
히말라야 산록이 원산지이지만 수천 년에 걸쳐 인도, 스리랑카, 방글라데시, 미얀마에 퍼져 해당 지역의 풍토에 익숙해졌다. 주로 인도 남부에서 재배되며 동남아시아, 오스트레일리아 북부, 중동 전역에서도 재배한다.

풍미 그룹 | **황화 화합물** | 커리 잎   **177**

크리에이티브 키친

신선할 때 따낸 커리 잎은 부드러운 감귤 향을 갖고 있으며 빻거나 저미면 커리 가루와는 전혀 다른 사향 향과 꽃향을 분출한다. 향이 약하기 때문에 잎을 충분히 사용한다.

블렌딩 과학

황 화합물 1-페닐에틸머캅탄이 향을 지배한다. 1-페닐에틸머캅탄은 고기 향, 히야신스 향, 유황의 얼얼함을 전한다. 소량의 테르펜에는 꽃향의 리날로올, 솔향의 피넨, 예리한 시네올, 후추 향의 미르센이 포함된다. 생잎에만 있는 '풀향'의 헥사날과 리모넨이 감귤 향을 낸다.

커리 잎 Cy

1-페닐에틸머캅탄
유황 향 | 고기 향 | 꽃향

피넨
솔향 | 나무 향 | 허브 향

리날로올
꽃향 | 감귤 향 | 자단 향

시네올
섬세한 | 유칼립투스 향

→ 매콤한 향이나 유황 향의 향신료와 조합한다.
- ⊕ **아사푀티다**는 보완적인 고기 향, 마늘 향을 더한다.
- ⊕ **마늘**은 열감, 유황의 싸한 맛, 약간의 단맛을 낸다.
- ⊕ **머스터드**는 황 화합물의 열감을 가져오면서 미묘한 솔향을 공유한다.
- ⊕ **칠리**는 열감과 신선한 과일 향을 더한다.

→ 피넨 향신료들과 조합해 나무 향을 강화한다.
- ⊕ **넛맥**은 약한 피넨 향이 있어 달콤쌉싸름한 열감을 가져온다.
- ⊕ **흑후추**는 강한 열감과 피넨이 뒷받침하는 향을 가지고 있다.

→ 리날로올을 가진 다른 향신료를 통해 꽃향을 전면에 내세운다.
- ⊕ **코리앤더**는 솔과 같은 향과 강한 감귤 향, 진한 꽃향을 낸다.
- ⊕ **레몬그라스**는 리날롤과 네롤에서 비롯된 꽃향을 가지고 있다. 나무 향의 미르센 역시 피넨을 보완한다.

→ 다른 예리한 향의 향신료와 조합한다.
- ⊕ **그레인스 오브 파라다이스**는 과일 향과 후추 향, 시네올과 양립할 수 있는 오래 지속되는 특성을 가지고 있다.
- ⊕ **카다멈**은 유칼립투스 향을 공유한다.
- ⊕ **블랙 카다멈**은 여러 층의 훈연 향을 더한다.
- ⊕ **월계수**는 허브 향, 쓴맛, 예리한 맛을 가진다.

음식 궁합

- ⊕ **가지, 오크라** 신선한 커리 잎을 겨자씨, 큐민, 생강과 볶은 뒤 가지나 오크라, 코코넛밀크를 넣고 부드러워질 때까지 볶아 간단한 채소 반찬을 만든다.
- ⊕ **양고기** 양고기 찜을 위한 마늘 향 요거트 재움장에 신선한 커리 잎을 넣는다.
- ⊕ **해산물** 토마토를 기반으로 하는 새우나 게 커리에 커리 잎을 넣는다. 물 마리니에르(moules marinières, 프랑스식 홍합탕)에 유럽식 향신료 대신 커리 잎을 넣는다.
- ⊕ **달걀** 신선한 커리 잎을 기름이나 기 버터에 볶은 후 스크램블 에그에 얹는다.
- ⊕ **콩** 신선한 잎을 겨자씨와 함께 기 버터나 버터에 볶은 후 레드 렌틸 달에 섞는다.
- ⊕ **제과제빵** 다진 커리 잎을 플랫브레드 반죽에 넣어 굽는다.

블렌딩 해보기

커리 잎을 이용한 전통 남부 인도식 향신료 블렌딩을 이용해 보고 변형도 시도해 보자.
군 파우더 45쪽

향 내는 법

신선한 커리 잎은 줄기에서 뜯어낸 후 뜨거운 기름에 넣기 직전 살짝 빻는 것이 가장 좋다. 말린 잎은 향이 약하다. 따라서 이 형태의 향신료는 갈아서 향을 강화하는 것이 좋다.

향미유가 모두 방출되도록 기름이나 기 버터를 이용해 바로 조리한다.

조리 시간이 긴 요리일 경우, 볶은 뒤에 잎을 줄기에서 떼어 조리 후반에 넣어야 약한 꽃향이 모두 증발하는 것을 막을 수 있다.

조리 시간이 짧은 요리일 경우, 잎을 잘게 썰거나 곱게 빻아서 향이 빨리 나오도록 한다.

머스터드

쏘는 맛 | 흙 내음 | 섬세한

학명
Brassica alba(흰색), B. juncea(갈색), B. nigra(검은색)

다른 이름
인디언 머스터드(갈색)

주요 화합물
이소티오시아네이트

사용하는 부분
씨앗이나 잎을 생으로 혹은 조리해서 먹을 수 있다.

경작 방법
파종하고 약 4개월 후 성장은 완료되었지만 완전히 익지 않아 쪼개지지 않았을 때 녹색 유핵과(꼬투리)를 수확한다.

상품화
열매를 단으로 묶어 10일 정도 말린 후, 탈곡하고 등급을 나눈다. 가루로 만드는 씨앗은 쓴맛의 종이와 같은 씨앗 외피를 제거한다.

요리 외적 용도
근육통과 관절염을 치료할 때 머스터드유를 사용하는 경우도 있다.

향신료 이야기

머스터드 씨앗은 중국과 유럽의 선사 유적지에서 발견되었다. 머스터드를 조미료로 사용했다는 첫 번째 기록은 고대 그리스와 로마로 거슬러 올라간다. 그리스와 로마인들은 머스터드 씨앗을 통으로 씹거나, 가루로 갈아 음식에 뿌리거나, 와인에 담아 두었다. 중세 시대에 흰 머스터드는 아랍의 교역로를 따라 인도와 중국으로 전해졌고, 갈색 머스터드는 육로를 따라 원산지인 인도에서 유럽으로 전해졌다. 가루를 운송하는 방법 중 하나는 밀가루, 다른 향신료와 섞은 후 꿀, 와인, 식초를 이용해서 환 형태로 만드는 것이었다. 머스터드라는 말은 씨앗 가루를 페이스트로 만드는 데 사용하는 와인의 이름, 라틴어 머스텀(mustum)에서 유래된 것으로 보인다.

머스터드는 양배추과에 속하며 빠르게 성장하는 한해살이 식물이다. 60cm까지 자란다.

황색 꽃이 녹색의 유핵과로 변한다.

각각의 열매에는 6개 정도의 씨앗이 들어 있다.

흰 머스터드 씨앗은 흰색이 아닌 연한 갈색이나 갈색과 검은색 머스터드 씨앗은 크기가 더 작다.

황색의 머스터드 가루는 보통 흰색과 갈색 씨앗을 섞어서 만든다. 젖으면 10분 내에 향이 올라오지만 식초를 섞지 않는 한 1시간 정도 후면 강한 향이 사라진다.

재배 지역
흰 머스터드의 원산지는 지중해 지역으로 짐작된다. 유럽과 북아메리카 대부분의 온대 지역, 주로 캐나다에서 재배된다. 갈색 머스터드의 원산지는 히말라야 산록으로 보인다. 갈색 머스터드는 인도 전역에서 재배된다.

크리에이티브 키친

흰 머스터드 씨앗은 부드러운 맛을 가지고 있으며 피클을 만들거나 미국식 노란색 머스터드를 만드는 데 사용된다. 갈색 머스터드 씨앗은 훨씬 더 맵고 주로 인도 요리에서 많이 사용된다. 검은 씨앗은 좋은 향을 가지고 있으나 흔치 않다.

블렌딩 과학

머스터드의 열감은 황을 함유한 이소티오시아네이트에서 나온다. 이소티오시아네이트는 다른 톡 쏘는 화합물들과 달리 체온에서 증발해서 코를 채우는 얼얼한 향을 낸다. 복잡한 향미 프로필에는 솔향의 피넨, 간 커피 향의 퓨란메틸메르캅탄, 맥아 향과 복숭아 향의 3-메틸부타날, 팝콘과 같은 2-아세틸-1-피롤린도 포함된다. 씨앗을 볶으면 볶은 견과 향의 피라진이 생성된다.

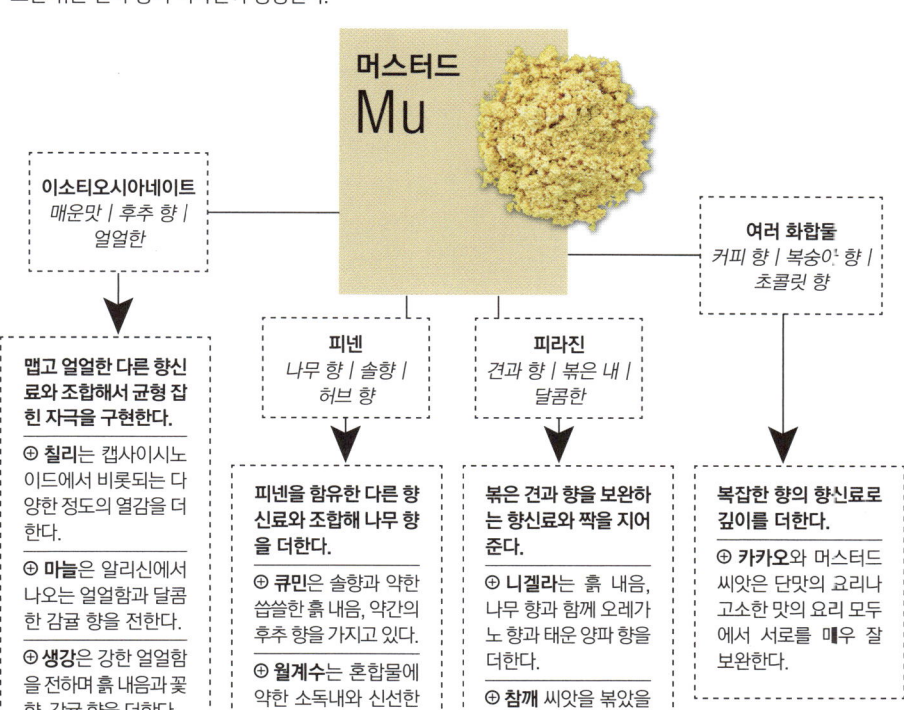

이소티오시아네이트
매운맛 | 후추 향 | 얼얼한

피넨
나무 향 | 솔향 | 허브 향

피라진
견과 향 | 볶은 내 | 달콤한

여러 화합물
커피 향 | 복숭아 향 | 초콜릿 향

맵고 얼얼한 다른 향신료와 조합해서 균형 잡힌 자극을 구현한다.
⊕ **칠리**는 캡사이시노이드에서 비롯되는 다양한 정도의 열감을 더한다.
⊕ **마늘**은 알리신에서 나오는 얼얼함과 달콤한 감귤 향을 전한다.
⊕ **생강**은 강한 얼얼함을 전하며 흙 내음과 꽃향, 감귤 향을 더한다.
⊕ **흑후추**는 나무 향의 열감을 가져온다.

피넨을 함유한 다른 향신료와 조합해 나무 향을 더한다.
⊕ **큐민**은 솔향과 약한 쌉쌀한 흙 내음, 약간의 후추 향을 가지고 있다.
⊕ **월계수**는 혼합물에 약한 소독내와 신선한 허브 향을 가져다준다.

볶은 견과 향을 보완하는 향신료와 짝을 지어준다.
⊕ **니젤라**는 흙 내음, 나무 향과 함께 오래가는 향과 태운 양파 향을 더한다.
⊕ **참깨** 씨앗을 볶았을 때 조화로운 견과 향을 낸다.

복잡한 향의 향신료로 깊이를 더한다.
⊕ **카카오**와 머스터드 씨앗은 단맛의 요리나 고소한 맛의 요리 모두에서 서로를 매우 잘 보완한다.

향 내는 법

통 씨앗은 특별한 맛이 나지 않는다. 매운맛의 이소티오시아네이트는 손상된 세포에서 미로시나아제라는 방어 효소가 나와 특정 분자(흰 머스터드의 경우 시날빈, 검은 머스터드와 갈색 머스터드는 더 강한 시니그린)와 반응했을 때에만 형성된다. 그렇지만 미로시나아제는 물이 있을 때만 작용한다.

사용 전에 씨앗을 볶아 견과 향과 볶은 내의 피라진 풍미 화합물이 내는 풍부한 향을 만든다.

으깨거나 조리를 함으로써 머스터드 씨앗에 상처를 입혀서 미로시나아제 효소를 방출시킨다.

조리 전에 으깬 머스터드 씨앗을 물에 적셔 미로시나아제 효소가 반응을 하게 함으로써 최대의 향미와 열감을 끌어낸다.

음식 궁합

⊕ **파스닙** 크리미한 파스닙 구이에 통 머스터드 씨앗 1큰술을 넣는다.

⊕ **흰 강낭콩** 영국식 머스터드 가루를 당밀과 함께 섞어 흰 강낭콩 캐서롤에 넣는다.

⊕ **토끼고기** 토끼고기 찜에 머스터드 1큰술을 타라곤과 함께 넣는다.

⊕ **생선** 갈색 머스터드 씨앗을 다른 열성 향신료와 함께 기 버터에 볶은 후 토마토와 양파를 넣어 생선튀김이나 찜의 소스를 만든다.

⊕ **치즈** 퍼프 페이스트리(puff pastry) 조각에 머스터드 씨앗과 진한 향의 치즈 간 것을 뿌려 치즈 스트로(cheese straw)를 만든다.

블렌딩 해보기

머스터드를 이용한 전형적인 블렌딩을 따라해 보고 변형도 시도해 보자.

판치 포란 43쪽
빈달루 페이스트 44쪽

그레인스 오브 파라다이스

후추 향 | 얼얼한 | 과일-꽃향

학명
Aframomum melegueta

다른 이름
기니아 페퍼, 멜레게타 페퍼, 오사메

주요 화합물
파라돌

사용하는 부분
씨앗

경작 방법
씨앗 꼬투리(열매)는 열매가 녹색에서 붉은색으로 변했을 때 수확한다.

상품화
씨앗 꼬투리는 보통 햇빛에 말린다. 이후 꼬투리가 열리면 씨앗을 빼내고 더 말린다.

요리 외적 용도
속 부글거림을 다스리고, 입 냄새 제거, 흥분제. 《제라드 허벌(Gerard's Herbal)》에는 이 씨앗이 "신체의 감염을 제거한다"라고 적혀 있다.

갈대와 비슷한 이 다년생 초본 식물은 생강과이다. 1.5m까지 자란다.

열매는 무화과 형태이며 60~100개의 씨앗을 담고 있다.

작은 씨앗의 안쪽은 유백색이다.

통 씨앗은 적갈색이고 피라미드 형태를 띤다.

열매 안쪽의 씨앗은 카다멈 씨앗과 크기가 비슷하다.

간 씨앗은 회색이다.

향신료 이야기

그레인스 오브 파라다이스는 서아프리카에서 유래했다. 이 향신료는 처음에 아랍, 베르베르, 유대 상인들에 의해 사하라 사막을 통과하는 대상 무역로를 따라 유럽에 전해졌다. 14~15세기 유럽에서는 상인들이 판매를 늘리려는 마케팅 수단으로 '천국'이라는 이름을 붙여 큰 인기를 끌었다. 후추보다 값이 싼 대체물로 와인, 맥주에 향을 낼 때 쓰였고 음식의 조미료로도 사용되었다. 그레인스 오브 파라다이스가 자라는 서아프리카 지역에서는 이 향신료의 생산이 매우 중요해서 그 지역이 그레인스 코스트(Grain Coast) 혹은 페퍼 코스트(Pepper Coast)로 알려졌을 정도이다. 19세기에 서양 요리에서는 인기가 떨어졌지만 원산지인 서아프리카에서는 여전히 의식과 요리에서 중요한 향신료이며, 나이지리아 요루바족 문화에서는 혼령에게 바치는 제물로 이용된다.

재배 지역
그레인스 오브 파라다이스의 원산지는 서아프리카의 해안 지대이다. 그레인스 오브 파라다이스는 이곳의 산림 경계에서 자란다. 가나는 이 향신료의 주 생산국이다.

풍미 그룹 | 얼얼한 맛의 화합물 | 그레인스 오브 파라다이스

크리에이티브 키친

열감과 향긋한 허브 향을 가진 향신료이며 북아프리카와 서아프리카식 고기 스튜나 수프의 양념으로 자주 사용된다. 검정 통후추 대신 혹은 그것과 함께 사용할 수 있다. 후추 분쇄기에 씨앗 몇 개를 추가해 보라.

블렌딩 과학

그레인스 오브 파라다이스의 천천히 생기는 열감은 주로 얼얼한 맛의 화합물 파라돌에서 나오는 것이다. 부분적으로는 생강의 열감을 전하는 진저롤에서도 나온다. 휴물론이라는 산에서 쓴맛이, 테르펜 분자 캐리오필렌에서 향긋한 향이 나온다.

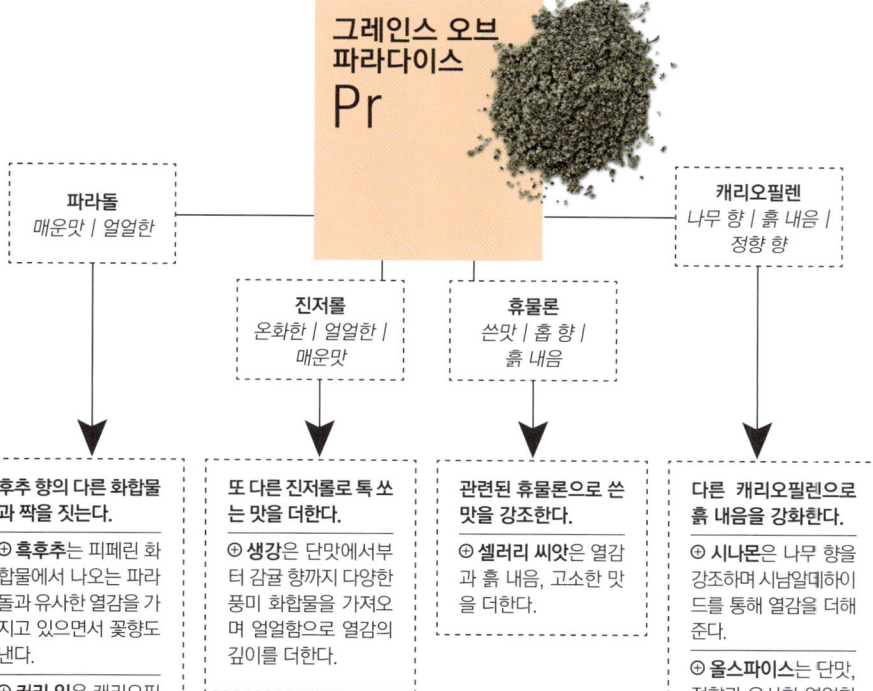

파라돌 — 매운맛 | 얼얼한
진저롤 — 온화한 | 얼얼한 | 매운맛
휴물론 — 쓴맛 | 홉 향 | 흙 내음
캐리오필렌 — 나무 향 | 흙 내음 | 정향 향

- 후추 향의 다른 화합물과 짝을 짓는다.
  - ⊕ **흑후추**는 피페린 화합물에서 나오는 파라돌과 유사한 열감을 가지고 있으면서 꽃향도 낸다.
  - ⊕ **커리 잎**은 캐리오필렌을 공유하기 때문에 좋은 조합을 만든다.

- 또 다른 진저롤로 톡 쏘는 맛을 더한다.
  - ⊕ **생강**은 단맛에서부터 감귤 향까지 다양한 풍미 화합물을 가져오며 얼얼함으로 열감의 깊이를 더한다.

- 관련된 휴물론으로 쓴맛을 강조한다.
  - ⊕ **셀러리 씨앗**은 열감과 흙 내음, 고소한 맛을 더한다.

- 다른 캐리오필렌으로 흙 내음을 강화한다.
  - ⊕ **시나몬**은 나무 향을 강조하며 시남알데하이드를 통해 열감을 더해준다.
  - ⊕ **올스파이스**는 단맛, 정향과 유사한 얼얼한 유제놀을 가져온다.

향 내는 법

이 작은 씨앗의 풍미 화합물은 대단히 빨리 증발하며 대부분은 물에 잘 녹지 않는다.

 지방  알코올

반드시 기름으로 조리해야 한다. 대부분의 풍미 화합물과 얼얼함을 내는 화합물은 기름이나 알코올에 잘 녹는다.

씨앗은 사용하기 직전에 갈아서 조리가 끝날 무렵 첨가해야 향이 증발하는 것을 최대한 막을 수 있다.

블렌딩 해보기

그레인스 오브 파라다이스를 이용한 전형적인 블렌딩을 따라해 보고 변형도 시도해 보자. **음봉고 믹스** 35쪽

후추 대체물

그레인스 오브 파라다이스를 후추 대용으로 사용할 경우, 양을 후추보다 2~3배 늘려야 한다.

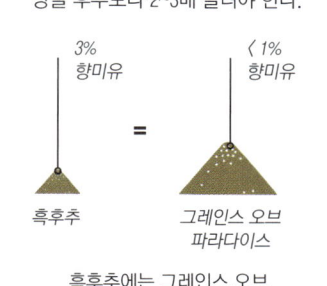

3% 향미유 (흑후추) = <1% 향미유 (그레인스 오브 파라다이스)

흑후추에는 그레인스 오브 파라다이스보다 3배 많은 향미유가 들어 있다.

음식 궁합

- ⊕ **채소** 가지와 토마토 스튜에 간 씨앗을 뿌린다. 구운 뿌리채소에 가루를 넉넉히 뿌린다.
- ⊕ **사과** 씨앗 몇 개를 갈아 사과 콤포트(compote)에 넣음으로써 감귤 향과 허브 향을 더한다.
- ⊕ **쌀** 서아프리카 요리, 졸로프(jollof, 일종의 잡탕밥)의 육수에 씨앗 가루를 넉넉히 넣는다.
- ⊕ **양고기** 씨앗을 볶아 간 후 모로코 스타일의 양고기 스튜에 뿌린 뒤 바로 상에 낸다.
- ⊕ **기름진 생선** 연어나 참치 스테이크를 굽기 전에 으깬 씨앗을 뿌린다.
- ⊕ **음료** 따뜻한 설탕 시럽에 레몬 껍질과 같은 다른 향료와 함께 그레인스 오브 파라다이스 씨앗 몇 개를 넣어둔다. 식힌 뒤에 진이나 보드카 칵테일에 이용한다.

매콤달콤한 애플 페이스트리 로제트

유명한 페이스트리에 대한 이 매혹적인 발상은 동아프리카와 서아프리카의 향신료 차 특유의 매콤달콤한 향에서 영감을 얻은 것이다. 사과의 단맛이 스카치 보넷 고추의 사라지지 않는 작열감과 균형을 이룬다. 스카치 보넷 고추를 구할 수 없다면 아프리카나 태국산 새 눈 고추를 사용한다.

향신료 아이디어

칠리의 열감을 내는 다른 얼얼한 맛의 향신료로 대체한다. 꽃향과 나무 향의 후추나 또는 감귤 향의 얼얼한 열감을 내는 쓰촨 후추를 시도해 보라.

올스파이스나 넛맥처럼 달콤한 열감을 내는 다른 향신료를 도입해 매콤한 차향을 실험해 본다.

살구잼에 생 스카치 보넷 고추 대신 말린 칠리 플레이크를 넣어 볶은 견과 향과 훈연 향을 전한다.

페이스트리 6개

준비 시간 30분

조리 시간 35~40분

사과 2개
레몬즙 레몬 반 개 분량
살구잼 3큰술
씨를 빼고 얇게 썬 스카치 보넷 고추 반 개
간 생강 1작은술
간 시나몬 1/2작은술
간 정향 1/4작은술
간 그레인스 오브 파라다이스 1/4작은술
간 카다멈 씨앗 1/4작은술
말아서 판매하는 퍼프 페이스트리 시트 375g
버터(베이킹 틀에 바르는 용도)

---

1. 퍼프 페이스트리를 냉동고나 냉장고에서 꺼내어 휘저을 수 있는 상태가 되도록 상온에 둔다. 오븐을 210℃로 예열한다.

2. 사과를 반으로 잘라 심을 제거한 다음 각각 3mm 두께의 반달 모양으로 자른다.

3. 소스 팬에 2의 사과와 레몬즙, 물을 넣고 끓인다. 사과가 돌돌 말릴 정도로 부드럽게 익을 때까지 2~3분간 뭉근하게 끓인 다음 물을 따라 버리고 식힌다. 또는 전자레인지용 용기에 사과와 레몬즙, 물 2큰술을 넣고 비닐 랩을 씌운 다음 증기가 빠져나가도록 구멍을 뚫어 전자레인지에 넣고 사과가 부드러워질 때까지 강한 출력에서 2~3분간 작동시킨다(출력을 조절할 수 없다면 시간을 좀더 둔다).

4. 다른 소스 팬에 살구잼과 칠리, 향신료를 넣고 살구잼이 녹을 때까지 서서히 가열한다.

5. 밀가루를 살짝 뿌린 베이킹 팬에 1의 페이스트리 반죽을 올리고 30×36cm 크기로 밀어 편 다음 세로로 길게 6조각 낸다.

6. 4의 잼을 5의 페이스트리에 바르고 3의 사과를 올린다. 이때 사과의 껍질 쪽이 반죽 왼쪽 가장자리 밖으로 살짝 나가도록 약간씩 겹치게 배열한다.

7. 반죽 한 조각씩을 아래쪽과 위쪽이 만나도록 접어 올린 다음 말아서 장미 모양을 만든다. 이때 사과가 흐트러지지 않도록 유의한다.

8. 컵케이크 틀에 버터를 바르고 7의 반죽을 하나씩 담아 예열한 오븐에 넣고 노릇하게 익어서 바삭해질 때까지 35~40분간 굽는다. 즉시 차려 낸다.

흑후추

매운맛 / 감귤 향

학명
Piper nigrum

다른 이름
페퍼콘

주요 화합물
피페린

사용하는 부분
페퍼콘(peppercorn)이라고 알려진 말린 베리

경작 방법
각기 다른 성숙 단계에 덩굴에서 베리를 수확한다.

상품화
흑후추는 덜익은 열매를 뜨거운 물에 데쳐서 짙은 색이 되도록 그대로 건조한다. 그린 후추는 익기 전에 따서 어두운 색으로 변하지 않게 보존한다. 핑크 페퍼는 브라질 후추 나무에서 생성된다.

요리 외적 용도
전통 의학에서 소화 보조제로 사용된다.

향신료 이야기

흑후추는 인도 남부가 원산지로 3천 5백 년 이상 재배와 교역이 이루어졌다. 기원전 4세기, 알렉산더 대왕이 인도에 도착한 후 흑후추는 새롭게 만들어진 교역로를 따라 유럽으로 들어왔다. 높은 가치를 지닌 이 향신료는 곧 상업적으로 중요한 작물이 되었고 아랍 상인들은 유럽으로의 흑후추 운송을 독점했다. 중세 시대에 검정 통후추는 요리 서열의 상징뿐만 아니라 화폐로도 인식되었다. 포르투갈의 탐험가 바스코 다 가마(Vasco de Gama)는 이 값비싼 향신료의 공급원을 찾아 장악하기 위해 나섰고 1498년 인도 남서부로의 바닷길을 발견했다. 다음 한 세기 동안 포르투갈이 흑후추 교역을 지배했다. 17세기 포르투갈인들은 네덜란드에 독점권을 빼앗겼고 네덜란드는 18세기에 대영제국이 열대 지역의 향신료 무역을 장악하면서 영국에 독점권을 빼앗겼다.

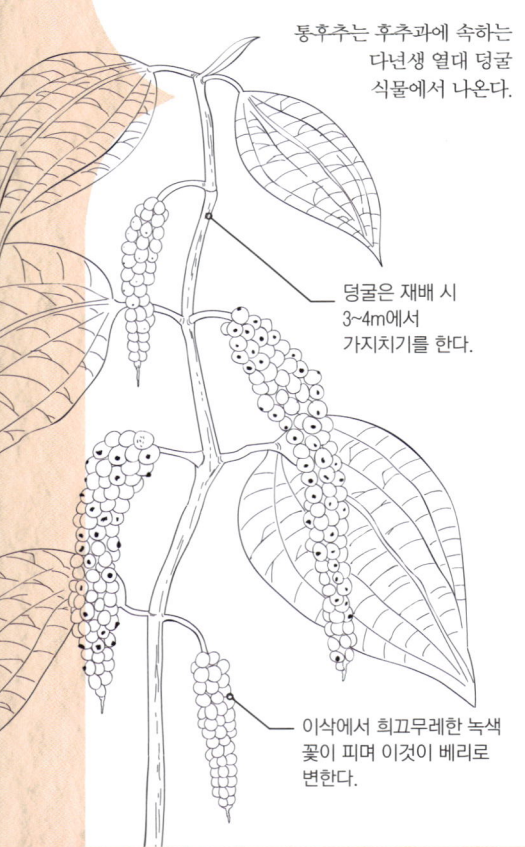

통후추는 후추과에 속하는 다년생 열대 덩굴 식물에서 나온다.

덩굴은 재배 시 3~4m에서 가지치기를 한다.

이삭에서 희끄무레한 녹색 꽃이 피며 이것이 베리로 변한다.

검정 통후추는 갈색의 향이 있는 외층을 제거하지 않고 말려서 얻는다. 그린 페퍼는 얼얼한 맛이 덜하며 허브 향이 더 풍부하다.

백후추의 외층은 박테리아 발효에 의해 벗겨진다. 남은 백후추는 더 거칠고 향은 약하며 똥 냄새가 난다.

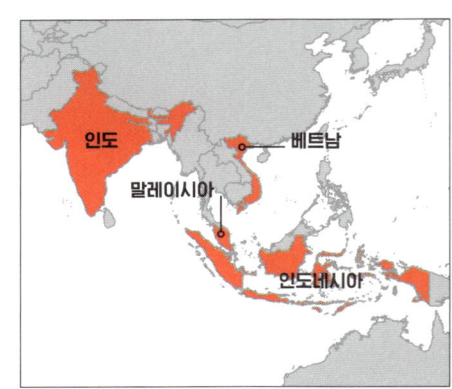

재배 지역
흑후추는 인도 남서부 말라바르 해안이 원산지이다. 현재는 주로 베트남에서 재배되지만 인도, 인도네시아, 말레이시아, 브라질에서도 재배되고 있다.

크리에이티브 키친

흑후추는 얼얼한 열감을 낸다. 이 얼얼함은 향도 맛도 아닌 칠리의 열감과 매우 비슷한 통증이다. 이 향신료는 나무 향과 꽃향, 과일 향, 감귤 향, 약간의 쓴맛도 가지고 있다.

블렌딩 과학

후추의 열감은 피페린이라고 불리는 얼얼한 알카로이드에서 나온다. 이 향신료의 보다 미묘한 향미는 나무 향의 로턴던, 솔향의 피넨, 레몬 향의 리모넨, 매운맛의 미르센, 꽃향의 리날로올, 신선한 라임과 풀향의 펠란드렌을 비롯한 페르펜 화합물에 의해 만들어진다.

흑후추 Pe

- **피페린** 열감 | 얼얼한 | 매운맛
- **피넨** 나무 향 | 매운맛 | 장뇌 향
- **리모넨** 감귤 향 | 허브 향 | 테레빈 향
- **미르센** 톡 쏘는 | 테레빈 향

얼얼함을 내는 다른 향신료를 통해 균형 잡힌 복합적 열감을 만든다.
- ⊕ **칠리**는 종류, 생인지 건조된 것인지에 따라 과일 향, 풀향, 볶은 내를 낸다.
- ⊕ **머스터드**는 씁쓸한 열감을, 볶은 경우 견과 향을 더한다.
- ⊕ **쓰촨 후추**는 입안의 따끔거리는 느낌과 함께 열감을 가지고 있으며 감귤-꽃향의 요소를 공유한다.
- ⊕ **생강**은 특유의 열감과 함께 달콤한 감귤 향을 준다.

다른 피넨 향의 향신료들의 침엽수 향을 부각시킨다.
- ⊕ **월계수**는 꽃-허브 향, 예리한 유칼립투스 향, 약간의 쓴맛을 갖고 있다.
- ⊕ **블랙 카다멈**은 고기 향과 훈연 향, 정향과 같은 맛과 유칼립투스 향을 준다.
- ⊕ **넛맥**은 단맛, 사향 향, 강한 나무 향과 흙내음을 더한다.

리모넨의 공급처나 감귤 향 요소를 강화하는 다른 향신료와 조합해 본다.
- ⊕ **카다멈**은 단맛, 박하 향, 얼얼함을 갖고 있다.
- ⊕ **레몬 머틀**은 레몬 향과 오래 가는 유칼립투스 향을 강화한다.
- ⊕ **터메릭**은 흙 내음의 열감과 시트랄에서 비롯된 감귤 향과 생강의 향을 낸다.
- ⊕ **코리앤더**는 꽃향과 매운맛, 감귤 향을 더해 준다.

미르센을 함유한 향신료들은 매우 좋은 조합을 이룬다. 특히 단맛의 향신료는 그린 페퍼, 핑크 페퍼콘과 잘 어울린다.
- ⊕ **시나몬, 아니스**는 단맛, 열감을 가지고 있으며 정향과 더단히 잘 어울린다.
- ⊕ **올스파이스**는 단맛과 정향과 같은 향미를 낸다.
- ⊕ **아나르다나**는 떫은 맛, 과일 향을 더하며 미르센과 리모넨을 공유한다.
- ⊕ **주니퍼**는 고-일 향, 짙은 감귤 향과 함께 강한 솔향을 낸다.

음식 궁합

- ⊕ **채소 프리저브** 구운 피망 혹은 신선한 오이를 절이는 소금물에 통 블랙 혹은 그린 페퍼콘을 넣는다.
- ⊕ **과일** 복숭아나 멜론에 간 후추를 뿌린다. 딸기를 설탕과 흑후추 몇 알을 간 것에 냉침시킨다.
- ⊕ **스테이크** 후추 스테이크에 과일 향을 살리려면 건조 그린 페퍼나 그린 페퍼 피클 대신 흑후추를 넣는다.
- ⊕ **패류** 클램차우더나 물 마리니에르에 백후추를 넣는다.
- ⊕ **아이스크림** 바닐라 커스터드에 흑후추를 갈아 넣은 뒤 저어 아이스크림을 만든다.

향 내는 법

후추의 복잡한 향을 온전히 즐기려면 소량의 테르펜 화합물을 보전해야 한다. 테르펜 화합물은 공기에 노출되면 바로 분해되어 증발한다.

향의 손실을 최소화하려면 통후추는 사용 직전에 간다.

미리 갈아진 후추는 열감을 더하는 효과만 있다.

블렌딩 해보기

흑후추를 이용한 전형적인 블렌딩을 따라해 보고 변형도 시도해 보자.

터키 스타일의 바하라트 23쪽
차트 마살라 42쪽
난징 스파이스 백 59쪽
콰트르 에피스 74쪽

쓰촨 후추

얼얼한 | 감귤 향 | 꽃향

학명
Zanthoxylum simulans

다른 이름
차이니즈 코리앤더, 차이니즈 페퍼, 마운틴 페퍼, 파가라

주요 화합물
산쇼올

사용하는 부분
열매, 잎

경작 방법
가을에 잎이 붉게 변하면 다 익은 열매를 딴다.

상품화
열매가 쪼개져서 열릴 때까지 햇빛에 말린다. 쓴맛의 씨앗은 버리고 열매를 더 말린다.

요리 외적 용도
중국 전통 의학에서 소화를 촉진시켜 주는 자극제로 쓰인다. 이뇨제와 류머티즘 치료제로도 사용된다.

향신료 이야기

쓰촨 후추는 오래전부터 중국 문화와 요리에 등장하고 있다. 2천여 년 전 한 왕조 때 황제의 소실이 기거하는 건물의 벽에 바르는 회반죽에 쓰촨 후추를 섞어 넣었다고 한다. 방을 따뜻하게 하고 공기를 향기롭게 하기 위함이었다. 비슷한 시기의 중국 북부 무덤에서도 쓰촨 후추가 발견되었다. 쓰촨 후추는 귀한 음식과 술에 향신료로 사용되었는데, 8세기 중국 시인 한산(Hanshan)은 "쓰촨 후추와 소금을 가미한 오리구이"라는 호화로운 음식에 대해 묘사했다. 쓰촨 후추는 신들에게 바치는 음식의 핵심이기도 했다. 이 식물에 열매와 씨앗이 많기 때문에 다산의 상징으로 여겨졌고, 중국의 일부 농촌 지역에서는 아직까지도 쌀이나 색종이처럼 신혼부부에게 쓰촨 후추를 뿌린다.

쓰촨 후추는 감귤과의 관목 혹은 작은 나무에서 얻는다.

열매는 작고 붉은 녹빛이다.

잎은 일본에서 향신료로 사용된다.

씨앗은 검고 윤이 난다.

씨앗은 약간 쓰지만 유해하지 않기 때문에 버릴 필요가 없다.

표면은 꺼끌꺼끌하며 줄기 조각이 붙어 있다.

이 향신료의 향미는 열매 안에 있는 씨앗이 아니라 말린 겉껍질에서 나온다.

간 쓰촨 후추도 구할 수 있지만 향미가 빠르게 저하되기 때문에 피하는 것이 좋다.

재배 지역
쓰촨 후추는 중국 쓰촨 지방이 원산지이다. 현재는 중국, 한국, 몽골, 네팔, 부탄 전역에서 재배되고 있다.

크리에이티브 키친

쓰촨 후추는 중국 요리의 필수 재료이다. 중국 요리의 다섯 가지 핵심 맛인 매운맛(혹은 얼얼함), 쓴맛(혹은 저린), 짠맛, 단맛, 신맛 중 두 가지(매운맛과 쓴맛)로 이루어져 있다.

블렌딩 과학

쓰촨 후추에는 산쇼올이라는 화합물이 들어 있다. 산쇼올은 입과 입술의 신경에 작용해서 감각이 마비되는 듯한 저린 느낌과 따끔한 느낌을 유발한다. 리날로올, 제라니올, 리모넨, 테르피네올과 같은 풍미 화합물의 조합으로 향미가 더해진다. 톡 쏘는 예리한 느낌은 미르센과 시네올에서 나온다.

쓰촨 후추 — Si

- **산쇼올** — 매운맛 | 저린 | 따끔한
- **리날로올** — 꽃향 | 나무 향
- **리모넨** — 감귤 향 | 허브 향
- **시네올** — 유칼립투스 향 | 약한 소독내 | 얼얼한

단맛과 열감을 가진 화합물들로 열감을 보완한다.
- ⊕ **팔각**의 얼얼함, 나무 향, 단맛 화합물의 조합이 복잡함을 더한다.
- ⊕ **넛맥**이 가진 얼얼한 유제놀과 캄펜의 저력이 산쇼올과 적절한 조화를 이룬다.

꽃향을 강조한다.
- ⊕ **코리앤더**는 리모넨을 공유하며 리날로올과 후추 향의 미르센도 가지고 있다.
- ⊕ **시나몬**은 리날로올을 공유하며 매운맛과 나무향의 캐리오필렌도 더한다.

감귤 향의 프로필에 복잡함을 배가시킨다.
- ⊕ **레몬그라스**는 진한 감귤 향과 미르센의 요소들 덕분에 조화를 이룬다.

시네올을 함유한 향신료로 유칼립투스의 향을 강화한다.
- ⊕ **월계수**는 정향과 같은 유제놀도 더해준다.
- ⊕ **갈랑갈**은 강한 장뇌향도 더한다.
- ⊕ **카다멈**은 리날로올과 리모넨은 물론 시네올까지 공유하는 훌륭한 짝이다.

음식 궁합

- ⊕ **채소** 으깬 쓰촨 후추를 기름에 볶아 껍질콩, 아스파라거스, 양배추 볶음에 넣는다.
- ⊕ **감귤** 타르트 블러드-오렌지 셔벗이나 레몬 소르베에 으깨서 볶은 쓰촨 후추를 뿌린다.
- ⊕ **돼지고기, 소고기** 돼지고기나 소꼬리 찜에 생강, 파, 팔각, 설탕, 간장과 함께 통 쓰촨 후추를 넣는다.
- ⊕ **오징어** 오징어튀김 반죽에 으깬 후추를 넣는다.
- ⊕ **면** 냉면을 볶은 땅콩, 파, 튀긴 채소, 칠리와 섞은 뒤 쓰촨 후추와 참깨 향을 우린 기름을 뿌린다.

향 내는 법

통후추의 두꺼운 겉껍질이 풍미의 방출을 방해할 수 있다. 볶으면 향미 화합물의 방출이 용이해진다. 분쇄기에 갈아서 조미료로 사용할 수도 있다.

볶으면 견과 향의 피라진도 생긴다.

지나치게 볶으면 리모넨 분자의 손실이 일어나고 강한 피라진으로 인해 미묘한 향들이 가려질 수 있다.

블렌딩 해보기

쓰촨 후추를 이용한 전형적인 블렌딩을 따라해 보고 변형도 시도해 보자.

티무르 코 촙 41쪽
시치미 토우가라시 57쪽

여러 형태의 잔톡실럼

쓰촨 후추는 지역마다 변종이 있다. 나무의 종이 약간씩 달라지는 데 따른 것이다. 핵심적인 특징은 동일하지만 향미 프로필은 상당히 다를 수 있다.

산쇼 (Sanshō, Zanthoxylum piperatum) 일본산의 부드러운 버전으로 감귤 향이 특징이다.

티무르 (Timur, Zanthoxylum alatum) 네팔산으로 특유의 자몽 향을 가지고 있다.

안달리만 (Andaliman, Zanthoxylum acanthopodium) 인도네시아산으로 라임과 만다린 향을 가지고 있다.

티르팔 (Tirphal, Zanthoxylum rhetsa) 인도 해안의 우림 지대에서 자라며 오래 지속되는 쓴맛을 가진다.

생강

작열감 | 감귤 향 | 나무 향

학명
Zingiber officinale

다른 이름
진저 루트, 캔턴 진저

주요 화합물
진저롤, 쇼가올, 진기베렌

사용하는 부분
뿌리줄기(무성한 땅속줄기)

경작 방법
뿌리줄기는 생으로 판매할 때는 심은 후 2~5개월 말려서 판매할 때는 8~10개월 만에 수확한다.

상품화
생 생강은 어린 뿌리줄기를 세척하고, 때로는 표백해서 1~2일 말린다. 건조 생강은 성숙한 뿌리줄기의 껍질을 제거하고 말려서 간다.

요리 외적 용도
향수와 화장품. 전통 의학에서 소화불량과 구역질에 사용했다.

향신료 이야기

생강은 유럽에 도달한 최초의 아시아 향신료 중 하나이다. 기원전 4세기에 아랍 상인들이 말려서 절인 생강을 고대 그리스와 로마로 가져갔다. 그리스인들은 복통에 생강을 처방했고 로마인들은 소스와 향을 넣은 소금을 만들 때 생강을 이용했다. 9세기 유럽에서는 건조 생강이 일상적인 조미료로 여겨졌다. 중세 시대에는 고소한 요리와 달콤한 요리(특히 생강 빵)와 맥주와 에일의 향을 내는 데 널리 사용되었다. 13세기에 생강은 동아프리카와 서아프리카에서 자라고 있었고 16세기에는 자메이카에서 재배되고 있었다. 자메이카는 현재까지 질 좋은 생강 산지라는 명성을 지키고 있다.

생강은 열대성 근경 꽃식물로 터메릭, 카다멈과 같은 과이다. 1m까지 자란다.

황색 포엽이 원뿔 모양으로 무리를 지어 있다.

잎밑이 단단히 포개져 있다.

생 생강 대신 간 건조 생강을 사용하지 말라. 다른 향미 프로필을 갖고 있기 때문이다 (189쪽 건조 열 참조).

쪼글쪼글해진 오래된 뿌리줄기는 피하라. 과육에 섬유가 많다는 것을 의미한다.

재배 지역
생강의 원산지는 아시아 열대 지역으로 아마 인도일 것으로 짐작된다. 현재는 주로 인도의 말라바르 해안(세계 생 생강 생산량의 50%를 차지한다)과 아시아의 열대와 아열대 지역에서 재배된다. 아프리카 일부 지역과 자메이카, 멕시코, 북아메리카, 페루에서도 재배된다.

크리에이티브 키친

생강은 매운맛, 감귤 향, 나무 향을 가지고 있다. 건조된 형태는 생 생강보다 더 진한 향을 갖고 있으며 제과·제빵과 향신료 블렌딩에 흔히 사용된다. 생강은 아시아 요리에서 널리 사용된다.

블렌딩 과학

테르펜 화합물 진기베렌은 특유의 생강 향을 낸다. 하지만 매운맛의 진저롤, 꽃향의 리날롤과 제라니올, 허브 향의 커큐멘, 레몬 향의 시트랄, 유칼립투스 향의 시네올을 비롯한 갖가지 다른 화합물들이 맛을 더 복합적으로 만든다.

생강 Gi

- **진저롤** 매운맛 | 얼얼한
- **리날로올과 제라니올** 꽃향 | 달콤한 | 허브 향
- **시트랄** 감귤 향 | 허브 향 | 약한 유칼립투스 향
- **시네올** 유칼립투스 향 | 약한 소독내 | 얼얼한

다른 얼얼한 느낌의 향신료와 조합해 깊이를 더한다.
- ⊕ **칠리**는 캡사이시노이드를 통해 다양한 정도의 열감을 더한다.
- ⊕ **흑후추**는 피페린에서 비롯되는 나무 향의 열감과 약간의 감귤 향을 전한다.

꽃향이 중첩되는 향신료와 조합한다.
- ⊕ **시나몬**은 리날로올을 공유하며 단맛과 열감을 낸다.
- ⊕ **넛맥**은 열감과 매운맛을 내는 제라니올과 시네올을 공유한다.
- ⊕ **카카오**는 달콤쌉싸름한 맛과 볶은 내를 더한다.

다른 감귤 향 향신료로 강한 풍미를 북돋운다.
- ⊕ **레몬그라스**는 시트랄을 공유하며 약한 후추 향을 더한다.
- ⊕ **레몬 머틀**은 강한 레몬 향을 내며 시트랄과 오래 지속되는 유칼립투스 향을 공유한다.
- ⊕ **코리앤더**는 레몬 향과 조화를 이룬다.

시네올이 풍부한 향신료로 신선한 향과 얼얼함을 끌어낸다.
- ⊕ **월계수**는 오래 지속되는 정향과 같은 배경 향을 더한다.
- ⊕ **카다멈**은 단맛과 박하가 가진 허브의 느낌을 제공한다.

음식 궁합

- ⊕ **호박과 코울슬로** 아시아 스타일 코울슬로에 생 생강을 갈아 넣는다. 양파와 함께 볶아 호박 수프의 베이스로 사용한다.
- ⊕ **망고, 배, 루바브** 크리미한 푸딩에 망고와 함께 사용한다. 생강편을 배, 루바브와 함께 조린다.
- ⊕ **돼지고기** 생강편을 돼지고기 찜에 넣어 느끼함을 줄인다.
- ⊕ **생선** 생선을 찔 때 잘게 썬 생강을 다진 부추나 파와 함께 넣는다.
- ⊕ **제과·제빵** 당근 케이크, 레몬 케이크, 코코넛이나 다크초콜릿 쿠키에 간 생강을 넣어 본다.

블렌딩 해보기

생강을 이용한 전형적인 블렌딩을 따라해 보고 변형도 시도해 보자.

아드비에 27쪽
야지 36쪽
레체 데 티그레 69쪽

건조 열

생 생강을 건조시킬 경우, 그 열기로 인해 얼얼한 느낌은 강해지고 향 분자의 1/5은 증발한다.

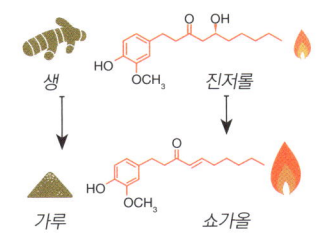

생 → 진저롤
가루 → 쇼가올

건조 공정은 진저롤을 열감이 2배인 쇼가올로 변환시킨다. 건조된 생강은 감귤 향도 약해진다.

향 내는 법

복잡한 향미 프로필을 유지시키기 위해 생 생강의 껍질은 사용하기 직전에 깐다. 열은 진저롤과 쇼가올을 약한 향의 진저론으로 분해하기 때문에 조리 시간이 길어질수록 매운맛과 열감은 약해진다.

껍질을 벗기면 세포의 바깥층이 열려서 향미유가 증발한다.

조리는 생강의 입안을 얼얼하게 하는 풍미 화합물을 훨씬 부드러운 진저론으로 변환시킨다.

칠리

매운맛 | 얼얼한 | 과일 향

학명
Capsicum annuum, C. frutescens 외 여러 종

다른 이름
칠리 페퍼, 레드 페퍼, 핫 페퍼, 칠

주요 화합물
캡사이신

사용하는 부분
열매(사실은 베리)

경작 방법
칠리를 심고 약 3개월 후 익지 않은 풋고추를 수확한다. 건조용 칠리는 완전히 익어서 붉은색이 되었을 때 수확하는 것이 보통이다.

상품화
칠리는 세척하고 햇빛이나 오븐에서 말린 뒤 피클을 만들거나 생으로 판매한다.

요리 외적 용도
근육통을 줄여주는 크림이나 연고, 아유르베다 의학에서 소화를 증진시키는 데 사용된다.

향신료 이야기

기원전 5000년부터 남아메리카에서 칠리가 재배되었다는 증거가 남아 있다. 스페인 정복자 에르난 코르테스(Hernan Cortez)에 따르면 고대 아즈텍인들은 매우 다양한 칠리를 재배해 의례에 사용하고 초콜릿 음료에 넣었다고 한다. 콜럼버스는 15세기 말에 새롭게 발견한 이 향신료를 스페인으로 가져왔다. 그는 열감 때문에 칠리가 페퍼콘과 연관이 있다고 생각했고 이런 착각 때문에 칠리 페퍼라는 이름이 붙여졌다. 포르투갈 상인들은 이 향신료를 그들의 정복지인 인도 고아와 아시아, 아프리카의 교역지로 가져갔고, 이들 지역에서 칠리는 곧 매운 양념으로 후추를 대체하게 되었다. 1912년 약리학자 윌리엄 스코빌(William Scoville)이 칠리가 가진 자극의 정도를 측정하는 방법을 고안했고 이 방법은 스코빌 열 지표(Scoville heat Index)로 알려지게 되었다. 하지만 현재는 보다 정확한 과학적 측정법으로 대체되고 있다.

칠리는 가지과에 속하는 1년생 혹은 다년생 식물에서 열린다. 열매를 얻기 위해 재배되는 칠리는 약 32종이다.

가루로 만들면 많은 향미 화합물이 증발한다. 가루는 열감을 더하는 데 이용하는 것이 좋다.

건조 과정에서 향을 내는 일부 물질이 사라지지만 달콤한 아니스와 같은 향부터 견과 향, 나무 향, 볶은 내까지 새로운 화합물도 생성된다.

유형과 성숙도에 따라 칠리에서는 과일 향, 감귤 향, 풀향과 단맛이 두드러진다.

설익은 열매는 녹색이다. 익은 열매는 황색에서 거의 검은색까지 색상이 다양하다.

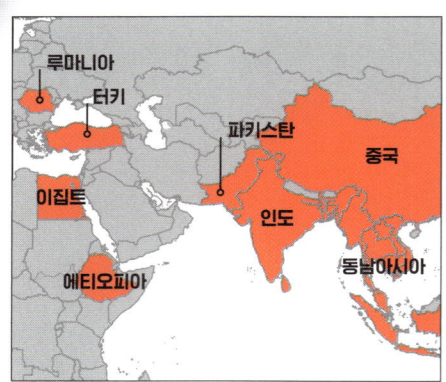

재배 지역
칠리의 원산지는 멕시코와 중앙아메리카, 남아메리카이다. 건 칠리의 생산은 중국, 남아시아, 동남아시아 본토, 이집트, 에티오피아, 터키, 루마니아에 집중되어 있다. 생 칠리 생산지로 유명한 곳은 인도네시아, 북아프리카, 스페인, 멕시코, 미국이다.

크리에이티브 키친

칠리는 전 세계의 수많은 요리에 들어간다. 특히 멕시코 요리에서는 열감만큼이나 맛 때문에 칠리를 사용한다. 칠리 파우더 중에는 사실상 여러 향신료가 혼합된 것들이 있다. '칠레(chile)' 파우더와 카이엔 페퍼의 경우 다른 향신료가 섞여 있지 않는 것이 보통이다.

블렌딩 과학

캡사이신은 입안의 감각을 둔하게 해서 약한 향들을 느끼기 힘들게 만드는 얼얼한 열감의 원인이다. 미묘한 향들은 덜 맵거나 신선한 칠리에서 더 잘 나타나며 풍성한 과일 향의 에스테르, 흔치 않은 꽃향의 운데칸올, 풀향의 알데하이드, 감귤 향의 리모넨에서 만들어진다. 칠리를 말리거나 훈연할 경우 새로운 풍미 화합물, 특히 흙 내음과 볶은 내의 피라진과 견과 향, 빵 냄새의 푸르푸랄이 생성된다.

칠리 Ch

캡사이신
입안이 타는 듯한 | 마비시키는 | 얼얼한

피라진, 푸르푸랄
견과 향 | 볶은 내 | 흙 내음

에스테르
과일 향 | 달콤한 | 밀랍 향

운데칸올, 리모넨
감귤 향 | 꽃향 | 허브 향

얼얼한 느낌의 다른 화합물들을 통해 균형 있고 복합적인 열감을 만든다.
- ⊕ **머스터드**는 예리함과 꿰뚫는 듯한 얼얼함, 쓴맛을 더한다.
- ⊕ **흑후추**는 나무 향과 오래 지속되는 열감, 감귤 향을 더한다.
- ⊕ **그레인스 오브 파라다이스**는 후추 향의 열감 저변에 열대 과일 향을 갖고 있다.
- ⊕ **쓰촨 후추**는 감귤 향, 나무 향, 꽃향을 제공하고 따끔거리는 느낌을 유발한다.

덜 매운 생 칠리가 가진 과일 향의 측면을 강조한다.
- ⊕ **시나몬**은 단맛, 꿰뚫는 듯한 향과 열감을 가져온다.
- ⊕ **올스파이스**는 단맛과 후추 향을 준다.
- ⊕ **카다멈**은 예리한 박하 향을 가지고 있다.
- ⊕ **캐러웨이**는 달콤쌉싸름한 맛, 아니스와 같은 향, 감귤 향을 더한다.

덜 매운 생 칠리의 감귤 향과 꽃향을 끌어낸다.
- ⊕ **코리앤더**는 강렬한 꽃향과 감귤 향을 제공한다.
- ⊕ **생강**은 달콤한 감귤 향과 상쾌함, 얼얼함을 가져온다.
- ⊕ **레몬그라스**는 비슷한 시트랄과 약한 후추 향을 가지고 있다.
- ⊕ **아즈와인**은 강렬한 허브 향, 타임과 같은 향을 제공한다.

말리고 훈연한 칠리의 흙 내음과 볶은 내를 보완한다.
- ⊕ **카카오 닙스**는 볶은 내, 견과 향과 함께 꽃향, 감귤 향을 더한다.
- ⊕ **큐민**은 약간 쓴 흙 내음을 더한다.
- ⊕ **참깨**는 푸르푸랄을 공유하며, 볶았을 때는 조화로운 견과 향을 가져온다.
- ⊕ **터메릭**은 사향 향, 흙 내음과 함께 은은한 생강 향을 더한다.

음식 궁합

- ⊕ **열대 과일** 썰어 놓은 열대 과일 위에 칠리 가루를 뿌린다.
- ⊕ **토마토** 차게 식힌 가스파초(gazpacho, 차게 먹는 스페인식 수프)에 훈연한 칠리 플레이크를 뿌린다.
- ⊕ **흰살생선** 불에 볶은 말린 칠리를 갈아 체리 토마토소스에 넣은 후 굽거나 튀긴 흰살생선에 곁들여 낸다.
- ⊕ **닭고기, 두부** 붉은색의 마른 칠리와 쓰촨 페퍼를 향긋한 닭고기 볶음이나 두부 볶음에 섞는다.
- ⊕ **치즈** 소량의 간 칠리를 다크초콜릿 디저트, 타르트, 쿠키, 가나슈에 섞는다.

블렌딩 해보기

칠리를 이용한 블렌딩을 따라해 보고 블렌딩 과학을 이용한 변형도 시도해 보자.

하리사 33쪽
야지 36쪽
티무르 코 촙 41쪽
빈달루 페이스트 44쪽
군 파우더 45쪽
시치미 토우가라시 57쪽
칠리 블랙 빈 소스 61쪽
몰레 믹스 65쪽
비비큐 럽 68쪽
아라비아타 소스 76쪽

열감의 통제

말린 칠리는 열감이 강하다. 건조 후에는 캡사이신 농도가 거의 2배가 된다.

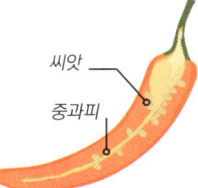

씨앗
중과피

내부의 흰 중과피(혹은 태좌)를 제거하면 열감을 줄일 수 있다. '씨 빼기'는 그 과정에서 중과피가 제거되었을 때 효과가 있다.

칠리의 열감을 과소평가하지 말고 사용할 때 주의를 기울여야 한다. 캡사이신은 기름에 녹기 때문에 요리에 기름을 적게 넣으면 열감을 줄일 수 있다. 하지만 연관된 캡사이시노이드의 일부는 물에 녹는다.

칠리
종류

칠리는 모양, 크기, 색상이 다양하다. 경험상 칠리는 작고 많이 익은 것일수록 맵다. 멕시코는 여러 종류의 칠리를 각기 다른 용도로 이용하는 것으로 유명하다. 멕시코산 건 칠리는 유연하고 잘 부러지지 않는다. 칠리는 깨끗이 닦고 꼭지를 제거하고 씨를 빼고 볶은 후 물에 불려 사용한다.

칠리

중과피가 할라피뇨의 속을 채우고 있다.

할라피뇨
중간 정도 맵기의 할라피뇨(Jalapeño) 칠리는 녹색일 때 수확해서 생으로 혹은 볶거나, 절여서 사용하거나 더 익을 때까지 기다렸다가 훈제한다. 멕시코에서 할라피뇨는 절인 칠리를 뜻한다. 생 칠리는 쿠아레스케메노(cuarescmeno)라고 한다.

말린 칠리

부수거나 갈아서 콘브레드나 돼지고기 스튜에 넣는다.

과히요
과히요(Guajillo)는 미라솔(mirasol) 칠리를 햇빛에 말려 색이 진해진 형태이다. 훈연 향의 단맛(약간의 열감과 함께)이 멕시코 전통 요리 타말리, 엔칠라다, 살사에 생기를 불어넣는다.

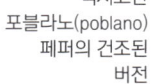

훈연 향, 견과 향에 중간 정도 열감을 가진 종

카스카벨
카스카벨(Cascabel)은 방울토마토 모양의 멕시코산 칠리(흔들면 씨앗이 달그락거리는 소리를 내기 때문에 '딸랑이 칠리(rattle chili)'라는 별칭을 가지고 있다)로 열감이 과하지 않으면서 열대과실 특유의 단맛을 가지고 있어 높은 평가를 받는다.

아르볼
아르볼(Arbol)은 햇빛에 말린 날씬한 칠리로 멕시코 요리에 널리 이용된다. 요리에 훈연 향과 생생한 매운맛을 더하며, 기름에 볶고 곱게 다지거나 으깨서 칠리 플레이크로 이용한다.

멕시코산 포블라노(poblano) 페퍼의 건조된 버전

앤초
앤초(Ancho)는 단맛과 과일 향이 나며 약한 담배 향을 가진 맵지 않은 건 칠리이다. 불에 불려 간 뒤에 몰레 소스에 넣는다. 부리또에 들어가는 풀드 포크(pulled pork)와 잘 어울린다.

카슈미르
말린 카슈미르(Kashmiri) 칠리는 매력적인 진홍색을 띠며, 많은 인도 칠리와 달리 약한 매운맛을 가지고 있다. 로간 조쉬(rogan josh, 남아시아 요리)와 카슈미르 비리야니의 필수 재료이다.

간 칠리

익었을 때의 색상은 황색에서 붉은 주황색까지 다양하다.

스카치 보넷
하바네로와 가까운 친척이라 볼 수 있는 스카치 보넷(Scotch bonnet) 역시 대단히 매우며(기아나에서는 불덩어리라고 불린다) 깊은 과일 향을 가지고 있다. 카리브해 지역에서 가장 선호하는 칠리이다.

타이 칠리라고도 알려져 있다.

새 눈 고추
생으로 말린 것으로도 구할 수 있는 입안이 타는 듯한 칠리, 새 눈 고추(Bird's eye)는 아시아 요리에 흔히 사용된다. 특히 동남아시아의 수프, 샐러드, 삼발과 중국의 볶음 요리에서 쉽게 찾아볼 수 있다.

훈제 치폴레
치폴레(Chipotle)는 성숙한 하바네로를 훈제해 말린 것을 칭하는 말이다. 훈연 향 외에도 초콜릿과 같은 단맛을 가지고 있다. 빠르게 강한 맛을 내고자 할 때는 가루를, 천천히 조리하는 스튜에는 생으로 사용한다.

고기의 질감과 유연한 과육

작은 피망을 닮았지만 가장 매운 칠리 중 하나이다.

물라토
앤초와 매우 가까운 관계인 물라토(Mulato) 칠리는 앤초보다 강한 훈연 향을 가지고 있다. 씨를 제거하고 구운 뒤 물에 불리고 갈아 만든 물라토 페이스트는 성숙한 열매의 풍부한 향과 짙은 색상을 전한다.

하바네로
밝은 주황색에 강렬한 과일 향을 가진 하바네로(Habanero)는 멕시코 유카탄 반도에서 즐겨 먹는 돼지고기구이 코치니타 피빌(cochinita pibil)에 없어서는 안 될 재료이다.

카옌
카옌(Cayenne) 페퍼의 깔끔하고 예리한 열감은 보통 건조시킨 가루 형태로 즐긴다. 인도와 남아메리카 요리의 중요한 재료이다.

'작은 건포도(little raisin)'라고도 알려져 있다.

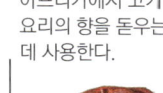

아프리카에서 고기 요리의 향을 돋우는 데 사용한다.

파실라
파실라(Pasilla)는 멕시코의 주된 향신료 중 하나인 칠리로 중간 맵기에 감초를 닮은 복합적인 단맛을 가지고 있다. 초콜릿 케이크와 같은 달콤한 요리에 잘 어울린다.

피리 피리
자그마한 피리 피리(Piri piri, 아프리카 새 눈 고추라고도 알려짐)는 진짜 새 눈 고추보다는 덜하지만 여전히 강렬한 매운맛을 가지고 있다. 포르투갈 소스, 몰류 드 피리 피리(molho de piri-piri)의 필수 재료이다.

에스플레트
프랑스 에스플레트(Espelette)의 코뮌에서만 재배되는 법적으로 보호받는 종이다. 에스플레트는 감귤 향을 가지고 있고 열감은 중간 정도이다. 바스크 지방에서 저장 고기, 피페라드(piperade, 스페인 바스크 지방의 토마토, 피망이 든 오믈렛), 생선 스튜에 사용한다.

사프란

풀향 | 쓴맛 | 꿀 향

학명
Crocus sativus

다른 이름
레드 골드

주요 화합물
피크로크로신

사용하는 부분
꽃의 암술머리

경작 방법
가을에 2주에 걸쳐 수확한다. 꽃이 피어나기 전, 즉 동이 트기 전에 손으로 딴다.

상품화
암술머리를 체에 거르고 말린 후 밀폐되는 통으로 옮긴다.

요리 외적 용도
화장품의 착색제, 섬유 염료, 아유르베다 의학에서 진정제나 기침과 천식 치료제로 사용된다.

향신료 이야기

청동기 초기부터 경작된 사프란은 수천 년 동안 귀한 대접을 받았다. 클레오파트라는 사프란 향을 낸 말 젖으로 목욕을 했다고 전해지며, 중국의 불교 승려들은 사프란으로 승복을 염색했다. 음식이나 약으로써 그리스, 로마, 인도의 황제들의 사랑을 받기도 했다. 중세에 교역로가 열리면서 아랍인들이 스페인과 프랑스, 영국의 십자군 전사들에게 사프란을 전했다. 영국은 중세 시대에 사프란을 재배했고, 에섹스 지방에는 그곳에서 키우는 이 향신료의 이름을 딴 사프란 월든이란 마을이 있다. 사프란은 가치가 높기 때문에 교역이 시작된 이래 지금까지 불순물을 섞는 일이 흔했고 모방품(터메릭, 마리골드 꽃잎, 잇꽃)도 많다. 특히 카슈미르 사프란은 유럽연합(EU)이 PDO(Protected Designation of Origin, 농산물 원산지명)로 지정한 스페인 라만차의 사프란만큼이나 가치가 높다. 사프란의 지금 이름은 황색을 뜻하는 아라비아어 아스파르(as-far)에서 유래했다.

각각의 꽃에는 3개의 붉은 암술과 3개의 황색 수술이 있다.

각 알줄기에 최대 다섯 송이의 연보라색 꽃이 핀다.

사프란은 아이리스과의 다년생 구근 식물이다. 약 15cm까지 자라며 가을에 꽃이 핀다. 6개의 꽃잎으로 이루어진 꽃이 알줄기에서 피어난다.

선명한 붉은색 줄기를 찾는다. 칙칙한 적갈색이나 흐린 색의 암술은 오래된 것일 수 있다.

가닥들이 공기로부터 바로 습기를 흡수하기 때문에 밀폐 용기에 넣어서 습기를 차단한다.

줄기 6,000송이 이상의 꽃과 12시간의 노동이 합쳐져야 단 1온스(30g)의 사프란이 만들어진다. 따라서 값이 싸다면 의심을 해 보아야 한다. 가짜 사프란은 냄새가 나지 않고 쓴맛보다는 단맛이 날 것이다. 간 사프란에 불순물을 섞기가 쉽기 때문에 피하는 것이 좋다.

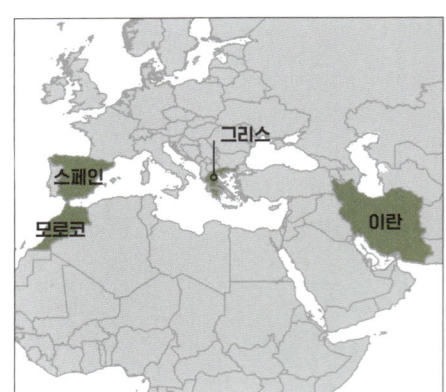

재배 지역
지중해 일부 지방이 원산인 사프란은 본래 그리스에서 경작되었지만 지금은 주로 이란에서 자라며 세계 생산량의 90%가 이란에서 나온다. 그 외 카슈미르, 스페인, 그리스, 아프가니스탄, 모로코에서 재배된다.

크리에이티브 키친

열감이 느껴지는 사향 향과 함께 자른 건초와 자극적인 금속 향과 같은 특이한 향기가 어우러진 사프란의 향미는 향신료 사이에서 찾아보기 힘든 독특한 화합물에서 나온다. 적절히 다루면 한 꼬집의 작은 양으로도 한 끼 요리의 향을 뒤바꿀 수 있다.

블렌딩 과학

사프란에 오래 지속되는 약간 쓴맛을 주는 것은 피크로크로신이다. 특유의 향 대부분은 사프라날에서 나온다. 피크로크로신과 사프라날은 사프란에만 있는 향이지만 그들의 특성이 조합을 만드는 데 도움을 준다. 소량의 피넨과 오래 지속되는 유칼립투스 향의 화합물 시네올도 마찬가지이다.

사프란 Sa

피크로크로신
사향 향 | 흙 내음 | 온화한 | 쓴맛

사프라날
꿀 향 | 건초 향 | 꽃향

시네올
얼얼한 | 유칼립투스 향

피넨
솔향 | 나무 향

쓴맛이 다른 강렬한 향미 화합물에 묻히지 않고 남아 있다.
- ⊕ **캐러웨이**는 공유하는 피넨을 통해 조화를 이룬다. 캐러웨이가 가진 S-카르본은 피크로크로신과 유사하다.
- ⊕ **파프리카**는 사프란의 사향 향과 화합되는 흙 내음, 훈연향을 낸다.
- ⊕ **흑후추**는 약한 얼얼함, 약간의 쓴맛을 가지고 있으며 피넨을 공유한다.

사프라날의 향과 조화된다.
- ⊕ 라일락 향의 리날로올에서 나오는 **코리앤더**의 꽃향은 사프라날의 건초 향을 보완한다.
- ⊕ **시나몬, 바닐라, 올스파이스, 넛맥**은 모두 사프라날의 약한 꿀 향과 매우 잘 어울리는 달콤한 향신료이다.

시네올은 풍미의 결정적인 연결고리를 제공한다.
- ⊕ **생강**은 열감을 가진 강렬한 풍미의 짝으로 시네올을 공유하며 피넨, 꽃향의 리날로올, 달콤한 향의 제라니올을 가지고 있다.
- ⊕ **월계수**는 공유하는 시네올과 다른 보완적인 소량 화합물로 동반 상승 효과를 낸다.

다른 피넨이나 전나무 향에서 유사점을 이끌어낸다.
- ⊕ 살짝 구운 **마늘**은 솔향과 오렌지 향의 사비넨과 결합된 단맛을 가지고 있다. 이로 인해 고소한 사프란 요리에 중요한 향신료가 된다.
- ⊕ **수막**은 눈에 띄는 솔향과 나무 향을 가지고 있으며, 높은 탄닌 함량 때문에 사향 향과 흙 내음을 낸다.

음식 궁합

- ⊕ **채소** 사프란은 당근, 부추, 버섯, 호박, 시금치와 같은 흙 내음의 채소와 유난히 잘 어울린다. 감자구이의 풍부한 색상과 향미를 내려면 사프란을 우린 물에 살짝 익힌 뒤에 사프란 가루를 섞은 기름에 굽는다.
- ⊕ **레몬** 모로코 스타일 타진에 사프란과 레몬 프리저브를 함께 사용한다.
- ⊕ **쌀** 스페인 파에야(paella, 프라이팬에 고기, 해산물, 채소를 넣고 볶은 후 물을 부어 끓이다가 쌀을 넣어 익힌 스페인의 전통 쌀 요리)의 필수 재료인 사프란은 이란의 필라우, 인도의 비리야니, 이탈리아의 리소토의 맛도 풍성하게 만든다.
- ⊕ **양고기** 천천히 굽는 양 다리 구이의 요구르트 재움장에 향을 내는 데 사용한다.
- ⊕ **생선, 패류** 사프란을 우린 우유에 생선을 데친다. 게나 바닷가재 비스트(bisque, 조개류로 만든 진한 수프), 물 마리니에르, 마르세유 부야베스에 불린 사프란 가닥을 넣는다.
- ⊕ **우유** 우유에 담가 커스터드와 비슷한 인도식 푸딩, 아이스크림, 저지방 우유 사탕을 만든다.

블렌딩 해보기

사프란을 이용한 전형적인 블렌딩을 따라해 보고 변형도 시도해 보자.

파에야 믹스 74쪽

향 내는 법

주요 풍미 화합물들(사프라날과 피크로크로신)과 색소(crocin)는 기름보다 물에 잘 녹는다. 하지만 이들 성분을 불려서 방출시키고 장점을 얻어내려면 시간이 필요하다. 직접 요리에 넣으면 가닥 안에 많은 성분들이 남아 있게 된다.

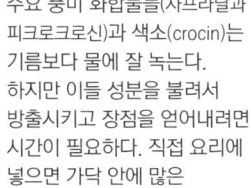
화합물들의 방출 속도를 높이려면 불리기 전에 절구에 넣고 갈아준다.

물이나 뜨거운 물에 최소 20분부터 최대 24시간 동안 담근다.

소량의 화합물들도 끌어낼 수 있도록 불리는 물에 알코올을 넣는다.

소향 향미 분자들이 지방에 녹을 수 있도록 우유를 사용한다.

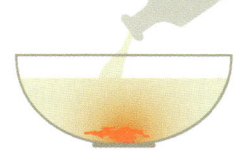

사프란 뵈르블랑으로 요리한 매운 가리비

카슈미르 요리는 열감을 가진 구운 회향 씨앗과 떫은맛의 생강, 달콤한 사프란이 대비를 이루면서 잘 어우러지는 경우가 많다. 전 세계의 요리 스타일을 아우르는 이 삼총사는 버섯, 해산물과 무척 잘 어울린다. 프랑스식 버터 소스 특유의 맛을 잘 살린 탐스러운 가리비 요리의 주재료가 바로 버섯과 해산물이다.

향신료 아이디어

회향과 생강 대신 커리 잎과 겨자씨, 큐민 씨앗을 넣어 보다 흙 내음이 강한 인도 남부 스타일의 향신료 양념을 만들어 보자.

지중해 향신료들을 이용해서 생강 대신 회향 씨앗과 잘 어울리는 큐민과 매운 파프리카(원한다면 훈제로)를 넣어 보자.

후추의 향을 더 강하게 하기 위해서는 뵈르블랑에 넣기 전 통후추를 가볍게 으깨서 향미유가 더 많이 방출되도록 한다.

애피타이저 6인분

준비 시간 30분(+불리는 시간 1시간)

조리 시간 2시간 25분(+식히는 시간)

버섯과 향신료 양념
버튼 머시룸 200g
회향 씨앗 2작은술
생강가루 1작은술
소금 1작은술

뵈르블랑
사프란 가닥 작게 1줌
화이트와인 비니거 3큰술
화이트와인 4큰술
잘게 다진 샬롯 1개
검정 통후추 6개
깍둑썰기한 무염 버터 175g
레몬 반 개

가리비
손질한 큰 가리비 12개
엑스트라 버진 올리브오일 2큰술
버섯과 향신료 믹스 4큰술
적당히 자른 차이브 2큰술

---

1. 사프란 가닥을 절구를 사용해 가루로 만든 다음 따뜻한 물 2큰술을 넣고 1시간 동안 불린다.

2. 버섯과 향신료를 이용한 양념을 만든다. 먼저 오븐을 120℃로 예열한다. 얇게 썬 버섯은 유산지를 깐 베이킹 트레이에 펼쳐 오븐에 넣고 바삭해질 때까지 2시간 정도 구운 다음 꺼내 식힌다.

3. 작은 프라이팬을 달궈 회향 씨앗을 넣고 향이 올라올 때까지 약 1분간 볶은 다음 절구로 빻아 가루를 만든다.

4. 작은 푸드 프로세서에 버섯, 회향, 생강, 소금을 넣고 굵게 간다. 이 상태로 밀폐 용기에 보관하면 2~3주간 두고 사용할 수 있다.

5. 뵈르블랑을 만든다. 작은 팬에 식초, 와인, 다진 샬롯과 통후추를 넣고 불에 올려 1~2큰술 정도로 졸아 시럽처럼 될 때까지 4~6분간 끓인다.

6. 5를 체에 걸러서 샬롯을 버리고 1의 사프란 불린 물과 섞는다.

7. 5의 팬을 헹군 뒤 6을 넣고 버터를 한 번에 한 조각씩 넣으면서 약불에서 천천히 15분 정도 조리한다. 소스가 유화되면서 스푼 뒷면에 묻어 있을 정도로 끈적해지면 간을 하고 레몬즙을 넣은 다음 따뜻하게 보관한다.

8. 기름을 두르지 않은 프라이팬을 중불에 올린다. 가리비 양면에 올리브오일을 바르고 3의 버섯 향신료 양념을 가볍게 덧바른 다음 팬에 올려 굽는다. 가리비 살이 불투명하게 변하면서도 연한 상태가 되도록 가리비 크기에 따라 한 면당 1~2분씩 굽는다. 지나치게 오래 익히면 살이 질겨지므로 주의한다.

9. 얕은 볼 6개에 7의 뵈르블랑을 나눠 담고 가리비를 각각 2개씩 얹는다. 그 위에 차이브를 뿌리고 즉시 차려 낸다.

양귀비

견과 향 | 순한 | 풀향

학명
Papaver somniferum

다른 이름
오피움 포피, 모 씨드

주요 화합물
2-펜틸퓨란

사용하는 부분
부분 씨앗

경작 방법
씨앗 꼬투리는 가을에 꽃잎이 희미해지고 이삭이 녹색에서 황갈색으로 변하면 기계로 수확한다.

상품화
꼬투리를 건조시킨 후 깨서 씨앗을 모은다.

요리 외적 용도
양귀비씨유는 화장품 업계에서 사용된다. 몇몇 진통제와 진정제는 이 식품의 덜 익은 씨앗 꼬투리로 만들어진다.

향신료 이야기

양귀비 씨앗은 기원전 3500년 지금의 이라크 남부에 해당하는 수메르에서 재배되었고 이후에는 기원전 2000년경 아나톨리아의 히타이트족이 빵을 만들 때 양귀비 씨앗을 이용했다. 1세기 페트로니우스(Petronius)가 쓴 소설 속에서, 한 부유한 로마인은 자신의 연회에 꿀을 바르고 양귀비 씨앗에 굴린 겨울잠쥐를 내놓는다. 양귀비 재배는 아랍 상인들을 통해 실크로드를 따라 아라비아와 페르시아에서 인도와 중국으로 확산되었다. 로마 제국의 쇠락 이후에는 양귀비의 사용이 줄어들었지만, 중세 시대 유럽에서 인기를 되찾았다. 학명인 '솜니페룸(somniferum)'은 '잠을 불러오는 것'이라는 뜻인데, 아편을 만드는 이 식물의 용도를 지칭하는 것이다. 그렇지만 아편은 요리에 사용되는 익은 씨앗이 아닌 익지 않은 씨앗 꼬투리의 '수액'으로 만들어진다. 익은 씨앗은 같은 효과를 내지 못한다.

양귀비는 여름에 꽃이 피는 1년생 초본 식물로 1.2m까지 자란다.

익은 꼬투리는 흔들었을 때 달가닥 소리가 난다.

씨앗 꼬투리에는 수백 개의 작은 씨앗이 든 여러 개의 방이 있는 골이 진 바깥 껍질이 있다.

잎은 시금치처럼 조리해서 먹을 수 있다.

씨앗은 첫눈에는 둥글게 보이지만 사실 콩팥 형태를 띤다.

씨앗이 검푸른 빛깔을 띠는 종이 가장 널리 재배된다. 딱딱한 생 씨앗은 순한 맛을 가지고 있고 향이 거의 없다.

1g에 약 3,300개의 작은 씨앗이 들어간다.

연한 색 씨앗의 좋은 인도 요리에서 인기가 있으며 주로 갈아서 풍미를 돋우는 데 사용하거나 소스의 증점제로 쓴다.

재배 지역
지중해와 서남아시아가 원산지인 양귀비는 네덜란드, 프랑스, 체코공화국, 터키, 이란, 인도, 중국, 캐나다에서 재배된다.

풍미 그룹 | **독특한 풍미의 화합물** | 양귀비   199

크리에이티브 키친

양귀비 씨앗은 피클과 코르마에서부터 케이크, 베이글, 번에 이르는 다양한 요리에 적합하다. 회청색 씨앗은 중유럽과 동유럽, 중동 요리에서 사용되며 유백색의 씨앗은 아시아 요리에서 사용된다.

블렌딩 과학

양귀비 씨앗에는 리놀레산이 풍부하다. 리놀레산은 미뢰가 단맛, 짠맛, 고소한 맛에 더 민감하게 만들어주는 한편으로 쓴맛을 줄인다. 양귀비 씨앗에는 풀향의 알데하이드 풍미 화합물, 특히 2-펜틸퓨란과 헥사날이 가득 들어 있다. 다른 중요한 풍미 화합물에는 발사믹 향의 비닐 아밀 케톤과 감귤 향의 리모넨이 포함된다.

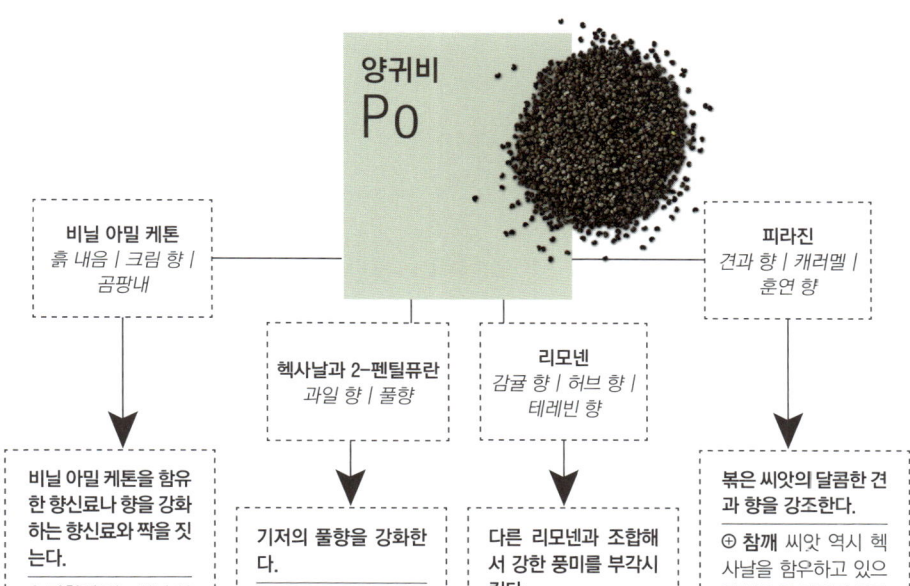

양귀비 Po

- **비닐 아밀 케톤** — 흙 내음 | 크림 향 | 곰팡내
- **헥사날과 2-펜틸퓨란** — 과일 향 | 풀향
- **리모넨** — 감귤 향 | 허브 향 | 테레빈 향
- **피라진** — 견과 향 | 캐러멜 | 훈연 향

비닐 아밀 케톤을 함유한 향신료나 향을 강화하는 향신료와 짝을 짓는다.
- ⊕ **마할레브**는 비닐 아밀 케톤을 가지고 있으며 체리 향을 더한다.
- ⊕ **감초**는 강한 단맛과 얼얼한 아니스 씨앗의 향을 낸다.
- ⊕ **시나몬**은 단맛과 열감을 준다.

기저의 풀향을 강화한다.
- ⊕ **칠리**, 특히 순한 맛의 칠리 종들은 헥사날의 상쾌함을 가지고 있으며 열감을 더한다.
- ⊕ **월계수**는 풀잎 향의 헥사날을 가지고 있는 좋은 짝이다.

다른 리모넨과 조합해서 강한 풍미를 부각시킨다.
- ⊕ **코리앤더**는 약한 꽃향을 가지고 있다.

볶은 씨앗의 달콤한 견과 향을 강조한다.
- ⊕ **참깨** 씨앗 역시 헥사날을 함유하고 있으며 볶으면 디라진 향과 조화를 이룬다.
- ⊕ **파프리카**는 흙 내음과 단맛을 낸다. 특히 훈제한 것은 볶은 씨앗과 잘 어울린다.

향 내는 법

양귀비 씨앗에는 유난히 다양한 아미노산이 함유되어 있다. 즉, 볶았을 때 단맛, 흙 내음, 견과 향, 양파 향, 훈연 향의 놀라운 조합을 만들어낸다.

130℃~175℃

새로운 화합물이 생성되려면 온도가 130℃ 이상이어야 한다. 하지만 씨앗의 크기가 작고 향미유가 쉽게 손상되기 때문에 175℃ 이상에서 태웠을 때는 쓴맛이 두드러진다.

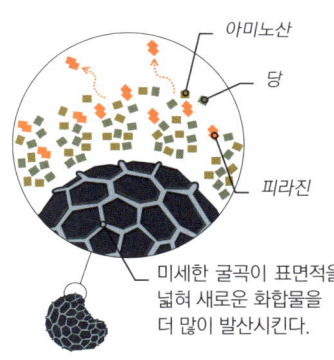

아미노산 / 당 / 피라진

미세한 굴곡이 표면적을 넓혀 새로운 화합물을 더 많이 발산시킨다.

열을 가하면, 씨앗 안의 아미노산과 당이 서로 반응해서 새로운 풍미 화합물, 특히 피라진을 생성시킨다.

음식 궁합

- ⊕ **채소** 감자 퓌레나 셀러리악 레물라드에 검은 씨앗을 뿌려 시각과 질감을 대비시킨다. 당근을 굽기 전에 뿌린다.
- ⊕ **페이스트리** 치즈와 부추를 넣은 타르트나 키시(quiche, 파이의 일종)를 만들고 고소한 맛의 바삭한 페이스트리 반죽에 씨앗 한 스푼을 넣는다.
- ⊕ **단맛의 제과제빵** 아몬드와 레몬이나 오렌지 케이크의 촉촉한 속에 견과 향의 씨앗이 아삭하게 씹히는 맛을 더한다. 반죽에 씨앗 1큰술을 넣는다. 꿀과 섞어 바클라바(baklava, 견과류, 꿀 등을 넣어 파이처럼 만든 중동 음식)에 뿌린다.
- ⊕ **과일** 꿀과 감귤류로 만든 과일 샐러드드레싱에 넣는다.
- ⊕ **기름진 생선** 흰 씨앗 가루는 송어나 연어 요리의 소스를 만드는 인도 향신료와 잘 어우러진다.

아즈와인

쓴맛 | 약초 향 | 후추 향

학명
Trachyspermum ammi

다른 이름
아요완, 아야베, 캐럼, 에티오피아 큐민, 오멈, 비숍 위드

주요 화합물
티몰

사용하는 부분
씨앗(기술적으로는 열매)

경작 방법
꽃이 피고 약 2개월 후 씨앗이 익으면 줄기를 잘라낸다.

상품화
줄기를 말리고 탈곡한 후 체로 거른다. 씨앗의 등급을 나누고 크기별로 구분한다.

요리 외적 용도
향수, 치약의 방부제, 소화 장애, 류머티즘, 관절염, 열병을 치료하는 아유르베다 약물

향신료 이야기

아즈와인은 고대부터 약용 향신료로 높은 가치를 인정받았으며 이집트에서 가장 먼저 재배된 것으로 보인다. 로마인들은 아즈와인이 큐민의 한 종류라고 생각했다. 때문에 아즈와인은 흔히 '에티오피아 큐민'이라고 불린다. 750년 직후 큐민 시드와 같은 시기쯤에 향신료 대상들을 통해 인도에 전해진 것으로 여겨지며 그곳에서 인기를 얻었다. 아즈와인은 '셀러리 씨앗', '로바지 씨앗' 등 오해의 소지가 있는 여러 가지 이름을 얻었고 맛에 큰 차이가 있는데도 그런 이름들이 지금까지 유지되고 있다. 수백 년 동안 아유르베다 의학이 생활화된 인도 여러 지역에서는 아즈와인을 이용해서 '오맘 워터(omam water)'라는 만병통치약을 만들었다. 현재 이 식물은 주로 강한 에센셜 오일용으로 재배되고 있지만 서인도 구자라트 지역의 채식 요리에 쓰이는 대표적인 향신료 중 하나이다.

아즈와인은 파슬리과에 속하는 작은 1년생 식물로 캐러웨이나 큐민과 아주 가까운 종이다.

작고 흰 꽃의 납작한 머리가 보이는데 이것이 작은 '씨앗'이 된다.

아즈와인 가루를 구입할 수 있다. 가루는 통 씨앗이나 바로 간 씨앗보다 쓴맛이 덜하지만 요리에 더하는 향은 훨씬 약하다.

타원형 씨앗은 회색빛을 띤 녹색으로 캐러웨이 씨앗과 비슷하다.

인도 남부산 씨앗은 티몰의 농도가 가장 높다 (풍미 화합물 분자의 최대 98%). 통 씨앗은 대단히 오랫동안 강한 향을 유지한다.

재배 지역
아즈와인의 원산지는 중동, 아마도 이집트일 것으로 추정된다. 현재는 주로 인도와 이란에서 재배되지만 파키스탄, 아프가니스탄, 이집트에서도 재배된다.

크리에이티브 키친

아즈와인의 향은 아니스, 오레가노, 후추가 혼합된 것으로 묘사된다. 쓴맛은 볶아서 줄일 수 있다. 아즈와인은 대단히 향이 진하고 자극적이므로 조심해서 사용해야 한다.

블렌딩 과학

아즈와인과 타임은 비슷한 향미 프로필을 가지고 있다. 오레가노에서도 발견되는 주요 향미 화합물, 티몰이 동일하다. 이 강력한 페놀은 그만큼 얼얼하거나 허브 향이 나는 향신료와 잘 어울린다. 테르펜 화합물도 감귤 향과 나무 향, 매운맛을 끌어낼 기회를 제공한다.

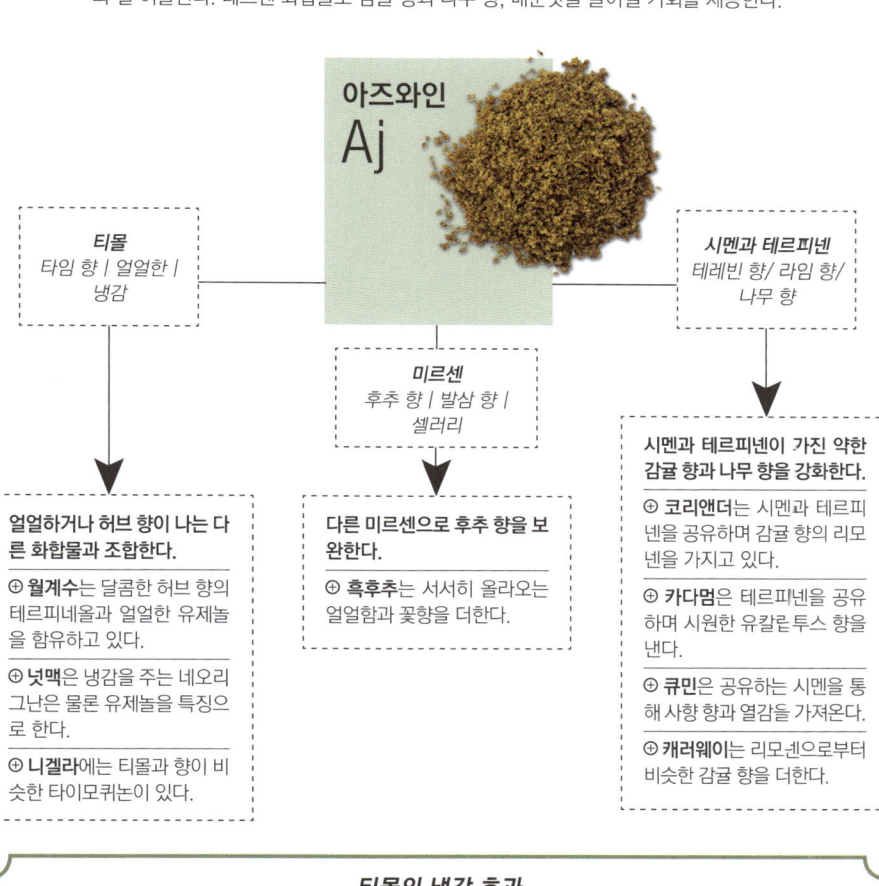

아즈와인 Aj

- **티몰** – 타임 향 | 얼얼한 | 냉감
- **미르센** – 후추 향 | 발삼 향 | 셀러리
- **시멘과 테르피넨** – 테레빈 향 / 라임 향 / 나무 향

얼얼하거나 허브 향이 나는 다른 화합물과 조합한다.
- ⊕ **월계수**는 달콤한 허브 향의 테르피네올과 얼얼한 유제놀을 함유하고 있다.
- ⊕ **넛맥**은 냉감을 주는 네오리그난은 물론 유제놀을 특징으로 한다.
- ⊕ **니겔라**에는 티몰과 향이 비슷한 타이모퀴논이 있다.

다른 미르센으로 후추 향을 보완한다.
- ⊕ **흑후추**는 서서히 올라오는 얼얼함과 꽃향을 더한다.

시멘과 테르피넨이 가진 약한 감귤 향과 나무 향을 강화한다.
- ⊕ **코리앤더**는 시멘과 테르피넨을 공유하며 감귤 향의 리모넨을 가지고 있다.
- ⊕ **카다멈**은 테르피넨을 공유하며 시원한 유칼룹투스 향을 낸다.
- ⊕ **큐민**은 공유하는 시멘을 통해 사향 향과 열감을 가져온다.
- ⊕ **캐러웨이**는 리모넨으로부터 비슷한 감귤 향을 더한다.

음식 궁합

- ⊕ **생선** 으깬 아즈와인 씨앗을 칠리 가루, 터메릭과 섞어 통 생선이나 생선살에 문질러 준 후 튀기거나 오븐에 굽는다.
- ⊕ **채소** 아즈와인 씨앗을 가볍게 부수어서 채소 프리터나 양파 바지(bhaji, 남아시아 음식)를 위한 병아리콩 가루 반죽에 넣는다.
- ⊕ **렌틸** 통 씨앗을 녹인 버터나 기 버터에 넣어 렌틸 수프나 달의 향을 더한다.
- ⊕ **빵** 아즈와인 씨앗을 기름이나 기 버터에 볶은 후, 플랫브레드, 치아바타, 난에 뿌린다.
- ⊕ **달걀** 버터나 기에 씨앗 한 꼬집을 넣어 볶아준 후 부드럽게 저은 달걀에 넣어 팔시 스타일(Parsi-style)의 스크램블 에그를 만든다.

향 내는 법

보다 균형 있는 풍미를 위해서는 통 씨앗을 기름기 없는 팬에 볶아서 견과 향, 볶은 내를 가진 화합물, 특히 피라진을 생성시킨다. 이 과정에서 티몰의 일부가 증발하고 분해되기 때문에 찌르는 듯한 냉감이 약화되는 효과도 있다.

단백질과 당은 약 140℃에서 반응해 새로운 풍미 화합물을 형성시킨다.

티몰은 90~100℃에서 분해되기 시작한다.

티몰의 냉각 효과

티몰은 허브 향뿐 아니라 쓴맛과 냉각 효과를 가지고 있다. 분자들이 화합적으로 냉감을 느끼는 입안의 통 섬유를 화학적으로 교란시켜 뇌가 얼음같이 찬 느낌을 인식하게 만들기 때문이다.

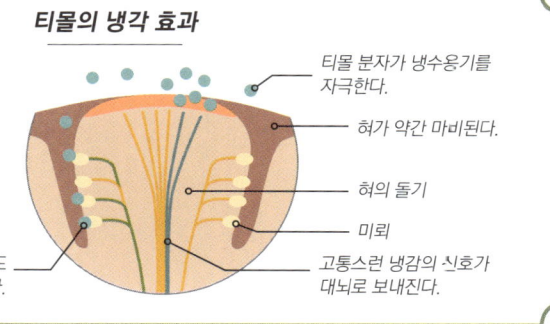

- 티몰 분자가 냉수용기를 자극한다.
- 혀가 약간 마비된다.
- 혀의 돌기
- 미뢰
- 고통스런 냉감의 신호가 대뇌로 보내진다.
- 티몰은 미뢰에서 쓴맛도 활성화시킨다.

셀러리 씨앗

쓴맛 | 고소한 맛 | 레몬 향

학명
Apium graveolens

다른 이름
스몰래지, 와일드 셀러리

주요 화합물
세다놀리드

사용하는 부분
씨앗(기술적으로는 열매)

경작 방법
씨앗이 성숙해서 회갈색으로 변하면 지면 높이에서 식물을 자른다.

상품화
씨앗을 며칠간 마르게 둔 뒤 탈곡, 세척한 후 더 말린다.

요리 외적 용도
향수, 약초학에서 부종, 관절염, 통풍을 다스리는 데 사용된다. 아유르베다 의학에서 신경 자극제나 강장제로 이용된다.

향신료 이야기

야생 셀러리는 3천 년 전부터 재배되었고 고대 이집트, 그리스, 로마인들 대부분이 셀러리를 초본원에서 기르면서 만병통치약으로 널리 사용했다. 로마인들은 이 쓴맛의 씨앗과 잎을 빵, 와인, 수프, 치즈 등의 음식에 넣었다. 6세기에 야생 셀러리가 중국에 전해졌고, 유럽에서는 북쪽의 프랑스와 영국으로 사용 범위가 넓어졌다. 중세 유럽에서 셀러리는 모든 종류의 질환을 치료하는 것으로 여겨졌으며 최음제로 일컬어졌다. 17세기, 채소로 이용하기 위해 단맛이 더 강한 새로운 형태의 셀러리가 재배되기 시작했다. 이것이 오늘날 우리가 아는 셀러리이다. 그 사촌격인 야생의 셀러리(스몰래지)는 씨앗을 생산하는 작물로 그 지위가 강등되었고 지금까지도 주로 셀러리 씨앗의 공급원으로 여겨진다.

야생 셀러리는 두해살이 약초이다. 재배되는 셀러리보다 줄기가 얇고 살이 적다. 1m까지 자란다.

통 씨앗을 필요할 때 갈아 쓴다. 밀폐 용기에 넣어 어둡고 서늘한 곳에서 보관하면 2년까지 사용할 수 있다.

표면이 울퉁불퉁한 씨앗의 크기는 최대 5mm이다.

작은 크림색 꽃이 산형으로 무리지어 핀다.

간 셀러리 씨앗도 구입할 수 있지만 가루는 곧 향을 잃는다.

솜털이 있는 녹황색 잎에서 향이 난다.

재배 지역
야생 셀러리는 유럽과 서아시아의 온대 지역이 원산인 것으로 생각된다. 인도(세계 총 생산량의 50% 이상을 생산한다)에서 주로 씨앗을 얻기 위해 재배하지만 중국, 이집트, 프랑스에서도 재배된다.

크리에이티브 키친

셀러리 씨앗은 줄기나 잎보다 강한 향을 가지고 있다. 열감과 강한 흙 내음, 오래 지속되는 쓴맛, 약한 풀향을 가지고 있지만 채소의 상쾌한 향은 없다. 수프, 소스, 채소 요리에 사용할 때는 신중을 기하라.

블렌딩 과학

셀러리 씨앗에 가장 많은 풍미 화합물은 감귤 향의 리모넨이며, 그보다 함량이 낮은 허브 향의 셀리넨, 나무 향과 매운맛의 휴물렌도 있다. 그렇지만 이 향신료 특유의 허브 향은 대단히 강렬한 락톤 화합물, 프탈리드에서 나온다. 프탈리드의 양은 극히 적지만 전반적인 풍미에 엄청난 영향을 준다.

셀러리 씨앗 Ce

프탈리드 — 허브 향 | 달콤한 | 풀향

리모넨 — 감귤 향 | 허브 향 | 테레빈 향

휴물렌 — 나무 향 | 매운맛 | 쓴맛

이들 풍미 화합물을 미량 함유한 향신료들과 조합한다.
- ⊕ **캐러웨이**는 복합적인 아니스 향, 후추 향을 가져온다.
- ⊕ **카다멈**은 유칼립투스의 향과 달콤한 박하 향을 더한다.
- ⊕ **큐민**은 흙 내음과 열감을 부여한다.
- ⊕ **아즈와인**은 강한 타임 향을 준다.

약간의 리모넨을 함유하는 다른 향신료와 조합해서 쓴맛과 균형을 찾는다.
- ⊕ **흑후추**는 오래가는 얼얼함과 나무 향을 준다.
- ⊕ **코리앤더**는 특유의 꽃향과 함께 레몬 향과 솔향을 가져온다.

휴물렌을 함유하는 다른 향신료나 나무 향을 가진 향신료와 짝을 짓는다.
- ⊕ **그레인스 오브 파라다이스**는 매운맛과 쓴맛을 강화한다.
- ⊕ **올스파이스**는 단맛과 정향의 향, 열감을 낸다.
- ⊕ **월계수**는 나무 향과 쓴맛을 가지고 있으며 그 외에도 복합적인 유칼립투스, 레몬, 꽃향을 가지고 있다.

음식 궁합

- ⊕ **토마토** 구운 토마토나 토마토 타르트 타틴 위에 씨앗 소량을 뿌린다.
- ⊕ **감자** 녹인 버터에 셀러리 씨앗을 넣고 감자 위에 뿌린다.
- ⊕ **생선** 생선 차우더나 생선 구종(goujon, 가느다란 생선이나 닭고기 토막에 빵가루를 입힌 뒤 튀겨낸 요리) 반죽에 씨앗을 넣는다.
- ⊕ **소고기** 소고기 양지의 향신료 럽에 후추와 함께 씨앗 몇 개를 넣는다.
- ⊕ **고소한 맛의 제과·제빵** 고소한 빵 반죽, 치즈 비스킷, 치즈와 함께 내는 귀리 비스킷에 넣는다.
- ⊕ **달걀** 살짝 볶은 씨앗을 스크램블 에그나 데블드 에그에 뿌린다.

홈메이드 셀러리 소금

셀러리 소금은 블러디 메리(Bloody Mary, 보드카와 토마토주스를 섞은 칵테일)만이 아니라 수프, 냉채, 딥과 잘 어울리므로 풍미가 가득한 일반 소금 대체물이 될 수 있다. 셀러리 씨드와 소금의 비율은 1:6으로 한다.

셀러리 씨앗을 기름기 없는 프라이팬에 가볍게 볶아 습기를 날린다.

볶은 씨앗을 절구를 이용해서 천일염과 함께 간다. 기호에 따라 양을 조절한다.

향 내는 법

셀러리 씨앗의 향은 기름에 가장 잘 녹지만, 몇몇 풍미 화합물은 냉온 스펙트럼 극단의 온도에 민감하다.

쓴맛의 물질은 열에 의해 파괴된다. 요리를 시작하면서 씨앗을 볶으면 쓴맛을 약화시킬 수 있다

씨앗을 갈면 프탈리드는 증발한다. 하지만 미리 차게 해두면 증발 속도를 늦추는 데 도움이 된다.

터메릭

나무 향 | 꽃향 | 쓴맛

학명
Curcuma longa

다른 이름
강황, 인디언 사프란, 펄스 사프란

주요 화합물
터메론과 ar-터메론

사용하는 부분
뿌리줄기(생, 건조, 가루). 가끔 생잎

경작 방법
한해살이 작물로 거름을 많이 준 고랑에서 자란다. 뿌리줄기는 잎이 황색으로 변했을 때 수확해 준다.

상품화
뿌리줄기를 데친 후 말린다. 통으로 혹은 가루로 판매된다.

요리 외적 용도
섬유 염료, 화장품의 착색제, 전통 의학에서 소염제와 항생제로 사용된다.

향신료 이야기

터메릭의 향과 특성을 처음으로 알아본 것은 3천 년 이상 된 인도 고대 베다 문화였다. 이 향신료는 많은 인도 마살라 블렌딩의 주요 재료이며 힌두 의식에서 태양의 상징으로 사용된다. 터메릭이 페르시아와 북아프리카 요리에 미친 영향은 향신료의 대상과 배들이 이들 지역에 처음 이른 기독교 이전 시대까지 거슬러 올라간다. 오스만 제국의 상인들은 중세 초기에 터메릭을 유럽에 전했지만, 사프란의 값싼 대체물로 사용되었을 뿐이다. 이 향신료는 인도 제국 시대 동안 식민지 관리들이 본국으로 돌아가 터메릭이 주성분이었던(현재도 그렇다) 다목적 '커리 파우더'로 인도의 맛을 재현하면서 영국에서 인기를 얻었다.

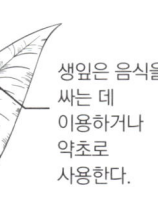

터메릭은 잎이 많은 열대성 식물로 생강과에 속한다. 야생에서는 다년생 식물로 자란다.

생잎은 음식을 싸는 데 이용하거나 약초로 사용한다.

간 터메릭은 생 향신료보다 착색력이 약하다.

주로 두 가지 유형이 있다. 마드라스(Madras, 위)는 밝은 황색이고 단맛이 강하다. 좀 더 귀하게 여겨지는 알레피(Alleppey) 터메릭은 얼얼한 맛에 흙 내음이 나고 황토색이다.

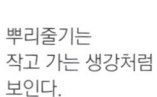

뿌리줄기는 작고 가는 생강처럼 보인다.

풍미는 생 뿌리줄기일 때 더 강하다. 생강처럼 껍질을 깐 뒤에 다지거나 갈아서 사용한다.

재배 지역
터메릭은 인도가 원산지로 짐작된다. 주로 인도(터메릭 가루 전체 생산량의 90%를 생산하는)에서 재배하지만, 중국, 태국, 캄보디아, 말레이시아, 인도네시아, 필리핀에서도 재배된다.

크리에이티브 키친

터메릭은 복합적인 블렌딩에 잘 어울린다. 얼얼한 흙 내음이 토대가 되어 주면서 다른 향미를 한데 아우르기 때문이다. 단독으로 사용할 때는 쓴맛이 다른 풍미를 압도하지 않도록 조금씩 넣는다.

블렌딩 과학

터메릭의 압도적인 흙 내음은 풍미 화합물 터메론과 ar-터메론(ar은 'aromatic, 방향성'을 뜻한다)에서 나온다. 이 화합물들은 다른 향신료에서 쉽게 찾아볼 수 없다. 소량 화합물이 효과적인 조합의 기회를 더 많이 제공한다. 하나의 화합물에 집중해서 특정한 향미 효과를 내거나 여러 화합물을 섞어준다.

터메론과 AR-터메론
흙 내음 | 사향 향 | 나무 향

- 다른 흙 내음 향신료로 깊이를 더한다.
- ⊕ **큐민**은 풍성한 흙 내음과 열감을 준다.
- ⊕ **파프리카**는 피라진에서 나오는 볶은 내, 훈연 향, 단맛을 가져온다.
- ⊕ **블랙 카다멈**은 훈연 향과 공유하는 시네올에서 나오는 얼얼한 멘톨 향을 낸다.

시네올
얼얼한 | 유칼립투스 향

- 더 많은 시네올 향신료를 사용해서 꽃향과 멘톨 향을 부각시킨다.
- ⊕ **아니스, 팔각**은 풍미를 쉽게 압도하므로 조금씩 사용한다.
- ⊕ **넛맥**은 사향 향이 올라오는 데 도움을 준다.

시트랄
감귤 향 | 허브 향 | 유칼립투스 향

- 더 많은 시트랄로 상쾌한 향을 강화한다.
- ⊕ **카더멈**은 얼얼한 장뇌 향을 더한다.
- ⊕ **코리앤더**는 자극적인 과일 향과 꽃향을 낸다. 넉넉하게 넣어도 좋다.

진기베렌
얼얼한 | 예리한 | 매운맛

- 더 많은 진기베렌이나 다른 얼얼한 느낌을 주는 향신료를 통해 열감을 북돋운다.
- ⊕ **생강**은 공유하는 진기베렌 덕분에 복합적인 풍미를 더한다.
- ⊕ **흑후추**는 피페린으로 인한 얼얼함을 더한다. 이것이 튜머린이 가진 진기베렌의 얼얼함을 보완한다.

음식 궁합

- ⊕ **흰살생선** 터메릭, 요구르트, 으깬 마늘을 섞은 뒤 숟가락으로 생선살 위에 얹어 굽는다.
- ⊕ **양고기와 돼지고기** 파프리카, 살짝 으깬 큐민, 기름과 섞어 고기용 럽을 만든다. 굽기 전에 고기에 문질러 바른다.
- ⊕ **호박과 콜리플라워** 기름과 꿀에 1작은술을 넣고 채소와 버무린다. 채소를 굽는다.
- ⊕ **화이트 초콜릿** 컵케이크 반죽에 화이트 초콜릿 조각과 함께 크게 한 꼬집을 넣는다.
- ⊕ **피클** 생 뿌리줄기를 얇게 저며 생선과 채소 피클에 넣는다.

향 내는 법

지방과 함께 볶으면 풍미 화합물 분자가 분산되고 새로운 화합물이 생성된다. 이런 현상은 130℃ 이상에서만 일어나기 때문에 끓는 물에서는 일어나지 않는다.

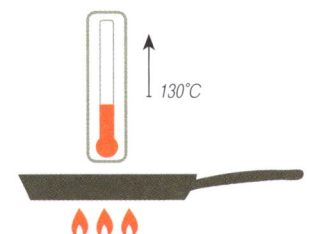

블렌딩 해보기

터메릭을 이용한 전형적인 블렌딩을 따라해 보고 변형도 시도해 보자.
하와이지 29쪽
니터 키베 32쪽
말레이시아식 생선 커리 페이스트 51쪽
붐부 52쪽

커큐민을 이용한 요리

터메릭 가루의 엄청난 착색력은 커큐민이라고 불리는 색소 때문에 생기는 것이다. 사용과 보관 방법에 따라 색조가 달라지는 놀라운 경험을 할 수 있다.

산성 효과
레몬즙과 같은 산은 노란색을 유지하는 데 도움을 준다.

알칼리성 효과
베이킹 소다와 같은 알칼리 물질은 터메릭을 주황색으로 변하게 한다.

철 반응
쇠 냄비에 굽거나 볶으면 터메릭의 색상이 진해진다.

감광성
빛에 대한 노출은 커큐민 색소를 파괴하므로 어두운 곳에서 보관해야 한다.

페누그릭

달콤쌉싸름한 | 온화한 | 사향 향

학명
Trigonella foenum-graecum,
T. caerulea(청 페누그릭)

다른 이름
고트 호른, 그릭 헤이시드, 그릭 클로버

주요 화합물
소톨론

사용하는 부분
씨앗, 어린 잎

경작 방법
씨앗 꼬투리가 익으면 식물을 뽑아 단을 지은 후 일주일 정도 말린다.

상품화
줄기를 탈곡해 씨앗을 빼낸 뒤 말리고 등급을 나눈다.

요리 외적 용도
염료, 약약초학에서 소화제와 자극제, 아유르베다 의학에서 탈모와 피부 질환 치료제

향신료 이야기

가장 오래된 페누그릭 씨앗은 이라크의 한 유적지에서 발견되었다. 그 연대는 기원전 4000년으로 거슬러 올라간다. 3천 년 된 이집트 파라오 투탕카멘의 무덤에서도 페누그릭 씨앗이 발견되었다. 이집트인들은 페누그릭을 만병통치약으로 여겼다. 로마 시대에는 이 작물이 너무나 흔해서 가축의 사료로 쓰였을 정도였다. 페누그릭이라는 이름은 '그리스 건초(Greek hay)'라는 뜻의 라틴어에서 비롯되었다. 향신료로서의 용도는 1세기 그리스 의사 디오스코리데스(Dioscorides)의 《약용 물질(De Materia Medica)》에서 언급되었다. 한 세기 뒤 시리아에서 열린 운동 경기에서는 페누그릭이 참가자들에게 바르는 의식용 향수의 성분이었다. 중세 시대에 페누그릭은 유럽에서 약초로 재배되었다. 현재는 이란, 서아시아, 인도, 스리랑카 요리에 자주 사용되며 페누그릭이 핵심 재료인 상업용 커리 가루를 통해 전 세계에 퍼졌다.

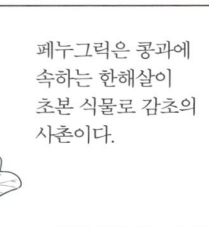

페누그릭은 콩과에 속하는 한해살이 초본 식물로 감초의 사촌이다.

어린 잎은 채소로 먹을 수 있고 말려서 허브로 사용할 수도 있다.

꼬투리는 완두와 비슷한 꽃에서 발생한다. 약 10cm 길이이며 10~20개의 씨앗이 들어 있다.

각이 진 황갈색의 씨앗은 한쪽을 가로지르는 고랑을 가지고 있다.

청 페누그릭 잎과 씨앗을 간 가루는 일반적인 페누그릭보다 부드럽고 덜 쓰며 그루지야 요리(77쪽 참조)에 사용된다.

재배 지역
페누그릭은 지중해 동부와 서남아시아가 원산지이다. 주로 인도에서 재배되지만 지중해 연안 국가들과 북아프리카에서도 재배된다.

크리에이티브 키친

페누그릭 씨앗은 단맛, 독한 향에 캐러멜, 메이플시럽, 태운 설탕, 커피의 기미를 가지고 있다. 곰팡내는 모두가 좋아하는 것이 아니긴 하지만, 이 향신료는 많은 요리에 고소하고 달콤쌉쌀한 배경을 제공한다.

블렌딩 과학

페누그릭의 향은 소톨론이 지배하고 있다. 소톨론은 달콤한 락톤 화합물로 황설탕과 비슷한 맛에 솜사탕 향을 가지고 있다. 이 향신료는 나무 향의 캐리오필렌에 버터 향의 다이아세틸, 버섯 향의 비닐 O-밀 케톤도 가지고 있다. 피라진은 씨앗에 볶은 내와 훈연 향을 준다. 일부 사람들이 싫어하는 산패한 냄새, 땀 냄새, 곰팡내는 세가지 방향성 산의 조합에서 나온다.

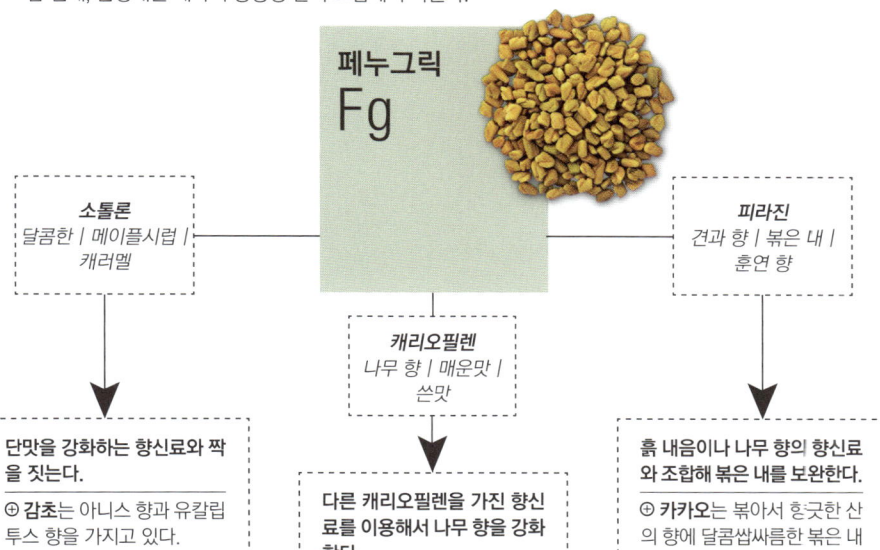

페누그릭 Fg

소톨론 — 달콤한 | 메이플시럽 | 캐러멜

캐리오필렌 — 나무 향 | 매운맛 | 쓴맛

피라진 — 견과 향 | 볶은 내 | 훈연 향

단맛을 강화하는 향신료와 짝을 짓는다.
- ⊕ **감초**는 아니스 향과 유칼립투스 향을 가지고 있다.
- ⊕ **캐럽**은 산에서 나오는 것과 비슷한 땀냄새와 풍부한 바닐라의 단맛을 가지고 있다.
- ⊕ **올스파이스**는 후추 향과 단맛을 가져오며 캐리오필렌도 공유한다.
- ⊕ **시나몬**은 얼얼함과 단맛, 열감을 가지고 있을 뿐 아니라 캐리오필렌도 공유한다.

다른 캐리오필렌을 가진 향신료를 이용해서 나무 향을 강화한다.
- ⊕ **정향**은 떫은맛과 독특한 꽃향, 나무 향을 더한다.
- ⊕ **안나토**는 약한 흙 내음과 부드러운 향을 낸다.
- ⊕ **커리 잎**은 열감과 복합적인 고기 향, 유황 향을 더한다.
- ⊕ **흑후추**는 약간의 얼얼한 열감과 나무 향, 감귤 향을 가지고 있다.

흙 내음이나 나무 향의 향신료와 조합해 볶은 내를 보완한다.
- ⊕ **카카오**는 볶아서 흐릇한 산의 향을 더하며 달콤쌉싸름한 볶은 내를 더한다.
- ⊕ **큐민**은 볶았을 때 열감과 흙 내음, 쓴맛을 낸다.
- ⊕ **터메릭**은 조화로운 곰팡내와 약한 생강 향을 더한다.
- ⊕ **파프리카**는 훈연 향을 공유하며 달콤한 열감을 더한다.

음식 궁합

- ⊕ **호박, 고구마** 페누그릭 씨앗을 불에 불려서 호박이나 고구마 스튜의 베이스에 넣는다.
- ⊕ **호두** 청 페누그릭을 이용해 그루지야식 향신료 호두 페이스트, 사치비(satsivi)를 만든다. 사치비는 딥으로 즐겨도 좋고 고기 스튜의 향을 낼 때 사용할 수도 있다.
- ⊕ **소고기, 양고기** 볶아서 물에 불린 페누그릭 씨앗은 소고기 혹은 양고기 커리에 넣어 풍미를 더한다.
- ⊕ **생선** 볶아서 간 페누그릭 씨앗을 기 버터나 코코넛오일에 넣고 가열한 뒤 생선 살 조각, 코코넛밀크와 섞어 케랄라 스타일 커리를 만든다.
- ⊕ **제과제빵** 물에 불려 빻은 씨앗을 고소한 발효 빵에 넣는다.
- ⊕ **프리저브** 씨앗을 갈아서 과일 처트니와 렐리시에 넣는다.

블렌딩 해보기

페누그릭을 이용한 전형적인 블렌딩을 따라해 보고 변형도 시도해 보자.

니터 키베 32쪽
더반 커리 마살라 37쪽
판치 포란 43쪽
빈달루 페이스트 44쪽
크멜리-수넬리 77쪽

향 내는 법

페누그릭 씨앗은 요리에 향을 확산시키는 것을 돕고 갈락토만난이라는 특별한 유화제의 작용으로 소스를 걸쭉하게 만든다.

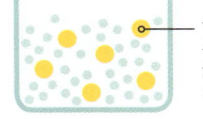
작은 기름방울이 물속에 떠 있다

씨앗 속의 갈락토만난이 물로 된 요리 안에서 젤을 형성해 기름과 물이 섞일 수 있게 한다.

씨앗을 하룻밤 물에 담그거나 끓여서 갈락토만난을 추출한다.

씨앗을 갈아서 갈락토만난이 더 빨리 방출되도록 한다. 페누그릭 가루는 바로 요리에 넣을 수 있다.

씨앗을 살짝 볶으면, 피라진의 견과 향, 볶은 커피와 초콜릿 향이 생성된다.

닭고기와 돼지고기를 이용한 필리핀식 향신료 아도보

원래 부드러운 맛의 아도보를 맵게 해석한 요리로, 만약 필리핀이 향신료 무역에서 많은 영향을 받았다면 아도보가 어떤 맛으로 변했을까 하는 상상에서 영감을 얻었다. 전형적인 아도보는 돼지고기와 닭고기로 만들지만 한 종류의 고기만 사용해도 상관없다. 혹은 버터넛 스쿼시와 같은 단단한 채소를 이용한 고기가 없는 버전으로도 만들 수 있다.

향신료 아이디어

달콤한 향의 처음 3가지 향신료를 보다 흙 내음이 강한 큐민, 파프리카, 터메릭의 조합으로 대체한다.

겨자, 커리 잎, 아사퍼티다와 같은 유황 향의 향신료를 사용해서 요리의 고기 맛을 강조한다.

식초를 타마린드 워터로 바꾸고 페이스트 믹스에 레몬 그라스를 추가해 감귤 향의 프로필을 바꾼다.

4~6인분

준비 시간 25분

조리 시간 1시간

카다멈 씨앗 꼬투리 5개 분량
팔각 1개
시나몬 조각 2.5cm 정도
고춧가루 1/2작은술
검정 통후추 1작은술
껍질을 깐 마늘 6쪽
굵게 다진 생강 5cm
코코넛오일이나 식물성 기름 2큰술
다진 파 6대
종려당이나 무스코바도 설탕 2큰술
닭고기 다리살 1kg
깍둑썬 돼지고기 안심 300g
코코넛 비니거 혹은 화이트와인 비니거 100ml
간장 100ml
닭 육수 250ml
월계수 잎 3장

---

1 카다멈 씨앗, 팔각, 시나몬, 고춧가루, 통후추를 절구로 빻아 고운 가루를 만든다. 여기에 마늘과 다진 생강을 추가해 다시 빻아 거친 페이스트를 만든다.

2 바닥이 두꺼운 팬이나 웍을 중불에 올리고 가열한 다음 기름과 1의 향신료 페이스트를 넣고 색이 변하면서 마늘과 생강의 향이 올라오기 시작할 때까지 2~3분간 볶는다.

3 2에 파와 설탕을 넣고 잘 저어준 다음 닭고기와 돼지고기를 넣고 향신료가 고기에 입혀지도록 저어준다.

4 3에 식초, 간장, 닭 육수, 월계수 잎을 넣고 끓인다.

5 불을 줄이고 뚜껑을 덮는다. 뚜껑이 없는 팬이라면 포일을 이용한다. 고기가 연해지고 육수가 졸아들 때까지 1시간 동안 뭉근하게 끓인다. 주로 밥과 볶은 녹색 채소와 함께 먹는다.

세계의 향신료 요리 레시피

맛도 좋을 뿐 아니라 요리의 진수를 알게 해줄 세계 각국의 전통 요리 레시피를 소개한다. 각각의 요리는 세계의 향신료(18~77쪽)에 나온 전통 향신료를 이용한 것이다.

양고기 쾨프테
LAMB KOFTE

12개분

준비 시간 20분(+불리는 시간 20~30분)

조리 시간 8~10분

불구르 50g
굵게 다진 살구 50g
끓는 물 100ml
다진 양고기 500g
곱게 다진 양파 1개(작은 것)
잣 1큰술
껍질을 제거하고 으깬 마늘 2쪽
다진 박하 1큰술(+장식용 잎 추가)
바하라트 향신료 믹스 3큰술(23쪽 참조)
간을 위한 소금
곁들일 플랫브레드, 적양파, 토마토, 플레인 요거트

1 불구르와 살구를 작은 팬에 넣는다. 뜨거운 물 100ml를 넣고 뚜껑을 덮은 후 물이 모두 흡수될 때까지 20~30분간 그대로 둔다.

2 양고기, 양파, 잣, 마늘, 박하를 바하라트 1큰술, 소금 한 꼬집과 함께 볼에 넣고 포크로 섞는다. 1의 불구르와 살구를 넣고 섞어 잘 뭉쳐질 때까지 치댄다.

3 2의 양고기 반죽을 12개로 나누어서 동그랗게 빚는다.

4 접시에 바하라트 2큰술을 뿌리고 3의 양고기를 굴려 고르게 묻힌다.

5 4의 양고기 가운데에 꼬치를 꽂은 뒤 손으로 만져 8~10cm 길이의 소시지 형태가 되도록 만든다.

6 그릴이나 번철을 중강불에 예열한 뒤 5를 넣어 겉은 갈색으로 변하며 바삭하게, 속은 고르게 잘 익도록 돌려가며 8~10분간 굽는다. 필요하면 여러 묶음으로 조리한다.

7 플랫브레드에 저민 적양파, 다진 토마토, 박하 잎, 요거트 한 덩이를 얹어 함께 낸다.

페르시아 쌀 푸딩
PERSIAN RICE PUDDINGS

6인분

준비 시간 15분(+향을 우리는 시간 1시간)

조리 시간 45~50분

씻은 단립종 흰쌀 150g
전지 우유 600ml
휘핑크림 300ml
꿀 2큰술
오렌지 1개 제스트
등화수(orange flower water) 2작은술
쪼개서 씨를 긁어낸 바닐라 꼬투리 1개
갈아서 가루로 만든 사프란 가닥 한 꼬집
아드비에 향신료 믹스 1큰술(+장식용 추가) (27쪽 참조)
씨를 빼고 굵게 다진 메드줄 대추야자 6개
잘게 다진 피스타치오 알맹이 1큰술
말린 장미 꽃잎 1큰술

1 오븐을 160℃로 예열한다.

2 쌀을 200ml짜리 래미킨(또는 오븐 용기) 6개에 각각 나눠 담는다.

3 우유, 크림, 꿀, 오렌지 제스트, 등화수*, 바닐라 꼬투리와 씨앗, 사프란 가루를 바닥이 두꺼운 커다란 소스 팬에 넣는다. 중불에 올린 후 꿀이 녹고 사프란이 유백색으로 변할 때까지 젓는다.

4 끓기 직전까지 가열한 뒤 불을 끄고 최소 10분에서 최대 1시간 동안 향이 우러나게 둔다.

5 4를 체에 걸러 오렌지 제스트와 바닐라 꼬투리를 버리고 6개의 래미킨에 담긴 쌀 위에 붓는다. 아드비에**를 표면에 뿌려준다.

6 쌀이 완전히 부드러워지고 향신료가 얇은 갈색 막을 형성할 때까지 45~50분간 굽는다.

7 래미킨을 오븐에서 꺼내 한 김 식힌다.

8 각각의 푸딩 위에 다진 대추야자, 피스타치오, 말린 장미 꽃잎을 올린다. 아드비에를 조금 더 뿌리고 따뜻할 때 내거나 차갑게 식혀서 낸다.

*등화수: 오렌지 꽃에서 채취하여 증류시킨 향료
**아드비에(Advieh): 이란식 허브 믹스. 27쪽 참고

더반 소고기 버니 차우*
Durban Beef Bunny Chow

4인분

준비 시간 30분

조리 시간 40~50분

올리브오일 2큰술
블랙 카다멈 꼬투리 2개
시나몬 스틱 2개(작은 것)
회향 씨앗 1작은술
다진 양파 1개(큰 것)
더반 커리 마살라 2큰술(37쪽 참조)
간 생강 2작은술
껍질을 벗기고 으깬 마늘 4쪽
토마토퓌레 2큰술
굵게 다진 완숙 토마토 2개
1~2cm로 깍둑썰기한 지방이 적은 스튜용 소고기 500g
1~2cm로 깍둑썰기한 감자 1개(큰 것)
커리 잎 12장 혹은 말린 커리 잎 6장
물 300ml
간을 위한 소금과 갓 갈아 놓은 후추
코리앤더 1줌(+가니시를 위한 여분)
라임 반 개
반으로 잘라 속을 파낸 껍질이 딱딱한 흰 빵 2개(작은 것)

1 커다란 팬에 기름을 둘러 달군 뒤 카다멈, 시나몬, 회향 씨앗을 넣고 향이 올라올 때까지 1분 정도 볶아준다.

2 1의 팬에 다진 양파를 넣고 중불에서 5~8분간 익힌다.

3 마살라를 넣고 저어 양파에 향이 배게 한다. 생강, 마늘, 토마토퓌레를 넣고 1분 동안 볶는다.

4 토마토를 넣고 저으면서 소스처럼 걸쭉한 상태가 될 때까지 4~5분간 끓인다.

5 소고기, 감자, 커리 잎, 물을 넣는다. 소금과 후추로 간을 한다.

6 뚜껑을 덮고 조리하되 가끔씩 저으면서 고기와 감자가 부드러워질 때까지 40~50분간 뭉근히 끓인다.

7 코리앤더 잎을 넣고 라임즙을 짜 넣는다. 차려 내기 전에 시나몬과 카다멈, 커리 잎을 제거한다.

8 반으로 자른 4개의 빵 속에 7의 커리를 채워 넣는다. 코리앤더 잎으로 장식하고 바로 낸다.

*버니 차우(Bunny Chow): 빵의 속을 파내고, 그 안에 고기 커리를 넣어 만든 남아프리카 공화국의 빵 요리

고구마, 시금치를 넣은 차나 마살라*
Chana Masala With Sweet Potato And Spinach

4인분

준비 시간 20분

조리 시간 30~35분

식물성 기름이나 코코넛오일 1큰술
큐민 씨앗 1작은술
굵게 다진 양파 1개(큰 것)
으깬 마늘 2쪽
껍질을 벗겨 강판에 간 생강 2cm 정도
코리앤더 가루 2작은술
파프리카 1작은술
간 터메릭 1작은술
껍질을 까고 2cm로 깍둑썰기한 고구마 1개(중간 크기)
다진 토마토 1캔
물에 담긴 병아리콩 2캔(혹은 건조 병아리콩이나 차나 달을 밤새 물에 불려 끓인 후 그물에 그대로 담아둔 것 200g)
숭덩숭덩 자른 풋고추 1~2개
간을 위한 소금
씻어서 물기를 제거한 어린 시금치 75g
간을 위한 가람 마살라 1~2작은술(40쪽 참조)
레몬 반 개
가니시용 난

1 바닥이 두꺼운 커다란 팬을 중강불에 올려 기름을 두르고 달군다. 기름이 달궈지면 큐민 씨앗을 넣는다. 향이 올라올 때까지 1분 정도 볶다가 양파를 넣고 불을 줄인다. 양파가 부드러워질 때까지 5~8분간 볶는다.

2 마늘과 생강을 넣고 1분 정도 볶는다. 간 코리앤더와 파프리카, 터메릭을 넣고 2분 더 볶는다.

3 고구마를 넣고 향신료가 잘 입히도록 섞어준다.

4 토마토와 병아리콩을 물과 함께 넣는다. 말린 병아리콩인 차나 달을 이용할 경우 불린 물을 300ml 정도 더 넣는다. 칠리를 넣고(더 매운맛을 원할 경우 씨앗도 함께 넣는다) 끓어오르면 뚜껑을 닫고 약불로 줄인 후 감자가 부드러워지고 소스가 걸쭉해질 때까지 25~30분간 뭉근히 끓인다. 소금으로 간을 한다.

5 시금치를 넣고 숨이 죽을 때까지 3~4분 동안 조리한다.

6 가람 마살라를 넣고 레몬즙을 짜 넣는다. 간을 맞춘 후 따뜻한 난과 함께 바로 낸다.

*차나 마살라(Chana Masala): 매운맛의 병아리콩으로 만드는 커리

마소 탱가 생선 커리
Masor Tenga Fish Curry

4인분

준비 시간 10분(+숙성 시간 10~15분)

조리 시간 30분

깨끗이 씻은 도미나 숭어 살(껍질째) 4장
소금 ½작은술
간 터메릭 가루 1작은술
코코넛오일이나 포도씨유 2큰술
굵게 간 황색 머스터드 씨앗 1작은술
판치 포란 1큰술(43쪽 참조)
얇게 썬 양파 1개
씨를 빼고 세로로 반을 나눈 풋고추 2개
굵게 다진 완숙 토마토 2개
황색 머스터드 페이스트 1큰술
레드 칠리 플레이크 1~2작은술
물 150~200ml
라임즙 라임 1개 분량
가니시용 코리앤더 잎 1줌
곁들일 밥

1 접시에 생선을 올리고 소금과 터메릭으로 문지른 뒤 뚜껑을 덮어 10~15분간 그대로 둔다.

2 프라이팬에 기름 절반을 넣고 중강불에서 달군 뒤 머스터드 씨앗을 넣는다. 향이 올라올 때까지 몇 분간 볶는다. 1의 생선을 껍질 쪽이 바닥을 향하도록 팬에 올리고 3~4분간 익힌다. 껍질이 바삭하고 노릇해지면 뒤집어서 생선이 완전히 익을 때까지만 2~3분간 굽는다. 구운 생선을 접시에 옮기고 뚜껑을 덮은 후 그대로 둔다.

3 남은 기름을 팬에 넣고 강불에서 달군 후 판치 포란*을 넣는다. 1분 동안 씨앗들이 탁탁 소리를 내며 튀어 오르도록 둔다.

4 중불로 줄이고 양파와 고추를 넣는다. 채소가 부드럽고 노릇해질 때까지 3~4분간 살살 볶는다.

5 다진 토마토를 넣고 부드러워질 때까지 4~5분간 볶는다.

6 머스터드 페이스트를 칠리 플레이크와 함께 넣고 저어가면서 약 4~5분간 볶는다.

7 물을 붓고 라임즙을 넣은 뒤 뭉근히 끓인다.

8 3의 구운 생선을 껍질이 위로 올라오도록 조심스럽게 7의 소스에 넣고 2~3분간 골고루 익힌다.

9 다진 코리앤더 잎으로 장식하고 밥과 함께 낸다.

*판치 포란(Panch phoran): 큐민, 회향, 니겔라, 페누그릭, 라드후니(겨자로 대체 가능) 5가지 향신료를 같은 양으로 섞은 것

고아 빈달루*
GOAN VINDALOO

4인분

준비 시간 30분(+숙성 시간 1시간 혹은 하룻밤)

조리 시간 30~40분

껍질과 뼈를 제거하고 3cm로 깍둑썰기한 닭 허벅지살이나 돼지고기 목살 500g
2cm로 깍둑썰기한 가지 1개(중간 크기)
껍질을 제거하고 으깬 마늘 2쪽(큰 것)
껍질을 벗겨 으깬 생강 5cm 정도
빈달루 페이스트 1회분(44쪽 참조)
코코넛오일 2큰술
굵게 다진 양파 1개(큰 것)
깍둑썰기한 완숙 토마토 2개
숭덩숭덩 썬 풋고추 1~2개
닭 육수 250ml
흑설탕 혹은 부드러운 황설탕 1큰술(+ 필요에 따라 추가)코코넛 혹은 사과 식초 1큰술
간을 위한 소금
가니시용 코리앤더 잎 1줌
곁들일 밥, 요거트, 라임 피클

1 닭고기 또는 돼지고기를 가지와 함께 볼에 넣고 마늘, 생강, 빈달루 페이스트를 섞는다. 뚜껑을 덮고 적어도 1시간 동안 숙성시킨다. 혹은 냉장실에 하룻밤 둬둔다.

2 오븐을 190℃로 예열한다.

3 오븐 팬에 기름을 둘러 달군 후 양파를 넣고 약불에서 부드럽고 노릇해질 때까지 10~15분간 볶는다.

4 고기와 가지를 재움장과 함께 넣고 전체가 갈색이 될 때까지 저어가면서 4~5분간 볶는다.

5 토마토, 칠리, 닭 육수를 넣고 끓인다. 흑설탕과 식초를 넣고 설탕이 녹을 때까지 가열한다.

6 뚜껑을 덮고 오븐으로 옮긴다. 닭고기가 부드러워지고 가지가 흐물흐물해지며 소스는 걸죽해질 때까지 30~40분간 굽는다. 맛을 보고 간을 한다.

7 코리앤더를 뿌리고 밥, 요거트, 라임 피클과 함께 바로 낸다.

*고아 빈달루(Goan Vindaloo): 인도 고아 지방의 커리. 토마토, 감자, 매운 고추와 각종 허브 등을 넣어 붉은색을 띠며 매운맛이 강하다.

새우 서머 롤
PRAWN SUMMER ROLLS

12개분

준비 시간 45분

건조 버미첼리 쌀국수나 녹두 국수 100g 혹은 익힌 쌀국수 300g 1팩
둥근 라이스페이퍼 12장(지름 20cm짜리)
타이 바질 1줌
세로로 반을 자른 자숙 새우 24마리
12조각으로 자른 양상추 2~3장(큰 것)
채 썬 당근 1개
5cm 길이로 채를 친 오이 반 개
길쭉하게 자른 파 2대
코리앤더 잎 1줌
박하 잎 1줌
소금 간이 된 굵게 다진 땅콩 4큰술
반으로 자른 라임 1개
가니시용 느억 참 디핑 소스(50쪽 참조)

1 건조 쌀국수를 사용할 경우 뜨거운 물을 담은 볼에 넣고 3분간 불린 후 건져 찬물에 헹군다. 지나치게 부드러워지지 않도록 너무 오래 불리지 말아야 한다.

2 롤을 만들 모든 재료를 꺼내 준비한다. 라이스페이퍼 한 장을 뜨거운 물이 든 볼에 담가 전체가 유연해지되 지나치게 부드럽게 되지 않을 때까지 흔들어준다. 도마에 라이스페이퍼를 펴고 마른행주로 두드려 물기를 빼준다.

3 라이스페이퍼 위에 세 가지 타이 바질 잎 3개를 앞면이 아래를 향하게 나란히 놓은 뒤 반으로 자른 새우 4개를 가로로 놓는다.

4 새우 위에 양상추 한 쪽을 놓고 국수, 당근 채 몇 개, 오이, 파, 코리앤더와 박하 잎, 마지막으로 땅콩을 얹는다. 채소 위에 라임즙을 약간 짜 놓는다. 재료를 지나치게 많이 넣으면 모양을 잡기 어려우니 주의한다.

5 라이스페이퍼의 위쪽 끝을 들어 속 재료를 덮은 뒤 김밥을 말 듯이 단단하게 말기 시작한다.

6 절반 정도 만 후에 라이스페이퍼의 끝단을 속 재료 위로 접는다. 가능한 단단하게 말아 완전히 재료를 에워싸도록 한 뒤 가볍게 눌러 고정시킨다.

7 다른 라이스페이퍼와 남은 속 재료로 이 과정을 반복한다. 롤을 사선으로 자른 다음, 디핑 소스와 함께 낸다.

8 미리 롤을 만들었다면 랩이나 물기가 있는 행주로 덮어 마르지 않게 한다.

난징식 소금에 절인 오리
NANJING SALTED DUCK

4인분

준비 시간 20분(+하룻밤 숙성)

조리 시간 15분(+식히는 시간 2시간)

소금 2큰술
절구로 가볍게 으깬 쓰촨 통후추 2큰술
각 200g 정도의 통 오리 다리 2개
각 175g 정도의 오리 가슴살 2쪽
난징 스파이스 백 1개(59쪽 참조)
저민 뒤에 절구에 곱게 간 생강 5cm 정도
다음은 뒤 크게 썬 파 3대
사오싱주 125ml
참기름 2작은술

1 프라이팬을 중불에 올려 달군다. 소금과 쓰촨 통후추를 넣고 저어가면서 소금이 황갈색이 될 때까지 5~8분간 볶는다. 불을 끄고 식힌다.

2 예리한 칼로 오리고기 껍질에 칼집을 살짝 넣는다. 오리고기 껍질과 살에 1을 문질러 바르고 포일로 느슨하게 싼 뒤 냉장실에서 하룻밤 숙성시킨다.

3 커다란 팬의 바닥에 2의 오리고기를 펼쳐 올리고 물 1.5~3l를 끓인다. 한소끔 끓으면 스파이스 백, 생강, 파를 넣는다. 한 번 더 끓어오르면 사오싱주를 넣고 불을 줄여 15분간 뭉근히 끓인다.

4 불을 끄고 뚜껑을 닫은 채 오리고기가 국물 속에서 식도록 그대로 둔다.

5 오리고기를 건져 도마로 옮기고 국물은 버리거나 따로 걸러 두었다가 육수로 사용한다.

6 오리고기에 참기름을 뿌린다. 가슴살을 두툼하게 자르고 다리는 관절 사이를 반으로 갈라 다리와 허벅지를 분리한다. 따뜻하게 먹거나 식도록 둔다.

새우와 채소볶음
PRAWN AND VEGETABLE STIR-FRY
4인분

준비 시간 10분

조리 시간 10분

달걀 실국수 250g(밀가루에 달걀, 소금을 넣어 만든 중국식 국수)
땅콩기름 2큰술
껍질을 까고 큼직하게 썬 양파 1개
씨를 빼고 큼직하게 썬 붉은 파프리카 1개
껍질을 까고 채썬 생강 2cm
껍질을 까고 얇게 썬 마늘 2쪽(큰 것)
껍질을 까고 내장을 뺀 생새우 250g(큰 것)
사선으로 반을 나눈 베이비 콘 100g
간장 2큰술
사오싱주 혹은 비슷한 청주 2큰술
라임즙 라임 반 개 분량
작두콩 100g
오향 가루 1큰술(60쪽 참조)
검은깨 씨앗 2큰술
볶은 참기름 2큰술

1 소스 팬에 국수를 넣고 뜨거운 물을 붓는다. 뚜껑을 덮은 뒤 채소 볶음을 만드는 동안 그대로 둔다.

2 커다란 프라이팬이나 웍에 기름을 둘러 달군 뒤 양파와 파프리카를 넣어 부드러워지고 약간 검게 될 때까지 강불에서 2분간 볶는다.

3 생강, 마늘, 새우, 라임즙을 넣고 새우가 막 분홍색으로 변할 때까지 2분간 볶는다.

4 베이비 콘과 간장, 사오싱주를 넣고 1분간 끓인다.

5 작두콩과 오향 가루를 넣어 섞은 뒤 불에서 내린다.

6 1의 물을 따라내고 국수를 건져 참기름과 기름에 섞는다. 뜨거운 5의 채소 볶음과 함께 낸다.

피파루카쿠*
Piparkakut
약 40개분

준비 시간 20분(+냉각과 휴지)

조리 시간 10~12분

꿀 1큰술
블랙스트랩 당밀 1큰술
무염 버터 125g
흑설탕 100g
다목적용 밀가루 350g (+요리 위에 뿌릴 여분)
베이킹 소다 1작은술
핀란드 진저브레드 향신료 1큰술(72쪽 참조)
간 백후추 ¼작은술
달걀 1개
가니시용 다진 생강 절임 2큰술(선택적)

1 소스 팬에 꿀, 당밀, 버터, 설탕을 넣고 약불에서 저어가며 녹인다.

2 1의 재료가 모두 녹으면 10분 이상 그대로 두어 식힌다.

3 믹싱 볼에 밀가루, 베이킹 소다, 향신료 믹스, 후추를 체에 걸러 넣고 섞는다.

4 2의 당밀 혼합물을 3의 밀가루 혼합물에 넣는다.

5 4에 달걀을 깨 넣고 섞어 어두운색의 부드러운 페이스트를 만든다.

6 5의 뚜껑을 덮은 뒤 냉장실에 넣고 1시간 이상 휴지시킨다. 하룻밤 동안 냉장실에 두어도 좋다.

7 6의 반죽을 꺼내 실온에 두었다가 부드러워지도록 치댄다.

8 오븐을 190°C로 예열하고 쿠키 시트에 유산지를 깐다.

9 7의 반죽 위에 밀가루를 살짝 뿌린 뒤 밀대로 밀어 두께 2~3mm로 편다.

10 9의 반죽을 원하는 모양의 쿠키 틀로 찍어 잘라낸 뒤 쿠키 시트에 약간의 간격을 두고 늘어놓는다. 생강 절임으로 장식을 할 때는 생강 절임을 각각의 쿠키에 몇 조각씩 놓는다. 오븐에 넣어 10~12분간 굽는다.

11 오븐에서 트레이를 꺼내 10분 두었다가 식힘망으로 옮긴다. 단단해진 쿠키를 밀폐 용기에 넣으면 최대 일주일간 보관할 수 있다.

*피파루카쿠(piparkakut): 핀란드의 생강 시나몬 쿠키

파에야
Paella
6인분

준비 시간 30분

조리 시간 50분

올리브오일 4큰술
깍둑썰기한 닭 허벅지살 300g
깍둑썰기한 판체타* 150g
두꺼운 편으로 썬 초리조** 150g
굵게 다진 양파 1개(큰 것)
씨를 빼고 깍둑썰기한 붉은 파프리카 1개
씨를 빼고 깍둑썰기한 녹색 파프리카 1개
파에야 믹스 1큰술(74쪽 참조)
칼라스파라(Calasparra, 스페인산 단립도) 혹은 다른 파에야 혹은 리소토 쌀 250g
피노 쉐리 혹은 단맛이 없는 화이트와인 150ml
생선 육수나 닭고기 육수 750ml
토마토 페이스트 200ml
링 모양으로 썬 오징어 150g
레몬즙(1개 분량)과 제스트(+장식을 위한 쐐기꼴 레몬)
간을 위한 소금과 갓 갈은 후추
세척한 조개 12개
솔로 씻고 수염을 제거한 홍합 6개
자숙 새우 6개
굵게 다진 이탈리아 파슬리 1줌

1 파에야 디시나 바닥이 두꺼운 소스 팬에 올리브오일 2큰술을 두르고 달군다. 닭고기, 판체타, 초리조를 넣고 중강불에서 재료가 모두 갈색이 될 때까지 8~10분간 볶는다. 타공 스푼을 이용해 접시에 옮긴다.

2 남은 기름을 1의 팬에 추가한 후 양파와 후추를 넣고 중불에서 부드러워질 때까지 5~8분간 볶는다.

3 쌀과 파에야 믹스를 넣고 섞는다. 쌀에 향신료가 잘 입혀지고 윤이 날 때까지 1분 정도 볶는다.

4 셰리주를 넣고 끓여 국물에 거품이 생기면서 쌀이 국물을 흡수하도록 한다. 뜨거운 육수와 토마토 페이스트를 붓고 가끔 저어주며 10분간 뭉근히 끓인다.

5 1의 닭고기와 판체타, 초리조를 4에 넣고 섞으면서 10분간 더 조리한다.

6 오징어링, 레몬 제스트, 레몬즙을 추가한 후 간한다. 조개와 홍합이 입을 닫고 있는지 확인하고 추가한 후 뚜껑이나 포일로 덮는다. 홍합과 조개가 모두 입을 열 때까지 4~5분간 찐다(입을 열지 않는 것은 버린다).

7 새우를 얹고 다시 뚜껑을 덮은 후 모든 재료가 완전히 익고 쌀이 부드러워지며 물이 대부분 흡수될 때까지 5분간 더 끓여 파에야를 완성한다. 이때 재료를 젓지 않는다(누룽지가 만들어지는 데 도움이 된다). 단, 타지 않도록 불을 약하게 유지한다.

8 다진 파슬리를 파에야 위에 뿌리고 웨지 모양으로 자른 레몬을 곁들여 바로 낸다.

*판체타(pancetta): 돼지 뱃살을 염장하고 향신료로 풍미를 더한 후 바람에 말려 숙성시킨 이탈리아식 베이컨

**초리조(chorizo): 돼지고기와 비계, 마늘, 빨간 파프리카 가루를 사용하여 만든 스페인의 대표적인 소시지

향신료와 풍미 화합물 표

이 표는 모든 향신료의 주요 풍미 화합물을 한눈에 알아볼 수 있는 시각적 자료를 제공하고 화합물들을 통해 향신료들의 조합을 만드는 데 도움을 줄 것이다. 향신료를 풍미 그룹(12~15쪽 참조)에 따라 색으로 분류하고 주요 화합물과 2차 화합물은 타일의 음영으로 강조했다.

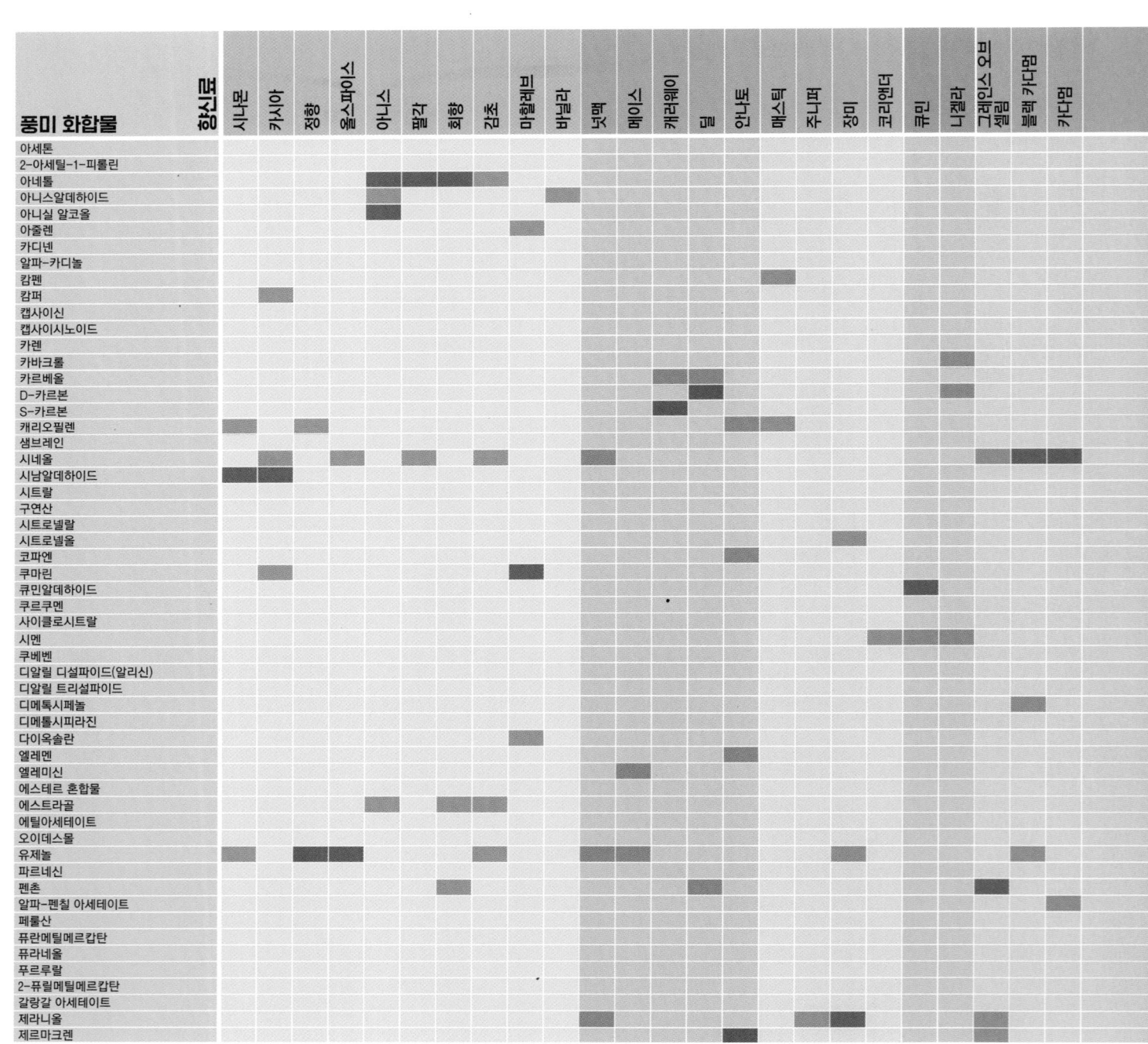

풍미 그룹

- 달콤 온화한 페놀
- 흙 내음의 테르펜
- 새콤달콤한 산
- 황화 화합물
- 따뜻해지는 테르펜
- 깊숙이 스며드는 테르펜
- 과일 향의 알데하이드
- 열렬한 맛의 화합물
- 향기로운 테르펜
- 감귤 테르펜
- 구운 맛의 피라진
- 독특한 풍미의 화합물

화합물의 유형

- 주요 화합물
- 2차 화합물

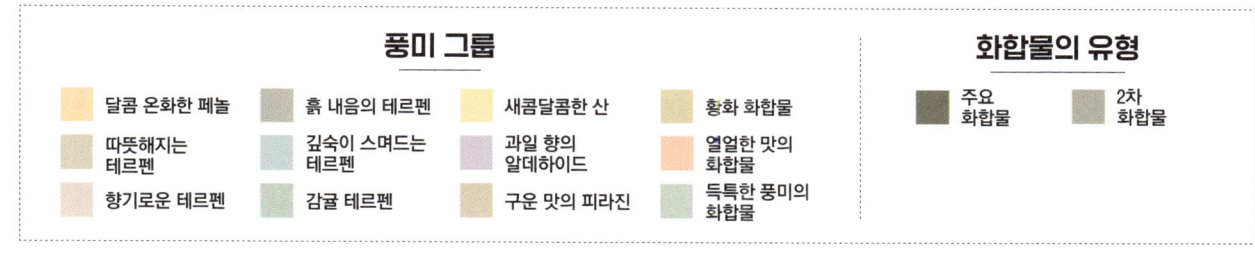

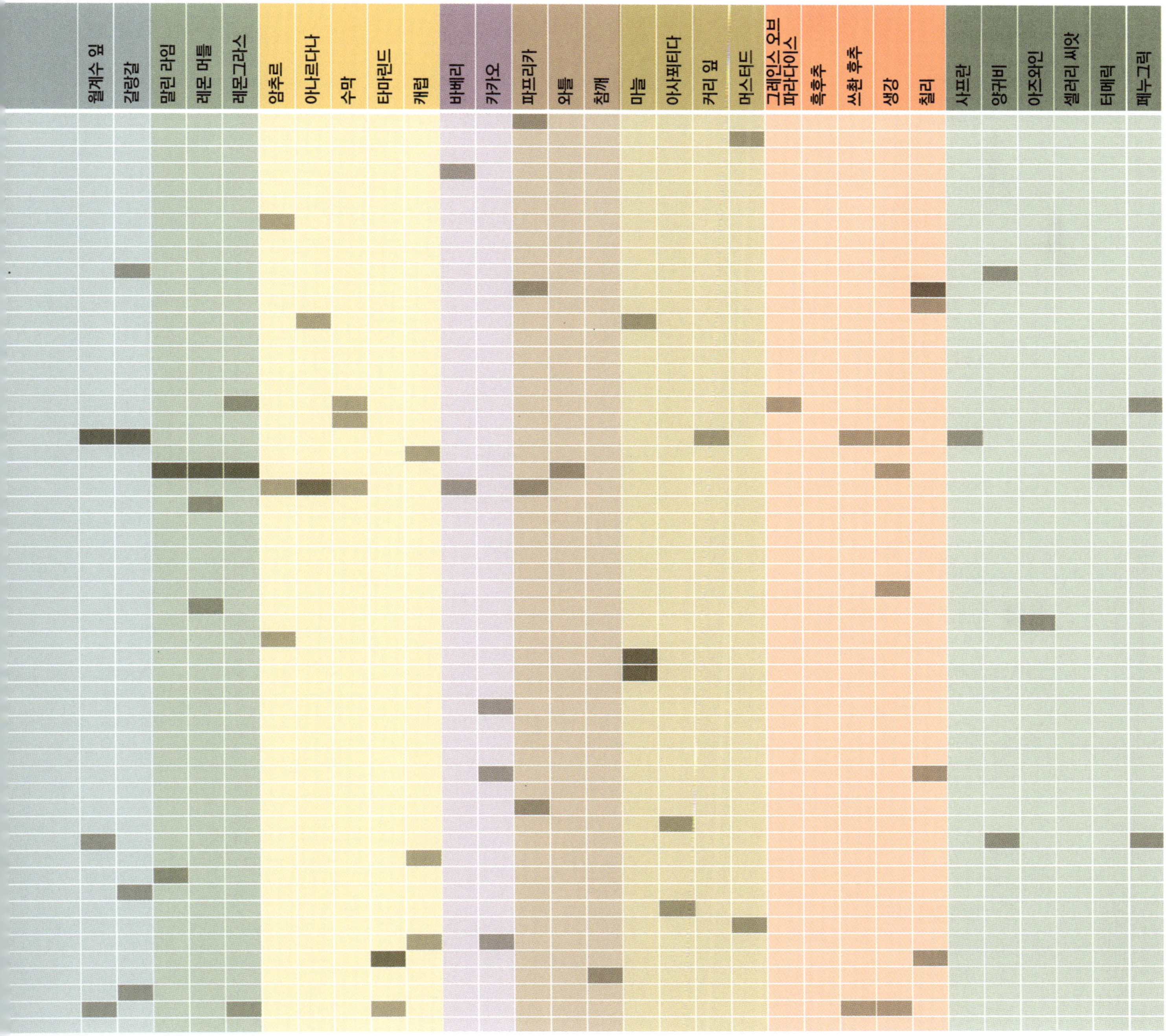

향신료와 풍미 화합물 표

풍미 화합물	향신료	시나몬	카시아	정향	올스파이스	아니스	팔각	회향	감초	마황레브	바닐라	넛맥	메이스	캐러웨이	딜	안나토	매스틱	주니퍼	장미	코리앤더	큐민	나젤라	그레인스 오브 셀림	블랙 카다멈	카다멈
진저롤																									
글리코시드 화합물																									
글리시리진									■																
헵타논			■																						
헥사날																									
헥산산																									
휴물렌																									
휴물론																									
4-하이드록시벤즈알데하이드											■														
이소티오시아네이트																									
이소발레르알데하이드																									
라니에론																									
리모넨					■	■	■	■				■	■	■	■		■	■	■	■	■	■	■	■	■
리날로올		■		■	■	■	■	■									■	■	■	■			■	■	■
말산																									
메톡시쿠마린																									
메톡시에틸-신나메이트									■																
3-메틸부탄알																									
메틸 신나메이트																									
메틸 헵테논																									
메틸 살리실레이트			■																						
미르센		■											■												
미리스티신												■	■							■					
네롤																									
노나날																									
오시멘																									
파라돌																									
발레르산																									
펜타놀																									
2-펜틸퓨란																									
펠란드렌					■	■		■	■					■										■	
페놀 화합물																									
페닐 아세트알데하이드																									
2-페닐아세트알데하이드																									
1-페닐에틸머캅탄																									
피크로크로신																									
피넨		■	■	■	■							■	■	■			■	■	■	■	■	■	■	■	■
피페린																									
피페로날										■															
피라진 화합물																									
로즈 케톤																									
로턴던																									
사비넨						■		■				■	■											■	
사프라날																									
사프롤					■							■	■												
산쇼올																									
세다놀리드(프탈라이드)																									
셀리넨																									
세사몰																									
쇼가올																									
소툴론																									
설카톤																									
황 화합물																									
탄닌 화합물			■																						
주석산																									
테르피넨												■	■					■			■	■			
테르피네올				■																	■				
테르피닐 아세테이트																								■	
티몰																									
타이모퀴논																						■			
AR-터메론																									
바닐린											■													■	
비닐 아밀 케톤																									
진기베렌																									

	월계수 잎	감랑갈	말린 라임	레몬 머틀	레몬그라스	양추르	아나르다나	수막	타마린드	개럼	바베리	카카오	파프리카	와틀	참깨	마늘	아사푀티다	커리 잎	머스터드	그레인스 오브 파라다이스	흑후추	쓰촨 후추	생강	칠리	사프란	양귀비	아조와인	셀러리 씨앗	티매릭	페누그릭

Index

ㄱ

가람 마살라 40, 83, 107, 140, 156
가스파초 191
갈랑갈 14, 47, 138, 139
감초 14, 55, 96, 97
검보 131
검은깨, 감초, 카다멈 아이스크림 170
검정 통후추 104, 184, 196, 208
겨자 15
계피 14, 82
고수 14
고아 빈달루 212
고추와 팔각으로 맛을 낸 중국식
　　연어찜 92
구아야콜 101
구연산 161, 165, 214
구종 203
군 파우더 45, 175, 177, 191
굴라시 111
그라니타 147, 156
그레인스 오브 셀림 14, 30, 130, 131
그레인스 오브 파라다이스 15, 30,
　　180, 181

ㄴ

난징식 소금에 절인 오리 212
난징 스파이스 백 59, 89, 97, 185
남아시아 38
넛맥 14, 102, 103
네롤 121, 216
노나날 13, 153, 161, 216
느억 참 50, 173
니겔라 14, 128, 129
니터 키베 32, 173, 205, 207

ㄷ

달 40, 127, 149
닭고기와 돼지고기를 이용한
　　필리핀식 향신료 아도보 208
대추, 타마린드 그라니타와 파인애플
　　조림 156
더반 마살라를 곁들인 서아프리카식
　　땅콩 커리 124
더반 소고기 버니 차우 211
더반 커리 마살라 37, 123, 135, 207
데세냘 153
덱스트로오스 161
동남아시아 46
동아시아 54
두카 28, 123, 127
들깨 55
등화수 210
딜 14, 110, 111

ㄹ

라브네 22, 153
레몬그라스 14, 146, 147
레몬 머틀 14, 144, 145
레물라드 89
레체 데 티그레 69, 189
로즈 케톤 121, 216
리날로올 81, 87, 117, 121, 123, 130,
　　135, 143, 145, 147, 177, 187, 189,
　　216
리모넨 95, 109, 111, 119, 123, 129,
　　133, 135, 143, 151, 155, 173, 185,
　　187, 191, 199, 203, 216

리보리타 137
리소토 76, 195, 213

ㅁ

마늘 15, 172, 173
마르멜로 89, 91
마소 탱가 생선 커리 211
마트루트 라임 46
마할레브 14, 98, 99
말레이시아식 생선 커리 페이스트
　　51, 123, 205
말린 라임 14, 142, 143
말산 161, 216
매스틱 14, 116, 117
매콤달콤한 애플 페이스트리
　　로제트 182
머스터드 15, 178, 179
멀드 와인 85
멀링 스파이스 73, 81, 103, 87, 103,
　　137
메이스 14, 106, 107
메톡시에틸 신나메이트 99, 216
메톡시쿠마린 143, 216
메틸 신나메이트 139, 216
멕시코 오레가노 64
모호 피콘 165
몰레 믹스 65, 81, 163, 191
무사카 103
물라토 고추 63, 193
물 마리니에르 177
미르센 117 119, 145, 147, 151, 185,
　　201, 216
미리스티신 103, 216

ㅂ

바닐라 14, 100, 101
바닐린 101, 131, 216
바베리 14, 160, 161
바지 201
바클라바 199
바클루티 고추 31
발레르산 159, 216
백후추 92, 184
버마식 가람 마살라 48, 81, 89, 91,
　　137
번 81
보르시치 87
보빔비 35
불구르 129, 155, 210
붐부 52, 103, 139, 205
브리틀 169
블랙 라임 21, 112
블랙 카다멈 14, 132, 133
비닐 아밀 케톤 199, 216
비리야니 42, 91, 104
비비큐 럽 68, 127, 165, 173, 191
비스트 195
빈달루 페이스트 44, 85, 91, 133,
　　135, 179, 191, 207
빌통 37

ㅅ

사비넨 12, 103, 107, 109, 173, 216
사오싱주 92, 212, 213
사장 60, 61
사프라날 13, 195, 216
사프란 15, 194, 195
사프란 뵈르블랑으로 요리한 매운
　　가리비 196

사프롤 103, 107, 143, 216
산둥 스파이스 백 58, 89, 91, 127, 133, 135
산쇼올 187, 216
산초 57
살람 잎 52
새 눈 고추 31, 51, 193
새우 서머 롤 212
새우와 채소볶음 213
생강 15, 188, 189
샬롯 51, 140, 196
석류 21, 150, 151
설카톤 145, 216
셀러리 씨앗 15, 202, 203
셰리주 91, 92
셰물라 165
수막 14, 152, 153
소톨론 207, 216
스카치 보닛 고추 34, 35, 64, 92, 124, 182, 193
스타아니스 14
쓰촨 후추 15, 186, 187
시나몬 14, 80, 81
시남알데하이드 81, 83, 159, 214
시네올 12, 83, 87, 91, 97, 103, 135, 137, 139, 177, 187, 189, 195, 205, 214
시멘 12, 123, 127, 129, 201, 214
시치미 토우가라시 57, 173, 187, 191
시트랄 12, 143, 145, 147, 167, 189, 205, 214
시트로넬랄 214
실란트로 122
실론계피 14

ㅇ

아나르다나 14, 150, 151
아네톨 12, 89, 91, 95, 214
아니스 14, 88, 89
아니스 씨앗 12, 56, 64, 74
아니스알데하이드 101, 214
아니실 알코올 89, 214
아도보 마리네이드 53
아드비에 27, 81, 121, 127, 133, 135, 189
아라비아 바하라트 26, 87
아라비아타 소스 76, 191
아메리카 대륙 62
아사이 베리 67
아사푀티다 15, 174, 175
아샨티 후추 35, 36
아세톤 165, 214
아쉬에아나르 151
아위 10
아즈와인 15, 200, 201
아줄렌 99, 214
아프리카 30
안나토 14, 114, 115
안젤리카 72, 74
알데하이드 161
알레포 고추 22
알리신 173, 214
알파터피네올 119
알파-펜칠 아세테이트 135, 214
암추르 14, 148, 149
앙쇼야드 173
앤초 192
야지 36, 131, 189, 191
양고기 쾨프테 210
양귀비 15, 198, 199
양념장 56
에스카베슈 87

에스테르 163, 191, 214
에스트라골 89, 97, 214
에스플레트 70, 193
에틸아세테이트 165, 214
엘레멘 115, 214
연어 그래블랙스 119
오시멘 149, 151, 175, 216
오향 가루 60, 91, 95, 97
올스파이스 14, 86, 87
와트 32
와틀 15, 166, 167
월계수 잎 14, 136, 137
우르파 비베르 23
운데칸올 191
유기산 153
유럽 70
유제놀 12, 81, 85, 87, 97, 103, 107, 121, 133, 137, 214
유칼립투스 13, 134
육두구 14
은장사 35
음봉고 믹스 35, 173, 181
이소발레르알데하이드 163, 165, 216
이소티오시아네이트 13, 179, 216
이황화디알릴 13
일곱 가지 향신료로 맛을 낸 치킨과 가지 비리야니 104
잇꽃 22, 194

ㅈ

자메이카식 저크 럽 64, 81, 87, 103, 165
자타르 22, 127, 153
잠부 67
장미 14, 120, 121
저그 25, 123
정향 14, 84, 85
제라니올 103, 119, 121, 131, 147, 189, 195, 214

제르마크렌 12, 115, 131, 214
졸로프 36, 131, 181
주니퍼 14, 118, 119
주석산 155, 161, 216
주키니, 페타 치즈, 딜, 블랙 라임 하리사를 이용한 에쉬 112
중동 20
진기베렌 205, 216
진저롤 181, 189, 216

ㅊ

차나 마살라 211
참깨 15, 168, 169
챠트 마살라 42, 127, 149, 156, 175, 185
처트니 83, 175
초리조 213
치미추리 66, 123, 165
치페리페리 34
치폴레 65, 112, 193
칠리 15, 190, 191, 192, 193
칠리 블랙 빈 소스 61, 191

ㅋ

카다멈 14, 134, 135
카디넨 149, 214
카렌 151, 214
카스카벨 192
카시아 14, 82, 83
카옌 193
카오 쿠아 49, 139, 140, 147
카카오 14, 162, 163
카페인 163
카포나타 95
칼라 나마크 42, 156
칼라바시 넛맥 31
캄펜 17, 187, 214
캐러웨이 14, 108, 109

Index

캐럽 14, 158, 159
캐리오필렌 81, 85, 115, 117, 153, 181, 207, 214
캐서롤 119
캡사이신 13, 165, 191, 214
커리를 넣은 오리고기와 카오 쿠아를 곁들인 아시아식 라브 샐러드 140
커리 잎 15, 176, 177
케톤 163
코라리마 31, 32
코락 81
코르마 129
코리앤더 14, 122, 123
코쿰 45
코파엔 115, 214
코포아추 67
콜리플라워 101, 149, 155, 175, 205
콰트르 에피스 74, 103, 185
쾨프테 23, 153, 210
쿠르부용 123
쿠마리 고추 63
쿠마린 83, 99, 214
쿠베네 149
쿠스쿠스 121
큐민 14, 126, 127
큐민알데하이드 12, 127, 214
크라차이 49
크멜리-수넬리 77, 137, 207
클라푸티 81
키르 85
키시 199
키프토 32

ㅌ

타마린드 14, 154, 155, 156
타진 33, 81
타클리아 25
탄닌 151, 153, 216
터메론 205, 216
터메릭 15, 204, 205
터키 스타일의 바하라트 23, 103, 127, 135, 185
터피네올 119
테르펜 12
테르피네올 107, 216
테르피넨 201, 216
테오브로민 163
통카 빈 67, 74
통후추 104, 184
투쿠피 67
티몰 201, 216
티무르 코 춉 41, 187, 191
티미즈 32

ㅍ

파라돌 181, 216
파르네신 159, 214
파스틸라 81
파실라 193
파야삼 85
파에야 195, 213
파에야 믹스 74, 195
파인애플 케톤 159
파테 87
파프리카 15, 164, 165
판단 잎 48
판체타 76, 213
판치 포란 42, 43, 95, 129, 179, 207, 211
판포르테 81
팔각 14, 90, 91

팔라펠 127, 153
팽 데피스 81
페놀 167, 216
페누그릭 15, 206, 207
페르노 91
페르시아 쌀 푸딩 210
페베리노 77
펙틴 161
펜넬 14
펜촌 95, 131, 143, 214
펜칠 아세테이트 135, 139, 214
펜타노익산 13
펜탄올 99
펠란드렌 87, 91, 111, 137, 175, 216
포토푀 85
푸르푸랄 155, 169, 191
풀 비베르 23
프레키즈 36
프룩토오스 161
프리프리오카 67
프탈리드 203
플랩 잭 159
플랫브레드 111, 129, 177, 201, 210
피넨 89, 95, 117, 119, 123, 127, 129, 153, 177, 179, 185, 195
피라진 13, 159, 163, 165, 167, 169, 173, 179, 191, 199, 207
피루빈산 159
피리 피리 고추 31, 37, 75, 193
피멘톤 75, 164
피크로크로신 13, 195, 216
피파루카쿠 72, 213
피페로날 101, 216
피페린 185, 216
핀란드식 진저브레드 향신료 72, 85, 135

필라우 91
필라우 마살라 34, 85
필라프 83, 131, 135, 161
필로 81

ㅎ

하리사 33, 109, 112, 191
하바네로 193
하와이지 29, 127, 135, 205
할라피뇨 192
할루미 153
헥사날 145, 161, 169, 199, 216
헥사노익산 13
헥산산 159, 216
황화물 175
회향 14, 94, 95
홀 그레인 머스터드 72
후무스 22, 25, 28, 127, 153, 173
휴물론 181, 216
휴물렌 203, 216
흑후추 15, 184, 185
히비스커스 24, 150

기타

1-페닐에틸머캅탄 177, 216
2-펜틸퓨란 199, 216
2-푸릴메탄올 169
AR-터메론 205, 216
D-카르본 109, 111, 214
S-카르본 109, 214

지은이 소개

스튜어트 페리몬드(Stuart Farrimond)

식품 과학을 전문으로 다루는 스튜어트 페리몬드 박사는 과학·건강 분야의 작가, 방송 진행자, 커뮤니케이터로 활동하며 다양한 TV, 라디오, 행사에 출연하고 있다. 그는 숙련된 의사 겸 교육자이며, 〈뉴 사이언티스트(New Scientist)〉, 〈인디펜던트(The Independent)〉, 〈데일리메일(Daily Mail)〉, 〈워싱턴 포스트(The Washington Post)〉를 비롯한 국내·외 언론에서 그의 글을 만나볼 수 있다. 스튜어트 박사는 매주 방송하는 라디오 과학 프로그램을 진행하고 있으며, 광범위한 주제를 다룬 그의 식품 연구는 광범위한 인정을 받고 있다. 그는 DK의 《요리 과학(The Science of Cooking)》 저자이다.

스튜어트는 이 프로젝트의 모든 과학적 측면을 감수했고, '향신료 개요' 파트의 블렌딩 과학과 향신료로부터 최대한 풍미를 이끌어내는 방법에 대한 정보를 비롯해 과학을 바탕으로 하는 모든 내용과 '향신료 과학' 파트를 집필했다.

로라 닉콜(Laura Nickoll)

닉콜은 켄트에 기반을 두고 있는 작가이자 음식 관련 출판 편집자이다. 그녀는 음식 작가 길드(Guild of Food Writers)의 회원이며 온라인과 인쇄 매체 형태의 레스토랑 가이드에 음식과 외식에 대한 글을 쓴다. 요리책의 편집 작업도 진행하며, 메리 베리(Mary Berry), 레이첼 앨런(Rachel Allen), 에드 스미스(Ed Smith), 마커스 웨링(Marchus Wareing), 싱니 요한슨(Signe Johansen), 로지 벌케(Rosie Birkett) 등 많은 영향력 있는 음식 작가, 요리사들과 함께 일했다. 로라는 '향신료 개요' 파트에서 과학 외적인 모든 내용을 집필했다.

얀 풀우드(Jan Fullwood)

풀우드는 가정학자이며 자신이 완벽한 직업을 가졌다고 생각한다. 그녀는 유명 식품 브랜드, 〈굿 하우스키핑(Good Housekeeping)〉, 〈딜리셔스(delicious)〉 등의 잡지, 메리 베리를 비롯한 음식 작가들의 책 작업과 관련된 다양한 경력을 가지고 있다. 얀은 끊임없이 음식을 창작하고, 평가하고, 먹으면서 늘 새로운 것을 배운다. 그녀는 하트퍼드셔에서 꽉 찬 식품저장실을 두고 가족을 위한 요리를 하며 살고 있다. 얀은 '세계의 향신료' 파트의 미래 레시피 관련 부분을 집필했다.

루파 굴라티(Roopa Gulati)

굴라티는 요리사, 음식 작가, 방송인이다. 그녀는 인도에서 20년간 일을 했고 2001년에는 런던으로 돌아왔다. 그녀는 타지(Taj) 호텔 그룹의 컨설턴트 셰프로 일하면서 남아시아 전반의 요리 스타일에 대한 전문 지식을 연마했다. 영국으로 돌아와서는 UKTV 굿 푸드 채널(Good Food Channel)의 부편집장을 지냈으며, 현재는 프리랜서로 〈BBC 굿 푸드(BBC Good Food)〉, 〈타임아웃(Time Out)〉, 〈딜리셔스(delicious)〉 등의 잡지와 주요 음식 브랜드를 위해 특집 기사, 요리법, 레스토랑 리뷰를 쓰고 있다. 런던 버로우 마켓(Borough Market)에서의 요리 시연, 릭 스타인(Rick Stein)의 BBC 인도 시리즈 감독, BBC 라디오 4(Radio 4)의 푸드앤파밍 어워드(Food and Farming Awards) 심사위원 등의 일을 맡았다. 루파는 '세계의 향신료' 파트에서 남아시아 부분을 집필했으며, '대추와 타마린드 그라니타와 파인애플 조림'과 '사프란 뵈르블랑으로 요리한 매운 가리비' 요리법 역시 그녀의 것이다.

토마스 하웰즈(Thomas Howells)

하웰즈는 런던에 기반을 둔 저널리스트이다. 그는 프리랜서 음식 편집자이자 〈타임아웃 런던(Time Out London)〉의 작가로 일하고 있으며 〈가디언(The Guardian)〉, 〈파이낸셜타임즈(Financial Times)〉, 〈월페이퍼(Wallpaper)〉에도 기고했다. 토마스는 '세계의 향신료' 파트의 유럽 부분을 집필했다.

안나 키비(Anna Kibbey)

키비는 식음료 작가이며 음식 광고 문안 작성 에이전시인 2포크스(2Forks.co.uk)의 공동 창립자이다. 그녀는 〈스퀘어 밀(Square Meal)〉의 저널리스트이자 편집자로 수년간 레스토랑을 리뷰하고, 〈타임아웃(Time Out)〉, 〈푸드앤트래블(Food & Travel)〉, 〈맨즈헬스(Men's Health)〉, 〈미스터앤미시즈 스미스(Mr & Mrs Smith)〉에 음식 특성에 대한 글, 요리법, 음식 리뷰를 실었다. 안나는 중동 음식, 특히 레바논과 페르시아 요리의 열정적인 요리사이자 소비자이자 학생이며 거의 백과사전 급의 (계속 늘어나고 있는) 향신료 컬렉션을 소유하고 있기도 하다. 그녀의 손이 가장 많이 닿는 향신료는 큐민, 코리앤더 씨앗, 시나몬이며 늘 빠지지 않는 것은 칠리 플레이크이다. 안나는 '세계의 향신료' 파트에서 중동 부분을 집필했으며, '일곱 가지 향신료로 맛을 낸 치킨과 가지 비리야니'와 '주키니와 페타, 딜, 블랙 라임 하리사를 이용한 에쉬' 요리법도 썼다.

소럴 모즐리-윌리엄스(Sorrel Moseley-Williams)
윌리엄스는 영국 출신의 프리랜서 저널리스트이자 소믈리에로 2006년부터 아르헨티나에 기반을 두고 활동하고 있다. 그녀는 라틴아메리카의 음식, 여행, 와인에 초점을 맞춘 왕성한 활동을 하고 있다. 〈와인 엔투지애스트(Wine Enthusiast)〉, 〈모노클(Monocle)〉, 〈컨데 나스트 트래블러(Cond Nast Traveller)〉, 〈트래블 + 레저(Travel + Lersure)〉, 〈디캔터(Decanter)〉, 스페인의 〈루가레스(Lugares)〉 등의 출판물에 기고하고 있다. 미라쥐르(Mirazur), 테구니(Tegui), 라 카브레라(La Cabrera)의 책들을 번역하기도 했다. 그녀는 부에노스아이레스의 팝업 와인 바 '컴 와인 위드 어스(Come Wine With Us)'를 공동 경영하고 있으며, 인스타그램 @sorrelita에서 그녀를 만나볼 수 있다. '세계의 향신료' 파트에서 아메리카에 대해 집필했다.

아니카 웨인라이트(Annica Wainwright)
웨인라이트는 식음료 작가이며 음식 광고 문안 작성 에이전시인 2포크스(2Forks.co.uk)의 공동 창립자이다. 그녀는 동남아시아를 두루 여행해 왔으며 스스로를 태국 음식 통(通)이라고 칭한다. 그녀가 좋아하는 향신료는 마늘, 생강, 팔각, 중독성이 강한 엔돌핀 유발자, 매운 홍고추이다. 아니타는 스리라차 소스 없이는 절대 집을 떠나지 않으며(그녀의 열쇠고리에는 작은 용기가 달려 있다.) 우리에게 매운 식품을 가져다준 포르투갈 상인들에게 항상 감사하며 살고 있다.
아니카는 '세계의 향신료' 파트의 동남아시아 섹션을 집필했으며 '커리를 넣은 오리고기와 카오 쿠아를 곁들인 아시아식 랍 샐러드'와 '닭고기와 돼지고기를 이용한 필리핀식 향신료 아도보'의 요리법을 썼다.

프레다 무얌보(Freda Muyambo)
무얌보는 아프리카 음식에 대한 전문지식을 갖추고 있을 뿐 아니라 음식을 통한 아프리카 문화 공유에 열정을 가진 음식 작가이다. 그녀는 종종 자신이 범 아프리카적 미각을 가지고 있다고 표현한다. 가나인 부모 슬하에 보츠와나에서 나고 자란 그녀는 현재 나이지리아에서 살고 있으며 아프리카 대륙 전체를 두루 여행해 왔다. 프레다는 나이지리아의 도시 라고스에서 살며 발효 로커스트콩에서 다양한 칠리, 파이퍼, 쿠베바에 이르는 지역 향신료의 이용법에 대한 중요한 지식을 얻고 있다.
프레다는 '세계의 향신료' 파트에서 아프리카에 대해 집필했으며, '더 반 마살라를 곁들인 서아프리카식 땅콩 커리'와 '매콤달콤한 애플 페이스트리 로제트' 요리법을 썼다.

욜란다 자파테라(Yolanda Zappaterra)
자파테라는 음식, 여행, 디자인 작가이다. 남웨일즈에서 이탈리안 부모 슬하에 태어난 욜란다가 처음 접한 '향신료' 요리는 베스타 커리였다. 그녀의 어머니가 자신이 가져온 나폴리식 요리 레퍼토리를 영국화하려는 시도가 성공하지 못한 경우였다. 그러나 이를 비롯한 어떤 것도 욜란다의 미각이나 음식 관련 글쓰기의 열정을 꺾지 못했고 그녀는 〈타임아웃(Time Out)〉, 〈론리 플래닛(Lonely Planet)〉, 〈인디펜던트(The Independent)〉 등에서 음식 작가이자 편집자로 일해 왔다. 그녀가 집에서 하는 요리는 어머니로부터 배운 이탈리아 지방 요리에서부터 시댁의 중국 요리와 카리브 요리를 포괄하면서 그 범위가 넓어졌다. 때문에 그녀의 집에서 먹는 저녁 요리는 여러 층의 파르미자나, 매콤한 마파두부, 트리니다드 더블에 이르기까지 다양하다.
욜란다는 '세계의 향신료' 파트에서 동아시아에 대해 집필했으며 '고추와 팔각으로 맛을 낸 중국식 연어찜'과 '검은깨, 감초, 카다멈 아이스크림'의 요리법을 썼다.

✻ 감수의 글

이 책을 만났을 때 정말 반가움을 금치 못했다. 지금까지 향신료를 소개한 책을 여러 권 봤지만 시나몬을 시남알데하이드, 캐리오필렌, 리나로올, 유제놀 같은 향기 물질로 설명한 책은 처음 보았기 때문이다. 사실 혀로 느낄 수 있는 맛은 5가지에 불과하고, 우리가 느끼는 음식의 다양한 풍미는 전적으로 향에 의한 것인데, 지금까지 향을 구성하는 향기 물질을 설명하는 경우는 거의 없었다.

향은 다양한 향기 물질의 조합으로 만들어지는데, 향기 물질을 모르고 향을 설명하니 물감을 모르고 색을 설명하는 격이고, 설탕을 모르고 단맛을, 식초를 모르고 신맛을, 소금을 모르고 짠맛을 설명하는 것과 다를 바 없었다. 만약에 커피에서 캐러멜 향이 난다고 말한다면 캐러멜 제품이 어디 한두 가지인가. 우리나라에서는 밀크캐러멜이 인기여서 그 향을 떠올리겠지만 외국에서는 전혀 아닐 가능성이 높다. 배(pear)를 말할 때 우리나라 배와 서양의 배가 전혀 다른 것처럼 말이다. 이처럼 향을 제품이나 천연물로 설명하면 통일된 표준이 아니어서 모호하고 검증도 힘들다. 그런데 캐러멜 대신 푸르푸랄(fur-fural) 같은 향기 물질로 말하면 완전히 달라진다. 향기 물질은 딱 한 가지 성분이라 언제 어디서나 같은 향이고, 분석을 통한 검증도 가능하기 때문이다. 와인에서 정향이 느껴졌다면 와인에 정향이 들어 있는 것이 아니라 유제놀(eugenol) 같은 향기 성분이 존재한다는 의미이며 정향보다는 유제놀이 훨씬 명확하고 검증하기도 쉽다. 향을 조금 깊이 공부하려면 향기 물질을 알아야 하는데, 시나몬을 시남알데하이드 같은 향기 물질로 설명하는 이 책을 만났을 때 무척이나 반가웠다.

책의 설명과 이를 구체적으로 묘사하는 사진과 삽화 역시 무척이나 훌륭했는데, 책에서 설명하는 향기 물질을 접해 본 사람이 얼마나 되겠는가 하는 것이 아쉬웠다. 향기 물질에 대한 공부는 개성이 뚜렷한 향신료부터 시작하는 것이 가장 좋은데 거기에 딱 알맞은 책이 나왔고, 향신료부터 공부를 시작해서 미생물이 만든 발효의 향기 물질 그리고 가열을 통해서 만들어지는 향기 물질까지 공부하면 향에 대한 이해 수준을 완전히 높일 수 있을 텐데, 이 책에 등장하는 향기 물질을 경험해 볼 기회가 없어서 책의 가치를 살릴 수 없다면 정말 안타까운 일이라는 생각이 들었다. 그래서 아로마 키트도 만들어보고 그것을 이용한 교육도 해보았지만 숫자가 한정적이라 아쉬움이 남는다.

최근 향기 물질을 이용한 풍미의 묘사와 맛을 탐구하는 방법은 급격히 발전하고 있다. 향기 물질을 통해 식재료 조합 원리 등을 탐구하는 것을 예로 들 수 있겠다. 사용 가능한 식재료와 향신료가 수백 종일 때 효과적으로 새로운 조합을 찾는 방법으로 비슷한 향기 물질이 많은 식재료들끼리 잘 어울릴 가능성이 높다는 이론을 활용하여 전혀 새로운 조합을 찾아내고 있는 것이다. 이처럼 최근 향기 물질의 활용이 늘고 있고, 앞으로 풍미의 기술은 향기 물질을 얼마나 잘 이해하느냐에 달려 있으며 이 책은 그런 향기 물질을 공부하는 시작으로 적극 추천할 만하다.

-최낙언

감수_최낙언

서울대학교와 대학원에서 식품공학을 전공하고, 1988년 해태제과에 입사하여 기초연구팀과 아이스크림 개발팀에서 근무했다. 2000년부터 서울향료에서 소재 및 향료의 응용 기술에 관하여 연구했으며, 2013년부터 ㈜시아스에서 식품 관련 저술 활동을 했다. 2016년 ㈜편한식품정보를 설립, 지식을 구조화하고 시각화하여 동시에 전체와 디테일을 모두 확인할 수 있는 수단을 개발 중이다.

저서로는 《감정이 어려워 정리해 보았습니다》, 《물성의 원리》, 《물성의 기술》, 《감각, 착각, 환각》, 《GMO 논란의 암호를 풀다》, 《불량지식이 내 몸을 망친다》, 《Flavor, 맛이란 무엇인가》, 《식품에 대한 합리적인 생각법》 등 다수가 있다.

감수의 글

길을 걷다 카페나 빵집에서 은은하게 풍기는 계피 아닌 시나몬 향에 고개를 돌려본 경험, 또는 양 볼이 저리도록 식욕을 돋우는 커리 향과 좀처럼 잊히지 않는 바비큐 전문점의 드라이 럽 향에 한 번씩 취한 경험들을 우리는 공유하고 있다. 그다지 공통점이 없어 보이는 불특정 다수의 경험을 하나로 이어주는 매개체는 다름 아닌 향신료다. 주방에서 일어나는 모든 현상을 과학적으로 설명할 수 있는 시대가 도래한 지도 꽤나 오랜 시간이 흘렀다. 요리사들은 인간의 미뢰와 식품의 향미 분자, 적색육을 구성하는 미오글로빈의 변성 임계를 논하기 시작했으며, 다수의 에이전트와 이들의 기작에 대한 이해를 바탕으로 한 식품의 물성과 외형을 바꾸는 기술도 일반화된 지 오래다.

이 모든 것은 막연한 추측과 상상을 벗어나 과학의 어느 영역에 도달한 선구적인 요리사들과 요리라는 분야를 과학의 품안으로 끌어들인 과학자들의 노력에 의해 시작되었으며 그 이면에는 수많은 연구와 실험이 존재했다. 그러나 이러한 시대에 이르러서도 향신료의 존재는 아직 미지의 영역이나 다름없다.

아이러니하게도 향신료의 역사는 인간이 미식을 추구한 역사보다 훨씬 더 길지만 레스토랑 또는 가정의 주방에서 향신료의 특성과 구성 성분들을 제대로 알고 자유자재로 사용하는 경우는 극히 드물다. 있다 하더라도 제한된 소수의 향신료에 한정된다. 무엇이 문제일까? 그에 대한 답을 주듯 이 책은 향신료에 대한 과학적인 탐구와 그 결과를 제시하고 있다. 나아가 전통적인 향신료의 용법과 조합에 대한 혁신을 논하고 있으며 그 근거를 방대하고 심지어 집요하기까지 한 데이터로써 제시하고 있다. 페놀, 테르펜, 알데하이드 같은 전문 용어들이 등장하지만 겁먹을 필요는 없다. 이들은 모두 우리가 향신료라고 통틀어 일컫는 어느 식물의 뿌리, 열매, 껍질을 구성하는 화합물이며 천연 물질이자 일상에서 흔히 접하는 것들이다.

대표적인 향신료들은 획기적인 '향신료 주기율표'로 구성하였으며 이는 마치 당시에 일대 혁신을 일으켰던 엘불리(el bulli)의 픽토그램을 보는 듯하다. 각 챕터마다 향신료의 기원과 교역의 여정을 볼 수 있으며 주요 국가별 향신료의 역할과 특징, 활용법을 제시한다. 향신료를 주제로 이처럼 광범위하고 정확한 자료를 제시한 책은 일찍이 없었다고 자신한다. 특히 그 실용성은 지금껏 세상에 나온 향신료 책들과 비교하더라도 가히 독보적이라 할 만하다.

요리사들에게 향신료는 구원자이자 도전자다. 향신료로써 그들의 요리는 풍미의 한계를 뛰어넘을 수 있으며 이는 반드시 정복해야 하는 대상이기도 하다. 그 과정에서 이 책은 여러분의 길잡이가 되어줄 것이다.

이제 눈을 뜨자. 그리고 새로운 세상을 향해 한 걸음 나아가자. 이 책과 함께라면 향신료는 더 이상 미지의 영역이 아니다.

— 배재환(Fabio)

번역 및 감수 _ 배재환(Fabio)

독학 셰프 출신으로 실무에서 오랜 경력을 쌓았으며 업계에서는 쿡북 컬렉터, 쿡북 블로거로 잘 알려져 있다. 해외 요리책을 스승으로 삼아 공부한 경험을 공유하고자 블로그 '요리사, 요리책을 말하다'를 10년째 운영하고 있으며 이 블로그를 통해 자신과 비슷한 길을 걷는 후학들에게 업계의 현실을 가감 없이 알리고 실무에 도움이 될 만한 요리책을 소개하고 있다.

현재는 외식업체에서 컨설팅 업무를 담당하고 있으며 집필과 번역을 겸하고 있다. 저서로는 《요리사 요리로 말하다》, 《요리사 요리책을 말하다》가 있으며 번역서로는 《피시 쿡북》, 《레온 해피 샐러드》, 《리틀 레온 시리즈》가 있다.

(인스타그램 @fabio_cookbookcook)

번역 _ 이영래

이화여자대학교 법학과를 졸업하고 리츠칼튼 서울에서 리셉셔니스트로, 이수그룹 비서팀에서 비서로 근무했으며, 현재 번역 에이전시 엔터스코리아에서 전문 번역가로 활동하고 있다.

주요 번역서로는 《왜 아플까》, 《플랜트 패러독스》, 《플랜트 패러독스 쿡북》, 《당신의 의사도 모르는 11가지 약의 비밀》, 《모두 거짓말을 한다》, 《세계미래보고서 2055》, 《4차 산업혁명과 투자의 미래》, 《히든 솔루션》 등이 있다.